地势坤，君子以厚德载物。

霍金传 我的宇宙

HAWKING'S LIFE AND WORK

[美] 凯蒂·弗格森 著　张旭 译

北京联合出版公司
Beijing United Publishing Co.,Ltd.

图书在版编目（CIP）数据

霍金传：我的宇宙 /（美）凯蒂·弗格森著；张旭译. — 北京：北京联合出版公司，2021.1

ISBN 978-7-5596-4560-9

Ⅰ.①霍… Ⅱ.①凯… ②张… Ⅲ.①霍金（Hawking, Stephen 1942-2018）—传记 Ⅳ.①K835.616.14

中国版本图书馆 CIP 数据核字（2020）第 183083 号

北京市版权局著作权合同登记　图字：01-2020-6249 号

霍金传：我的宇宙

作　　者：（美）凯蒂·弗格森
译　　者：张　旭
出 品 人：赵红仕
责任编辑：高霁月
产品经理：康爱爽
内文排版：顾小固

北京联合出版公司出版
（北京市西城区德外大街 83 号楼 9 层　100088）
天津旭丰源印刷有限公司印刷　新华书店经销
字数 396 千字　700 毫米 ×980 毫米　1/16　印张 26.5
2021 年 1 月第 1 版　2021 年 1 月第 1 次印刷
ISBN 978-7-5596-4560-9
定价：78.00 元

史蒂芬 · 霍金画像 / 李程

献给我的孙女格蕾丝和爱丽丝

致谢

史蒂芬·霍金对我帮助良多，我衷心感谢他抽出时间，耐心地帮我理解他的理论，忍受我幼稚的问题，也感谢他与我30年的交情。

感谢我的代理人梅根·戴维斯、丽塔·罗森克兰兹、布莉·博克曼、塞拉菲娜·克拉克，以及我的编辑——环球出版社（Transworld）的苏珊娜·威德森。

我还要感谢下面这些给我多方面帮助，包括负责校对本书部分章节并与我交流相关内容的人。有些人并没有直接参与，有些人已经去世了。但多年来，他们都不同程度地帮我理解史蒂芬·霍金、他的研究成果以及背景知识，我一定要感谢他们。

西德尼·科尔曼、朱迪斯·克洛伊黛、保罗·戴维斯、皮特·丹曼、布莱斯·德维特、罗伯特·多诺万、耶鲁·弗格森、马修·弗雷蒙特、琼恩·高德温、托马斯·赫托格、安德烈·林德、苏·梅茜、拉玛·纳赫曼、唐·佩奇、马尔科姆·佩里、布莱恩·皮帕德、薇薇安·里奇、乔安娜·圣弗莱尔、安德鲁·斯托明、伦纳德·萨斯坎德、尼尔·图鲁克、赫曼和蒂娜·维特、约翰·A.惠勒和安娜·扎特科夫。

当然，本书如有任何纰漏，我承担全部责任。

凯蒂·弗格森

目录

Contents

第一部分　1942—1975年

第二部分　1970—1990年

第三部分　1990—2000 年

第四部分　2000—2011 年

第五部分　2012—2018年

第一部分

1942—1975年

第 1 章 “追寻万物的理论”

1980 年

在英国剑桥市的中心地带，有很多未经历过 20 世纪、21 世纪洗礼的小巷。大街上的房子、建筑物建造于不同的年代，然而走进任何一条小巷，都是一次穿越时空的旅行，带你进入历史悠久的大学，中世纪的教堂、庭院或是酒坊。同样古老的大街上人来人往的声音，到了这里也听不见了，只剩下安静，伴着鸟鸣、人声、脚步声。数个世纪以来，这里走过了无数学者和当地人。

1990 年，我创作第一本有关霍金的书时，就是从其中的一条小巷开始的：自由巷。这条小巷从本笃街上分支出来，旁边就是圣本笃教堂那座建于 11 世纪的钟楼。从本笃街拐进自由巷，教堂的铁栅栏透着里面的花卉树木，二十年如一日。锁在铁栅栏上的自行车给这里减少了一分古朴的气息，不过右边不远处就是一堵开着窄窗的石墙，这堵粗糙的黑色围墙围着基督圣体学院——剑桥大学历史最悠久的学院——14 世纪的老庭院。墙的对面有扇哥特风格的大门，旁边高悬着一块牌子：卡文迪许实验室。这扇门隐匿在中世纪的街道上，门后却是一个现代的世界。

12 世纪时，这里曾是一所修道院，废弃后又成为花园，不过现在一点也看不到这两段历史的影子了。现在，这里的建筑像工厂一般阴森，像监狱一般压抑，高耸在沥青铺就的人行道上。踏入楼内，气氛稍有缓和。我上次写到这座建筑还是20多年前[①]，现在院子里又多了几幢精心设计的新楼，不过楼外的玻璃幕墙依然映射着旁边更古老的建筑散发出的阴郁气氛。

整整一个世纪的时间里，这里一直是全球物理研究的核心位置，直到1974年剑桥大学修建了“新”卡文迪许实验室。J.J.汤姆逊在这里发现了电子，欧内斯特·卢瑟福在这里发现了原子的结构，类似的事迹不胜枚举。20世纪90年代，我在这里参加物理学讲座时（1974年之后，还有些东西没搬到新卡文迪许实验室），还能见到演讲人摇着操纵杆，顶着巨大的黑板——嘎吱嘎吱地在链条上滑动，在黑板上写下无数的公式。

同样在这里的，还有更加现代一点的科克劳佛讲堂。1980年4月29日，这里陡峭的阶梯座椅上坐满了科学家、来宾和来自各大学的知名人士，看着眼前的双层黑板和投影屏——那时离PowerPoint诞生还早。那天是新晋卢卡斯数学教授，38岁的数学家、物理学家史蒂芬·威廉·霍金的就职演讲。前一年秋天，他被光荣授予了这个职位。

他就职演讲的题目是一个问句：“理论物理即将走到尽头了吗？”霍金认为是这样的，这让听众大吃一惊。他请大家跟他一起踏上一段时间和空间的旅程，寻找物理学的圣杯：能够解释宇宙及其万物的理论——有些人将这个理论称为“万物理论”。

不熟悉霍金的人，看到他坐在轮椅上一言不发，由自己的学生代为朗读讲稿，都不相信他有能力带领大家走过这段旅程。理论物理是他的避风港，让他远离世界上最阴暗的牢笼。他二十出头，进入剑桥读博的时候，遭遇了身体的重大残疾，医生认为他没有几年的寿命了。霍金得了肌萎缩性侧索硬化症（ALS），在美国称为卢伽雷病，因为纽约洋基队的一垒手卢伽雷死于此病[②]。霍金的病情发展得很慢，但他成为卢卡斯数学教授的时候，已经无法行走、进食，甚至抬头了。他口齿不清，除了非常熟悉他的人，几乎没人能听

---

① 译注：此处指作者1996年出版的书籍《光的监狱——黑洞》。

② 后来有证据表明，卢伽雷患上的也许不是肌萎缩性侧索硬化症，而是与之相似的疾病。——此为原注

懂他说了什么。这次演讲之前，他艰难地写好了稿子，让学生代为朗读。但是霍金本人也非常出色。他一直是数学家和物理学家，甚至有人说他是爱因斯坦之后最杰出的。从1663年起，卢卡斯数学教授就一直是剑桥大学非常有名望的职位。史上第二任卢卡斯数学教授是艾萨克·牛顿爵士。

刚接任这一声名显赫的教授职位，霍金就预测自己的研究领域走到了尽头，这也是他的一贯作风。他认为到不了21世纪，人类很可能就已经发现了万物理论，让他这样的理论物理学家无事可做。

那场演讲之后，很多人认为霍金是踏上寻找万物理论征途的不二人选。然而在他自己看来，最可能成为万物理论的并不是自己的研究，而是"$N=8$超引力"理论，当时很多物理学家认为这一理论能够统一自然界所有的粒子和作用力。霍金很快指出，他的工作仅仅是万物理论这一宏伟图景中的一小块拼图，也仅仅是人类由来已久的追寻中的一小部分，这一图景中有全球物理学家的努力。自从人类有了意识，理解宇宙的渴望一定也随之出现了。自从人类第一次仰望夜空，第一次看到身边广袤多样的大自然，第一次思考自身的存在之后，人类就一直试图用神话、宗教，以及后来发展的数学和科学来解释这一切。也许实质上，我们并没有比当年的祖先进步多少，但绝大多数人，包括霍金，都认为我们确实进步了。

霍金的生活和研究一直充满了悖论，事物往往不是看起来的样子：两块拼图怎么也拼不起来；开始也许就是结束；糟糕的环境会带来快乐，声名和成功却不一定；两个杰出、成功的科学理论组合起来什么也得不到；真空不是空的；黑洞不是黑的；将万物努力统一在一个理论下，却得到了一幅支离破碎的画面；一个看起来让人震惊甚至怜悯的人，却带我们欢快地走到了时空的尽头——不过时空没有边界。

放眼宇宙的任何角落，现实都是出乎意料的复杂、难以捉摸，甚至是陌生的，并不总是能让人理解，也经常无法预测。我们的宇宙之外也许还有无数个宇宙。20世纪来了又走，还没有人发现万物理论，那么，霍金的预测是怎么回事？真的有能解释一切的科学理论吗？

第2章

“我们的目标就是要完全、彻底地解释所在的这个宇宙”

世界、宇宙中所有的细节和多样性，都能用无比简单的理论解释，这一观点并不是最近提出的，也一点不牵强。公元前6世纪，贤者毕达哥拉斯和门徒就研究里尔琴的弦长与音高之间的关系，发现自然界的谜团和复杂背后，是有规律、有秩序和理性的。之后的2500多年，我们的祖先一直在像毕达哥拉斯一样，一次次惊讶又震撼地发现，自然界并没有看起来那么复杂。

试想一下，假如你是拥有超级智慧的外星人[①]，完全不知道我们的宇宙是什么样，有没有这样一组规律，只要研究透彻，就能完全理解我们的宇宙？假如有人给了你一本说明手册，这本手册有没有可能很薄？

几十年来，物理学家都相信这本手册不会很厚，里面列出的原理也都很简单，甚至可能只有一条原理：解释过去、现在、未来的一切事物。1980年，霍金自信满满地宣称，20世纪末我们就能完成这本手册。

我家以前有一套古老的桌游，是一件博物馆藏品的复制品。考古学家在美索不达米亚的乌尔市遗迹中出土了一块有嵌饰的棋盘，配有几个雕刻精致的小棋子。显然这是一套复杂的棋类游戏，只不过没人知道规则。生产复制品的厂商从棋盘和棋子中尽力推测出了一些规则，不过他们也鼓励消费者自己探索，制定游戏规则。

---

① 译注：此处不仅是外“星”人，也包含了外“宇宙”人。

我们的宇宙也有点像宏大、优雅又神秘的游戏。规则当然是有的，只不过没有被告知给我们。宇宙可不是乌尔市出土的桌游文物。宇宙的确很古老，但游戏还在继续。我们、我们所知的一切（以及众多的未知）都深陷游戏中。如果真的有万物理论，我们和宇宙万物一定在遵循这套规则，哪怕是在探寻万物理论的过程中。

你可能会以为全套无删减的“宇宙法则”能装满一台超级计算机的存储空间。规则内容从星系的形成和移动，到人体的运行和衰老机制，以及人类之间如何联系、亚原子粒子之间如何互动、水怎么结冰、植物怎么生长、狗怎么汪汪叫——规则一条接着一条，事无巨细。这么多规则怎么可能缩减到几条呢？

美国物理学家、诺贝尔奖得主理查德·费曼用一个精妙的例子展现了这个缩减的过程。他说，过去有一种现象叫运动，有一种现象叫热，还有一种现象叫声音。“但是很快我们就发现，”费曼写道，“牛顿阐明了运动的法则之后，很多看似不同的现象其实有着同样的根源。比如，声音这种现象可以理解为原子在空气中的运动。这样声音就不是运动附带的现象了。另外，热现象也可以用运动法则很好地解释。那么，原先散落在各处的物理理论就整合成了一条简洁的理论。”[1]

微观粒子的生活

宇宙里我们能想到的事物——你、我、空气、冰、星星、气体、微生物、这本书——都是由极其微小的单元——原子组成的。原子是由更小的单元——比原子更小的粒子以及很多空间①组成的。

我们最熟悉的物质粒子，当数围绕原子核旋转的电子和组成原子核的质子、中子了。质子和中子由更小的粒子“夸克”构成。所有物质粒子都属于

① 译注：这里的意思是组成原子的粒子之间十分空旷。

“费米子”，名字取自意大利伟大的物理学家恩利克·费米。费米子之间可以传递一系列的信息，能让它们产生各种变化。人类之间的信息传递可能有四种方式：电话、传真、电子邮件和“龟速邮政”。虽然大家都要发送或接收信息，相互影响，但这四种方式我们不一定全都使用。费米子之间的信息传递也是类似的，通过作用力。费米子之间传递信息要通过另一种粒子，这种粒子之间传递信息也靠自己——“信息”粒子，更正式的名称是“玻色子”。显然，宇宙中的粒子要么是费米子，要么是玻色子。[①]

引力是自然界四种最基本的作用力之一。要理解能让我们待在地球上的引力，可以把它想象成由“引力子”——一种玻色子——在构成人体和地球的原子之间传递信息，让这些粒子之间的距离越来越近。引力是最弱的作用力，不过后面我们会看到，引力的作用距离非常长，而且对宇宙中的所有事物都有影响。引力累积起来，可以超越其他所有作用力。

第二种作用力，叫作电磁力，是由光子——也是玻色子——在原子核中的质子之间、质子和附近的电子之间，以及电子之间传递信息。电磁力让电子围绕原子核运转。我们每天都能见到光子，光、热、无线电波、微波，以及其他波都是光子产生的现象，这些现象都叫作电磁辐射。电磁力也是长距离作用力，比引力强得多，不过只对带电荷的粒子起作用。

第三种作用力（“信使”）是强核力，把原子核聚合在一起。

第四种作用力，叫作弱核力，是辐射的根源，在恒星、早期宇宙和元素形成过程中扮演重要角色。

引力、电磁力、强核力、弱核力——这四种作用力负责宇宙中所有费米子之间的信息传递，以及所有的互动。没有这四种作用力，每个费米子（物质粒子）——如果还有费米子，都是孤零零的存在，完全没有办法联系或是影响其他粒子，也不知道其他粒子的存在。简单来说，不通过这四种作用力产生

---

① 现在很多物理学家相信在二维世界中还有一种粒子：任意子，它在一些凝聚态现象中起到了关键的作用。

的现象都不可能发生。如果是这样，彻底地理解这四种力，就能让我们理解宇宙中万事背后的准则。到这里，我们的说明手册已经很凝练了。

20世纪，物理学家把绝大部分的精力集中在研究四种作用力的原理及之间的关系上。而我们人类传递信息的工具——电话、传真和电子邮件——其实也不是毫无关联的，可以当成同一种事物的三种形态。这一发现可以让三种信息传递工具“统一”起来。物理学家也做过类似的探寻，这几种作用力有没有可能统一起来。他们希望能发现一个理论，证实四种作用力本质是相同的，只是展现形式不同——同时也是一个能统一费米子和玻色子的理论。他们将这个理论称作“大统一理论”。

而一个诠释宇宙的理论——“万物理论”，还需要再深入一点。霍金认为，这个理论一定要能够回答这个问题：宇宙诞生之初，时间还未开始流动的那一刻，是什么样的？物理学家换了种表述方式：宇宙诞生之初的“初始状态”或是“边界条件”是什么样的？边界条件一直是霍金研究工作的核心，因此我们要多花点时间探讨一下。

边界挑战

假设你组装了一套玩具铁轨，然后在铁轨上放几辆火车，开关、速度都设置好，然后接通电源。这就是你设下的边界条件。以玩具铁轨为例，后面发生的事情会以这个状态为基础，不会有其他可能。接通电源5分钟之后，火车都在什么位置，会不会有火车相撞，都与边界条件息息相关。

再想象一下，不加干扰地让火车运行10分钟之后，你的朋友来了。这时你切断了电源。现在的状态就是第二组边界条件：在你切断电源的那一刻，一切都静止了。假如你让朋友计算一下，10分钟之前火车是在什么位置出发的，那么，除了火车现在的位置、开关和速度设置之外，还会有其他一系列问题。火车加速和减速分别有多快？铁轨上的阻力都一样吗？各段铁轨的坡度是多少？电源一直是接通的吗？运行过程中真的没有干扰吗——会不会干扰因素已经消失了？整个过程让人望而却步。你的朋友会像研究宇宙初始状态的物理学家一样问道："时间开始的时候，边界条件都是什么样的？"

科学中的边界条件不只是在研究宇宙历史时用得上。边界条件指的是在给定时间点，比如实验室里的实验开始的时候，某一系列事物的状态。不过和玩具铁轨以及做实验不同，研究宇宙的时候，边界条件是没法设定的。霍金最喜欢的一个问题就是：宇宙发展到今天，我们看到的这个样子，有多少种可能的路径？前提是我们掌握和理解的物理规律是正确的，而且物理规律也没有变化。他将"我们今天观察宇宙的方式"作为边界条件，而且很多人不容易注意到，物理法则，以及物理法则一直没有变化的假设其实也都是边界条件。他追寻的答案能够回答这个问题：宇宙诞生之初或者"宇宙的边界条件"开始那一刻，一切的状态都是什么样的，包括无数能够让宇宙发展到当下这个样子的细微法则。他在思索这个问题的时候，取得了一些非常有趣的成果，也获得了一些最意想不到的答案。

将粒子和作用力统一起来的理论，对宇宙诞生之初边界条件的描述，将成为一项无比重大的科学发现，但还不是万物理论。除了这些，万物理论还必须加入当下所有理论中的"预设值"。

术语课

预设值包括电子的质量和电荷量、光速之类的"自然常量"。我们能够观测到这些常量，但是没有理论能诠释或是预测。再举一个例子，物理学家知道电磁力的强度，也知道弱核力，"电弱统一理论"将这两者统一了起来，却还是无法计算两者之间的强度差距。这个强度差距就是"预设值"，但电弱统一理论也无法预测。我们能够观测到这个差距，因此就"手动"添加到了理论中。这种操作让理论有了瑕疵。

科学家说"预测"的时候，不是真的要预测未来，"这个理论能否预测光速？"也并不是在问"理论能不能告诉我们下周二的光速是多少"，这句话的意思是，在无法观测光速的时候，这个理论能否帮我们计算出来。而现在，没有哪个理论能预测光速。光速在所有理论中都是预设值。

霍金写《时间简史》的时候，就担心大家无法正确理解“理论”这个概念。理论不是铁打的真相，也不是规则、事实，或是裁决。可以将理论想象成一只玩具船，想知道船好不好用，就要放到水里试一试。要是船翻了，就取回来再改进一下，或者从失败中吸取经验，重新造一只。

有的理论是质量很好的船，能在水上航行很久。也许船上会有几个漏洞，但是用起来效果还不错。有些理论太好用了，总是能得到实验和测试结果的支持，我们就会把这些理论当成“真相”。科学家们深知宇宙有多复杂、多么不可预测，他们绝对不会轻易给哪个理论加上真相的头衔。即使有些理论有许多成功的实验结果支持，其他理论也只能算是理论学家眼里的一抹亮色——设计精妙，尚未下水的船只——但是把任何一种理论当作绝对的、根本的、科学上的“真相”都是有风险的。

不过，我们不能一直举棋不定，在没有充分理由的情况下，不断质疑已经成熟的理论。科学要前进，就一定要能够判断理论是否可以依靠，跟观测结果是否相符，能否作为基石帮助我们继续前行。当然，有些新的想法或是发现可能会让“船”沉没。后面的章节中我们会举出这方面的例子。

在《时间简史》中，霍金写到科学理论“只不过是宇宙的一个模型，或是部分宇宙的模型，以及一系列将模型的性质与我们的观测结果联系起来的规则。理论只存在于我们脑海中，不存在其他的现实（谁知道霍金指的是什么）”。[2]要理解这个定义，最简单的方法是看几个例子。

大约20世纪80年代初，有这样一段视频，内容是霍金在助手的协助下给研究生上课。那时霍金口齿已经非常不清楚了，不是非常了解他的人很难听懂。这段视频里，他的助手听霍金含糊地讲完一段话，说道“比如现在，我们这里就有一个宇宙的模型”，然后助手把一个巨大的纸壳做的圆筒竖在讲桌上。霍金皱了下眉，然后嘟囔了一些只有助手听得懂的话。助手道了歉，把圆筒掉了个头。霍金点头表示满意，大家也都笑了出来。

"模型"，当然不一定是纸壳做的圆筒，也不一定是我们能看到、触到的图画，它可以是脑海里的想象，甚至只是一段故事。数学公式、创世神话也都可以是模型。

说回纸壳做的圆筒，这个圆筒哪里跟宇宙相似呢？要阐明其中的理论，霍金需要说明这个模型与我们所看到的世界、我们的"观测"有什么联系，或者科技更为发达后，它与我们可能观测到的事物有什么联系。当然，只是说桌子上的圆筒跟宇宙有联系，并不代表人们真的要相信。我们需要思考，而不是盲目地全盘接受。这个模型只是一个理念，"只存在于我们的脑海中"。纸壳圆筒也可能是很实用的模型。当然，很可能会有其他证据表明这个模型不合适。所以我们应该能发现身处的世界和模型有出入。但是，这能证明模型代表的理论"不好"吗？不是，这个理论依然很好，光是思考、测试、改变和抛弃这个理论，我们就能收获很多。取代这个理论的过程需要创新思考、需要实验，这个过程能够让我们得到更好的结果，或是给我们其他收获。

那么，什么样的理论是好的呢？霍金的原话是："准确地描述一系列基于模型的观测结果，预设值很少，而且要对未来的观测结果提供确定性的预测。"[3]

举个例子，牛顿关于引力的理论描述了一系列观测结果，他的理论预测了物体在地球上会下落，也预测了行星要沿轨道运行。

不过，要知道，好的理论不一定完全来自观测，它们可以很大胆，挑战人类的想象力，"凭直觉拓展想象力是优秀理论物理学家必备的品质"。[4]然而，好的理论不应该与已有的观测产生冲突，除非有充足的理由。比如超弦理论，这是当下炙手可热的一个理论，它预测空间的维度不止三维，这一预测与观测结果也有冲突。理论物理学家认为其余维度蜷缩了起来，小到我们看不到，以此来解释理论与观测之间的冲突。

理论一定要尽可能少地包含预设值，这个要求我们已经讲过了。

根据霍金原话的最后一点，理论一定要能够预测未来的观测结果。理论要挑战我们，让我们进行测试，还要能够告诉我们，如果理论正确会观测到什么，观测到什么现象又会证明理论是错误的。比如爱因斯坦的广义相对论预测，一颗遥远的恒星发射出来的一束光在经过质量巨大的物体时，比如太阳，会出现一定程度的弯曲。这一预测是可以测试的，而测试结果证明爱因斯坦是正确的。

有的理论，包括霍金的绝大部分理论，以目前的科技水平都是无法测试的，甚至在可以预见的将来都是不可能的。不过，这些理论经过了数学的测试。从数学上讲，理论必须与我们现有的知识和观测一致。但我们没法观测到宇宙早期的样子，也没法直接观测他的“无边界理论”（稍后会讨论）是否正确。虽然已经有人提出了一系列测试来证明或是证伪“虫洞”的存在，但霍金认为这些测试都会失败，他也说明了，如果我们具备相应的科技水平，会观测到什么现象，他相信自己的理论与我们当下观测到的一切相符。有时，他甚至对实验及观测结果做出了非常具体的预测，挑战了当下人类世界的极限。

如果自然是完美统一的，那么宇宙诞生之初的边界条件，最基本的粒子和支配它们的相互作用以及自然常量，都应该以独立且完全相容的方式相互关联，我们可能会认为这是必然的、绝对的、不言自明的。对宇宙的理解要达到这一层次，的确需要发现万物理论——真正地包容万物——甚至还需要找到这个问题的答案：宇宙为什么会与这个描述相吻合？这也是霍金在《时间简史》中说的“了解上帝的思维”，或者低调一点地叫作“大设计”。这也是霍金某本书的名字。

发起挑战

我们现在已经准备好了，来看看霍金1980年在卢卡斯数学教授就职演讲中，提到的“万物理论”都需要满足哪些要求吧。后面还会讲到，有的要求也有了些微妙的变化。

· 一定要有整合了作用力和粒子的模型。

· 一定要回答这个问题：宇宙诞生之初，在时间尚未流逝的时候，“边界条件”是什么样的？

· 一定要有限制，不应该有太多选择的余地。比如，要准确预测一共有多少种粒子。如果有太多可能，一定要说明宇宙为什么刚好是我们观测到的这个样子。

· 一定不要有太多预设值，哪怕要多观测几次才能得到答案。比较矛盾的是，也许万物理论本身就是一个预设值。很少有科学家会要求用万物理论解释万物理论，及其所解释的“万物”为什么会存在。万物理论也没法回答霍金的这个问题：“宇宙（或者是万物理论）为什么要存在呢？”[5]

· 一定要能预测我们所观测到的这个宇宙，或者能解释为什么我们的观测与理论有出入。如果这个理论预测的光速是每小时10英里（约每小时16千米），或者预测企鹅和脉冲星不应该存在，那就有问题了。万物理论必须能经受观测结果的考验。

· 一定要简单，但依然要包罗万象。普林斯顿大学的物理学家约翰·A.惠勒写道：

万物背后
定有一个理论
简单、美丽
又令人信服，等到
十年，百年
甚至千年后
我们领悟之时
定会交口称赞
怎么会有别的可能
我们怎么这么傻
追寻了这么多年[6]

最高深的理论，比如牛顿的万有引力原理或是爱因斯坦的相对论，正如惠勒的诗里描述的那么简单。

· 万物理论一定要能够成功整合爱因斯坦的广义相对论（能够解释引力的理论）与量子力学（之前讨论的其中三种作用力时提到的理论）。这是霍金选择的挑战，这里我们先来看一下问题，等读完这章，理解了量子力学的不确定性原理，还有后面讲到的广义相对论，你会对问题有更深的理解。

理论的碰撞

爱因斯坦的广义相对论面向的是宏观世界，是非常庞大的物体——比如恒星、行星、星系。在这个层面，广义相对论能很好地解释引力的作用原理。

量子力学面向的是微观世界。这个理论把自然界的作用力描述成费米子（物质粒子）之间的信息传递。量子力学也有让人"失望"的时候，就是不确定性原理：永远无法同时测得粒子的位置和动量（运动状态）。除了这个问题，量子力学对于微观世界的诠释可以说非常好了。

要整合这两个20世纪最伟大的理论，一种可能是，可以从重新诠释引力入手，把引力视为传递信息的粒子，像其他三种作用力一样；另一种可能是，在考虑不确定性原理的前提下，重新考虑广义相对论。

将引力视为传递信息的粒子会带来新的问题。如果将把你固定在地球上的作用力，视为物质粒子——构成人体的和构成地球的——之间进行的引力子（传递引力的信息粒子）交换，就是用量子力学的方式描述引力。但是引力子之间也在交换引力子，这在数学上是非常糟糕的。从数学意义上讲，我们只能得到一团"无穷大"的乱麻。

物理理论很难处理无穷大。在引力理论之外的其他理论当中，物理学家们会使用"重整化"。理查德 · 费曼在推导诠释电磁力的理论时，就用到了重整化，虽然他本人不太情愿。"无论用词多么精妙，"他写道，"整个过程都很傻！"[7] 这个过程要引入其他的无穷大，再互相抵消掉。虽然听起来不太靠得住，但现实中多半很好用，推导出来的理论也与观测结果吻合度高。

重整化在电磁领域很好用，但在引力领域就不行了。引力领域中的无穷大比电磁领域中的难处理多了。这些无穷大很难抵消。超引力理论（霍金在卢卡斯数学教授就职演讲中提到了这个理论）和超弦理论在20世纪打开了一些局面。这两个理论认为，宇宙中的物体不是点状的粒子，而是弦或是由弦组成的圈。后面我们会讲到新的发展，但是依然没有完全解决问题。

另外，如果在以引力为主导的宏观研究中引入量子力学呢？如果在思考广义相对论时，引入不确定性原理，即粒子的位置和动量无法同时准确测量，又会怎么样？霍金在这个方向上的研究得出了很奇怪的结论：黑洞不是黑的，宇宙的边界条件或许是没有边界。

在众多悖论中，还有这样一条：真空不是空的。后面我们会讲到这个结论是如何得出的，现在我们只要知道，不确定性原理告诉我们，所谓的真空中其实充满了粒子和反粒子（科幻小说中提到的“物质”与“反物质”就是一个例子）。

广义相对论告诉我们，物质或是能量能翘曲时空。前面提到过一个例子：遥远的恒星发出的光线在经过质量巨大的物体，比如太阳时，会出现弯曲。

记住这两点：（1）真“空”里满是粒子和反粒子，蕴含着巨大的能量；（2）能量能够翘曲时空。

如果这两点都是正确的，那么宇宙应该已经蜷缩成了一个小球。但事实不是这样。同时使用广义相对论和量子力学时，得出的预测结果好像是大错特错的。这两个理论都非常厉害，是20世纪人类最杰出的智慧结晶。它们不仅在理论上，更在实践上对我们有重大的意义。然而这两个理论合在一起，却只能得到无穷大和没有意义的结果。万物理论需要想办法给这些结果赋予意义。

预测细节

再想象你是一个没见过这个宇宙的外星（宇宙）人，有了万物理论，你应该就能对万物做出预测了吧？你应该能预测恒星、行星、星系、黑洞以及类星体的存在，但你能预测明年的德比大战谁胜出吗？能预测得很详细吗？不行。

要研究宇宙中所有的数据，需要的计算量对当下任何计算机来说都是天文数字。霍金指出，我们虽然能用牛顿的引力学说得出两个天体的运行规律，但是换成三个天体却不能够精确求解，这并非牛顿的理论不适用，而是数学计算太复杂。真正的宇宙中当然远不止三个天体。

无论我们对医学、化学和生物的理解多么深入，都无法预测我们的健康状况。还是同样的问题：现实中的生命系统，哪怕只是一个人的身体，也有成百上千亿的细节，实在是太多了。

即使掌握了万物理论，我们离预测万物也有着很长的距离。即使我们充分理解了很简单的基本原理，这些原理的作用方式也无比复杂。借用一句广告语就是，"用一分钟学习，用一辈子精通"[①]，我们就算是"用宇宙的一辈子去精通"也远远不够。

那我们该怎么办？万物理论是可以预测哪匹马能赢得全国大赛的，可是其所需要的海量数据和计算，没有哪台计算机承受得住。对吗？

还有更深层次的问题，我们要再从量子力学的角度看一下不确定性原理。

模糊的微观世界

在很小的尺度上，对于量子层面的宇宙，不确定性原理也限制了我们做出预测的能力。

想一想量子世界中奇怪又繁忙的居民——费米子和玻色子，它们是一群包罗万象的粒子。费米子包括电子、质子和中子。每个质子或是中子都由三个夸克构成，夸克也是费米子。玻色子有光子（电磁力的信息粒子）、引力子（引力，假想粒子）、胶子（强力），以及W玻色子和Z玻色子（弱力）。了解这些粒子和其他许多粒子在哪儿、它们要去哪儿，以及运动的速度，将对我

① 电子游戏《奥赛罗》的广告语是"用一分钟学习，用一辈子精通"。

们很有帮助。我们有可能发现吗？

图2-1中的原子示意图是20世纪初，欧内斯特·卢瑟福在剑桥大学的卡文迪许实验室提出的。这幅图展示了电子像行星环绕太阳一样环绕着原子核运动。我们现在知道了，原子在量子层面上根本不是卢瑟福模型描述的这样。电子环绕原子核的运动方式并不像行星，更真实的样子是电子云环绕在原子周围。为什么看不清呢？

不确定性原理让量子尺度下的世界一团模糊，又无法精确预测，不仅仅是电子，对所有粒子来说都是这样。无论我们多努力地观测，还是无法同时确定任一粒子在给定时刻的动量和位置。我们对粒子运动状态的测量越准确，对位置的测量就越不准，反之亦然。动量和位置就像一个跷跷板：一端的准确程度上升，另一端就一定要下降。要确定一边的测量结果，就只能让另一边变得更加不确定。

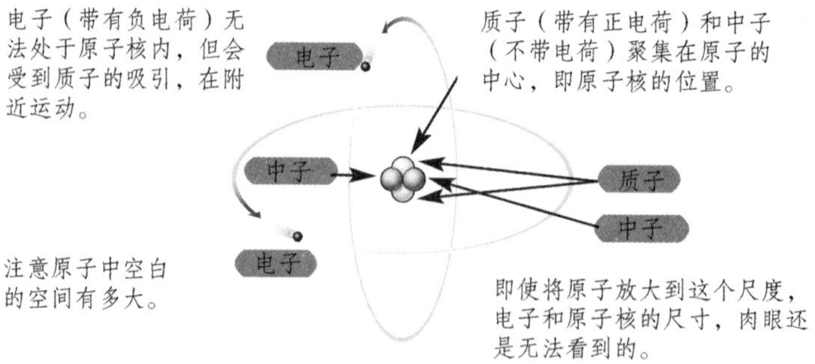

图2-1　氦原子的卢瑟福模型，电子像行星环绕太阳一样环绕着原子核运动。我们现在知道，由于量子力学中的不确定性原理，电子的运行轨迹并不像图中描绘的那样明确。

描述粒子运动最好的方法，就是将其可能产生的所有运动状态都研究一遍，再计算出各个运动状态发生的可能性。这就变成了概率论的问题：一个粒子有多大的概率在运动——有多大概率是朝某个方向运动，或者有多大概率在某个位置上。当然，这些概率都是很有用的信息。

这有一点像预测选举的结果。在选举期间，民意调查的专家就是在与概率博弈。参与调查的民众基数足够大时，他们就能在不需要认识任何一位选民的前提下，得出一系列统计数据，帮助自己预测谁能赢得选举，又能以多大的优势胜出。量子物理学家研究粒子可能发生的许多种运动轨迹时，粒子以某种方式运动的概率，或是在这一位置的概率都是非常有用的信息。

民调专家承认，采访参与投票的个体会影响到投票结果，因为会使某些问题变得更加突出。物理学家也面临同样的困境，观测量子世界会对观测结果造成影响。

到此，预测选举结果和研究量子世界还是很相似的。之后就不像了，在选举日，每个选民都要投出自己的一票，虽然是秘密的，但也不是不确定的。如果民调专家在投票亭装了隐藏的摄像头（还没被发现），他们就能知道每个选民投了谁一票。在量子力学领域却不是这样。物理学家想出了各种悄悄接近粒子的巧妙方法，但都失败了。基本粒子的世界是不确定的，不仅因为我们没找到有效的观测方法，还因为这个世界就是不确定的。难怪霍金在卢卡斯数学教授就职演讲中将量子力学称为“我们不了解、也无法预测的理论”。[8]

考虑到这一点局限性，物理学家们重新定义了科学研究的目标：万物理论的一系列规则，需要有能力预测不确定性原理划定的界线之内的事件。这意味着很多时候，我们得到统计上的概率就足够了，而不是具体的数据。

霍金总结了我们遇到的问题。万物是否都由万物理论，或者是上帝预先设定好的呢？他的回答是肯定的。“但也有可能不是，因为我们没法知道哪些是设定好的。如果理论设定我们要死于绞刑，我们就不会被淹死。但是你驾着一叶扁舟冲向风暴肆虐的海洋的时候，也非常确信自己的终点在绞刑架上。”[9]他将“自由意志”的概念称为“一个能很好地估测人类行为的理论”。[10]

万物理论真的存在吗？

并不是所有物理学家都相信万物理论的存在，即使他们认为是存在的，也尚未发现。也许随着一个又一个发现，一层又一层深入，科学家们可以重新定义人们的认识，但是绝对不可能发现最深层次的规律。还有人认为事件并不完全是可预测的，而是随机发生的。有人认为上帝和人类在我们这个世界内的自由，远比一个确定的万物理论给予我们的多。科学家们相信宇宙像一首伟大的交响乐一样，虽然音符已经写就，但是演奏音符的方式还有很大的创新空间，并不是预先设定好的。

无论我们有没有能力、有没有可能发现能完整诠释宇宙的理论，都有人愿意做出尝试。人类是勇敢的，有着无法满足的好奇心，有些人的热情，比如霍金，非常难被别人浇灭。这些人的发言人，穆雷·盖尔曼是这样描述他们的求索的：

为理解宇宙及其运行的原理，以及宇宙的起源而做出的探索，是人类史上最持久、最伟大的冒险。很难想象在一个小星系中，围绕着一颗不起眼的恒星周围的一颗小天体上，有那么几个居民的目标，是完全、彻底地理解整个宇宙，并且这几个人还真的相信他们有能力理解整个宇宙。[11]

第3章 “等于任何结果”

12岁时，霍金的两个同学对他的未来打了个赌。约翰·麦克伦纳汉打赌霍金“不可能有任何成就”；而巴塞尔·金说霍金长大之后“会变得异常能干”。[1]他们的赌注是一包糖。

霍金小时候并没有展现出什么天赋。有些报道说他是“不世出的桀骜天才”，但在霍金的记忆里，他小时候就是一名普通的英国小学生，识字很慢，写出的字让老师绝望。他在学校至多只能算中上等，不过他后来说，“班上的同学都很聪明”。[2]也许有人发现霍金对事物工作的原理特别感兴趣，比如钟表和收音机，并认为他长大一定会从事科学或工程方面的工作。他会把东西大卸八块一探究竟，但基本都没法再装回去。霍金的肢体动作一直不是特别协调，也不怎么擅长体育运动，或是其他体力劳动。运动队根本不会注意到他。约翰·麦克伦纳汉觉得自己胜券在握。

巴塞尔·金大概也只是出于友谊，或是喜欢下高风险的赌注。也许他确实看到了当时老师、父母，甚至霍金自己都看不到的特质。他虽然没有去要那包糖，但他早就赢了。因为霍金经过平淡无奇的数年，成长为当代学术界的伟人，与历史上的众多巨人并立。他是如何成长起来的，从生理学角度已经无法解释了。霍金后来说他宁愿“还做一个长不大的孩子，不断地问怎么回事、为什么。有时候能找到答案”。[3]

1942—1959年

1942年1月8日，史蒂芬·威廉·霍金生于牛津，当时正值“二战”。生在那时并不算开心，因为英国已被挫折和恐惧笼罩。霍金经常说他的生日刚好在当代科学之父——伽利略去世后的第300年。不过在1942年1月，没什么人能想起伽利略。

史蒂芬的父母——弗兰克·霍金和伊索贝尔·霍金并不算富有。弗兰克的祖父在约克郡家底颇丰，但因为扩张得太快，买了太多农场，结果在20世纪初农业大萧条时破产。他顽强的妻子，也就是弗兰克的祖母、史蒂芬的曾祖母，在家开办了一所学校，挽救了家人于水火。她能够并且愿意不走寻常路，说明教育在他们家一直占据着比较高的地位。

史蒂芬的母亲伊索贝尔在家里七个孩子中排行老二，她的父亲在格拉斯哥做医生。她12岁时，全家搬到了德文。

当时的家庭能凑够钱送孩子去牛津读书很难，但他们两家都做到了。伊索贝尔的父母尤为可贵，因为20世纪30年代，极少有女性读大学。虽然自1878年起牛津就开始招收女学生，但直到1920年，牛津才开始给女性授予学位。牛津的学科专业通常比美国博雅教育的学院还要细化，伊索贝尔学习的课程覆盖面异常广，比如学习哲学、政治和经济学。[4]

史蒂芬的父亲弗兰克心思细腻，意志坚定，他从14岁开始就坚持每天记日记，直至去世。[5]他比伊索贝尔早进入牛津，学习医学，研究热带病药物。第二次世界大战爆发时，他正在东非做实地考察。他勇敢地横穿大陆，沿着非洲的刚果河（当时叫作“黑暗之心”）而下，坐上回英国的轮船，并应召入伍，之后被分配做了医学研究。

此时，伊索贝尔也经历了自己的冒险。她甚至去了西班牙，想支持共产党，投身西班牙内战，但是“他们把她打发回来了”。她做过好几份工作，但以她的能力和学历都是大材小用。其中一份是税务稽查员，她非常厌恶这份工作，于是带着反感辞职，去了汉普斯特一家医疗机构做了文员。她就是在那里遇见了弗兰克。“二战”初期，他们结婚了。

1942年1月，霍金一家人住在伦敦北部的海格特。当时的伦敦几乎每晚都要遭遇空袭，为了安全，弗兰克和伊索贝尔决定去牛津待产。彼时英国承诺不轰炸海德堡和哥廷根，换来德国承诺不轰炸英国两座学术重镇——牛津和剑桥。生产前一周，伊索贝尔去了牛津，这个她度过大学时光的地方。她先在旅馆里住下，在孩子即将降生时再住进医院，不过她依然有时间出去散步打发时间。一个悠闲的冬日，她走进一家书店，用一张购书券买了一本星图。她后来觉得，买到这本书是命运的指引。[6]

1月8日，史蒂芬出生，之后不久，父母就带他回了海格特。他们的房子在轰炸中幸存了下来，不过还是有一枚V-2火箭击中了邻居，震碎了他家的后窗，碎玻璃像小匕首一样插满窗后的墙壁。[7]幸亏这几天他们不在家。

战后，霍金一家在海格特一直生活到1950年。史蒂芬的妹妹玛丽于1943年出生（那时他还不到2岁），家里的小女儿费丽帕于1946年降生。1955年，他们还领养了一个儿子爱德华，那时史蒂芬已经十几岁了。史蒂芬在海格特时，读的是拜伦贵族学校，后来他认为自己在学校时不会认字都是因为学校那套“进步的教学方法”。

虽然史蒂芬说他父亲是“一个谦虚的人，从没渴望过升职，因此他这辈子的贡献也没得到过真正意义上的认可”，弗兰克·霍金医生在20世纪四五十年代，还是所在领域优秀的领军人物。他被任命为英国国家医学研究院寄生虫研究所所长之后，全家搬到了圣奥尔本斯。

在圣奥尔本斯不合群的一家人

霍金一家人很亲密。他们家里有很多好书和好音乐，家里的留声机经常大声放着理查德·瓦格纳的歌剧，声音绕梁不绝。弗兰克和伊索贝尔非常重视教育，他们花了很多时间教育孩子。弗兰克给孩子们打知识基础，包括天文学和测绘学，伊索贝尔带孩子们去南肯辛顿的博物馆，每个孩子都有最喜欢的博物馆，但是每个孩子都对其他人最喜欢的博物馆不屑一顾。她会把史蒂芬带到科学博物馆，再把玛丽带到自然历史博物馆，再陪费丽帕（这个女孩还太小，不能一个人逛）去维多利亚和阿尔伯特博物馆。过一会儿，她再把所有孩子都接到一起。[8]

圣奥尔本斯的人觉得霍金一家人都很聪明，但很不合群。他们一家对书的热爱让史蒂芬无时无刻不在读书，甚至吃饭的时候一家人都只顾看书不说话，史蒂芬的朋友都觉得他们家很奇怪，甚至有点无礼。有报道称他们家的车以前是灵车，这是假的。多年来，霍金一家人开的是辆二手的伦敦出租车，像个黑色的小盒子。这辆车让霍金一家看起来与众不同，不仅因为车的外观，还因为战后任何汽车都很抢手，只有有钱人家才有车。弗兰克在出租车后面的排座和折叠座椅之间装了一张桌子，好让史蒂芬和兄弟姐妹玩牌或是游戏。每年夏天，一家人都会去多赛特郡的奥斯明顿郊外度假，这张桌子就派上了大用场。他们露营的地方离海滩只有几百米。那片海滩全是石头，没有沙子，但是依然很有意思——过去是走私犯上岸的地方。漫长的夏日里，史蒂芬经常能在石头下面找到化石，这是"恐怖的怪兽统治地球时期留下的遗物，是它们让我们第一次意识到人类这个物种有多么特别"。霍金一家每年夏天去那里度假时，海滩边上都会有一辆满是涂鸦的吉卜赛大篷车，一家人在旁边支起一顶大行军帐篷。有一阵子，他们觉得当地人可能看不惯这辆大篷车，就用绿漆喷上了迷彩色。1958年，当地的有关部门把大篷车拖走了。

战后物资匮乏，英国民众都过得很节俭，房屋破旧也没钱维修，而且经常三代人共同生活，无论是出于长辈的慷慨还是经济条件有限。即使霍金家在圣奥尔本斯的房子比绝大多数家庭的都大，一家人的生活还是异常节俭，屋子也很破败。他们家是一幢有些怪异的三层红砖小楼，弗兰克在地下室养蜜蜂。史蒂芬的外祖母从苏格兰来到这里，住在阁楼，每次当地有舞会，她都会去秀一下出色的钢琴技巧。霍金一家搬进来时，这幢楼已经需要大修了，但后来也一直没变过。据史蒂芬的弟弟爱德华回忆："房子很大，很暗……也很吓人，像是在噩梦里一样。"[9]前门的含铅彩绘玻璃原来肯定很漂亮，但是缺边少角；前厅只有一只电灯泡；本来很美的威廉·莫里斯墙布也变暗了；破旧的门廊后面有个温室，一刮风就会掉玻璃片。房子没有集中取暖设备，地毯零零散散铺在地上，破了的窗户也没有换过；屋里到处都是放满书的架子，也算是有了一点保温措施。弗兰克不允许家人抱怨，坚持让大家冬天多穿衣服。每年最冷的几个月，弗兰克经常去非洲科研。史蒂芬的妹妹玛丽说"父亲就像候鸟，回家过个圣诞，然后就消失了，直到天气转暖才回来"。[10]她以为朋友们的父亲都不消失才"有点奇怪"。[11]

这幢房子也是孩子们小时候用想象力玩耍的地方。史蒂芬和玛丽比赛，谁进屋子的方法最多。有些方法也很隐秘，史蒂芬用了11种方法进屋，玛丽只发现了其中的10种。这幢房子好像不能满足他们了，史蒂芬还有一个想象中的地方叫作德莱恩。他好像不知道这个地方在哪儿，只知道有这样一个地方。每当母亲情绪有些失控的时候，他就下决心一定要坐上公交车找到这个地方，但后来，他们去汉普特斯西斯的肯伍德别墅时，母亲又听到他说，这就是他在梦里见到的房子。[12]

史蒂芬的朋友给他们一家人交流用的"方言"起了个名字叫"霍金语"。弗兰克有一点口吃，史蒂芬和兄弟姐妹说话都很快，有时会省略发音，后来就创造了自己的省略法。[13]据他母亲称，这也没阻止史蒂芬变得"总是特别健谈"，他的"想象力也特别丰富……喜欢音乐，喜欢戏剧表演"，也"很懒"，但是"一开始就能自学成才，像一块海绵，不断汲取着水分"。[14]他在学校成绩不佳，一部分原因是他对已经掌握的知识或是认为没必要知道的知识提不起兴趣。

史蒂芬天生有一种领袖气质，尽管他个子比同学们都小。他做事总是井井有条的样子，也能让其他人变得井井有条。他也因为幽默而小有名气。他不经常为被大个子欺负而苦恼，因为他的忍耐也是有限度的，被逼无奈时，他会变得凶悍可怕。他的朋友西蒙·汉弗里比他块头大，但西蒙的母亲记得有那么一次，史蒂芬，不是西蒙，挥起拳头对抗欺负自己的人，"他就是这样——什么都敢挑战"。[15]

8岁的史蒂芬在圣奥尔本斯上的第一所学校是女子高中，这所学校的名字很奇怪，因为学校其实还招收“高中”年龄以下的学生，学校的迈克尔学院还招收男生。学校里有一个7岁的小女孩叫简·王尔德，在比史蒂芬低一个年级的班级里，她注意到一个“头发金棕色，软塌塌”的男孩，就坐在“隔壁教室墙边”[16]，但那时她还不认识他。后来，他们两个喜结连理。

史蒂芬只在那所学校读了几个月，后来弗兰克因为工作需要在非洲待了很久，伊索贝尔接受了朋友的邀请，带着孩子们去了西班牙东部的马略卡岛。伊索贝尔在牛津的同学蓓尔和其丈夫，诗人罗伯特·格雷夫斯，就生活在惬意又美丽的马略卡岛。马略卡岛非常适合过冬，孩子们的教育在这里也没有落下，史蒂芬和格雷夫斯的儿子威廉有专门的家庭教师。[17]

在这里过了一段诗情画意的生活之后，他们又回到了圣奥尔本斯，史蒂芬去了一所私立学校拉德雷特，读了一年。之后他因为成绩优异，被另一所更挑剔的私校——圣奥尔本斯学校录取，学校就在大教堂边上。虽然他在那儿的第一年，成绩排倒数第三，但是老师们都认为他其实拥有更多的潜力。他的朋友们叫他“爱因斯坦”，要么是因为他看起来比别人聪明，要么是因为大家都觉得他古怪，可能两者皆有吧。他的朋友迈克尔·丘奇记得他有一种“过人的傲慢……还有对世界的一种过人的理解”。[18]

“爱因斯坦”的成绩很快升到中游水平，他还拿了一次“神学奖”。史蒂芬很小的时候，父亲就给他读《圣经》里的故事。“他很熟悉基督教。”伊索贝尔后来接受采访时说。[19]他们一家人经常进行纯理论性的辩论，欢快地讨论上帝是否存在。

史蒂芬从八九岁起，就想成为科学家，而且越发坚定，即使他的成绩排名并不靠前。他对询问和探究事物工作的原理非常着迷。他认为，从科学中找到的真相，不只是钟表或者收音机的原理，还包罗了他身边的一切事物。父母为他计划好13岁去威斯敏斯特学校。弗兰克认为自己的前途受到了家庭条件和学校声望的影响，其他能力不如他，但是社会地位比他高的人走得比他好——史蒂芬一定要得到更好的条件。

霍金一家负担不起威斯敏斯特学校的学费，除非史蒂芬能得到奖学金。可惜他那时总是反复发低烧，甚至严重到无法去上学，后来医院确诊为腺热。不幸的是，奖学金考试期间他刚好病倒了。弗兰克的希望落空，史蒂芬继续在圣奥尔本斯学校学习，但弗兰克认为圣奥尔本斯的教育水平肯定不比威斯敏斯特的差。

自1955年霍金一家领养爱德华之后，史蒂芬就不再是家里唯一的儿子。他欣然接纳了这个新来的弟弟。史蒂芬说："他很适合我们家。虽然他不听管教，但总是很惹人喜欢。"[20]

留在圣奥尔本斯与去威斯敏斯特相比，有一个显著的优势，史蒂芬可以跟一群有着相同爱好的小伙伴一起长大，他们的爱好包括在废弃的温室里做爆竹，发明超级复杂的桌游，以及跨度广、时间长的聊天。他们的桌游《风险》涵盖了铁路、工厂、制造业，甚至还有他们自己的股市，需要全神贯注好几天才能完成。还有一个是以封建社会为背景的游戏，每个人有着自己的朝代和详细的族谱。迈克尔·丘奇说，史蒂芬对打造一个世界，定下这个世界的规矩特别感兴趣。[21]约翰·麦克伦纳汉的父亲有个工作室，约翰和史蒂芬可以在那里做飞机和轮船的模型。史蒂芬后来回忆道，他喜欢"做出我能控制的模型……我读博士之后，对宇宙的研究满足了我在这方面的需求。如果理解宇宙运行的原理，也算是在某种程度上掌控了宇宙"。[22]从某种意义上说，霍金成年后建立的宇宙模型与"真正的"宇宙的关系，就像他小时候做的飞机和轮船模型与真正的飞机和轮船之间的关系是一样的。这些模型都能被操控，由此给你安慰，但你实际上什么都掌控不了。

史蒂芬知道宇宙在膨胀的时候才15岁，他被震惊了。"我觉得一定是弄错了，"他说，"静态的宇宙才更自然。这样的宇宙才能存在，并且一直存在下去。膨胀的宇宙是随着时间变化的。如果继续膨胀下去，最后就变得空空如也。"[23]这个想法让他很不安。

史蒂芬和朋友们像那个年代其他青少年一样，迷上了超感官知觉（ESP），他们试图通过意念控制骰子。不过，史蒂芬在参加一场演讲后就失去了兴趣，演讲人是一位在美国杜克大学研究过知名ESP案例的人。演讲人说，试验得到结果时，试验方法不对，而试验方法弄对之后，又得不到结果。史蒂芬认为ESP就是一场骗局，之后他一直对通灵现象持怀疑态度。在他的观念里，相信这种东西的人还停留在他15岁时的水平。

“宇宙”的鼻祖

史蒂芬他们那个小团体最厉害的冒险和成就——同时也赢得了圣奥尔本斯全镇人民的关注和赞赏，就是打造了一台叫作LUCE（逻辑单向选择器计算引擎）的计算机。他们用回收的钟表、电话交换机和其他机械电子设备上的零件拼装成了LUCE，可以进行简单的数学函数计算。可惜这几个少年的杰作已经不在了。因为圣奥尔本斯学校新任计算机负责人上任后搞了一次大扫除，把这台机器丢掉了。[24]

LUCE的终极版本是史蒂芬和朋友们在毕业前一年打造出来的。那时他们要对未来做出艰难的选择。弗兰克·霍金鼓励儿子追随他的脚步学习医学。史蒂芬的妹妹玛丽就是这样选择的。史蒂芬喜欢去爸爸的办公室用显微镜观测东西，但他觉得生物学“不够精确”，不适合自己。他认为生物学家虽然会观测、描述事物，却不做出根本的解释。学习生物还需要画详图，而他不太擅长画画。他希望选一门能探索准确答案、对事物追根溯源的学科。当然，他当时要是听说过分子生物学，应该会踏上一条完全不同的道路。

14岁时，史蒂芬受到迪克兰·塔塔的影响，也就是他和朋友口中的“塔塔先生”，决定要追寻“数学，更多的数学，以及物理”。史蒂芬的父亲认为这是不切实际的。数学家除了教书还能干什么？何况，他还希望史蒂芬能进入他就读的学院——牛津大学学院，而“大院”里是不能学数学的。史蒂芬听取了父亲的建议，为了准备进入牛津，开始专攻化学、物理，只学了一点数学，后来他申请进入大学学院，主要学习物理和化学。

1959年，史蒂芬离开家人上大学的前一年，他的母亲伊索贝尔和三个弟弟妹妹去了印度，陪父亲弗兰克在那边进行一个异常持久的研究项目。史蒂芬留在了圣奥尔本斯，跟他的朋友西蒙·汉弗里一家生活了一年。他又花了很多时间改进LUCE，虽然汉弗里博士经常打断他，告诉他应该给家人写信了——史蒂芬倒是巴不得把这件事抛在脑后。但他那年的主要任务是备考3月的奖学金考试。要想得到被牛津录取的机会，他就一定要考出非常好的成绩。

成绩排名中上游的学生如果没有一点幕后推手，几乎是不可能进入牛津大学的。史蒂芬在学校的表现平平，让弗兰克有充足的理由认为他需要托一些关系了。史蒂芬在圣奥尔本斯的校长也对他能否被录取，以及能否获得奖学金持怀疑态度，他建议史蒂芬再等一年，这个年纪申请大学还早了一点。因为其他两个跟史蒂芬一起准备奖学金考试的学生都比他大一岁。然而，无论是校长还是父亲，都低估了史蒂芬的智力和知识储备，以及他应对挑战的能力。入学考试的物理科目他几乎考了满分。他与大学学院院长，也是物理学的导师罗伯特·柏曼的面试也非常顺利，他一定能够被录取，并且得到奖学金。春风得意的史蒂芬便去了印度陪家人，然后一起回国。

脱颖而出

1959年10月，17岁的史蒂芬·霍金不再是个不起眼的人，他进入了牛津大学的大学学院——他父亲曾经就读的学院。“大院”在牛津的核心地段高街上，它创立于1249年，是后来合并为牛津大学的几个学院中最古老的一个。史蒂芬学习的是理学，主攻物理。这时他已经不再把数学当作一个学科，而是当作学习物理、研究宇宙的工具。他后来有点后悔没有在这个工具上花更多的时间。

牛津的建筑和剑桥类似，是中世纪所有风格的大杂烩。牛津的学术以及社交传统——比这些建筑还要古老——也是高智力、装模作样、纯粹的胡闹和真正的颓废组成的大杂烩。如果你对以上任何一点感兴趣，这里足以让你流连忘返。然而，史蒂芬刚来的一年半感到寂寞又无聊。他同年级的同学都比他大许多，不仅因为他提前参加了考试，还因为许多人服了兵役，他并不想通过学术排遣自己的无聊感。而且，他发现就算一点不学习，也可以过得下去。

和广为流传的不一样，牛津的导师制并不是一对一的，而是一名导师带两三名学生。跟霍金同一个导师的学生叫作戈登·贝里。算上他们两个，1959年米迦勒学期（秋季）进入大院学习物理的学生只有4名。这个新人小组——戈登·贝里、史蒂芬·霍金、理查德·布莱恩和德里克·波尼——绝大多数时间都待在一起，跟学院的其他人隔绝开来。

大二读到一半，史蒂芬才开始享受牛津的生活。导师柏曼描述，那时的史蒂芬·霍金跟几年前那个普通的他，或是大一无聊的他简直判若两人，“我认为他确实花了心思，把自己的水平拉低（与其他学生相等），跟其他小伙子一样。你要是不了解他的物理或是数学水平，他也不会告诉你……他当时可受欢迎了”。[25]史蒂芬大二、大三时认识的人都说他很积极、有活力，适应性强。他留着长发，他的聪明远近闻名，还喜欢古典音乐和科幻小说。

据霍金回忆，那时大多数牛津同学的态度都“很反感努力”：“你要么优秀得不费吹灰之力，要么接受自己的上限，乖乖拿一个四等学位。努力学习拿到一等学位，是不起眼的人才会做的事，而‘不起眼’是牛津最糟糕的标签。”史蒂芬自由、独立的精神和对学习无所谓的态度刚好和这里契合。有一次辅导课上，他读完自己的解题过程后，不屑地把纸揉成一团，扔进了房间另一头的废纸篓里，这是他的典型做派。

物理专业的课程，至少对霍金这个水平的人来说，用这种心不在焉的方式学也可以游刃有余。霍金说课程“简单得不可思议，都不用去听课，每周去一两次辅导课就能过；也不用记住什么现象，记几个公式就够了”。[26]而且，好像不用在实验室做什么实验也可以。戈登和霍金发现了获取数据的捷径，伪造了部分实验内容。“我们就是没有用功，”贝里回忆道，“史蒂芬更是铁了心不想用功。”[27]

德里克·波尼讲过他们四个人一起做电磁学作业的事。那次作业有13道题，导师柏曼博士要求他们下次辅导课的前一周交，能做多少做多少。到了那周的周末，理查德和德里克只做出了一道半，戈登只做出来一道。而史蒂芬还没开始做。辅导课当天，史蒂芬为了做题翘了三堂课，其他人都以为他终于要因为不努力而自食其果了。到了中午，他脸色阴沉地出现，告诉大家他只能做出来10道。一开始大家都以为他在开玩笑，后来才发现他真的做出了10道。德里克认为，这时史蒂芬的朋友们才意识到“我们不是不在一个起跑线上，简直都不在一个星球上”[28]，“即使同在牛津，在他眼里，我们这样的同学应该都是非常笨的了”。[29]

不只是他的朋友们发现他智力超群，导师柏曼博士和其他院长也开始意识到霍金的智力非常高，“他和同龄人完全不一样”，“本科的物理课于他而言一点挑战都没有。他几乎不需要做什么，因为可以做的事他都能做得到；他只需要知道能不能做，不用看别人怎么做，就能做好。他读没读什么书我不清楚，但他的书不多，而且他也不记笔记”。[30]“我不会自大地说自己教过他什么。”[31]另一个老师说史蒂芬是那种更喜欢给教科书挑错，而不是做课后题的学生。

牛津大学的物理系课程安排，很容易让学生觉得不太需要努力。本科一共三年，只有第三学年末才有一次考试。“我没有努力过，这并没有什么可骄傲的，”他说，“我只是描述了自己当时的态度，好多同学都是这样的：无聊，认为没什么值得努力的事。这种消极思维的后果，就是有一天不得不改变：当你发现自己有可能英年早逝时，就会意识到生活是值得享受的，你还有很多想做的事。”

在大二中期，史蒂芬的态度发生巨大转变的一个主要的原因是，他和戈登·贝里加入了赛艇俱乐部。他们两个都不算健壮，划船水平一般。但两个人体重都很轻、身材结实、聪明、动作快、声音雄浑有力，这些刚好是好舵手的必备品质——就是坐在最前面，面对4名或是8名队员，用把手控制舵的人。舵手是掌控全局的人，这也是霍金喜欢模型船、模型飞机和宇宙的原因——一个瘦小却有八块腹肌的男人。

史蒂芬做舵手花的精力，远比在学习上的多。在牛津，加入了赛艇队，同学们就一定会向你投去羡慕的目光。虽然学生们满是无聊、认为什么事都不值得努力的态度，但到了河里就不一样了。划手、舵手和教练每天清晨在船屋集合，哪怕河面上有一层薄薄的冰，都要先练一套复杂的健美操，再把赛艇抬进河里。这一套流程风雨无阻，在河上来来回回，教练就在岸上的小道上骑着自行车指导队员。到了比赛日，大家都热情高涨，叽叽喳喳的粉丝在岸边追着赛艇跑。比赛日偶尔会起雾，赛艇像幽灵船一样在河面上神出鬼没；有时也会下大雨，赛艇底部全是水。赛艇俱乐部的晚宴在学院大厅举行，一直持续到很晚，最后总会演变成浸满红酒的餐巾大战。

以上种种，让人坚信自己身体健美，与同学感情深厚，遇事全力以赴，充分体会了大学生活。史蒂芬在校际比赛中表现出色，成了赛艇圈里的红人。他之前并不擅长任何一项体育运动，这算是一次激动人心的改变。当时的一名赛艇队员诺曼·迪克斯回忆说："霍金很喜欢冒险，你永远不知道他打算做什么。"[32]史蒂芬经常会弄坏舵，甚至是赛艇，因为他跟其他舵手不一样，总喜欢急转弯，或是希望靠极限操作取得优势。

不过，大三接近尾声的时候，考试的压力突然压过了赛艇。史蒂芬有一点焦头烂额了。他选择了理论物理作为专业，这意味着毕业论文有两个领域可以选择：研究宏观事物的宇宙学，或是研究微观事物的基本粒子。他最后选择了宇宙学。"我只是觉得宇宙学更有意思，因为这门学科需要回答这个问题：宇宙是哪里来的？"[33]当时英国最有名的天文学家弗雷德·霍伊尔在剑桥工作。史蒂芬夏天跟霍伊尔手下一名优秀的研究生——杰扬·纳里卡一同上了一次课之后，就无比期待能跟霍伊尔共事。史蒂芬后来申请去剑桥读博，并得到了有条件的录取通知：他要在牛津拿到一等学位。

想拿到一等学位，只学1000个小时是远远不够的。不过，牛津的考试允许考生在众多题目中选择。史蒂芬认为只做理论物理的题，跳过涉及现象的题，就能顺利通过考试。随着考试的临近，他的信心在一点点动摇。保险起见，他决定参加公务员考试，申请建筑和工程部的岗位。

考试的前夜，史蒂芬紧张得睡不着。他考得很差。本来第二天早上要参加公务员考试，结果他睡过头了，一切都只能看牛津的考试成绩了。

史蒂芬和朋友们提心吊胆地等着公布考试成绩，只有戈登相信自己考得很好，可以拿一等学位。但是，戈登错了，他和德里克拿到了二等学位，理查德拿到了三等。史蒂芬的成绩则处在一等和二等之间。

因为无法界定等级，考官们便安排霍金参加一次面试——“口试”。他们问到他将来的打算。虽然当时史蒂芬的命运都押在了这场面试上，他还是表现出自己赖以成名的犀利作风，对考官说：“如果我拿到一等学位，就能去剑桥了。要是拿到二等学位，就得留在牛津。所以你们还是给我一等学位吧。”他最终拿到了一等学位。导师柏曼博士说，当时的考官们“很聪明，意识到面前的这个人比他们都聪明许多”。[34]

虽然口试大获全胜，但其他的事却并不顺利。霍金大三那年发现了一个问题一直没有解决，虽然被他的舵手生涯、他的人气飙升，以及对考试的焦虑暂时盖过了。“我好像越来越笨手笨脚了，而且经常莫名其妙地摔跤。”[35]这个问题甚至影响到了他在赛艇队的表现，他很难一个人划双桨了。他在牛津的最后一个学期从楼梯上摔了下来，头撞到了地上。他的朋友们花了好几个小时，帮他克服短期以及长期的失忆，并且坚持让他去看医生，确认一下没有受到什么严重的伤，再去做个门萨智商测试，向大家以及他自己证明一下他的大脑没有受影响。虽然他没有什么大碍，可大家都不相信摔跤只是一次意外。

当时的确有问题，不是因为他摔了一跤……也不是他的大脑出了问题。那年夏天，他和朋友一起去波斯（如今的伊朗），在那里生了场重病，有可能是因为饮食上的水土不服，或者是因为出境之前打的疫苗。[36]这次旅行的不顺遂还不止于此，对他的家人来说更甚。他们和史蒂芬失联了三周，因为史蒂芬去的地方发生了一场严重的地震。不过，因为史蒂芬当时病得太严重，坐的大巴又太颠簸，他根本没有感觉到发生了地震。他回到家时已经筋疲力尽，依然感觉身体不适。后来有人推测，他得的这场病，乃至他的肌萎缩性侧索硬化症，都是因为出国前打的天花疫苗未经灭菌，但其实他在出国前就已经患病了。因为在波斯染上的这场病，加上日渐严重的症状，21岁的史蒂芬进入剑桥的时候，比那年春天在牛津时更加心绪不宁、身体虚弱。1962年秋天，他搬进了三一学堂。

史蒂芬去剑桥读书之前的那个夏天，简·王尔德在圣奥尔本斯和朋友散步的时候看到了他。史蒂芬是个“走路姿势很奇怪的小伙子，低着头，乱糟糟的棕色头发遮住了脸……他沉浸在自己的思想里，不会左顾右盼……迎面跌跌撞撞地走过来”。[37]简的朋友戴安娜·金是巴塞尔·金的妹妹，巴塞尔又刚好是史蒂芬的朋友，戴安娜让简的朋友们大吃一惊，她说自己跟史蒂芬约会过，“他很古怪，但是很聪明。他带我去过剧院。他还参加过禁止核武器的游行”。[38]

第4章　“意识到我得了绝症，可能只有几年的寿命，还是有点吃惊的”

霍金在剑桥的第一年可以说是很糟糕了。霍伊尔的研究生招满了，史蒂芬被调剂到丹尼斯·施玛名下。施玛在物理学界的名声不比霍伊尔——史蒂芬根本就没听说过施玛这个人——但大家知道他是个好导师，非常关心学生。他在剑桥的时间比霍伊尔多很多，因为霍伊尔是国际知名学者，经常去世界各地的天文台。施玛和霍伊尔都相信宇宙的“稳态”理论，这个理论是霍伊尔与赫曼·邦迪以及汤姆·古德创立的。

稳态理论承认宇宙在膨胀，但是与大爆炸理论不同，并不要求时间一定要有起点。稳态理论认为，宇宙在膨胀，星系之间的距离在拉大，新的物质会填充星系之间越来越大的空隙，最终形成新的恒星和星系。在过去或未来的任一时刻，宇宙的样子都没有什么大的变化。稳态理论注定会输给大爆炸理论，不过有那么一段时间，它还是有很强的竞争力。

以霍金马马虎虎的数学基础，学习广义相对论已经有些吃力了。他后来说“我只在圣奥尔本斯学过数学，目前为止够用了”，但这时他已然觉得不够用了。他非常后悔听从父亲的建议，没有在牛津读数学。施玛建议他专攻天体物理学，但史蒂芬坚持要研究广义相对论和宇宙学，开始艰难地自学，勉强撑下去。在伦敦国王学院，赫曼·邦迪开了一门广义相对论的课，史蒂芬和其他剑桥的研究生经常去听课。

即使对于数学基础很好的人，选择相对论和宇宙学都有些冒险。科学界对宇宙学不太待见，始终持怀疑态度。霍金后来回忆道：“大家都认为宇宙学是伪科学，宇宙学家们年轻时也许还有点用，但是不知怎的就老糊涂了。”[1]宇宙学经常需要推测，但是经常连支持推测的数据都收集不全。[2]施玛在认识霍金之前两年，还写到宇宙学是“争议性很大的学科，基本没有公认的学科体系”。[3]

霍金了解这些困难，但是在前沿领域工作、探索无人之境的诱惑是无法抗拒的。宇宙学和广义相对论“虽然当时不受重视，但是已经可以更进一步了。跟基本粒子不同，那时已经有了成熟的理论，爱因斯坦的广义相对论，大家都认为很难理解。能给（爱因斯坦的）场方程找到解就已经很值得开心了，至于这个解有没有物理上的意义，也没人关心了”。[4]

霍金也指出，爱因斯坦的广义相对论的确很完善，将引力解释为时空的翘曲，施玛对宇宙学的观点是正确的。大爆炸理论和稳态理论，究竟哪个可以准确描述宇宙的历史？这场争论依然争得热火朝天。宇宙究竟有没有开端？21世纪的我们回过头去会发现，1962年，霍金刚进入剑桥读研究生时，这场争论居然没有一点平息的迹象。

霍金没能跟随霍伊尔读博，加上数学基础不牢，的确造成了一些困难，但对于研一的学生来说也不算什么。他在广义相对论的道路上艰难跋涉，同时自己尽力摸索数学理论，试图理解相对论。然而，从1962年的秋天起，另一个罕见又无情的问题困扰着他，很可能让他的一切努力都化为泡影。他在牛津读大三时发现自己变得笨手笨脚，来到剑桥后更加严重了。他在剑桥的第一个学期，连系鞋带都困难，有时话也说不清楚。他口齿越来越含糊，第一次见他的人还以为他有语言障碍。

在剑桥读完第一个学期，他回到圣奥尔本斯的家过圣诞节时，他身体上的问题已经瞒不过父母了。弗兰克带着儿子去见了家庭医生，医生推荐了一名专家，他们预约节后去看专家。

1963年1月，史蒂芬·霍金过完21岁生日之后，不得不去伦敦的圣巴塞洛缪医院做检查，没法回校开始春季学期了。令人稍感欣慰的是，他的妹妹玛丽追随父亲的脚步学了医，当时正在“圣巴医院”实习。史蒂芬不想要父母安排的单人病房，因为他有“社会主义者的主张”。在医院，专家提取了他手臂肌肉的样本，在他身上插入电极，还给他的脊椎注射不透辐射的液体，然后让他躺在床上，在X光下让床前后倾斜，观察液体在他身体里的运动。两周之后，史蒂芬出院了，医生含糊地说他的病“很不常见”，并不是多发性硬化症。医生建议他回剑桥继续读博。史蒂芬后来在个人回忆录里写道：“我觉得，他们认为病情会继续恶化，却无能为力，只能让我吃维生素。我知道他们没指望维生素起什么作用。我不想再问什么细节，因为情况显然很糟糕。”

直到史蒂芬跟伊索贝尔去滑冰，摔倒了却站不起来之后，她才意识到儿子的病情有多严重。费了好大劲离开冰场之后，她把史蒂芬带到一家咖啡厅，逼他说出身体上的问题以及医生的诊断。她坚持要亲自跟医生交流，但她得到的结果依然十分不乐观。[5]

史蒂芬·霍金的病——肌萎缩性侧索硬化症（ALS），十分罕见，当时没有治疗方法，在英国被称作运动神经元病，在美国叫作卢伽雷病。ALS会让脊髓和大脑内控制随意肌运动的神经细胞逐渐衰变。早期症状通常是身体虚弱，双手颤抖，有时会出现口齿不清和吞咽困难。随着神经细胞的衰变，这些细胞控制的肌肉也会萎缩。最终，身体的所有随意肌都会萎缩。虽然除了史蒂芬，其他患上此病的人也有活了几十年的，但绝大多数病人都会在患病两三年后，因呼吸肌萎缩导致的肺炎或窒息而死。ALS不会影响心脏、排泄和性器官的非随意肌，大脑也能够一直保持清醒。对有些人来说这一点是优势，对另一些人来说则是噩梦。晚期的病人经常需要注射吗啡，并不是为了止痛——因为这个病一点也不痛——而是控制恐慌和抑郁。

霍金的一切都改变了。他一如既往地“轻描淡写”，说自己当时的反应是“意识到我得了绝症，可能只有几年的寿命，还是有点吃惊的。我怎么会遇上这样的事？为什么会突遭横祸？不过我在医院的时候，看到对床那个不太熟的男孩死于白血病，他的样子有点惨。显然还有比我情况更糟的人，至少我还没感觉自己病了。我一有惋惜自己的念头，就会想起那个男孩”。

不过，霍金一开始还是陷入了抑郁。他不知道自己该做什么，会变成什么样，病情恶化速度有多快，或者恶化之后是什么样。医生建议他继续读博，但他的博士生涯本就不顺利。这一点对他的打击几乎像病情一样严重。如果他活不到被授予博士学位的那天，读博又有什么意义，不过是在身体逐渐死去的过程中，给大脑找点事做罢了。他在三一学堂的宿舍里难受得闭门不出，不过后来他坚称：

“杂志里对我酗酒的报道是夸大其词了。我觉得自己很悲伤，听起了瓦格纳的乐曲。

“我当时做的梦也让我很不安。在确诊前，我觉得生活很无聊，好像没什么值得做的事。但是出院之后不久，我就梦见自己上了刑场。我突然意识到，如果我能获缓刑，那么我还有许多值得做的事。我还做了好几次牺牲自己拯救他人的梦。如果我无论如何都要死，还不如先做点好事。”

弗兰克动用了他在医学界所有的关系。他联系了所有研究类似疾病的专家，但都一无所获。史蒂芬的医生希望他的病情能够稳定下来，然而他的病情飞速恶化。不久之后，医生就通知他们史蒂芬大概只有两年的寿命了。这时，弗兰克找到施玛，请他帮助史蒂芬提前完成博士论文。施玛了解史蒂芬的潜力，即使知道他命不久矣，依然不同意破例，拒绝了他父亲。

史蒂芬在论文上仍旧没什么进展，他在三一学堂结识的新朋友罗伯特·多诺万在生活上帮了他很多。1963年秋天，多诺万搬到剑桥的亚当斯路1号，霍金在那里已经住了1年。多诺万到的时候，房子里空无一人，后来发现霍金在后院练槌球，还邀请他进屋喝茶。在这所后来被罗宾逊学院拆除的老房子里，两个人结下了一辈子的友情。他们每天晚上都一起穿过柏瑞尔路，从格兰特旅社桥跨过卡姆河去学院吃晚饭，再散步回去。“史蒂芬是我认识的最有趣的人，”多诺万说，“虽然我一开始以为剑桥的人都这样。”霍金当时走起路来已经“起伏不定”，他们常走的路又很不平。多诺万觉得霍金随时有可能摔倒，要做好准备扶住他，又不能表现得太刻意。霍金没有多说自己的病情，只说是免疫系统攻击神经系统引起的。

多诺万是化学专业的，他给霍金讲了自己的研究之后，霍金提出的问题深入又有见地，让他对化学的理解也更透彻了。多诺万有哪一点没有解释清楚，史蒂芬一定要他再试一次。他们一起走路时，“会有人擦肩而过，跟史蒂芬打招呼，但我们不会停下。我们就一直聊着天，继续赶路”。他们晚上一起出去散步的第一年，经常会听着瓦格纳的乐曲，聊到凌晨两三点。

一年之后，多诺万结婚了。史蒂芬对一切都了解得非常透彻，多诺万还听取了史蒂芬的建议，在剑桥郊外的科顿买了一套房子。他在切斯特举行的婚礼上，霍金和另一个朋友还追着新婚夫妇的车跑。新郎和新娘跑掉之后，走到了一所装点着彩旗的房子，房前还挂着“新婚宴尔”的标语。这些都是霍金的功劳，他“总是喜欢找乐子”。

霍金的病确诊后两年，病情恶化的速度有所缓解。“我没死。尽管我知道自己的前景黯淡，但我居然比过去更会享受生活了。”他不得不拄拐，但他的病情并没有那么严重。残疾和死亡虽然还是不可避免，但终归推迟了一些。既然霍金还能多活一阵子，施玛就建议他完成论文。霍金得到了缓刑，虽然只是暂时的、不确定的，但生命还是宝贵的，还有很多值得霍金花时间的人和事，其中就包括简·王尔德。

1963年1月，就在霍金入院检查之前，巴塞尔·金和妹妹戴安娜在圣奥尔本斯办了一场新年派对。霍金在那里遇到了戴安娜的朋友简[6]，她当时即将从圣奥尔本斯高中毕业，秋天就要去伦敦大学的韦斯特菲尔德学院学习语言。简后来描述在派对上看到史蒂芬时的样子：“身材瘦削，在角落里靠着墙，背对着灯光。说话的同时，修长的手指一同做着手势，头发垂下来盖住了眼镜，穿着满是灰尘的黑色天鹅绒西装上衣，配红色天鹅绒领结。”[7]

史蒂芬把在牛津的口试经历（就是他拿到一等学位的那次）稍微修饰了一下，给他一个从牛津过来的朋友和简讲了一遍，比如他让考官们给他一等学位，让他以“友校间谍”的身份去了剑桥。[8]简觉得这个头发凌乱的博士生真的很聪明，但又很古怪、很傲慢，也很有趣，简非常喜欢他自嘲的聪明劲儿。他说自己学的是宇宙学，但她并不知道宇宙学是什么意思。

史蒂芬和简在派对上交换了姓名和联系方式，几天之后的1月8日，简就收到了生日派对的邀请 —— 史蒂芬的21岁生日。这是简第一次接触住在圣奥尔本斯山边道14号上古怪的霍金一家人。虽然她在圣奥尔本斯见过多数家庭成员，但她还是觉得自己在史蒂芬的家人和朋友面前显得过于单纯，整晚基本都待在炉火边，跟坐在她膝盖上的爱德华 —— 史蒂芬的弟弟一起取暖。那天晚上，史蒂芬也不太顺心。他身体上的问题藏不住了，他连倒杯酒都困难。

大约一个月之后，简无意间听到戴安娜和朋友在讨论史蒂芬确诊的病情，他得了“某种很严重，会让人瘫痪的绝症……有点像多发性硬化症，但又不是。他们认为史蒂芬只剩几年的寿命了”。[9]戴安娜的哥哥巴塞尔之前去医院探望过史蒂芬。

一周之后，简居然在圣奥尔本斯的火车站台偶遇了史蒂芬，跟之前的样子差不多，只是着装更传统，发型更精神了。他们都在等去伦敦的火车。一路上，他们坐在一起聊天。简说到为史蒂芬住院惋惜的时候，史蒂芬皱起了鼻子，什么都没说，[10]于是她换了话题。史蒂芬问她愿不愿意趁他周末从剑桥回家的时候，跟自己去剧院，她答应了。

他们的第一次约会是去伦敦看戏剧，还共进了晚餐。那晚他们花了太多钱，坐公交去火车站的路上，史蒂芬才意识到自己没钱了 —— 当时还没有ATM。虽然史蒂芬给简安排的第一次约会很奢侈，但最后不得不问简能不能付公交的钱。简在手包里翻了好久，才发现钱包不见了，于是两个人开始了第一次“冒险之旅”。趁没人问他们要钱时，他们溜下公交，回到已经关门的老维克剧院，从舞台的侧门溜了进去。他们在座位底下找到了简的钱包，正以为一切顺利时，灯突然全灭掉了。史蒂芬牵起简的手，两个人摸索着穿过舞台，然后走出舞台侧门，史蒂芬自信地在前面走，简跟在他后面，“悄悄地仰慕着他”。[11]

史蒂芬绝对不是那种出去约会只知道吃比萨、看电影的人，他第二次约简出去，就是去三一学堂参加“五月舞会”①。去伦敦看戏剧、共进晚餐，再参

① 剑桥的“五月舞会”通常在6月举办。

加剑桥的五月舞会，这绝对是每个姑娘梦寐以求的约会。

6月，史蒂芬带简去剑桥时，他的病情还是让简吃了一惊。她担心这个“瘦削、弱不禁风又有些跛脚、好像在用方向盘撑着自己的人”[12]能不能把车开到剑桥。一路上的确“险象环生”，但并非因为史蒂芬的腿脚不灵便，而是因为他在路上鲁莽地飙车。到地方后，简发誓回家时一定要坐火车，不能再坐他的车了。[13]

虽然跟三一学院和圣约翰学院比起来，三一学堂还是有些小，但这里的五月舞会依然魔力十足。草坪和花海到了卡姆河和后花园边上逐渐稀疏，点起了浪漫的灯光，着正装的大家都比平时更美、更帅。校园内各处的音乐均不相同，迎合着不同品位的人。一间墙上嵌满木板的房间有一支管弦四重奏。学堂里有卡巴莱，有爵士乐队，有牙买加钢鼓乐队。浴缸里装满香槟供大家喝，还有豪华的自助餐。活动一直持续到凌晨，并且供应早餐，第二天还可以乘篷船。史蒂芬和朋友前一秒还在为什么知识争得不可开交，下一秒他的朋友们就非常绅士地照顾他不太方便的腿脚。简一开始有些摸不着头脑，后来就对他们刮目相看了。让简失望的是，舞会结束后史蒂芬不同意她坐火车回家，所以她到家时仍惊魂未定，甚至还有点恶心，下车后就把史蒂芬扔在车上，溜进了家门。简的母亲坚持让她邀请史蒂芬进来喝杯茶。虽然两次约会都很浪漫，霍金也觉得简是个“很好的姑娘”，[14]可两人之间还没产生火花，也正是这时，德里克·波尼发现他的老朋友突然对约翰·邓恩的诗产生了兴趣，都是很美、很直白的情诗。[15]

简后来又和史蒂芬以及双方的家人见了几面，然后因为去韦斯特菲尔德读语言的需要，她夏天去了西班牙。回国后，史蒂芬已经去了剑桥，她也很快离开圣奥尔本斯，开始在伦敦的生活，攻读学位。直到那年的11月，她才有了史蒂芬的消息。史蒂芬当时去伦敦看牙医，邀请简去华莱士典藏博物馆（展示艺术、家居、陶瓷、武器和盔甲的博物馆），顺便共进晚餐，然后去看瓦格纳的歌剧《飞翔的荷兰人》。约会时，史蒂芬在下摄政街上摔了一跤。简扶他站了起来，发现他的步伐越来越不稳，但是想法却越来越执拗。当时是肯尼迪遇刺后不久，他还表达了自己不满肯尼迪对古巴导弹危机的处理。[16]

那年春天，史蒂芬经常去伦敦参加讲座或看牙医，而且好像总是能拿到歌剧的票。简周末也经常去剑桥见他。这时她毫无疑问已经“爱上了史蒂芬，爱上了他奇怪的幽默感。他眼中的光有神奇的吸引力”，[17]但她不想只跟他谈一会儿恋爱。可惜在史蒂芬身上只能看到那么远的未来，他们共度的周末也不算开心，简经常流着泪回到伦敦。

当时的一个问题在于，史蒂芬虽然对绝大多数事物都很健谈，却不愿意说起自己的病，或是分享自己对此的感受。虽然有时简觉得有点困扰，但她也没有要求史蒂芬说。后来她才意识到，拒绝沟通为后来他们的关系破裂埋下了伏笔。[18]

深冬的一天，史蒂芬去哈利街看过医生后见到了简。她问史蒂芬情况如何，“他做了个鬼脸”，告诉她，医生说“不用来了，我也无能为力”，[19]然后就不说话了。

简在韦斯特菲尔德的第一年，经历了对自己信仰的质疑。本来这样一个有魅力又聪明，甚至能让简觉得自己像个“笨拙的少女”的小伙子，应该很容易让简变为不可知论者，甚至无神论者。但简坚持了童年时母亲灌输给她的、对上帝的信仰，也坚信大难不死必有后福。她认为“如果想让当前的状态有所改善，就要对两个人都保持足够的信任”。[20]史蒂芬虽然从来不信上帝，但还是很钦佩她的热情和乐观，慢慢地也被她这种情感所感染。

然而并不是一切都在朝好的方向发展。尽管冬天他们的关系发展得很好，但是简在1964年春天去西班牙待了一个学期，写给史蒂芬的信却没有回音。那年夏天，她要和家人一起游欧洲，出发之前她还要在圣奥尔本斯待上一阵子，她发现那时的史蒂芬忧郁又悲观，大声放着瓦格纳的乐曲，一点也不想改一改他吊儿郎当和沮丧的态度，好像还打定主意要疏远她。后来简接受采访时说：“他当时真的很可怜。我觉得他可能已经失去了活下去的意愿，他很烦恼。”[21]那年夏天，他们基本没有见面。史蒂芬和妹妹费丽帕去了拜鲁特，看瓦格纳的《尼伯龙根的指环》巡演，再从那里出发，穿过冷战的铁幕，到达布拉格。

简和家人的欧洲行接近尾声时，她在威尼斯的酒店收到了史蒂芬寄来的明信片。史蒂芬能给她寄明信片已经很难得了，内容居然还很向上，包含了许多信息。明信片上是能俯瞰奥地利萨尔茨堡全城的要塞，史蒂芬在寄言里感慨着萨尔茨堡的音乐节，还有拜鲁特和布拉格。简带着这张明信片，在浪漫的氛围中游历了威尼斯，她控制不住自己回到英国和史蒂芬重聚的迫切期望。

当简回到圣奥尔本斯时，她发现史蒂芬比夏天时精神好了很多，虽然在德国坐火车时不小心磕掉了一颗门牙——可惜了他在伦敦看那么多次牙医。他的身体状况也有所稳定，他有勇气展望未来了。

秋季学期开始时，剑桥秋雨连绵，史蒂芬向简求婚，简答应了。“我想为自己的存在寻找目标，”她说，“我在照顾他这件事上找到了。但我们当时在谈恋爱，然后结了婚，我好像也没的选。我只是决定了自己要做什么，然后做到了。”[22]他们二人意识到，“我们可以一起创造些让生活更有意义的事”。[23]

对史蒂芬来说，简答应求婚“意味着一切”。“订婚这件事改变了我的生活，给了我生活的目标，让我坚定了活下去的决心。没有简给我的帮助，我没有走下去的能力，也没有走下去的意志。”

简的父亲认可了他们的婚姻，条件是简一定要完成学业，而且不能接受无理的要求。弗兰克建议，考虑到史蒂芬的预期寿命没有几年了，他们得赶快要个孩子。他以医学专家的身份保证，史蒂芬的疾病不会遗传。[24]

他们的婚姻有一个阻碍必须马上处理，就是韦斯特菲尔德学院不允许在校本科生结婚。考虑到简的未婚夫可能活不到她毕业的那天，学院破了例。不过学院还是要求简搬出校园，在伦敦自行解决住宿问题。她在伦敦的住所度过周一到周五，周末去剑桥陪史蒂芬。[25]史蒂芬也得搬出校园，寻找新的住所。

霍金天生的乐观又回来了，他找到了用市话的价格打伦敦长途的方法，他们经常在电话里长谈，“我们聊到未来的工作、住所、婚礼事宜，还有第一次美国之行……婚礼之后10天就出发，在这些事面前，我的病情不过是一点小麻烦而已”。[26]

霍金的研究终于有了进展。他觉得自己无比幸运，因为他的病虽然会让身体瘫痪，却不会影响大脑。理论物理的研究工作几乎全部要在他脑海中完成了，这也是为数不多的几个不会被身体残疾严重影响的工作。

霍金的态度听起来很勇敢，不过听到别人这样说自己，他还是会有些尴尬。如果他完全出于自愿选择了这条路，那才叫勇敢，并且需要很强大的意志坚持，然而事实并非这样。他只有一条路可选。他的说法是："人要成熟起来才能意识到，生活是不公平的。你只能在自己所处的情境下，尽自己的全力。"[27]他在1964年是这样，后面的半生也是这样，对自己的身体问题越少提越好。如果这本书只谈他的科研成就，完全不提他达到这样的成就要比普通人付出更多，他肯定会欣然接受。关于他，最重要的一点就是：他的残疾一点也不重要。叫他"病人"是不准确的。健康不仅包括身体健康，还包括心理健康。这样衡量的话，他多数时候应该都是最健康的人了。他通过自己的作品以及其他人撰写的关于他的作品，将这一点说得明明白白。如果你跟他相处过，你的体会会更甚。霍金的形象就是这样，虽然他警告大家"不要完全相信文字"，但这个形象却是千真万确的。

与此同时，如果没有工作，史蒂芬就没法结婚，而没有博士学位，他找不到工作。他开始寻找博士论文的灵感。

挑战未来

虽然自1963年冬天病情确诊以来，霍金的生活一直不得安宁，但他对宇宙学的兴趣却一点也没受到恶化的病情或是和简的感情影响。他应用数学及理论物理系（通常称为DAMTP）的办公室，就在杰扬·纳里卡的隔壁——霍金入学剑桥那年夏天共事的研究生。纳里卡是霍伊尔的学生，与霍伊尔一起尝试根据当时与广义相对论有冲突的观测数据，适当修改广义相对论，以调和相对论和稳态模型。这个挑战激起了霍金的好奇心。

1964年6月，霍伊尔和纳里卡的论文发表前，霍伊尔在伦敦的英国皇家科学院做了一场相关的讲座，霍金也参加了。到问答环节时，霍金借助拐杖举起了一只脚，质疑霍伊尔的一项结果。霍伊尔很吃惊，问霍金怎么能判断结果的对错。霍金说是“自己算出来的”。霍伊尔和观众都不知道，霍金之前跟纳里卡讨论过很多次，也做过计算，还以为他是当场在脑子里“算出来的”。观众对他很钦佩，霍伊尔却对他很恼火。令人惊讶的是，霍金和纳里卡还是朋友。就这样，他聪明又随性的名声传了出去，他对膨胀宇宙相关的计算结果以及推测结论也产生了兴趣。

霍金了解到，英国有位数学家及物理学家罗杰・彭罗斯，研究恒星的核燃料耗尽后，在自身的引力作用下坍缩会出现什么情况。彭罗斯的理论是建立在苏布拉马尼扬・钱德拉塞卡和约翰・A.惠勒等物理学家的研究成果上。他的理论认为，如果坍缩发生时不是绝对的平滑、对称，恒星会最终坍缩成为一个点，质量无穷大，引起的时空翘曲也有无穷大的曲率，成为黑洞中心的一个奇点。

霍金从这个理论出发，逆时间轴而行，想象一个质量无穷大、引起无穷大时空翘曲的点——奇点——向外爆炸并且持续膨胀。他认为宇宙就是这样诞生的。最初，时空都蜷缩在一个微小、没有维度的点，然后发生大爆炸，并继续膨胀，直到成为今天我们看到的宇宙。宇宙会不会是这样诞生的？宇宙一定是这样诞生的吗？在这样的条件下，彭罗斯关于黑洞的理论不一定还能站住脚，但是霍金（引用了查尔斯・米斯纳和布兰登・卡特的研究成果）发现了新的数学工具，推导出了自己想要的结果，得出爱因斯坦的广义相对论的确表明存在宇宙大爆炸这类奇点的结论。

由此，霍金踏上了长达半个多世纪的知识之旅。他说：“我这辈子第一次努力。我惊讶地发现自己还挺喜欢。也许叫努力并不合适。”

1965年

1965年冬天，霍金申请了剑桥大学冈维尔与凯斯学院的研究员奖学金。

简当时还住在伦敦，在韦斯特菲尔德学院攻读学位，她周末到剑桥之后，霍金说："我还希望简能帮我把申请材料打出来，但是她伤了胳膊，打着石膏。说实话，我并没有特别同情她。不过她伤的是左臂，她还能听我口述，写在纸上，再找人打出来。"

简的胳膊并不是史蒂芬申请奖学金的最大障碍。他还需要找两个推荐人。丹尼斯·施玛建议他找赫曼·邦迪。史蒂芬之前参加过邦迪在伦敦大学国王学院的广义相对论课程，但跟他不太熟。"我跟他见过几次面，还交流过我写给皇家科学院的一篇论文。有次，他在剑桥做完讲座之后，我问了他（能否做我的推荐人）。他不置可否地看着我，然后答应了。显然他不记得我，因为学院要他提供推荐信时，他说没听说过我"，这很可能毁了史蒂芬的申请。因为现在申请研究员奖学金的人非常多，这样的事确实会有影响，但史蒂芬是幸运的。"当时平静得多。学院给我写信，告诉我他们联系推荐人的结果。我的导师联系了邦迪，顺便帮他回忆了一下，然后邦迪给我写了封有些过分赞美我的推荐信。总之我申请成功了。"

1965年春天，史蒂芬的研究生涯又传来了好消息，他在私人举办的"引力奖"竞赛中获得了"优秀奖"。如果他没错过交稿的截止日期，应该不只是"优秀奖"，不过100镑的奖金对他即将到来的婚礼也能有所帮助。[28]同时，伦敦举办了一场讨论广义相对论和引力的国际论坛，史蒂芬第一次参加这种论坛，他遇见了加州理工学院的基普·索恩。索恩的博士学位是在普林斯顿拿到的。看到这个拄着拐杖，有些摇摇晃晃，说话还有点口吃的小伙子把罗杰·彭罗斯对广义相对论的研究稍做改动，应用到对宇宙结构和历史的研究上，索恩很是钦佩。他们在论坛的茶水间里畅谈，就此展开了一段终生的友谊。索恩是霍金的朋友中为数不多，甚至可能是唯一一个听霍金坦诚地讨论过自己不太乐观的未来的人。

1965年7月14日，史蒂芬·霍金和简·王尔德举行了世俗婚礼，第二天在三一学堂的礼拜堂举行了宗教婚礼。婚礼的照片上，霍金用一柄伞当拐杖。作为霍金的伴郎，罗伯特·多诺万并没有像霍金在自己的婚礼上那样搞恶作剧或者追着新婚夫妇跑，抑或为他们装饰一座房子。

理论物理充满了悖论，而一位伟大的理论物理学家因为一场本来会打击、毁灭自己的悲剧，燃起了对生活的热情，他科研生涯的辉煌，又是为了找工作、结婚，一定要给博士论文找一个题目而开始的，这些看来似乎也没什么不妥。霍金简明扼要地总结：虽然我听着瓦格纳的歌剧，把自己想象成悲情英雄，还做了许多梦，经过一年，或者更久的抑郁……但是之后“我变得无比快乐”。

第5章 “最重要的问题是，究竟有没有开端？”

史蒂芬和简举行了婚礼之后，又去萨福克度了短暂的蜜月——经济条件所限——然后横跨大西洋，去了美国纽约州北部的康奈尔大学，参加广义相对论的暑期研修。这次研修是霍金认识领域内顶尖人才的机会，可他后来认为这次研修“是个错误”，“给我们的婚姻施加了很大的压力，尤其是我们住的那栋楼里住的人都是夫妇，还带着特别吵的孩子”。[1]

有天傍晚，霍金在康奈尔和朋友们伴着晚风聊天时——虽然是夏天，晚上依然有点冷——突然呛到自己，然后开始痉挛。他知道早晚会这样发病，但他不愿跟简说起自己的病情，于是简完全没有准备，也不知道该怎么救他。他费力地示意简用力地拍他后背，问题马上就解决了，但这件事让简惊魂未定，而且对未来的困难更深有体会，“病魔终于降临了”。[2]

10月，23岁的史蒂芬·霍金开始了在冈维尔与凯斯学院的研究员生涯。简还有一年才从伦敦大学本科毕业。他们商量好，工作日史蒂芬自己照顾自己，简周末回家。史蒂芬走不了多远的路，又没法骑车，就只能住在离学院很近的地方。动身去美国前，他们申请了市集广场边上一处在建的公寓。没人跟他们说过，这幢公寓楼其实是史蒂芬工作的学院建的，这点会对他们的申请有利。不过最终这些都不重要了，因为到了秋天，公寓还不具备入住的条件。

剑桥大学冈维尔与凯斯学院的财务主管之前跟史蒂芬说过，学院并不会帮研究员寻找住所，但他最后让步了，给史蒂芬和简在研究生宿舍找了一间房，还收了他们双倍的房租，因为周末是两个人住。他们搬进去才三天，就在小圣玛丽巷找到了一处可以住三个月的房子——就在小圣玛丽教堂和教堂花园对面那片古色古香的住宅群里。这里离史蒂芬工作的应用数学及理论物理系大楼（在银街上）只有100码①。史蒂芬在大楼里和另一位年轻的物理学家布兰登·卡特共用一间办公室。这段距离他还是能走下来的，他还弄了一辆小三轮汽车，去乡下的天文学研究所时可以用上。那年秋天，他们三个月的租期马上到期，两个人又在同一条小巷上发现了另一处空着的房子。好心的邻居帮他们找到了在多赛特的房主，又数落了房主一通，因为有一对小夫妻没地方住，她的房子却空着。房主同意租给他们。

史蒂芬越来越频繁地被呛到，这时他还在伦敦大学攻读医学学位的妹妹玛丽建议，更温暖、更干燥的气候也许能让他好一点。两个人参考了她的建议，在秋季学期结束的12月又一次横跨了大西洋。史蒂芬去迈阿密参加一个天体物理学论坛，然后动身去了得克萨斯州的奥斯汀，跟他读博时的朋友乔治·埃利斯夫妇共度了一周。然后他们赶回英国过圣诞节，接着搬进了小圣玛丽巷上找的第二幢房子，他们在这里住得更久一点。

史蒂芬和简结婚的第一年，日程都排得满满的。史蒂芬很清楚自己在数学上的短板。他妈妈说他“自学成才”，他决定用研究生阶段掌握的方法——想学或者需要学什么科目就去教别人，他借此可以一边学习一边赚钱。因此除了写博士论文，史蒂芬还在学院里做本科生数学课的助教。[3]简在每周末都回剑桥的情况下，还是完成了本科学位，搬了家，还帮丈夫把博士论文打了出来。

1966年3月，他们一起庆祝史蒂芬完成博士论文，同时还得到了更多的好消息。霍金的论文《奇点与时空几何》被提名参加久负盛名的亚当斯奖评选，该奖项由剑桥大学圣约翰学院发起，以纪念与人共同发现了海王星的约翰·柯西·亚当斯。参与者必须是在英国做研究的年轻学者，论文一定要具

① 1码=0.9144米。

备国际水准。最后，霍金与罗杰·彭罗斯共同获奖。丹尼斯·施玛骄傲地告诉简，自己认为霍金未来有可能比肩牛顿。[4]虽然当时霍金的身体状况欠佳，前景也不容乐观，但他还是度过了不少快乐的时光——20世纪60年代的剑桥对于霍金这样的人来说，是个无比振奋人心的地方，一切似乎都有可能；甚至大多数时候，一切真的有可能！[5]

那年春天，简很想维持自己在学术界的身份认同，同时出于对未来的考虑，决定继续读书，于是申请了伦敦大学的博士学位。她的博士论文选择了中世纪西班牙文学中的批判手法，这样她可以去图书馆做研究，不需要寻找第一手资料。即使这样，读博对她来说依然是很大胆的一步，因为史蒂芬越来越需要人照顾，而且刚好在这个时候，他们准备增加家庭成员。1966年秋季，简怀上第一胎时，史蒂芬的手指开始蜷缩起来。他几乎不能用手写字了。施玛此时帮了个忙，居然是让物理研究所同意资助史蒂芬进行每周两次的理疗。[6]

两人的第一个孩子出生于1967年5月28日。就在4年前，医生告诉史蒂芬他还有两年的寿命，可这时他还活着，并做了父亲。简回忆道："有了这个小生命，史蒂芬显然受了很大的鼓舞。"[7]他们给孩子取名罗伯特，与史蒂芬的朋友罗伯特·多诺万同名。多诺万一家很快生了个女儿，并取名简。两个人之间的友谊演变成了两家人的交情，不断给他们带去欢乐。

罗伯特被父母带去美国时还是个小婴儿，那是他们第一次去西海岸，霍金去华盛顿州西雅图参加一个为期七周的暑期研修班——罗伯特成年后也选择在这里定居。之后，他们去加州大学伯克利分校待了两周，霍金在那里表现出了他获得亚当斯奖的"国际水准"。最后他们横跨美国，去找霍金小时候的朋友约翰·麦克伦纳汉（就是打赌霍金会一事无成的小学同学）和在美国东部学习医学的妹妹玛丽。在美国待了将近四个月后，史蒂芬、简和孩子在10月回到剑桥，开始了秋季学期。冈维尔与凯斯学院继续以研究员的身份聘用史蒂芬，为期两年。

20世纪60年代中后期，在DAMTP见过霍金的人都记得他拄着拐杖，靠着墙走路，说话还有点结巴的样子。除此之外，他还经常在有很多全球知名科学家参加的讨论会上率性而为。1964年，他质疑霍伊尔时留下的名声越来越响亮。其他年轻的科研工作者都出于尊敬保持沉默，霍金却大胆地问一些出人意料却很深刻的问题，而且他显然很清楚自己在说什么。那时他就受到了“天才”“又一个爱因斯坦”之类的评价。虽然他很聪明，也很受人欢迎，但他随性的脾气和不太灵便的身体还是让院里的其他人有些疏远他。有位熟人告诉我：“他对人总是很友好，但总有人觉得不好意思邀请他去酒吧跟大家喝一杯。”难怪霍金认为这让大家没法把他当作“一个普通的人”。[8]

20世纪60年代末，霍金的身体状况又一次恶化，他得拄双拐了，后来甚至双拐也不行了。他奋起反抗，不希望自己丧失独立、自理的能力。有位访问学者记得他会拒绝别人的帮助，坚持一个人花15分钟时间拄着拐上楼睡觉。有人认为他的执着是顽固。霍金拒绝跟病情妥协，即使所谓的“妥协”的确能让他生活得轻松一点，也让别人的负担小一些，但这是他自己的战斗，他要用自己的方式抗争。他认为任何妥协都是屈服，是认输，因此总是尽可能地拒绝妥协。“有人认为这是执着，有人认为是固执，”简说，“我经常认为他两者都有，我想这也是他前行的动力。”[9]约翰·博斯洛在20世纪80年代写了一本关于霍金的书，称“他是我见过的最顽强的人”。[10]即使得了重感冒或伤寒，霍金也很少请假。在他拒绝向病情妥协的同时，简也学会了拒绝向他妥协。这也是她抗争的方式，是她为了让霍金的生活尽可能地正常付出的一部分努力。

博斯洛也说史蒂芬是个“绅士、智慧的人”，很快就能让你忘记他身体上的问题。他“绅士”般的智慧能穿透所有虚伪和废话。霍金能让自己、自己的问题，甚至追寻的科学都显得无足轻重，实在让人敬佩。这让其他人喜欢上他，甚至经常忽略他的“不同”。不少人觉得他是学院里相处下来最有趣的人。虽然霍金没有读过《小妇人》，但他似乎听从了作者路易莎·梅·奥尔科特的母亲在逆境下给家人的建议：“抱有希望，不要闲下来。”

这时，对霍金影响最大的问题已经不是行动不便，而是交流障碍。他口齿越来越不清楚，剑桥大学冈维尔与凯斯学院不得不让他停止教学。他的第二份研究员合同到1969年到期。丹尼斯·施玛又一次拯救了一切，这次赫曼·邦迪也帮了忙。当时突然传出风声——没人知道是谁传出来的，也许就是真的——街道另一头的国王学院打算给霍金提供资深研究员奖学金，因此冈维尔与凯斯学院想办法留下了他，并签了一份为期6年的合同，还专为他设立了“杰出科研奖学金”。霍金成了举足轻重的物理学家，让他离开损失太大了。

在霍金的脑海中，科研依旧占据着绝大多数的空间，远比拐杖、楼梯多。他对工作近乎痴迷的喜爱为他这一生定下基调。20世纪60年代末，他在研究宇宙的状态以及可能的起源——他将这个称作“宇宙的游戏”。为了理解让他醉心的研究，我们要先回到35年前……

宇宙的游戏

现今，我们理所当然地认为自己生活在圆盘状的棒旋星系——银河系中，银河系跟宇宙中其他星系很像，各个星系之间还存在着巨大的空隙。但在20世纪，没几个人接受这种观念。20世纪20年代，美国的天文学家爱德文·哈勃发现除了我们所在的星系外，还有许多其他的星系。这些星系的运动有什么规律吗？哈勃通过20世纪一个最重大的革命性发现告诉我们：的确有，并且远处的星系都在离我们远去。宇宙在膨胀。哈勃发现离我们越远的星系，离开我们的速度越快：距离翻倍，速度也翻倍。我们还发现有些非常遥远的星系，远离我们的速度达到光速的2/3。这意味着宇宙里其他恒星都在离我们远去吗？不是。离我们很近的恒星在兜圈子，有的在靠近我们，有的在远离我们，是星系之间的距离在增加。如果要想象宇宙膨胀的样子，最好的办法不是想象互相远离的物体，而是物体之间的空间在膨胀。有个简化过头的例子，就是想象放了葡萄干的面团在烤箱里膨胀。面团变大的同时，葡萄干之间的距离也在增加。“距离翻倍，速度也翻倍”，对于面团里的葡萄干和星系都适用。如果星系离地球或离其他星系越来越远，如果没发生过大的变故，它们之前应该离得很近。会不会在过去的某一个时刻，所有星系都在同一个地方？所有宇宙的物质集中在一个点上，密度无穷大？

宇宙膨胀的历史不是只有这一种可能。也许过去有一个差不多的宇宙，但是在收缩，所有星系都越来越近，好像要撞上似的。但是星系和恒星、原子和粒子之间，除了互相吸引的作用力外，还有其他的作用力。比如，行星围绕恒星运转。这个宇宙的结局可能是星系，或者组成星系的粒子，虽然越来越近，但是没有汇聚到一个点，而是擦肩而过，让宇宙继续膨胀，直到今天的样子。有可能是这样的吗？究竟是哪一种可能？霍金在博士论文里考虑的就是这些问题。“最重要的问题是，究竟有没有开端？”[11]

我们在第4章提到，他对答案的探索始于1965年罗杰·彭罗斯激起的一个点子。彭罗斯认为有些恒星最终会成为“黑洞”，这是三年后，约翰·A.惠勒给这种星体取的一个了不起的名字。黑洞的概念融合了我们对引力的理解，以及广义相对论给光定义的性质。霍金的朋友基普·索恩认为，从1965年到1980年是黑洞研究的黄金时代。这段时间科学家们取得了巨大成就，而霍金一直站在最前端。[12]罗杰·彭罗斯后来评价道：“可以说霍金对于传统广义相对论的研究是当时（20世纪60年代末和70年代初）全球最厉害的。”

我们对引力和光了解多少？

引力是四种基本作用力中，我们最熟悉的一种。我们小时候都知道，冰激凌掉在地毯上，或是从秋千上摔下来，都是引力在作怪。如果让你猜引力究竟是强作用力还是弱作用力，你大概会说“很强”。这就错了，引力是四种基本作用力中最弱的。生活中最常见的引力是我们生活的巨大星球产生的，相当于星球中每个粒子产生的引力之和。单个粒子的引力小得可以忽略。要测量普通（小）物体之间的引力，需要非常精密的仪器。不过由于引力只是吸引，不会排斥，它还是可以叠加的。

物理学家约翰·A.惠勒将引力想象为通用的民主政权。宇宙中的每一个粒子手里都有一票，能够影响其他所有的粒子。粒子聚集在一起，以“政治集团”（比如恒星，或是我们的地球）的形式“投票”时，就有了更大的影响力。单个粒子微弱的引力到了巨大的物体上，比如地球上，就累积成了一股可观的力量，这就是一个有影响力的政治集团。

组成物体的物质粒子越多，物体的质量就越大。质量与体积不一样，质量可以衡量物体中有多少物质，或者说一个政治集团手中有多少票（无论物质的密度是大是小），以及物体对加速度的抵抗程度。

17 世纪，牛顿和霍金一样是剑桥大学的卢卡斯数学教授，他发现了通常情况下引力的作用规律。根据牛顿的理论，宇宙中的物体并不会“休息”。物体如果静止不动，被外力作用之后，不会运动一会儿就“累了”停下来。如果物体完全不受干扰，就可以保持匀速直线运动。我们最好认为宇宙中所有物体都在运动。速率和方向可以通过与宇宙中其他运动的物体比较得到，但是没法跟绝对静止或是绝对的东西南北、上下等方向比较。

比如，假设太空中只有一个月球，那么它并不会静止，而是保持匀速直线运动（当然，如果真的只有一个月球，也没法判断它是不是在动，因为没有参照的物体）。但是月球在太空中不孤单，有引力作用在月球上，改变它的速率和运动方向。这个力是哪里来的呢？来自旁边的巨大的物体——地球。月球会抵抗这种变化，尽量保持直线运动。月球的抵抗能力取决于它的引力大小，质量有多大。同时，月球的引力也在影响着地球，最明显的证据就是潮汐现象。

牛顿的理论告诉我们，质量的大小会影响物体跟另一个物体之间的引力大小。其他条件相同的情况下，质量越大，吸引力越大。假设地球的质量是现在的两倍，那么它和月球之间的吸引力就是现在的两倍。地球和月球任意一方的质量发生变化，都会影响两者之间的引力。牛顿还发现物体之间的距离越远，引力就越小。假设月球跟地球的距离是现在的两倍，那么两者之间的引力就只有现在的 1/4。牛顿的理论通常是这么描述的：物体之间的引力与质量成正比，与距离的平方成反比。

牛顿的万有引力定律非常成功，两百多年来都没有人能够改进，今天依然在用。只不过，现在我们知道有些情况下，这个理论不再适用，比如引力变得非常大（在黑洞旁边）或物体运动的速度接近光速的时候。

20世纪初，爱因斯坦发现了牛顿理论中的问题。如果两个物体之间的引力与距离有关，那么把太阳移到更远的地方，太阳和地球之间的引力就会瞬间改变。这可能吗？

爱因斯坦的狭义相对论认为，在宇宙中的任何地方，对于以任何速度移动的物体，光速都是一样的，而且光速是不可被超越的。太阳发出的光大约需要8分钟到达地球，所以我们看到的太阳总是8分钟之前的太阳。因此把太阳移到更远的地方之后，8分钟之内地球都不会发现它。这8分钟，地球还会像太阳的位置没有变一样，围绕着原来的轨道运动。换句话说，一个物体对另一个物体的引力不会马上改变，因为引力传播的速度没法超过光速。与太阳之间的距离，这个信息没办法瞬间传达到位。信息传达的速度每秒不可能超过186000英里（约每秒30万千米）。

显然，要讨论宇宙中物体的运动，三个维度是不够的。如果信息的传播速度无法超过光速，那么对我们来说，假设不考虑时间维度，距离特别遥远的物体相当于不存在。用三个维度描述宇宙，就像用两个维度描述魔方一样，所以我们一定要将时间维度加入，一共考虑四个维度，也就是时空。

爱因斯坦用许多年研究引力理论，并结合光以及近光速运动。1915年，他发表了广义相对论，认为引力就是宇宙的几何形态，引力并不是两个物体之间的作用力，而是四维时空的形状、曲率变化。

得克萨斯大学的布莱斯·德维特建议我们先把地球想象成平的，再在上面画出网格：

坐飞机飞过大平原上的耕地时，就能看到类似的效果。土地被东西向和南北向的道路分成一个个1平方英里（约2.59平方千米）的方块。东西向的道路通常能够延伸很远，中间没有间断，南北向的道路则不一样。沿着一条路向北走，总是隔几英里就会向东或西倾斜。倾斜的地方通常是因为地形不平整。如果去掉这些倾斜的地方，道路就会挤在一起，形成的方块也不到1平方英里。在三维空间里，可以想象在太空中用等长的直杆，垂直或平行连接，搭出一个巨大的脚手架。如果空间没有翘曲，这个脚手架就会搭建得很顺利。如果空间有翘曲，就需要缩短或是拉长杆件才能搭起来。[13]

根据爱因斯坦的理论，翘曲是由于巨大的质量或能量引起的，每个巨大的物体都会翘曲时空，在宇宙中“直行”的物体遇到都不得不绕路。想象一张蹦床（图5-1），中心有一个保龄球，把橡胶的表面压下去。朝保龄球的方向，沿直线滚一个高尔夫球到保龄球压变形的地方，高尔夫球就会改变方向。甚至不止如此：高尔夫球可能还会走出一个椭圆形的轨迹，又回到你这边。月球“直行”经过地球时就是这样。地球翘曲时空，就像保龄球翘曲蹦床一样。月球的轨迹是翘曲的时空中，最接近直线的形状了。

爱因斯坦和牛顿描述了同一个现象。对爱因斯坦来说，巨大的物体翘曲了时空；对牛顿来说，巨大的物体发出作用力。两种情况下，结果都是改变了第二个物体的运动方向。根据广义相对论，“引力场”就是“翘曲”。用牛顿的理论计算出的太阳系内行星轨道，和爱因斯坦的理论计算出的结果几乎一样，除了水星。因为水星离太阳最近，受太阳引力的影响最大。对这一现象，爱因斯坦和牛顿的理论做出的预测稍有不同。观测数据表明，水星的轨道与爱因斯坦的理论计算出的结果更接近。

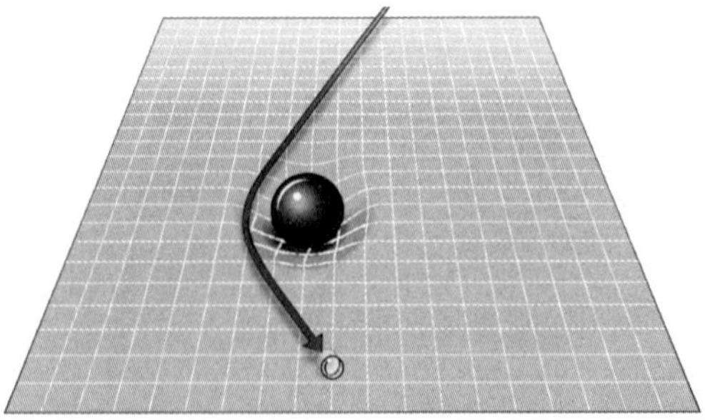

图5-1 保龄球翘曲了周围的蹦床。朝保龄球的方向滚一个小球，小球在经过受保龄球影响的区域时，运动轨迹会弯曲。类似的，物质会翘曲时空。时空中物体在经过更大质量的物体翘曲的空间时，运动轨迹也会弯曲。

根据爱因斯坦的理论，不只有月球和行星会受时空翘曲的影响，光子（光的粒子）的运动轨迹也会改变。如果遥远的恒星发出一束光，轨迹离太阳比较近，太阳翘曲的时空就会让光的传播路径稍微向太阳的方向弯曲，像高尔夫球的轨迹会向保龄球的方向弯曲一样。也许光正是这样弯曲一下才能到达地球。太阳太明亮了，如果没有日食，我们很难看到星光。如果看到星光的时候，我们没有意识到光的传播路径有所弯曲，那么我们可能会弄错光的传播方向，进而弄错恒星在天空中的位置（图5-2）。天文学家就利用了这一现象，通过恒星对光传播路径的影响推算其质量。翘曲时空的恒星质量越大，引起的翘曲就越严重。

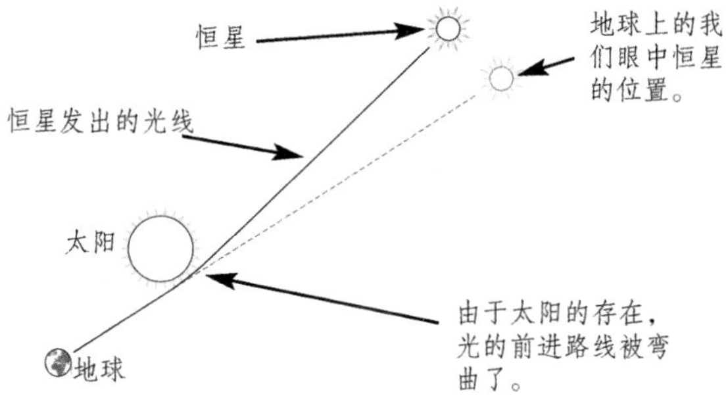

图5-2　由于物质会翘曲时空，远处恒星发出的光线在经过质量巨大的物体时（比如太阳），路径会弯曲。注意我们在地球上看到的恒星位置和它真正的位置。

我们从宏观角度讨论了引力。在这个尺度下，引力的作用比较明显——在恒星、星系之间，甚至整个宇宙之内——20世纪60年代末霍金研究的就是这个尺度下的引力。然而，第2章中提到过，引力还可以从微观角度研究，也就是量子尺度下。其实，如果不研究量子尺度下的引力，就没法把引力和其他三种作用力统一，因为其中两种作用力只存在于量子尺度下。从量子力学的角度研究地球和月球之间的引力，就是研究组成两个物体的粒子之间引力子（引力的玻色子，或者叫信息粒子）的交换。

了解了这点，我们可以先看一个科幻故事。

地球的灾难日

回忆一下地球上的引力是什么感觉（图5-3a），再想象自己去太空度了个假。你离开之后，地球发生剧变：体积缩减了一半，质量没有变，只不过更加密实了。度假回来后，你的飞船在原来的地表位置停留了一会儿。在这里，你感觉自己跟离开之前一样重。这个位置的地球引力没有变，因为你和地球的质量都没变，你离地球重心的距离也没变。（想想牛顿！）你身后的月球还是一样地围绕着地球。不过，你降落在现在的地表上时（半径更小，离地球的重心更近了），这里的引力是地球缩小之前地表引力的4倍。你觉得自己更重了（图5-3b）。

如果变化再剧烈一点呢？如果地球缩小到豌豆大小——地球那万亿亿吨级的质量压缩到这么小的空间里，这时物体要逃离地球表面的引力，运动速度必须超过光速才行。或者说，连光都无法逃离。地球会变成一个黑洞。不过在原来地表的位置，地球的引力还是和现在一样（图5-3c），月球还会像以前一样围绕地球运转。

不过，这种情况是不会发生的。行星没法变成黑洞，但是有不少恒星有很大可能，我们把主角换成恒星，再看一遍这个故事。

假设有一颗质量是太阳10倍的恒星，直径有300万千米，大约是太阳的5倍。这颗恒星的“逃逸速度”是1000千米/秒。这样的恒星寿命可达1亿年，其间一直在上演着生死较量。

较量的一边是引力：恒星中粒子之间的吸引力。当初正是引力把气体中的粒子聚集到一起，形成了恒星。现在粒子之间的距离更小了，吸引力也更大了。引力会试图让恒星坍缩。

恒星内气体的压力会对抗引力。压力来自氢原子核聚变，形成氦原子核过程中释放的热量。正是这热量让恒星发光，产生了足够的压力抵抗引力，阻止恒星坍缩。

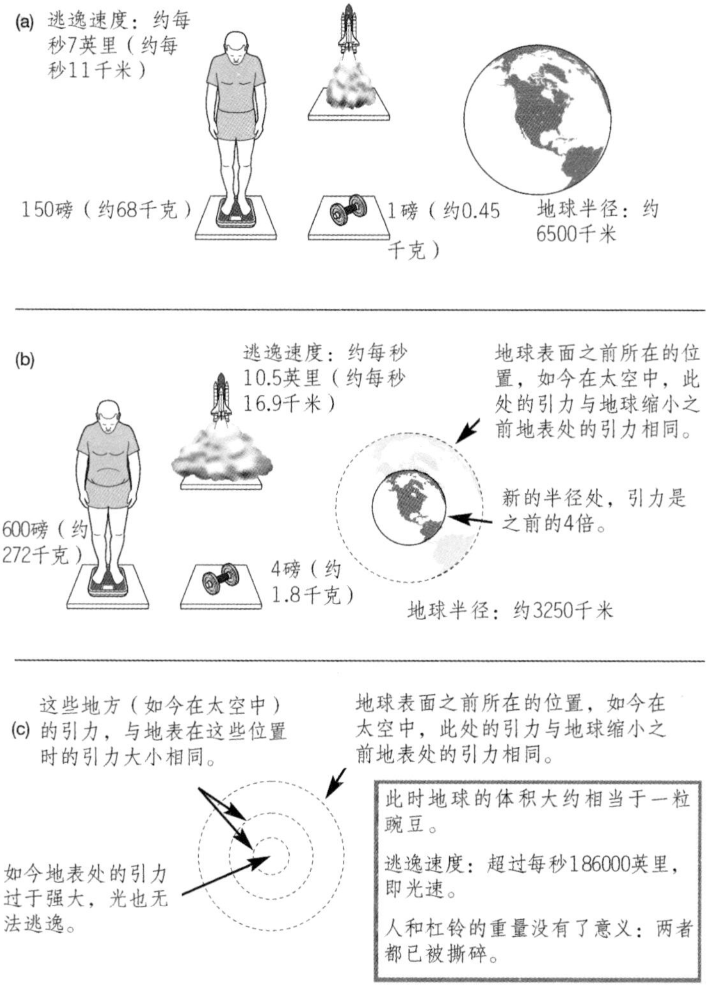

图 5-3 地球缩小之日

这较量持续了1亿年。然后恒星的燃料耗尽：氢都变成了氦。有的恒星能把氦聚变成更重的元素，但这也只能多撑一小会儿。没有了抵抗引力的压力，恒星会坍缩。这一过程中，恒星表面的引力越来越强，就像上面假设地球缩小的时候那样。这颗恒星要变成黑洞，不需要缩小到豌豆大小。质量为太阳10倍的恒星，其直径坍缩到20英里（约32千米）时，表面的逃逸速度就

达到每秒186000英里，也就是光速。光都无法逃逸的时候，恒星就变成了黑洞[①]。(图5-4)

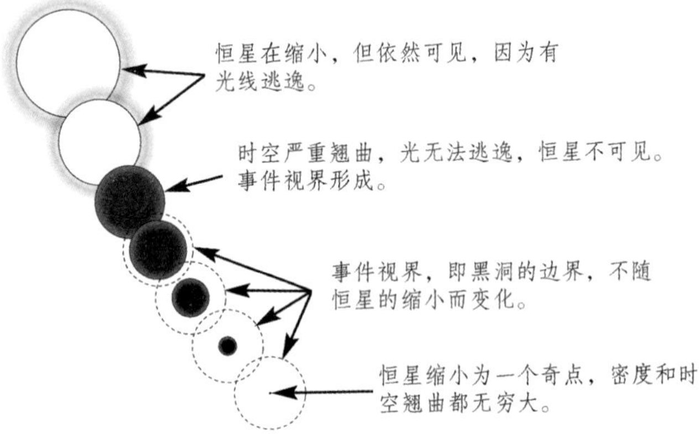

图 5-4　恒星坍缩成黑洞

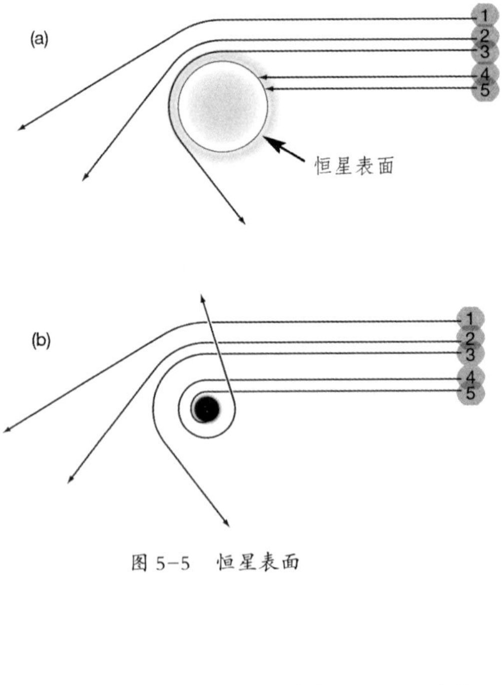

图 5-5　恒星表面

① 译注：不到太阳 8 倍质量的恒星可能不会坍缩成黑洞，要质量更大一点才可以。

如果表面的逃逸速度超过了光速，就不用关心恒星还会不会坍缩了。即使不再坍缩，恒星也已经变成了黑洞。前面假设地球缩小的时候，原来地表位置的引力没有变化。无论这颗恒星是继续坍缩成一个密度无穷大的点，或是在表面逃逸速度达到光速时停止坍缩，只要恒星的质量不变，原来恒星表面位置的引力就不会变。远处恒星发射的光可能不仅会弯曲，甚至还会围绕黑洞转几圈再传播，或者落入黑洞（图5－5）。光进入黑洞是无法逃脱的。光速是无法超越的。

图5－5a中，空间中的粒子向恒星移动。1、2、3号粒子在经过恒星时路径发生弯曲。离恒星越近，弯曲得越严重。4、5号粒子撞击恒星表面。图5－5b中，恒星坍缩成黑洞，同样的5个粒子中，1、2、3号粒子弯曲的轨迹和之前一样，因为恒星和黑洞的质量相同，那原半径之外的时空不会发生变化（回忆一下缩小的地球）。4号粒子围绕黑洞转了一圈并逃逸了。粒子也可能围绕黑洞转许多圈。5号粒子被黑洞捕获。

好一片“漆黑”啊！没有光，没有反射，没有任何形式的辐射（无线电、微波、X射线，等等），没有声音，没有观测，没有空间探测器，没有任何信息可以逃逸。真是一个黑洞啊！

表面逃逸速度达到光速时的半径，就是坍缩成为黑洞的界限，也是无法回头的半径：“事件视界”。20世纪60年代末，霍金和彭罗斯建议将黑洞定义为宇宙中任何事物都无法逃逸的一片区域或者“一系列事件”，这也成了公认的定义。黑洞的边界是事件视界，呈球体状，如果在旋转，就会呈扁球形，从侧面看呈椭圆形（如果你能看到的话）。事件视界的边缘是盘旋在球体表面的光线轨迹，没有落入黑洞，但也无法逃脱。这个半径上的引力可以阻止光线逃逸，但无法捕获光线。你能看到这个在太空中闪烁着微光的球体吗？不能。如果光子无法逃离这个范围，就无法进入你的眼睛。要看到物体，它发出的光子一定要进入你的眼睛。

经典的黑洞理论告诉我们，黑洞只肯透露三个秘密：质量、电荷（如果带电的话），以及角动量，或旋转速度（如果在旋转的话）。约翰·A.惠勒讲课的时候喜欢在黑板上画画，他讲到黑洞时，在黑板上画了一台电视、一朵花、一把椅子，作为“已知的粒子”，引力和电磁波、角动量、质量甚至“尚未观测到的粒子”都落入了漏斗形的黑洞，漏斗底部出来的只有质量、电荷和角动量。霍金在20世纪70年代的一部分工作[14]就是证明——用惠勒的话总结——“黑洞没有毛发”。

黑洞的质量决定了其体积。要计算黑洞的半径（也就是事件视界的半径），先算一下黑洞的质量是太阳的几倍（坍缩之前的恒星质量，除非恒星之前损失了质量），再把这个倍数乘以2（英里）或是3（千米），得到的就是半径。质量是太阳10倍的黑洞，半径是20英里（约32千米）。显然如果质量变化，事件视界的半径就会变化，黑洞的尺寸也会变。后面我们再讨论这种可能性。

事件视界给恒星拉上了帷幕，对我们关上了大门，其发出的任何光（或者说在宇宙其他地方的观测结果）都被拉了回去。彭罗斯想知道恒星是否会继续坍缩，或者恒星最终会如何。他发现坍缩中恒星的引力把所有物质都控制在表面内。即使坍缩的过程不平滑，轨迹不是完美的球体，恒星也会继续坍缩。恒星的表面积缩小至趋于0，所有物质都在里面。我们这颗质量是太阳10倍的恒星，不再是20英里（约32千米）半径内的一片区域（事件视界）了，而是半径趋于0的一片区域，体积也趋于0。数学家和物理学家将之称为奇点。奇点的密度是无穷大的，时空的翘曲也是无穷大的。光线也不会环绕，而是紧紧地贴着奇点。

广义相对论预测了奇点的存在，但直到20世纪60年代初，也没几个人把这个预测当真。物理学家认为质量足够大的恒星在坍缩过程中，可能形成一个奇点。彭罗斯的研究表明，如果广义相对论适用我们的宇宙，就一定会形成奇点。

第 6 章 “我们的过去有一个奇点”

彭罗斯关于质量足够大的恒星在坍缩过程中，一定会形成奇点的研究激发了霍金的兴趣。他和罗伯特·杰勒西以及彭罗斯一起，开始将奇点的概念应用到其他物理学及数学领域。[1] 他坚信这个发现对研究宇宙的起源举足轻重，这项工作很激动人心，带着“有一整个领域等着我们开拓”[2] 的自豪感。霍金发现，如果他逆时间轴追溯，坍缩就变成了膨胀，彭罗斯的理论依然全部适用。如果广义相对论认为质量超过一定水平的恒星，一定会坍缩为奇点，那么任何在膨胀中的宇宙，起初一定是一个奇点。如果事实真的是这样，那么宇宙一定要符合弗里德曼宇宙模型。弗里德曼宇宙模型是什么？

选择宇宙

在哈勃发现宇宙膨胀之前，人们对静态宇宙（体积不会改变）坚信不疑，甚至 1915 年爱因斯坦提出广义相对论，预测宇宙并不是静态的之前，连他自己都相信宇宙是静态的，还重新检查了一遍理论。爱因斯坦加入了一个“宇宙常数”来平衡引力。去掉这个宇宙常数，广义相对论就能预测出我们现在观测到的事实：宇宙的体积在变化。

俄国天文学家、物理学家亚历山大·弗里德曼决定单纯考虑爱因斯坦的理论，去掉宇宙常数。这样，他就预测出了哈勃 1929 年观测到的现象：宇宙在膨胀。弗里德曼提出了两个假设：（1）无论从哪个角度观测，宇宙的样子都差不多（除了离你很近的天体，比如银河系和太阳系的形状）；（2）无论在哪里观测，宇宙的样子都差不多。换句话说，不管你到了什么地方、向哪个方向看，宇宙的样子都是差不多的。

弗里德曼的第一个假设很容易接受，第二个就不一样了。我们还没有掌握什么科学证据可以支持或是反对这个假设。霍金说："我们只能意识到自身的渺小，再选择相信这个假设：如果在这里向任何一个方向看，宇宙都是一样的，但是换了地方就不一样了，那就神奇了！"[3]你也许会说，虽然这很神奇，但也不是不可能。但不管是出于渺小，或是出于自尊心而相信什么，都不怎么合乎逻辑。不过，物理学家们都倾向于弗里德曼的观点。

弗里德曼宇宙模型中，所有星系都在互相远离。两个星系距离越远，互相远离的速度就越快。这和哈勃观测到的结果一致。根据弗里德曼的理论，无论你在哪里，都会发现所有星系都在离你远去。要理解这一点，可以先想象一只蚂蚁在有均匀斑点的气球上爬，还要假装蚂蚁没法向气球"外侧"的方向看，它也意识不到气球内部还有空间。对蚂蚁来说，宇宙就是气球的表面，无论朝哪个方向看都一样。无论蚂蚁向哪里爬，前后的斑点都一样多。如果气球膨胀了，蚂蚁就会发现斑点都在远离自己。"气球宇宙"符合弗里德曼的两个假设：向任何方向看都一样，无论在哪里看都一样。

这个宇宙模型还有什么特点呢？它的体积不是无穷大的。我们可以测量气球的表面积，就像测量地球的表面积一样。地球的表面积不是无穷大的，但这个宇宙却没有边界，没有尽头。无论蚂蚁爬到哪个位置，都不会遇到阻碍，或是走到尽头，或是从边缘掉下去，它总是能走回起点。

弗里德曼原来的模型里，空间就是这样的，只不过不是二维的，而是三维的。引力会将空间翘曲过去。宇宙并不是无穷大，但也没有尽头，没有边界。飞船没法飞到宇宙的尽头。这一点可能很难理解，因为我们通常把"无穷"理解为"没有尽头"，但这两者并不是同义词。

霍金指出，虽然环绕宇宙，回到出发的位置这件事像科幻小说的情节，我们却做不到，至少在弗里德曼的模型里不能。得超过宇宙的速度极限（光速）——这是不可能的——才能在宇宙毁灭前环绕一圈。这个气球非常大，我们又非常小。

在弗里德曼的模型里，时间和空间一样，不是无穷的，是可以测量的。而时间有边界，有始有终，这点又不像空间（参考图6-1a）。在时间的起点，两个星系之间的距离趋于0，然后它们逐渐分开。宇宙的膨胀速度很慢，质量又很大，最终万有引力会让宇宙停止膨胀，开始收缩，星系又开始互相靠近。在时间的终点，星系之间的距离又趋于0。我们的宇宙也许就是这样。

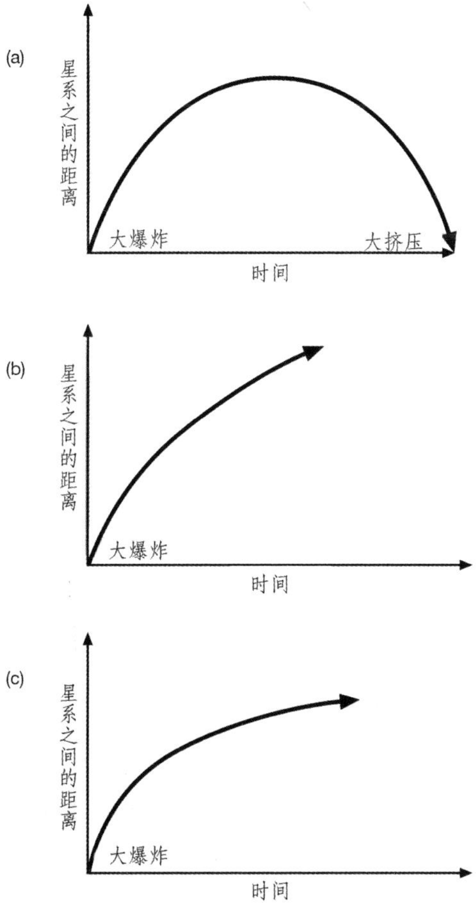

图6-1　三个符合弗里德曼假设的模型（即无论向哪个角度观测、站在哪里观测，宇宙都是一样的）

图6－1b和图6－1c展示了另外两个符合弗里德曼假设（无论向哪个角度观测、站在哪里观测，宇宙都是一样的）的宇宙模型。图6－1b的膨胀速度更快。引力虽然起了一点抵消膨胀的作用，却没法阻止。图6－1c的宇宙膨胀速度刚好不会发生收缩，但比图6－1b慢一点。星系之间远离的速度越来越小，但还继续互相远离。如果这两个模型中有一个符合我们的宇宙，空间就是无穷的，而不是跟自身闭合。

哪个模型符合我们的宇宙呢？宇宙是总有一天会开始收缩，还是永远膨胀下去？这要看宇宙中有多少物质，即整个民主体制内部有多少票。要让宇宙坍缩，需要的质量远比我们现在观测到的多。这句话说起来简单，却反映了一个更复杂的问题，后面会讲到。

彭罗斯提出的恒星坍缩成奇点的理论，只适用于空间无穷大，并且永远膨胀下去，不会坍缩的宇宙（图6－1b和图6－1c）。霍金首先证明了空间无穷大的宇宙中，不仅黑洞内部有奇点，宇宙的起源也是奇点。他完成博士论文时自信满满地写道："我们的过去有一个奇点。"[4]

1968年，霍金和彭罗斯讨论时间起点的论文获得了引力研究基金奖的第二名，但这个问题依然悬而未决：如果弗里德曼的第一个模型是正确的，宇宙不是无穷大的，最终还会坍缩回来（图6－1a），这会怎么样？这种宇宙的起源也是一个奇点吗？到了1970年，霍金和彭罗斯证明了这一点。他们在1970年的《英国皇家科学院学报》[5]中表达了这一观点，两人共同发表了一篇论文，证明如果宇宙遵守广义相对论，符合任意一个弗里德曼宇宙模型，并且包含的物质有我们观测到的这么多，那么，宇宙一定起源于一个奇点，宇宙的所有物质压缩到无穷大的密度，时空的翘曲也达到了无穷大。

物理学理论不太能处理无穷大的数字。广义相对论预测存在密度无穷大、时空翘曲无穷大的奇点的同时，也预测了自身的局限。其实，目前所有的科学理论都不适用于奇点。我们没办法预测了，我们没法通过物理法则预测奇点中会出现什么，可能是任何宇宙。奇点之前又是什么呢？我们都还没弄明白这个问题有没有意义。

宇宙起源于奇点，意味着那时的宇宙已经超越了我们的科学，超越了任何可以称为万物理论的规则。我们只能说，时间的开始，只是因为我们观测到了它的开始，这本身就是一个意义重大的预设值。奇点对着我们关上了一扇门。

睡前故事

物理学家对物理的痴迷程度已经不可想象了，而霍金比大多数同行都更加痴迷，当然他身有残疾也占了一部分原因，他可以随时把自己的工作带到任何地方，因为他的工作都是在脑海里完成的。基普·索恩的说法是，他有一种独特的能力，可以在脑海里操作物体、曲线、表面、形状，不仅在三维世界，还在四维时空中。[6]

霍金在《时间简史》里以睡前的一个发现为例，说明了他典型的工作模式："1970年11月的一个晚上，女儿露西出生之后不久，我睡前在思考黑洞。我的残疾让入睡前的工作变得很烦琐，所以我有很长时间思考。"[7]其他的物理学家可能会坐在桌前，记记东西或是写写方程，但霍金这时在脑海里得出了他科研生涯中最重大的发现，然后躺下，彻夜未眠，焦急地等天亮打电话给彭罗斯，跟他说一下自己最新的发现。霍金坚称彭罗斯也考虑过这一点，但没有意识到这意味着什么。

霍金的突然发现是黑洞不会继续缩小了，因为事件视界（无法回头的半径，此时逃逸速度超过光速）无法缩小了。

简要地回顾一下，坍缩的恒星达到特定的半径时，逃逸速度会超过光速，那么恒星坍缩至临界半径前后发射出的光子呢？那时的引力不会让光子逃逸，但也没法把光子拉回去。光子就待在那里，徘徊着。这个临界半径就是事件视界。之后，即使恒星继续坍缩，释放出的光子也都被吸了回去。

霍金意识到，事件视界处徘徊的光线，肯定不会互相靠近，否则会撞上对方，一同落入黑洞，而不是在边界徘徊。要让事件视界变小（也是在让黑洞变小），光线就要互相靠近。但是，如果光线互相靠近，又会落入黑洞，事件视界也不会变小。

他的另一个思考的角度是意识到了黑洞也可以变大。黑洞的尺寸是由质量决定的，因此有物体落入黑洞，增加了黑洞的质量后，黑洞还会变大。如果任何事物都逃不出去，黑洞的质量就不可能减小，黑洞也不可能缩小。

霍金的发现就是黑洞热力学第二定律：事件视界（黑洞的边界）的面积可以保持不变，或者增加，但绝不会减小。如果两个黑洞碰撞形成一个新的黑洞，新事件视界的面积将大于等于两个事件视界的面积之和。黑洞不会缩小或是毁灭，也不会分割成两个黑洞，无论物质压缩得多密实。霍金的发现有些似曾相识。这条定律很像另一条物理的“第二定律”：关于熵的热力学第二定律。

熵代表了系统的混乱（无序）程度。混乱总会增加，不会减少。拼好的拼图放在盒子里，用力拍一下就可能被重新打乱。但如果盒子里是打乱的拼图，再怎么拍也很难把它拼好。我们的宇宙中，熵（混乱程度）总在增加。打碎的茶杯没法自己复原，乱糟糟的屋子也不会自己变整洁。

假如你补好了茶杯，或是收拾好了房间，这样的确让某些事物变得有序了，但熵减少了吗？没有。你投入的精力将能量转化为不太实用的形式。这代表宇宙中秩序的减少，而且更胜于你的行为增加的秩序。

熵和黑洞的事件视界还有其他相似的地方。两个系统融合之后，熵只会大于等于两个系统的熵之和。有个我们比较熟悉的例子，就是盒子里的气体分子。把分子想象成会互相撞击，还会撞击盒子边缘的小球，盒子中间有一道隔板。盒子的一半（隔板的一边）满是氧气分子，另一半满是氮气分子。抽掉隔板，氧气和氮气分子开始混合。很快，盒子里就充满了混合均匀的气体，但是比起隔板抽掉之前更加混乱：熵——混乱程度——增加了。（热力学第二定律也有不适用的情况：有很小的概率，也许只有几亿亿亿分之一，在某一刻氮气分子刚好占据盒子的一半，氧气分子占据另一半。）

假如你把这一盒混合均匀的气体或者任何有熵的物体丢进黑洞，你可能会以为熵就这么消失了，黑洞外部的熵比之前少了 —— 这样违反第二定律了吗？有人会说整个宇宙（黑洞之内和之外）并没有损失熵。但实际上，宇宙中的物体进了黑洞是有去无回的，真的是这样吗？

约翰·A.惠勒在普林斯顿大学有位研究生叫迪米特里斯·克里斯托多罗，他指出根据热力学第二定律，封闭系统的熵（混乱程度）只会增加，不会减少。类似的，“不可约质量”（克里斯托多罗给黑洞质量与旋转速度之积取的名字）不会减少，无论黑洞怎么样。这两者有联系吗？还是只是巧合？克里斯托多罗的说法，或是霍金更普遍、更有力的说法[8]（事件视界的面积不会减少）与熵以及热力学第二定律之间有什么联系？

能否逃离黑洞？

1970 年 12 月，霍金在得州的相对论天体物理学论坛上[9]，首次向科学界宣布了自己的发现。他坚称，虽然事件视界的面积增加的确跟熵增相似，但两者之间也只是相似。

惠勒在普林斯顿大学的一位研究生雅各布·贝肯斯坦不同意。贝肯斯坦认为黑洞的事件视界不只是跟熵相似，事件视界就是熵。[10]测量事件视界的面积，也就是测量黑洞的熵。物体进入黑洞之后，熵不会毁灭。黑洞本来就有熵，你只是增加了黑洞的熵。物体，比如一盒气体分子，落入黑洞，就增加了黑洞的质量，事件视界也变大了，这也增加了黑洞的熵。

以上种种都指向了同一个疑问 —— 物体有熵，就有温度，那么物体就不是冷冰冰的。物体既然有温度，就会有辐射能量，那么物体的辐射能量就不是只进不出的，而黑洞是只进不出的。

霍金认为贝肯斯坦错了，贝肯斯坦滥用了他对事件视界不会缩小的发现，因而很恼火。1972 年到 1973 年，他与两位物理学家 —— 詹姆斯·巴丁和布兰登·卡特合作，结果霍金好像做出了让步，发现了四条黑洞力学定律，与广为人知的四条热力学定律几乎一模一样，“只是把‘熵’换成了‘事件视界面积’，把‘温度’换成了‘视界表面引力’”。[11]不过，三个人仍声称这四条定律只是类比，在最终发表的论文[12]中，重申了他们的四条黑洞力学定律只是与四条热力学定律相似，但是还存在着不同。虽然熵与事件视界的面积非常相似，但黑洞依然不可能有熵，因为不会向外散发任何事物。这一点贝肯斯坦无法反驳，但即使他以一个研究生的身份面对三位知名物理学家，他依然没有被说服。结果霍金、巴丁和卡特错了，而霍金将亲自解释为什么。

1962年，霍金刚进入剑桥读研时，选择研究宏观的宇宙学，而不是研究微观的量子力学。到了1973年，他决定从量子力学的角度研究黑洞。这应该是史上第一次有人认真地、成功地将20世纪的两大理论，即相对论和量子力学融合。第2章也提到过，两者的融合是通往万物理论之路上一道难以跨越的障碍。

1973年1月，霍金31岁。新年来临之际，他的第一本著作出版了，他与乔治·埃利斯合著，并将这本书献给了丹尼斯·施玛。霍金对《时空的大尺度结构》的评价是“专业性很强，也很难读”。[13]现在在专业书店里依然能见到这本书，如果你不是专业的物理学家，你可能会和霍金持同样的观点。虽然这本书的销量远不及《时间简史》，却也是业界经典。

那年的八、九月，剑桥放暑假期间，史蒂芬和简·霍金去华沙庆祝尼古拉斯·哥白尼诞辰500周年，又继续向东去了莫斯科。他们邀请基普·索恩同行，因为他与苏联科学家合作研究了5年，比较了解苏联。霍金想与雅科夫·波里索维奇·泽尔多维奇和其研究生亚历山大·斯塔罗宾斯基讨论一下。

这两位苏联物理学家证明，不确定理论表明旋转的黑洞能够创造并辐射因自身旋转动能产生的粒子。这种辐射刚好从事件视界的边缘发出，会减慢黑洞的旋转，直到停止，此时辐射也停止了。霍金认为，泽尔多维奇和斯塔罗宾斯基的研究有些道理，但需要完善一下计算过程。在拜访莫斯科之后，他回到剑桥，决定找到更好的数学推理过程。

霍金希望通过自己的计算推理，能够和苏联科学家一样，得出旋转的黑洞会产生辐射的结论。但他的发现更加不可思议：“我很吃惊，又很恼火地发现，即使是不旋转的黑洞，在稳定的状态下也会创造并辐射粒子。”[14]他一开始还以为计算错了，花了好长时间排查错误。他非常不希望雅各布·贝肯斯坦发现这个成果，反过来支持他关于事件视界和熵的理论。但是霍金越思考，越发现自己的计算没错。问题的关键在于辐射出来的粒子表现出来的频谱和任何热源辐射出来的一模一样。贝肯斯坦是对的：不能把黑洞当成垃圾桶，把含有熵的物质丢进去，还指望熵能减少，宇宙变得更加有序。物质携带着自己的熵进入黑洞，事件视界会变大：黑洞的熵也增加了。宇宙中，黑洞内外的熵之和没有减少。

但霍金又发现了一个大难题：如果什么都逃不出事件视界，黑洞怎么可能有温度，还向外辐射粒子？他在量子力学中找到了答案。

我们认为太空就是真空，其实并不准确。前面解释了太空不是彻底的真空，现在来探索一下为什么。

不确定性原理说的是在同一时刻，我们永远无法准确地同时测出粒子的位置和动量。但它的含义还不止如此：我们永远无法同时准确得知场（比如引力场或是电磁力场）的值和场变化的速率。场的值越精确，变化速率就越不精确，反之亦然：又成了跷跷板的关系。由此得出的结论是，场的值永远不可能为0。0也是对场的值和变化速率的精确测量，不确定性原理不允许这种情况。所有场的值都为0，才能算真空；不为0，就不是真空。

太空中虽然不是我们以为的真空，但对于“真空”中的场值只有一点点不确定性、一点点模糊。场值的这种波动，这种在正负之间的摇摆，可以这样理解：

一对粒子——光子、引力子都可以——反复出现。一开始两个粒子在一起，后来分开。在短到无法想象的一个瞬间之后，它们又到了一起，互相湮灭——终结了简短却又丰富的一生。

量子力学告诉我们，这种现象在太空的“真空”中一直在发生。也许湮灭的粒子我们没法用粒子探测器观测到，却是真实存在的。就算只是“虚拟”的，我们也可以通过测量这些粒子对其他粒子的影响，从而得知它们是真实存在的。

有些粒子对是物质粒子，比如费米子。这时，其中一个粒子就是反粒子。“反物质”，虽然在科幻游戏和小说中经常出现（《星际迷航》中“进取号”星舰的动力源），但并不是完全虚构的。

你可能听说过，全宇宙的能量总和是不会变的，能量不会凭空出现。但这一对粒子怎么适用这一定律呢？它们的出现，是因为暂时“借”了能量，并不是永久的。粒子对中，一个粒子有正能量，另一个有负能量。两者互相抵消，宇宙中的总能量没有增加。

霍金推断，黑洞的事件视界会出现很多粒子对。他的设想是：一对虚粒子出现，在碰撞湮灭之前，带有负能量的粒子穿过事件视界，进入黑洞。带有正能量的粒子也会跟着进入黑洞吗？不会。黑洞事件视界的引力场非常强，可以产生一些不可思议的现象，即使是虚粒子对中带有负能量的粒子，引力场也可以把“虚”变成“实”。

这就让这对粒子发生了翻天覆地的变化。它们不再需要寻找对方，然后湮灭了，反而可以继续分别存在很久。当然，带有正能量的粒子也可以跟着落入黑洞，但并不一定。它离开这段纠缠，可以逃离了。对远处的观测者来说，这个粒子从黑洞里面出来了。其实它是从黑洞外面出现的，同时，带有负能量的另一半进入了黑洞（图6-2）。

黑洞在这种情况下发出的辐射，现在被称为“霍金辐射”，这也是霍金第二个关于黑洞的重大发现。霍金辐射刚好证明了黑洞力学第二定律（事件视界不会缩小），霍金的第一个重大发现，并不总是成立的。霍金辐射意味着黑洞会越来越小，最终彻底蒸发。这个理念非常激进。

霍金辐射怎么让黑洞变小呢？黑洞将虚粒子变为实粒子的时候会损失能量。如果什么都逃不出事件视界，又怎么会损失能量？黑洞怎么可能有所损失？答案很微妙：带有负能量的粒子携带负能量进入黑洞后，会让黑洞的能量减少。负就是“减少”，也就是更少。霍金辐射就是这样让黑洞损失能量的。物质的能量减少，质量自然会减少。还记得爱因斯坦著名的方程吗？$E=mc^2$，

E代表能量，m代表质量，c代表光速。等式左边的能量减少（比如我们提到的黑洞），等式右边的质量和光速平方的乘积也得减少。光速不会改变，因此只能是质量减少。所以，当黑洞损失能量时，也在损失质量。

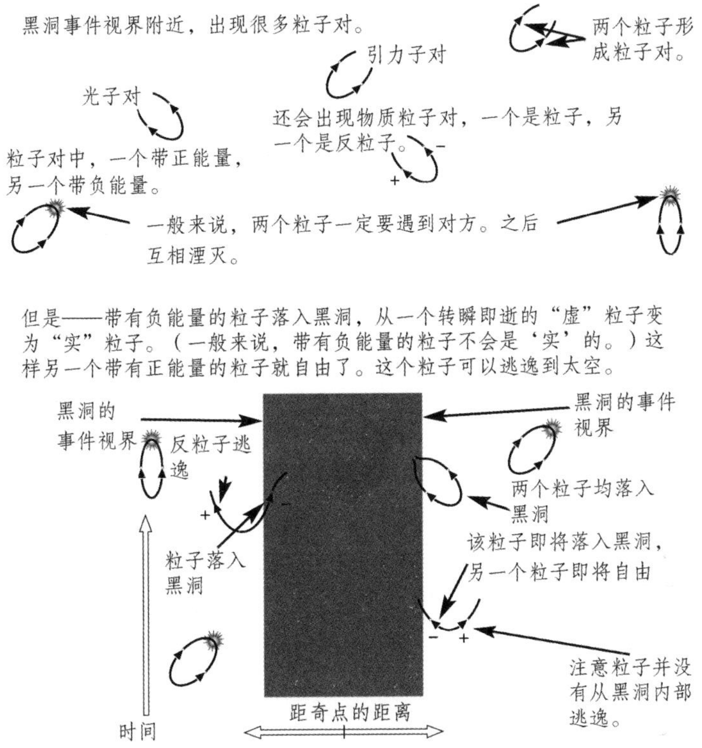

图 6-2　霍金辐射

记住这一点，再想想牛顿发现过的引力特征：物体的质量改变，对其他物体的引力也会随之改变。如果地球的质量减少（这次不是缩小，只是质量减少），月球轨道处的引力也会减小。如果黑洞损失了质量，之前事件视界（无法回头的半径）处的引力就会减小，这个位置的逃逸速度也会减小到小于光速。逃逸速度为光速的区域半径也变小了，离中心更近的地方形成了新的事件视界。事件视界缩小了，这是我们唯一确定能让黑洞缩小的方式。

如果想测量一个恒星坍缩之后形成的很大的黑洞发出的霍金辐射，我们会失望的。这个尺寸的黑洞表面温度只比绝对零度高不到百万分之一。黑洞越大，温度越低。霍金说："是太阳质量10倍的黑洞，每秒钟可能会发出几千个光子，但这些光子的波长跟黑洞的直径差不多，能量太小，我们无法探测到。"[15]质量越大，事件视界就越大。事件视界越大，熵就越大。熵越大，表面温度及辐射速率就越低。

黑洞会爆炸吗？

然而，早在1971年，霍金就认为还存在第二种黑洞：很小，最奇妙的黑洞甚至只有原子核大小。这类黑洞可能会发出很多辐射。黑洞越小，表面温度越高。说到这类很小的黑洞，霍金称"这种洞配不上'黑'（这个称呼），其实是又白又热的"。[16]

霍金所谓的"原初黑洞"并不是恒星坍缩的产物，它们是宇宙早期的产物，那时的压力可以把物质压得非常密实，现在的原初黑洞密度应该比当初小了很多。这么久以来，原初黑洞一直在损失质量。

霍金辐射会对原初黑洞产生很严重的影响。随着质量的减少，黑洞缩小，事件视界的温度和发射粒子的速度都在增加，黑洞损失质量越来越快。质量越少，温度越高——恶性循环。故事又会如何结束呢？霍金猜测，小黑洞会最后发射出一大拨粒子，然后消失，像上百万个氢弹爆炸一样。大黑洞会爆炸吗？有的模型认为，大黑洞爆炸之前，宇宙就会终结。

黑洞会变小，并最终爆炸的设想，与当时所有人对黑洞的认识大相径庭，霍金对自己的发现疑惑重重。他等了几周都没有公布这个发现，不断在脑海中检查计算过程。如果他都觉得难以相信，简直不敢想其他科学家会作何反应。科学家都不喜欢被奚落。另外，霍金又知道如果自己是正确的，他的发现会给天体物理带来巨大的变革。有一次，他把自己锁在浴室里思考这个问题。"整个圣诞节我都在担心这个问题，但又没有有效的办法摆脱（这些发现）。"[17]

霍金试着给几个关系很好的同事讲了这个设想，大家的反应各不相同。马丁·里斯是霍金在剑桥读博时期的好友，他找到他们当年的导师丹尼斯·施玛，惊呼道："你听说了吗？史蒂芬改变了一切！"施玛很支持霍金，督促他赶快发表。霍金还抱怨彭罗斯在他1974年生日那天准备吃烤鹅的时候，兴致勃勃地给他打电话。霍金说，非常感谢彭罗斯的热情，但一聊到这个话题，他们就停不下来了，晚餐都凉了。[18]

于是，霍金同意公开这个发现。他在2月于牛津南部的卢瑟福·阿普尔顿实验室里，施玛组织的第二届量子引力论坛上发表了论文，阐述这个奇怪的发现。霍金略显保守地把论文标题写成了疑问句——"黑洞会爆炸吗？"即使是在去牛津的路上，他还在为是否要公开而反复斗争。

他简短的展示，包括写着方程式的幻灯片，换来的是有些尴尬的寂静，也没人提问。其实多数听众，即使是业内专家，都理解不了霍金的发现。但大家至少都看出来了，他的发现与广为接受的理论刚好相反。而那些理解了他的发现的人都非常震惊，没想好怎么跟他争论。关上的灯又打开了，主持人约翰·G.泰勒——伦敦大学的一位知名教授，站起来说："不好意思，史蒂芬，但这实在是胡扯。"[19]

3月，霍金就在知名学术杂志《自然》上发表了这篇"胡扯"的论文。[20]泰勒和保罗·C.W.戴维斯也在同一期杂志上发表了论文，反驳霍金的观点。[21]几天后，全球的物理学家都在讨论霍金惊人的观点。泽尔多维奇本来还约了别人，但是基普·索恩要来莫斯科，还要紧急会见苏联的物理学家们。索恩到达莫斯科后，泽尔多维奇和斯塔罗宾斯基向他举起双手，好像他们在美国西部，索恩拿枪指着他们一样："我们投降。霍金是对的。我们是错的。"[22]

有人称霍金的这一观点是多年来物理学领域最重大的发现，施玛说他的论文是"物理学史上最优美的论文之一"。[23]约翰·A.惠勒以善于言辞著称，他评价霍金这一美丽的发现时，就像是在"舌头上抹蜂蜜"。[24]基普·索恩评价说："霍金的手虽然不能用了，但他可以在脑海里用图形进行几何推理……其他人都没有这么厉害的能力。如果世界上只有你会这种能力，那肯定有的问题是只有你能解决，其他人都解决不了的。”[25]

一切都在朝好的方向发展。霍金花了更多的时间和心思，发表第二篇阐述自己发现的论文。1974年3月，他向《数学物理通讯》投稿，但是杂志社弄丢了他的论文，直到1975年4月他重新提交后才发表。[26]同时，霍金和他的同事们继续从多个不同的角度研究霍金辐射。1976年，4年之后①——霍金和吉姆·哈图共同发表了一篇论文之后[27]——霍金辐射已经被理论物理学界广泛接受了。大家都认为霍金的发现是一大飞跃。他用虚粒子的运动解释了相对论提出的问题——黑洞。他离整合相对论和量子力学又近了一步。

① 译注：此时本书的时间线还是1972年，而不是第二篇论文发表的1974年。

第二部分

1970—1990年

第7章
“这些人肯定以为我们习惯了天文水平的生活”

1970年11月2日，露西出生时，霍金一家人刚刚把小圣玛丽巷那幢他们一直租住的房子买了下来。史蒂芬的父母给了他们首付和修缮的钱。简怀孕8个月的时候，房子终于修缮完毕。

史蒂芬一直坚持自己上下楼，早上自己穿衣，晚上自己脱衣。他很少承认自己晚上睡觉前要花很长时间、费很大力气准备，睡前思考事件视界边缘的光子算是他偶尔破例了一次。他这时的状态是走起路来越来越危险，不得不同意使用轮椅。他输掉了脚下的战争。朋友们都同情地看着他，但霍金的幽默和坚强再一次支撑起了他。

霍金的手不能正常活动也不是一夜之间的事，他再也不能写字、写方程，或是画图表。多年来，他逐渐失去运动能力，他有足够的时间适应、训练。“他的大脑以不同于其他物理学家的方式思考。他用一套和我们不一样的图像和方程式思考，已经可以完全不用纸笔了。”基普·索恩说道。[1]

霍金的说法则会让人以为，即使他的手没有任何问题，他也会选择这样工作：“方程只是数学里无聊的那部分。我更喜欢以几何的眼光看待事物。”[2]发现霍金辐射过程中的计算几乎全部是霍金在脑海里完成的。

露西出生后，简每天的日程变得异常艰难，一边努力完成博士论文，一边照顾霍金以及还是小孩子的罗伯特，现在又多了一个女儿。她母亲和邻居的保姆一有空就来帮忙照顾孩子。小圣玛丽巷的那幢房子非常棒。几年之后，露西就成长为一个省心的孩子，每天跟哥哥去巷子对面的小圣玛丽教堂花园和年代久远的石碑附近玩耍。简记得当时的夏天，打开窗户就能听见孩子们欢快玩耍的声音“回荡在教堂那边”。

1971年1月，霍金一篇名为《黑洞》的论文赢得了引力研究基金奖的第一名，他们可以用这笔奖金买一辆新车。尽管冈维尔与凯斯学院、DAMTP的助研金和天文学研究所都给霍金提供薪水，但是一家人的生活依然过得紧巴巴的，罗伯特到了上学的年纪，他们仍付不起私立学校的学费。于是他去了当地一所很好的学校，纽纳姆克罗夫特小学。15年后，我（作者）的女儿也会来到这里上小学。罗伯特好像继承了父亲的基因，数学特别好，识字却有点慢。但是到了这个时代，“识字有点慢”是一定要采取应对措施的。简和霍金与霍金的父母各出一半钱，一起购买了一幢排屋。排屋出租的收入加上祖父母的退休金，供罗伯特去读了一所能充分尊重、开发他数学天赋的私立学校。[3]罗伯特7岁时转去剑桥的佩斯学校。

霍金一家人继续生活着，尽量不让病魔影响到他们，或者占据史蒂芬的生活，甚至一家人的生活。他们习惯了不看未来。在所有人看来，他们都过得非常好，简说起他们遇到的障碍有多艰难的时候，大家都很惊讶。一次采访中，她在讨论丈夫获得的荣誉时对记者说：“我不认为（如此巨大的成功）他受的苦都值得。我觉得我们在黑洞深处每分每秒的煎熬，是多少耀眼的奖项都无法弥补的。”[4]从史蒂芬写作的内容来看，他几乎感受不到这种煎熬。即使是用最漫不经心的方式提到病痛——这也是他能接受的极限了——对他来说都是投降、认输，让他无法继续无视自己的问题。绝大多数时候，即使是跟简，他也不愿聊起自己的病痛，但这丝毫没有减轻简的负担。

简还记得，史蒂芬因为没法照顾孩子，或是主动跟孩子玩耍，很是苦恼。她教会了罗伯特打板球，后来又教会了露西和蒂莫西（“我能带他们出去玩！”她幸灾乐祸地说）。她还跟丈夫开玩笑说，虽然他在家务事和照顾孩子方面没什么用，但她不像其他的妻子那样，既不是很吃惊，也不抱什么幻想。

霍金在众多事务上的无能为力，反而成了疾病带来的好处。他虽然起床和入睡都要花很长时间，但他不需要跑腿、维修、除草、安排行程、打包行李、安排讲座日程或是在DAMTP和冈维尔与凯斯学院担任十分耗费时间的行政职务。这些事都由同事、助理或是妻子代他完成。他可以把所有的时间都花在思考物理上，同事们因此都很羡慕他。

简意识到，这些日常工作的重担绝大多数都会落到她肩上。她甚至在20世纪60年代，他们结婚之前就决定了，两人之中只有一个人能工作，那就是她丈夫。到了70年代，也许跟当时女性的地位变化有些关系，她很难接受自己做出这么大的牺牲。她以为自己给史蒂芬提供他急需的鼓励和协助，能给她的生活带来目标和意义。可这些不能给她身份认同，身为人母也不能。她说，虽然她很喜欢自己的孩子，“绝对不希望让别人养育他们，但如果你的身份只是小孩子们的母亲，你是很难在剑桥生活下去的”。[5]

当然也要为大学里的人说句公道话，只要听到“霍金”这个姓，剑桥大学的人大多会认为简甚至比史蒂芬更厉害，可是简却感受不到。在她眼里，剑桥“有一种逼你走学术道路的压力”。[6]当然，这就是她决定继续读博的原因，但她实在太忙，基本没有时间考虑博士论文。

20世纪70年代还是有很多值得简骄傲的事。罗伯特和露西健康成长，霍金在物理学界平步青云，他在艰难时期依然保持坚强幽默的态度已经成为传奇，简在学术领域也有了一点成绩。与此同时，她发现在霍金的成功背后，自己巨大又艰辛的付出在很大程度上被忽视了。

她的问题在经常举重若轻的人中很常见：别人会以为他们做什么都很轻松，注意不到他们的付出和牺牲。简和史蒂芬都清楚，他的成功离不开她，甚至是他的生命，但她少有机会跟人分享这一成就。人们经常会从他的照片里裁掉简，以为她是推着轮椅的保姆。她也没法跟上史蒂芬的数学推理，或是跟他分享其中的快乐。“史蒂芬的成功带来的喜悦和兴奋感太强烈了。”[7]她说道。但是她不后悔嫁给史蒂芬，尽管带来的回报是“没法减轻日复一日对抗运动神经元病的艰辛”。[8]

虽然生活困难重重，霍金一家人还是分享了不少快乐。夫妻两人都很爱孩子，他们喜欢听古典音乐，经常一起听音乐会或是看歌剧。圣诞节时，他们还会带罗伯特和露西去看童话剧。他们也都喜欢娱乐。唐·佩奇是一名研究员，他以霍金助理的身份和他们一起生活了3年。他回忆简，“非常外向…… 对她丈夫的职业生涯是不可或缺的”。[9]她有时也会去市场，为几十个人的派对进行采购，霍金一家人好客的名声也传了出去。

夫妻二人也在积极地呼吁民众多关注残障人士，帮助他们过上正常生活，积极地生活。在20世纪70年代，这种社会氛围还远不及今天。1970年，英国刚刚通过《慢性病患者及残障人士法案》，但法案的施行是个漫长的过程。有时，简会愤慨到抗议。有一次，剑桥附近一家向公众开放的房屋和花园——安格西庄园——坚持让霍金一家把车停在半英里（约805米）远的地方，而不是停在庄园附近时，她给国民信托组织委员会写了封信。[10]简很快把为残疾人争取权利加到了自己本就繁多的任务中。

霍金一家争取到了一些无障碍通道的权利。经过漫长又官僚的讨论，确定资金来源后，DAMTP大楼的后门增加了一条坡道。艺术剧院开始为轮椅预留空位，艺术影院也一样，英国罗马斗兽场的国家歌剧团演出也增加了无障碍通道。没有无障碍通道时，霍金身旁的人都会亲自抬着他上下楼。在克莱尔霍学院，剑桥的一所研究生院，天文爱好者小组的成员在定期集会前后，都会主动帮霍金上下楼，但这样不太安全。因为有一次在考文特花园的英国皇家歌剧院，观众们在把霍金抬到不走台阶就无法到达的座位上时，有个人的手不小心脱臼了。[11]

信仰上帝和物理法则

20世纪80年代，简认为自己之所以能为一家人与众不同又经常很艰难的生活——看不到长远、幸福的未来——奋斗这么久，是因为她对上帝的信仰。她说，如果没有信仰，“我是没法在这种环境中生存下去的，我当初也不会嫁给史蒂芬。因为没有信仰，我就不会那么乐观。没有乐观精神，我是没法坚持下去，继续生活的”。[12]

可惜这给了简莫大支持的信仰，史蒂芬并没有。他在物理系有些同事信仰上帝，但简很少与他们讨论这一点。就算史蒂芬对抗残疾和早逝的风险时，依靠了一点信仰或是哲学的力量，他也从没对外说过。然而，他的《时间简史》和《大设计》都很明显地提到，他一直在思考与上帝有关的问题。他在20世纪80年代接受采访时说："在讨论宇宙起源时，肯定离不开'上帝'这个概念。我对于宇宙起源的研究一半是科学，一半是宗教信仰，不过我尽量站在科学这边。上帝的行为很可能是科学无法解释的。但如果是这样，就只能依靠个人的信仰了。"[13]有人问他科学是否在与宗教信仰竞争，他回答："如果抱着这种心态，牛顿（很虔诚的教徒）就不会发现引力定律了。"[14]

霍金说，那时他算不上无神论者，但他喜欢"把'上帝'这个词理解为具象化的物理法则"。[15]"确定宇宙的边界条件不需要求助上帝，但这不代表上帝不存在——他只是在通过物理法则影响我们。"[16]然而，霍金并不相信存在一个关爱、感化世人，还能创造奇迹的人格化的上帝。"我们的银河系只是万亿个星系中的一员，太阳也只是银河系边缘的一颗普通的恒星，地球又是太阳系里一颗不起眼的行星，地球上的我们就更加无足轻重了。很难相信上帝会在意我们，甚至是注意到我们的存在。"[17]爱因斯坦和霍金的观点一样。其他人，包括霍金在物理系的一些同事，都和简意见一致，并且为霍金持有这么"狭隘"的观点惋惜，还指出有很多充满智慧、理性的人（包括许多科学家）都跟人格化的上帝有过交流，如果他们都被骗了，也同样难以置信。从史蒂芬和简的不同视角出发，更能体会他们这一世界观上的巨大差异。

"史蒂芬坚决不相信人格化的上帝，我以前觉得这很伤人。"[18]简回忆道。她1988年接受采访时说："他深入研究的领域对思想家们至关重要，而他的研究又会让人变得很可怕。我发现他的一部分思想越来越让我难以接受，甚至是让我恼火。他认为当一切都能简化为理性的数学方程时，就一定得到了真相。"[19]她认为自己的丈夫从来没想过，数学形式表达出的真相，可能并不是全部。一年后，她的世界观也有了点变化："随着年纪的增长，看问题的角度也更高了。我认为他的世界之所以跟其他人如此迥异，是因为他与众不同的境遇……身为一个几乎完全瘫痪的天才……没人能理解他眼中的上帝是什么样，或者他与上帝是什么关系。”[20]

对霍金来说，真相也许只能以数学形式表达，但他的生活里并不只有物理。他接受采访时说：“物理，哪里都好，就是太冰冷。如果只有物理，我是活不下去的。我也像其他人一样，需要温暖，需要感情。”[21]

不寻常的资产

20世纪60年代末，霍金所在的学院和大学一直留用他，算是很慷慨了，毕竟他还年轻，可能是因为他没有几年寿命，在教学方面对学院的贡献几乎没有，所以DAMTP从一开始就没有给霍金安排过多的授课，允许他把精力放在自己的研究上，偶尔安排几场和研究生的论坛。到了70年代中期，冈维尔与凯斯学院和剑桥大学都发现当初的决定很英明。霍金成了学院的重要“资产”。

不过，剑桥并不缺非凡的思想家。哪个学院都能找出一批，这里的天才太多了。无论外界如何仰慕，到了剑桥也都是司空见惯。即使是20世纪70年代末，霍金差不多算是业界传奇的时候，他和他那套特制的设备（为他翻页的设备，能让他当黑板用的定制电脑）还是跟另一位科研人员挤在同一间狭小的办公室里。

他跟人交流的问题越来越严重了。20世纪70年代初，霍金还能与人正常对话。但是到了70年代末、80年代初，他的口齿越来越含糊，只有亲友能听懂。一位研究生经常为他充当“翻译”。后来，《纽约时报》的记者迈克尔·哈伍德描述他采访霍金时的场景：“唐·佩奇坐在他身旁，侧耳听他含糊的话语，一个词一个词地跟着他说，经常需要他重复，有时还要再给霍金说一遍，再纠正错误。”[22]另一位记者回忆，采访时他经常以为霍金说了一句话，但是发现“翻译”过来只有一个词。霍金的论文都是这样先艰难地口述给秘书，再打出来的。但他逐渐学会了用最精简的语言表达，在论文和对话中也都直入主题。

他虽然言语不多，却吸引了全世界的关注。他公布了黑洞会爆炸这一发现后，名声和获得的奖项很快就更上了一层。1974年春天，他入选全球最负盛名的学术机构之一的英国皇家科学院会员。获得这一荣誉时，他只有32岁。在传承自17世纪的授衔仪式上，新入选的会员要走上讲坛，在一本书上写下他们的名字，艾萨克·牛顿的名字就写在这本书前面几页。霍金入会时，在场的人都记得当时的院长、诺贝尔生理学或医学奖获得者艾伦·霍奇金破了例，将这本书递给了坐在前排的霍金。霍金当时还可以签名，只不过很费力，花了很长时间。身边的知名科学家们都耐心地等着。霍金写完名字，抬起头绽放了灿烂的微笑，全场都为他起立欢呼。

还是那年春天，霍金热情满满地接受了加州理工学院发出的邀请，就是基普·索恩任职教授的地方，在那里度过了1974—1975学年。[23]霍金同时还被选为谢尔曼·菲尔柴尔德杰出学者。这份邀请还包括了不菲的薪水、一幢房子、一辆车，甚至还有一辆电动轮椅。他的医疗费用（英国国民医疗体系不承担国外的医疗费用）、罗伯特和露西的教育也都由学校负责。

史蒂芬收到邀请时，距离他们买下并翻新那幢小圣玛丽巷的房子已经过了差不多4年。当时，史蒂芬在屋里上下楼，需要抓住楼梯栏杆的立柱，全凭手臂的力量，一级一级地把自己拉上台阶，对史蒂芬来说，这也是很好的锻炼。后来，他再也上不去了。这次，冈维尔与凯斯学院比两人刚结婚时更加热情，帮他们选了一幢更好的房子。当时换了新的财务主管，他在学校的一幢砖瓦楼里，为他们选了套宽敞的低层公寓，位置就在西路上，离国王学院的后门不远。当时的剑桥大学经常给教职工提供这种雅致但有点破旧，楼上住着研究生的低层公寓。

学院提供的公寓天花板很高，窗户很大，只需要稍微整修或是改造一下，就能方便坐轮椅的人生活。霍金一家去加州时，公寓就开始修缮了，他们回来后可以直接搬进去。这幢楼周围都是花园，只有门口有一小片铺着卵石的停车场。负责花园养护的园丁很乐意听取简提出的建议和对花园的规划，这所公寓非常适合霍金家的孩子度过童年。

虽然放弃了亲自爬楼，霍金还是自己进食、自己上下床，但对他来说，这些动作也越来越吃力。简还是一个人支撑着，每天超负荷地运转，保证丈夫在不断恶化的病情下，依然能正常地生活，继续研究，同时还保证罗伯特和露西能拥有正常的童年生活。她偶尔也会抽时间写博士论文，但夫妻两个都知道，需要做出一些改变了。

简在复活节期间提前为一家人安排行程，她提出了一个新的方案，可以在照顾史蒂芬的同时，不让他感受到对病情的妥协，也不挫伤他的勇气。他们开始寻找研究生或是博士后，可以按照传统跟一家人一起出行、生活。这名学生会照料霍金的起居，而霍金一家给他提供免费住宿，史蒂芬本人也会多关注他。一家人出发去加州时，史蒂芬带的一名研究生——伯纳德·卡尔也跟他们一同出发。

简订好了机票，还在伯纳德·卡尔的帮助下打包好行李，带着丈夫、两个孩子、行李，以及特制的设备横跨地球，到了南加州。简展现出来的效率和能力让朋友们都大吃一惊。

太阳下

1974年8月，基普·索恩开着一辆崭新的美式旅行车，去洛杉矶机场接霍金一家人。这辆旅行车是供他们在美期间使用的。这趟旅途很漫长，他们从伦敦出发，飞越北极，但基普·索恩安排他们从高速上穿过蜿蜒的城区，掠过洛杉矶的摩天大楼，又到了洛杉矶城区东北10英里（约16千米）的帕萨迪纳，看路边高耸的棕榈树，南加州慵懒的空气很快就让一家人恢复了活力。[24]他们刚好在黄昏时分赶到为他们安排的住所——一幢温馨的房子，外面覆盖着白色的风雨板，每扇窗都闪耀着阳光。这幢房子与加州理工只隔了一条街，还能看到山景。他们到这儿的第一天，简就给在英国的父母写信说："这幢房子外面美观，里面也雅致。这些人肯定以为我们习惯了天文数字消费水平的生活。他们怎么会知道呢！”[25]

史蒂芬、简和孩子们在庭院里发现了蜂鸟，花园里还有一棵高大的加州橡树，可以爬上去；屋子里有电视、好几个卧室；房子旁边的校园里有游泳池，开车去迪士尼乐园也很方便。还有一辆崭新的、最先进的电动轮椅等着史蒂芬。他就像赛车手测试速度更快、操控性更好的新车一样，四处游荡，开发轮椅的新功能，偶尔停下让工程师做些微调。

霍金一家人适应了加州的生活后，又有了些让人不安的新体验——虽然他们已经有了心理准备——偶尔发生还有点吓人的地震。邻居和霍金的同事们好像都习惯了，还跟简和史蒂芬保证，如果经常发生小地震，就不太可能发生大地震了。这里的住户都这样过了许多年，房子也都没受到损伤。

罗伯特和露西去了帕萨迪纳城乡小学。3岁的露西非常喜欢这所学校，她本来只想在这儿待半天，结果她在这儿待了一整天。妈妈来接她时发现她不见了。教职工慌忙地四处寻找，结果发现她和大一点的孩子们在午餐室静静地吃午餐。罗伯特有了新的角色，他7岁的小脑袋好像记住了洛杉矶的地图，经常在高速上给妈妈导航，成了妈妈的得力助手。伯纳德·卡尔热切地融入了加州理工的学生生活，每晚照顾霍金入睡后，都跑出去参加派对，派对结束后，他还彻夜不眠，看恐怖片，所幸史蒂芬并不喜欢早起。

简在这里被各种应酬缠身，霍金一家几乎一直在招待客人。在加州理工，夫妻二人享有几乎同等的社交地位，这在剑桥是很罕见的，除了在克莱尔霍学院。这一改变让她很兴奋，但也有点疲惫。除了当地的朋友外，国外也经常有人来拜访，还有亲友，包括简的父母、史蒂芬的母亲和姨妈。史蒂芬的妹妹费丽帕生活在纽约，她也过来拜访他们。霍金一家的住处离校园很近，加州理工相对论小组经常在这里聚会。

对简来说，加州人的热情和直接算是个惊喜，相比他们夫妇经常面对的状况——英国人的羞怯甚至是直接回避，也是一个很好的改变。因为史蒂芬跟人交流有困难，他们两个跟其他人聊天很不方便，但是加州人似乎很愿意尝试。抵达加州理工时，史蒂芬在领域内已经国际知名了，他也自然受到明星般的待遇。说句公道话，如果他以类似的身份第一次到访剑桥大学，他和简在校园里受到的待遇，应该也跟他们在帕萨迪纳得到的热情接待有些相似。

科研人员去国外度公休假的经历，经常能带来巨大的创造力和智慧提升，对其他家庭成员来说也是一个转折点。霍金一家人也是这样。罗伯特有个8岁大的朋友，对计算机非常着迷，这激发了他对计算机领域的兴趣，并最终进入IT行业。另一位教职工的妻子邀请简参加每周一次的晚间唱诗班，练习大合唱——这是简第一次接触这项爱好，她后来坚持了许多年。

霍金的办公室有空调，加州理工校园内处处都有无障碍设施。他与其他知名学者一起晒太阳，还以贵客的身份去学生"家里"用餐。加州理工学院过去和现在都是全球物理学习及研究的中心之一。加州理工比剑桥和牛津稍小，但是教职工中有很多全球最优秀的学术人士，都是在各自领域无可争议的领军人物。对霍金来说，身边满是新的同事和引人入胜的观点，让他对之前从未探索过的领域产生了兴趣，也对正在研究的问题有了新的看法。霍金就是在这里遇见了当时在读研的唐·佩奇，后来佩奇在霍金一家人的生活里也会起到至关重要的作用。

那年，佩奇和霍金合著了一篇论文，认为我们观测到的伽马射线爆发，可能就来源于原初黑洞的爆炸。[26]一对传奇的宿敌，理查德·费曼和穆雷·盖尔曼，也都在加州理工，霍金分别去听过他们两人的讲座。两人都是尖端的粒子物理学家，而不是宇宙学家，但是霍金发现研究黑洞时，越来越需要粒子物理的专业知识，这刚好是千载难逢的机会。他很快就会在探索宇宙起源的可能性时，以不同的方式用到费曼"历史求和"的理念。霍金在剑桥遇到的吉姆·哈图，当时在加州大学圣巴巴拉分校，他也在加州理工待了一段时间，和霍金一同找到了描述霍金辐射的方法。[27]

霍金并没有在帕萨迪纳待一整年。圣诞节前，他跟朋友、同事乔治·埃利斯去达拉斯参加论坛，4月又受邀去罗马，接受教皇保禄六世颁发的教皇庇护十二世奖章，授予"一名成绩斐然的年轻科学家"。霍金很想看看伽利略在重压和用刑的威胁下，宣布放弃地球围绕太阳旋转的发现而写下的声明，现在就收藏在梵蒂冈图书馆里。霍金趁机游说了一番，让教会为350年前对伽利略的不公正待遇，向伽利略正式道歉，很快教会就照做了。

也正是在加州，霍金开始认真思考一个问题，这个问题后来会让他与部分同事产生多年的分歧：黑洞中信息的损失。后面我们再讨论这里的“信息”究竟指什么，这里我们就将其理解为黑洞诞生过程中牵连到的一切，以及黑洞形成后落入的一切。信息的损失是不可挽回的吗？这对我们理解宇宙、做出预测的能力有什么意义？这意味着物理学崩塌了吗？这正是那年他发表的一篇论文标题——“物理学的崩塌及引力坍缩”。1976年11月这篇论文终于发表时，他换了一个只要不细想，就没有那么骇人听闻的标题——“可预测性的崩塌及引力坍缩”。[28]

当然，还有基普·索恩，霍金一家人来到这里，多亏了这位朋友与同事。索恩和霍金一同签署（霍金按的手印）了一份文件，即他们那份著名的赌约：天鹅座X-1双星系统是否包含黑洞。

《阁楼》与《私探》的赌约

索恩和霍金的这个赌约始于1964年，那时约翰·A.惠勒还没想出“黑洞”这个名字。那一年，在莫斯科的应用数学研究院，雅科夫·泽尔多维奇和他带的研究生奥克泰·古塞诺夫开始梳理多年来天文学家观测并记载的数百个双星系统。他们希望能找到一些蛛丝马迹，证明存在质量和密度都非常大、大到只可能是黑洞的物体。对潜在黑洞的寻找开始了，这一过程十分曲折，因为可能是黑洞的物体都无法由光学望远镜观测到。

为了理解双星系统，以及为什么双星系统中很可能存在黑洞，我们来跟着约翰·A.惠勒想象一个场景：在昏暗的宴会厅里，女士们都穿着白色的华服，有些男士也穿着白色的衣服，有几个穿着黑色正装。我们从上面的阳台俯视下面，看一对对舞伴跳着华尔兹。虽然我们知道他们是两人一组，但有时只能看到其中的一个，也就是身着白色华服的女士。

双星系统就是互相环绕的两颗恒星，像上面那个例子中跳舞的一对男女。有的双星系统只能观测到一颗恒星。那么我们怎么能知道有两颗恒星呢？在宴会厅里，注意观察女士的舞步，很容易推断出她肯定还有个舞伴。类似的，研究某些恒星的运动轨迹，也有可能推断出另一颗恒星的存在。

有些看起来孤立、轨迹像是还有同伴的恒星，并不一定跟黑洞在一起。那个观测不到的同伴也许只是一颗又小又暗、温度又低的恒星——白矮星，或是中子星。

计算这类天体的质量很复杂，界定黑洞的关键就是质量。可以说，20世纪60年代的天文学家绞尽脑汁，寻找各种神奇的办法，从可见恒星的运动中推测另一颗天体的质量。

1966年，泽尔多维奇和另一位同事伊戈尔诺维科夫发现要找到可能性较大的潜在黑洞，不仅需要光学望远镜，还需要X射线探测仪。X射线的辐射源通常具有很大的能量，而物质落入黑洞或中子星，是当时已知能量释放最多的场景之一。这也正是双星系统中，密度很高的恒星或是黑洞从伴星那里吸收物质时的情况。因此，学者们开始寻找一颗伴星在可见光谱部分很明亮，X射线部分很暗，而另一颗伴星在可见光谱部分很暗，X射线部分很明亮的双星系统。

天鹅座X-1的可能性很大。它所在的双星系统刚好是一颗可见光谱部分很明亮、X射线部分很暗的伴星，围绕着另一颗可见光谱部分很暗、X射线部分很明亮的伴星。这组双星就在银河系，离地球大约6000光年。两颗星的公转周期是5.6天。光学望远镜发现其中一颗应该是蓝巨星，肉眼无法看见。它发出光线的多普勒频移显示肯定还有一颗伴星。天鹅座X-1就是这颗伴星。光学望远镜根本无法看到，但X射线频谱上却无比明亮。它发出的X射线强度变化剧烈，毫无规律，与物质落入黑洞或中子星时的情况很相似。

天鹅座X-1的质量至少是太阳的3倍，可能是太阳的7倍多，最可能的大小是太阳的16倍。由于其质量的不确定性较大，霍金和索恩在1974年12月，定下了上文提到的赌约。天鹅座X-1很有可能是一个黑洞，但专家只有80％的把握说它是黑洞，而不是中子星。

赌约上写明了条件：如果天鹅座X-1是黑洞，霍金要为索恩订1年的《阁楼》杂志①；如果不是黑洞，索恩则要为霍金订4年的《私探》杂志②。霍金说他赌天鹅座X-1不是黑洞，只是“为保险起见”。“我在黑洞上花了许多精力，如果黑洞不存在，我就前功尽弃了。打了这个赌，我至少还能赢一次。”赌约被裱在相框里，挂在索恩加州理工的办公室墙上，等待着科学的进步。

不幸的是，随着离开加州的日子临近，在剑桥期间困扰着简的抑郁、不自信和缺乏自尊的感觉又回来了。她开始重新评估在帕萨迪纳这一年丰富的社交生活，认为这只是对当下问题的逃避。她感觉自己成为妇女解放运动的斗争对象，这场运动认为在外没有工作的女性就是失败，缺少自我实现。[29]简认为这正是她的想法，科研人员的妻子做了全职家庭主妇后的普遍感受。跟其他主妇去艺术博物馆和画廊，现在只会让她感觉是主妇们和她努力照亮自己晦暗生活的无奈之举。一位有思想、有洞察力的朋友认为简很了不起，可能也发现了简自己感受不到这点。在史蒂芬被教皇授予奖章那天，这位朋友送了简一枚珍珠胸针，告诉简她也应该得到嘉奖。[30]

---

① 译注：美国知名的成人杂志。

② 译注：英国著名的时政新闻杂志。

第8章 “科学家总是认为过去和未来、原因和结果之间存在独特的联系。没有了信息，这一联系也就不存在了”

暂住在加州的一年结束后，霍金一家回到剑桥，搬进了西路上的新家。[1]史蒂芬在速度更快、室内外都适用的新款电动轮椅上坐了一年，很难再换回老款了。他向英国卫生局申请，配备一辆类似他在加州访问期间使用的轮椅，但遭到了拒绝。霍金一家无奈只得倾其所有购买了一辆。有了这辆轮椅，他每天去银街上的DAMTP大约只要10分钟，还不用抄近路，可以走更惬意、车流更少的路。他沿着一条两旁种满树的蜿蜒小径，穿过国王学院，走过后花园，身边是修剪整齐，还有奶牛在吃草的牧场，再从国王学院礼拜堂后的石拱桥上横跨卡姆河。到了这里，他有两条路可以选：一是走一条人流稀少的小巷——女王巷，经过女王学院高耸的中世纪大门前，进入银街，再走国王学院的侧门；或者从国王学院正门穿出，进入繁忙的国王大街，再右转进入银街。无论走哪条路，他到了狭窄又繁忙的银街上，都能给这一路的平静增加一点风险和刺激。到了学院楼，后面就是轮椅用的坡道。他大约上午11点到达。霍金的新研究生助理，阿兰·拉帕德斯有时会跟他同行，但多数时候他都是独自驾驶着最先进的、让他无比自在的轮椅。

到了1975年秋天，霍金与学院为期6年的杰出科研奖学金合同到期。虽然他不能讲课，却是一个很好的导师，愿意花很多时间跟学生讨论，有的同事甚至怀疑他还有没有时间做自己的工作。当时有传言说他可能永久移居美国，但剑桥大学直接终结了这一传言，聘请他为准教授，还配备了一名秘书——朱迪·菲拉。朱迪有活力又迷人，解了史蒂芬和简的燃眉之急。史蒂芬有了自己的秘书，简就不必为史蒂芬安排日程和行程了。简又可以在博士论文上投入一些精力，还有时间参加声乐训练，追求她新的音乐爱好。[2]

1975年夏天，BBC的设备车缓缓驶入西路，开进霍金家的庭院，在他们家接了弯弯曲曲的电缆，准备拍一部史蒂芬的纪录片《宇宙的关键》，后来又移步银街，拍摄在DAMTP的一次论坛。媒体就这样“入侵”了霍金的生活和工作，后面还会发生许多次，而且不会考虑同事、学生、管理人员和家人的利益和感受。虽然后来大家都有些厌烦，但一开始的几次还是很兴奋的。简在寻找一位能住家的学生助理，进行得很顺利。霍金很期待他在加州理工遇到的唐·佩奇来到他家。佩奇是霍金的好朋友，在物理学界的前途也一片大好，他当时即将取得博士学位，正在申请博士后。加里·吉本斯受邀前往慕尼黑访问1年时，刚好空出了聘请佩奇为研究助理的预算。后来，他获得了北约组织的资助。1976年秋，这位个子非常高、声音又洪亮的年轻人搬进了霍金一家在西路的公寓。

霍金是不可知论者，几乎可以算是无神论者，对他来说，佩奇算是一个意外之选——非常聪明，品德无可挑剔，也乐于承认自己是虔诚的教徒。佩奇在往返学院的路上，不会只谈物理学，而是经常聊到早上读到的《圣经》。史蒂芬用玩笑的形式友善地质疑他，但还是会尊重唐的观点和信仰。他离开学生研究助理的岗位后的许多年，都一直是霍金的私人朋友，也是霍金很欣赏的学术合作伙伴。

霍金在办公室里有了朱迪·菲拉，家里有了唐·佩奇，简终于可以卸下一部分重担了。1977年夏天，他多年以来第一次没有跟简一同出行，而是由佩奇陪同，回加州理工访问了几周。

也正是这时，霍金和比他晚入会的会员们受邀前往伦敦，参加查尔斯王子加入英国皇家科学院的授衔仪式。查尔斯王子对霍金的轮椅很感兴趣，霍金便兜了一圈，展示了一下轮椅的功能，还不小心轧到了查尔斯的脚。很快就有传言说，霍金是故意轧到他的脚。最后，传言变成了霍金说他这辈子最大的遗憾，就是没能轧到玛格丽特·撒切尔的脚。据说他讨厌的人都成了他眼里的目标。“这是恶意中伤，”霍金坚称，“谁老是说这个，我就轧谁。”[3]

1977年秋天，霍金在受聘为“准教授”之后仅仅两年，就被剑桥大学授予教授席位，还大幅涨了薪。他现在是“教授”了。在剑桥和绝大多数英国大学，取得教授的职称远比在美国的大学难。

1977年12月，简加入巴顿路上的圣马可教堂唱诗班，在圣诞季唱献诗，她第一次遇到了那里的风琴手乔纳森·赫里尔·琼斯。乔纳森比简和史蒂芬小几岁，很有音乐天赋。就在不久前，与他结婚刚一年的妻子因白血病去世了。霍金家成了他的避风港。简和史蒂芬都给了他情感上的支持，但乔纳森也回馈了他们——他教7岁的露西弹钢琴，还主动帮忙照顾史蒂芬。而简成了圣马可教堂会众的一员。她也终于有时间认真撰写博士论文的最后一章。[4]

这位积极帮助霍金一家的年轻人，在简照顾丈夫、打理家务、攻读博士、养育孩子等事务上焦头烂额时及时出现，又与她同样信仰上帝，爱好音乐，也许注定不会只是一位热心帮忙的朋友。简一向很诚恳，她与乔纳森发展出感情后，也没有瞒着史蒂芬。史蒂芬显然是接受了，根据简的说法，他没有说别的，只说“只要我继续爱他，他就接受”。[5]之后，夫妻二人很少再提起这件事，简和乔纳森也维持了很长一段时间的柏拉图式恋情。他们选择“在史蒂芬和孩子面前保持规矩，不表现相互之间的感情”。[6]他们的秘密保守得非常好，只有少数几个家人和朋友知道他们的感情，无论这段感情有没有让霍金产生过负面情绪，他都没有表现出来。[7]

1978年秋天，简又怀孕了。这时家里不仅有唐·佩奇和朱迪·菲拉，还有乔纳森帮忙，她决定在春天孩子出生前完成博士论文，这次机不可失。冬天，她只在给新成立的运动神经元疾病协会组织募捐慈善音乐会时，稍微放下了博士论文。史蒂芬也捐助了。简在剑桥的音乐圈开始崭露头角。[8]

霍金的第三个孩子，蒂莫西出生于4月的复活节主日（4月15日）。为了纪念爱因斯坦的百年诞辰（爱因斯坦出生于1879年3月14日），霍金和维纳·伊斯雷尔邀请了许多同事撰文，编辑出版了一本汇集当代广义相对论研究成果的书。这本书的序言预示了霍金后来在卢卡斯数学教授就职典礼上演讲的主题，里面写道："爱因斯坦设想的一个完整、连贯的理论，能够将所有物理法则统一。"[9]

20世纪70年代中后期，霍金获得了数个国际级的大奖，还被授予几个名誉博士学位。1976年11月30日，在英国皇家科学院的集会上，尽管他当时只是作为剑桥大学引力物理的准教授，他还是被授予了休斯奖章，因为他"在物理学方面的原创发现"，即"对广义相对论在天体物理学，尤其是高密度物质特性上的应用，彻底改变了全球科学界对宇宙中黑洞的认识"。

1978年，他赢得了渴望已久的阿尔伯特·爱因斯坦奖，由美国的路易斯和罗莎·斯特劳斯纪念基金会颁发。这个奖项是美国物理学界最负盛名的，并不是每年都颁发。1978年夏天，他还获得了牛津大学授予的名誉博士学位。对霍金的未来影响最大的，是1979年秋天剑桥大学授予的卢卡斯数学教授头衔。他也终于有了自己的办公室。就职一年多之后，学校才把签有历任卢卡斯数学教授名字的卷宗拿到他面前，请他签名。这个仪式之前不知为何被遗忘了。"我非常艰难地签了名字。那是我最后一次签名了。"[10]

1980年，霍金争取独立自理能力的战役到了水深火热的时刻。那时的马丁·里斯，已经被剑桥大学授予另一个十分有名望的教授头衔——普鲁米安天文学教授。霍金夫妇结婚之前就认识他，他也亲眼见证了史蒂芬事业的腾飞和身体状况的无情衰退。那年晚冬或是第二年早春，里斯邀请简去物理研究所聊天。冬天早些时候，简和史蒂芬得了重感冒，很久都没有好转，史蒂芬听取家庭医生的建议，搬到疗养院住了一段时间，直到两人都康复。里斯担心自此以后，霍金一家没有外人的帮忙就应付不了，他提出资助他们请人来做一部分护理工作。[11]

霍金认为这是不可理喻的。同意请护工，意味着他向病魔屈服了，给他的生活平添了一个冷漠、没有人情味的人，他也因此会变成一个病人。但他考虑一段时间后改变了主意，请护工也不是没有好处，他出行会更自由，不会总需要依靠妻子、朋友或是学生。他一开始以为失去独立自理的能力是损失，结果成了塞翁失马。

“N=8超引力”

本书开头写到，1980年4月29日霍金就职卢卡斯数学教授的演讲，题目是“理论物理即将走到尽头了吗？”。在这篇演讲里，霍金认为“N=8超引力”是最有希望的潜在万物理论之一。这个理论并不是霍金提出的，但他和许多物理学家都认为这个理论很有前途。超引力的概念由超对称理论衍生而来，超对称理论认为，我们所知的所有粒子都有超对称的“搭档”，质量相同，但是“自旋”不同。

在《时间简史》中，霍金认为最好将自旋理解为粒子旋转以后的样子。自旋为0的粒子像一个点：无论从哪个角度、如何旋转，都是一个样子。自旋为1的粒子像一个箭头：要完整地转一圈（360度）才能变回初始的样子。自旋为2的粒子像一个双箭头（两端各一个箭头）：旋转半圈（180度）就跟初始状态一样了。以上的概念都很直观，不过下面这个就有些奇怪了，即自旋为1/2的粒子。这种粒子要旋转两圈，才能回到初始状态。

第2章里，我们提到宇宙中的所有粒子要么是费米子（组成物质的粒子），要么是玻色子（传递信息的“信使”粒子）。基本费米子的自旋都是1/2，比如电子就需要旋转两圈才能回到初始的状态。而玻色子的自旋都是整数，光子、W玻色子和Z玻色子和胶子的自旋都是1，旋转一整圈才能回到初始的状态（单箭头）。理论上引力子的自旋是2（双箭头），旋转半圈回到初始状态。

超对称理论认为每个粒子都存在“超对称搭档”，可以将物质和自然规律融合，即每个费米子都对应一个玻色子，每个玻色子都对应一个费米子。就像老派的婚礼上，之前并不匹配的两家人结合，每个伴娘都挽着新郎邀请的男宾客出场。玻色子搭档的名字，还有一点拉丁语的影子。理论上光子的搭档叫作光微子，引力子的搭档叫作引力微子。而所有费米子的超对称搭档，都在名字前加了个“超”字，于是就有了“超电子”和“超夸克”。霍金发表卢卡斯数学教授就职演讲时，物理学界有好几个版本的超引力理论。$N=8$超引力理论是唯一适用于四维时空的（三维空间加一维时间），虽然这个理论预测了许多当时尚未发现的粒子，却并不像其他量子引力理论一样，预测了无穷多的未发现粒子。之所以取名为“$N=8$”，是因为这个理论中，引力子不止1个，而是8个超对称搭档。一配八在婚礼上有些尴尬，在这个理论里倒正好。

霍金发表卢卡斯数学教授就职演讲后不久，他和其他科学家就意识到这个看似有前途的理论，用来做数学推导有多么的困难。除了引力子和8个引力微子，还有154种粒子。当时大家认为，即使动用计算机，完成一次计算也差不多要用4年——要考虑到所有粒子，排查可能隐藏在某处的无穷大，以及避免报错！

另一个问题在于，所有的超对称搭档我们都没观测到过，也不太可能观测到。这个理论认为，搭档的质量和“普通”的另一半一样，但是（我们能观测到的世界里）这一对称被“打破”了，超对称搭档的质量是另一半的几百倍，甚至数千倍。在实验室里发现超对称搭档所需的能量过于巨大。

1964年，彼得·希格斯在爱丁堡大学提出了“希格斯场”的概念。理论上，希格斯场遍布整个宇宙，是导致超对称搭档的质量巨大，且难以通过试验发现的原因。如果这一理论是正确的，希格斯场就会以自旋为0的“希格斯玻色子”形式出现。希格斯玻色子本身质量巨大，直到1980年也没有被观测到，但物理学家知道，如果希格斯玻色子存在，欧洲原子核研究委员会（CERN）的大型强子对撞机产生的巨大能量就有可能帮我们发现它。CERN位于瑞士与法国边境的日内瓦。霍金有个比较著名的赌约，就是他打赌希格斯玻色子不会出现。他当时对大型强子对撞机可能发现超对称搭档，甚至创造一个小型黑洞非常感兴趣。

1980年春天，霍金发表卢卡斯数学教授就职演讲时，简还在准备6月的博士论文答辩。她通过答辩时，大家并不觉得意外。但她在1981年4月才正式毕业，既然确定可以拿到学位了，她就开始教当地的孩子法语，后来去了剑桥中心六年级学校兼职，帮助学生准备六年级考试①以及申请大学。[12]过了一阵子，她拿到了学位，就去做了六年级的老师。与耗费她许多年完成的博士论文相比，她职业生涯的开端有些扫兴。她本人虽然取得了一些学术成就，但和她丈夫耀眼的光芒相比，还是有些让人沮丧。“这算是完成了我的一部分志向，”她说，“这部分被压抑太久了，而最棒的是，这一切跟家里的事情并不冲突。”[13]

蒂莫西还小，罗伯特在佩斯学校过得很开心，露西在小学也很受欢迎。我第一次听人说起霍金一家，是纽纳姆克罗夫特小学校长，说我6岁的女儿让她想起了露西·霍金。她显然是想夸奖我女儿。我见到露西时，意识到了这点。那是露西毕业后回访学校，在操场上帮忙照顾小孩子时。她那时16岁，容光焕发，面貌整洁，一头金色的头发。她本人非常聪慧，人也很好，有和年龄不相称的体贴和泰然。她说虽然父亲在剑桥研究物理，但她希望去牛津，因为在剑桥出生长大，总想换个环境。后来，露西接受采访时说自己不像父亲，“我从来都不擅长科学。我甚至还对数学绝望过，说来还有些不好意思”。[14]但她是个好学生，大提琴也拉得不错，这回应该不会有人拿一包糖赌她或是霍金家的其他孩子将来一事无成了。

阁楼里的麻烦

1974年至1975年，在加州理工度过的那段时光无论是对学校还是霍金来说，都算是一次成功，后来他差不多每年都要回去待一个月。为此，加州理工更新并延长了他的谢尔曼·菲尔柴尔德杰出学者访问期限。

到了1980年，基普·索恩发现霍金对自己研究领域的态度发生了转变，用霍金跟他说的话概括就是，“我宁愿选择正确，而不是选择严谨”。这句谜一样的声明，是针对当时绝大多数数学家持有的态度——至少要拿到证明自

① 译注：大约相当于中国的高考。

己是正确的铁证才满意。20世纪六七十年代，霍金的态度也是这样。而这时他认为这种严谨不一定能得到“正确”，反而可能导致因小失大。他更爱推测了，有了95％的把握就能满足，并且进行下一步。《纽约时报》的专栏记者丹尼斯・奥弗拜说他“倔强地相信直觉”。[15]虽然霍金的直觉一般都很准，但他的目标已经从寻找确定性，变味成寻找“很大的可能性，然后马上向理解宇宙的终极目标迈进”。[16]

霍金再去加州，也不会只去洛杉矶和帕萨迪纳。他喜欢旧金山陡峭的街道，以及在上面驾驶电动轮椅的刺激冒险。在这里，他就像1963年开车送简去三一学堂的五月舞会一样鲁莽。他的同事伦纳德・萨斯坎德记得，他在最陡峭的路段顶上蓄势待发，那条路的坡度让摩托车赛车手都望而却步，担心会刹车失灵，或者滚下坡。霍金对同伴恶作剧式地笑了一下，然后就消失了，用近乎自由落体的速度下坡。等同伴在坡底赶上他时，他满意地笑着，要同伴带他去一段更陡的路。[17]

1981年在旧金山，霍金呼吁大家关注一个问题，这个问题远比他在街头上演生死时速更让他的同事们困扰。当时大家在一个十分古怪的地方，维纳・艾哈德——大众心理学艾哈德研讨式训练（EST）的创始人——庄园的阁楼里集会。EST的受众，是自认为非常缺乏信心，并愿意支付几百美元改善这一状况的人。EST每期持续两周，在酒店宴会厅里举办，最多时有上千人自愿参与。训练过程非常严苛，无视学员的尊严，还包括言语及肢体虐待。EST声称，至少一段时间内学员会有脱胎换骨的感觉，会得到顿悟，有了自信，变得外向。对一部分人来说，确实是这个效果。

这让艾哈德大赚了一笔。他还是物理学爱好者，通过积累的财富，跟许多顶尖理论物理学家——完全不缺乏自信的那种——成为朋友，其中还包括理查德・费曼。艾哈德为他们精心组织了几次晚宴，还装修了庄园的阁楼，专为他自己资助的小规模私人物理学论坛准备。虽然很多批评家都觉得，他开办的这个大众心理学训练造作又暴力，他本人却很和蔼、有趣，还非常聪明。顶尖的物理学家们都忽略了他心理学创始人的身份，选择接受他的另一个身份，对于他的资助也并不拒绝。[18]

1981年，霍金在艾哈德的阁楼聚会上发表声明时，还可以自己讲话，不过多年以来，只有非常了解他的人才能听懂。当时充当翻译的是马丁·罗切克，他是DAMTP的初级研究员，后来在弦理论和超对称领域崭露头角。当时罗切克陪霍金到了加州，已经能或多或少地理解他说的话，并且给大家复述一遍。当时留存的视频片段给我们展示了做翻译要花多大的力气。绝大多数演讲，比如卢卡斯数学教授就职演讲，都是霍金的研究生助理讲，“(霍金)就在旁边坐着，研究生说错了，他再说一两句”。[19]虽然翻译的过程复杂又神秘，霍金在艾哈德阁楼里的声明却非常清楚明了。

他关注黑洞差不多15年了，得出了简洁、清晰又优雅的方程，他感觉一定是正确的。他坚持认为这个结果，揭示了自然规律之下，其实包含着更深层次的和谐。[20]到了1981年，很少有人怀疑霍金辐射这个概念了。但霍金开始意识到，至少从第一次访问帕萨迪纳时开始，在这个发现涉及的诸多方程之中，存在着一个悖论，可能会威胁到整个物理学界。这个悖论涉及黑洞内的信息损失，会威胁到物理学最基本的原则之一，信息守恒定律：宇宙中，信息永远不会消失。1979年，唐·佩奇第一个质疑史蒂芬的结论，但史蒂芬没有退让。

理解这里的“信息”至关重要。上文中“损失的信息”可以理解为黑洞诞生过程牵连到的一切，以及黑洞形成后落入的一切。但理论物理学家说到的“信息”指什么呢？线索就在字里行间，“组成宇宙的粒子中编码的信息”。

黑洞的研究史中，有这样一个粒子可以解释理论物理学家说的“信息”是什么意思：伦纳德·萨斯坎德在其著作《黑洞战争》中，提到雅各布·贝肯斯坦在考虑黑洞的熵这个问题时，做过的一个爱因斯坦式思想实验(你应该记得，贝肯斯坦在1972年挑战过霍金)。说到进入黑洞携带的信息，一个单独的光子应该是最少的，然而，其实一个光子可以携带很多信息。对贝肯斯坦来说最重要的，就是它落入黑洞时携带的位置信息。

贝肯斯坦不需要考虑那么多的信息，他想把信息减少至一个“比特”。比特是约翰·A.惠勒提出的信息单位，有着全宇宙最小的尺寸——20世纪早期马克斯·普朗克计算得出的量子距离①。要缩减信息量，贝肯斯坦用了海森堡的不确定性原理，想象我们“抹掉”了光子落入黑洞的位置信息。他想象了一个光子，其波长刚好使其落入黑洞的可能位置遍布整个事件视界，尽量增大不确定性，使其只携带1比特信息——光子在黑洞内部。光子落入黑洞，会增加黑洞的质量，自然也会增加事件视界的面积，不过只有一点点，贝肯斯坦会继续计算出增加的面积。

显然，这里的“信息”跟我们每天接触到的“信息”还是有所不同的，远不止约翰·A.惠勒的电视落入黑洞时，显示的是哪个频道之类的内容。

信息消失在黑洞中，外界的人再也无法获取，与会的人都知道这一点。这部分被封闭起来的信息并不违反信息守恒定律。黑洞中的信息外界也许无法获取，却依然在宇宙中。霍金的设想更加极端。当黑洞将所有物质全部辐射出去，消失了之后，黑洞诞生过程中牵连到的一切，以及黑洞形成后落入的一切去哪儿了呢？

如果前面的内容你认真阅读过，可能会提出，这些物质都以霍金辐射的形式重新回到了外界。霍金辐射虽然不会把物质原样喷出来，但会是这个问题的答案吗？毕竟，信息守恒定律认为，组成宇宙的粒子中编码的信息可以打乱、分割、毁灭，但如果我们认识到的基本物理法则都是正确的，这部分信息总是可以通过携带它的粒子回收的。原则上来说，手里有了信息，什么都可以恢复。[21]

比如你把这本书烧掉了，你可能以为自己再也没法读完它了。然而原则上来说，只要足够仔细地研究燃烧的过程，追踪这本书变成灰烬之前，每一个分子的运动，再逆推回去，就能把书复原了。重新买一本当然更容易，但你还是可以把书重构出来的。[22]

霍金不希望这样。他坚持认为，霍金辐射不是黑洞内的信息逃回外部宇

---

① 译注：又称普朗克长度。

宙的途径。如果把这本书扔进黑洞，就没法重构出来了。霍金辐射并不是物体落入黑洞后，留下的“灰烬”，或者被打乱、打碎的残骸。回忆上文提到的霍金辐射中，粒子对里“逃脱”的那个粒子（参考第6章）并不是来自黑洞内部，这个粒子来源于外部。逃脱的这个粒子并不包含有关黑洞的信息，我们也没法知道黑洞内部究竟满是航天员不成对的袜子，还是维尼熊奶奶的蜜罐，从这个粒子不会知道。霍金辐射与黑洞诞生的过程，或是后来落入黑洞的物体都没有直接联系。有些物理学家希望，这些信息能以某种编码的形式存储在霍金辐射中，但霍金却不这样认为。他认为这些信息不会逃离黑洞，在黑洞蒸发后就彻底消失了。这部分信息没法恢复，理论上都没有可能。霍金给他发现的这个情境命名为“信息悖论”。

这个问题好像不只影响到了黑洞。伦纳德·萨斯坎德在2005年接受BBC《地平线》采访时回忆，他当时就在艾哈德的阁楼里，听了霍金的声明后非常震惊，意识到如果霍金是对的——信息进入黑洞后真的消失了，那么信息就不只会消失在黑洞里。宇宙各处都会有碎片这样消失，我们没法做出预测了，因果关系也靠不住了。当下的科学中，我们自认为了解的一切知识都信不过了。[23]

霍金发现在场的所有人中，只有萨斯坎德一个人充分意识到了这份声明带来的深远影响。“伦纳德·萨斯坎德非常生气。”霍金回忆道。科学家们，以及我们，依靠的是过去和未来、因与果之间的联系。如果信息消失了，这一联系也消失了。“我们没法预测未来了，连过去的历史也不可靠了。历史书和我们的记忆可能都是幻觉。过去定义了我们，没有了过去，我们的身份也没有了。”[24]基普·索恩指出，已经有人推测存在比原子还小的黑洞，无处不在，一点点地吞噬着信息。[25]

对你我来说，这个问题可能没有那么严重。没错，落入黑洞的物体携带着信息，不成对的袜子是什么颜色、尺寸，或者不幸落入的宇航员身高多少，并不是你我认为有趣或者必需的信息。然而在做出预测时，即使是量子力学允许的那种限制非常多的预测，这些信息也是必要的。

霍金将预测未来或是过去的讨论，一直追溯到皮埃尔－西蒙·拉普拉斯，一位生活在18世纪晚期到19世纪早期的数学家。拉普拉斯有一个著名的理论，如果有一个全知全能的存在，有着无穷的计算能力，理解宇宙的所有规律，通晓任意时刻宇宙中所有事物的状态（宇宙中所有粒子的位置和动量），就可以计算出宇宙中一切事物在任一时刻的状态，无论是过去还是未来。虽然大家都认为获得这么多知识、进行这么多计算是无比困难的，但拉普拉斯式的科学决定论依然是19世纪至20世纪早期的主流论调。我有次听霍金在剑桥讲到这个问题时，他引用了拉普拉斯的原话（法语），还说既然听众都是剑桥大学的，翻译一下等于侮辱大家的智商，不过他的幻灯片上很快就悄悄出现了一句翻译。

拉普拉斯提到的这个全知全能的存在，一定要知道宇宙中所有粒子的位置和动量。袜子尖上的粒子也不例外。一只袜子落入黑洞后，相应的信息就从我们所知的宇宙中消失了。如果黑洞一直存在，岿然不动，这部分消失的信息就还没有彻底消失。虽然无法访问，但是还在那儿。如果黑洞蒸发，从宇宙中消失……就有麻烦了。

当时在阁楼里的霍金和其他物理学家，知道“信息悖论”不是拉普拉斯式的科学决定论遇到的第一个挑战。20世纪20年代中期，沃纳·海森堡发表“不确定性原理”时，一切好像都被推翻了……但很快就有了转机。最优秀的物理学家们针对不确定性原理的诠释和内涵，争论了许多年，但霍金开始研究黑洞时，大多数人都认为，即使是拉普拉斯口中全知全能的存在，也不可能同时知道粒子在给定时刻的位置和动量。

不确定性原理并没有成功地将科学决定论推下王座。很快，科学家就发现量子层级的宇宙也存在决定论，只不过形式不同。我们可以预测“量子态”，对量子的位置和动量得到给定精确度的计算结果。拉普拉斯口中全知全能的存在，指如果知晓任一时刻宇宙的量子态，理解了所有的科学规律，就能预测过去、未来任意时刻宇宙的量子态①。[26]

现在，霍金发现了个新的问题，好像还很严重。他早期的研究认为黑洞不会永远存在。伴随着持续的霍金辐射，黑洞越来越小，直到完全消失。他坚持认为黑洞诞生过程中牵连到的一切信息以及黑洞形成后落入的一切信息，都不可逆地消失了。

不过，为什么对信息的消失如此焦虑？宇宙里少了这么一点古老的信息，就不行了吗？

确实不行，这样就不再是我们自认为了解的宇宙了。信息守恒定律是物理学的基本原则之一，信息永远不会消失。信息可以混合、打乱或是变形，变得与初始状态大相径庭，但不会消失。如果这条定律有误，那么，宇宙就是在嘲笑拉普拉斯，以及所有认为他是正确的人。

虽然用萨斯坎德的话说，当时艾哈德阁楼里的物理学家们都站着，“震惊又困惑”，但在场的大多数人，以及其他理论物理学家还会继续相信，现在是由过去演化而来，未来又是由现在演化而来，这个因果关系依然成立；追踪过去和未来依然有意义，检测粒子加速器中撞击后的残片依然可以告诉你撞击过程是什么样的——好像霍金从没在这些假设的头上悬一把达摩克利斯之剑②。但霍金依然相信自己，信息悖论也依然存在。他依然坚持，黑洞“蒸发”后，信息就真的消失了，这意味着我们根据量子理论做出的预测范围又少了一点。

这是量子力学的瑕疵吗？量子力学这个成熟、可靠的领域，基础被动摇了吗？霍金给出了肯定的答案。基普·索恩说过，霍金固执地坚持自己对自

---

① 20世纪80年代，威胁到决定论的不只有霍金的这一观点。另一个具有类似威胁的是混沌理论。1985年，伊利亚·普利高津和伊索贝尔·史坦基在《混沌中的秩序》中写道：“面对这些不稳定的系统时，拉普拉斯（提到的全知全能的存在）和我们一样无力。”（Ilya Prigogine and Isobel Stengers, *Order Out of Chaos*, London:Heinemann, 1985.）此条非译注，为原文注释。

② 译注：指古希腊逸事中一把用马鬃悬挂在王座上方的剑，随时会掉落。

然规律的认知，还会让大家来挑战能否证明他是错的。[27] 霍金已经发起了挑战。萨斯坎德记得在艾哈德的阁楼里，“史蒂芬脸上有着‘史蒂芬式’特有的表情，带着一点微笑，好像在说：‘你可能不敢相信，但我是对的，绝对没错。’我们都坚信史蒂芬错了，但说不出为什么”。[28]

第9章 “宇宙能孕育我们这样的生命，概率真的微乎其微”

对于霍金来说，1981年是一个分水岭，不仅仅是因为他呼吁大家关注信息悖论，他还从一个新的角度考虑了宇宙如何起源，又将如何终结这个问题。

9月，在梵蒂冈的一次论坛上，教皇若望·保禄二世对霍金和其他科学家说，人类对创世那一刻奥秘的探寻，很可能是徒劳的：只能“由上帝揭示给我们”。[①]考虑到当时的知识和理论水平——尤其要感谢霍金的努力——认为宇宙起源于一个奇点，没人能反驳教皇的话。霍金绝大多数的同行也许会勉强认同教皇那句话的前半部分，但也会怀疑上帝是否会选择对我们坦白。最近，霍金对作家约翰·博斯洛说：“我们这样的宇宙，很可能无法从大爆炸中诞生。只要讨论宇宙的起源，就很难避开宗教方面的暗示。”[1]

教皇和他的科学顾问们不知道霍金喜欢推翻自己。霍金在这次论坛上演讲的题目是“宇宙的边界条件”，他并没有提到，自己认为宇宙“没有起源”——“没有边界”——也就不需要一个创世主的角色了。要是教皇和科学顾问们知道了，可能会充分利用手头的资源，请教皇将霍金的观点和犹太教、基督教中独立于时间之外的上帝类比一下——《圣经》中“我是”的部分。在这个上帝眼中，起源、终结，以及任何与我们所知的时间类似的事物都不存在。对时间的这一认知是霍金“无边界理论”的主要组成部分。对哲学或是宗教来说，这一观点并不新奇，但对物理学来说足够新奇了。

---

① 霍金在《时间简史》中提到，教皇说科学家们“不该探寻创世那一刻的奥秘”，这里应该是引用错误。

20世纪60年代末，霍金的博士论文及其之后的工作，好像都证明了宇宙起源于一个奇点，密度无穷大，时空翘曲无穷大。在这个奇点上，所有物理法则都不适用了，就像教皇认为的那样，探究创世一刻的秘密是徒劳的。奇点可以产生任何宇宙。我们没有办法预测产生的这个宇宙和自己所在的宇宙一样。在这个前提下，霍金认为讨论宇宙的起源，不可避免地会涉及宗教含义。[2]

“人择原理”

我们大都相信太阳、行星以及其他一切都不是绕着地球旋转的。科学还告诉我们，从任意一个点观测，宇宙差不多都是一个样子；承载着我们的地球，并不是一切的中心。

然而，我们在微观和宏观尺度上的发现越多，就越会认为我们之所以能存在于这个宇宙，一定有人做了周密的计划和精心的调试。20世纪80年代初，霍金还说：“考虑一下各种常量和法则的其他可能，宇宙能孕育我们这样的生命，概率真的微乎其微。”[3]

还有许多其他例子说明宇宙经过类似的调试：如果电子的电荷量稍有变化，恒星就不会燃烧，并给我们热量；或者不会以超新星的形式爆炸，把形成恒星（比如太阳）和行星（比如地球）的原材料抛回宇宙。如果引力比现在弱一点，物质就无法聚集成恒星和星系。但是，如果引力不是四种基本作用力中最弱的一个，又不会形成银河系和太阳系。我们现在的理论无法预测引力的强度或是电子的电荷量。这两者都是预设值，只能通过观测得到，但它们好像都经过微调，让我们所知的生命得以诞生。

我们能否直接得出结论说，有一个人，或是什么存在，在一切刚开始的时候想着我们？宇宙真的如天文学家弗雷德·霍伊尔所说的那样，是个“幌子”，是为了创造出智慧生命而制造的大阴谋吗？或者还有其他可能的解释？

“宇宙之所以是我们看到的样子，是因为我们的存在。”“事物之所以是我们观测到的样子，是因为我们是现在的样子。”“就算当初的情况发生了什么变化，我们也没法注意到。”这些都是用来描述“人择原理”的。

霍金这样解释人择原理：想象有很多个彼此独立的宇宙，或者同一宇宙的独立区域。绝大多数宇宙，或者宇宙中的绝大多数区域，都无法孕育智慧生命。不过有那么寥寥几个例外，本身的条件刚好可以形成恒星、星系以及太阳系，并且孕育出智慧生命，研究这个宇宙，就要问出这个问题：为什么宇宙是我们观测到的样子？根据人择原理，这个问题唯一的回答就是：如果宇宙不是这样，就不会有问出这个问题的我们。

人择原理能解释什么问题吗？有的科学家说不能，看起来是精心调试的结果，可能只是纯粹的运气。就像那个流传已久的说法：给一群猴子配上打字机，根据概率论，总有一天，有一只猴子能打出莎士比亚《哈姆雷特》的前五行。就算我们这样的宇宙存在的概率非常小，但只要宇宙足够多，总会有一个类似的。

人择原理排除了上帝的存在吗？没有。不过人择原理的确说明，即使没有上帝的存在，宇宙也能看起来像是为我们精心创造的。

约翰・A.惠勒认为我们可以在人择原理的基础上再进一步。他说，也许没有观测者的推理，物理法则也根本不存在。这样说来，也不存在那么多其他的宇宙了，因为孕育不出观测者的宇宙是不可能存在的。

如果情况是这样，是否意味着我们灭绝的那天，宇宙也灭绝了呢？最后一批观众离开后，会有工作人员上前拆掉布景吗？甚至，如果没有我们记录宇宙的存在，宇宙还存在吗？我们窥见了宇宙的一小部分，那么宇宙有能力在我们消失之后继续存在吗？

有几位物理学家将“依赖观测者”的宇宙跟东方神秘主义的部分理念联系在一起，包括印度教、佛教和道教。霍金可一点都不赞同，他说：“东方神秘主义的宇宙是幻象。物理学家如果把自己的工作跟这个联系起来，就是放弃了物理学。”[4]

人择原理虽然不是霍金提出的，却总是和他联系起来，当然还包括其他同事，尤其是布兰登·卡特。20世纪60年代中期，他跟霍金在同一个办公室，1972年还帮霍金一起反驳雅各布·贝肯斯坦关于黑洞和熵的理论。霍金和绝大多数物理学家希望看到，我们的宇宙为什么偏偏是这样，这个问题的答案不止人择原理一个可能。“一切都是运气使然吗？”霍金问道。“这像是绝望之举，否定了我们理解宇宙深层次秩序的所有希望。”[5]他一语成谶。

同时，教皇认为理解宇宙是不可能的。人择原理认为宇宙只是某次掷骰子（掷了无数次）时，刚好掷出了对我们有利的数字。有人认为上帝可以随时改变主意，做些调整，包括宇宙的法则。但霍金认为，全能的上帝不需要改变主意。他认为一开始或者创世一刻——让我们的宇宙成为现在的样子，而不是其他样子——就存在着一定的规则，好让后来的我们能够理解。他想知道这些规则是什么，那么他总要想法斩断戈尔迪之结①：奇点。

后来霍金花了好几年攻克这个难题。与此同时，在1981年10月，梵蒂冈之行后不久，他开始专注通过新的理论研究宇宙起源，即“暴胀理论”。

大爆炸挑战

20世纪60年代，认同大爆炸理论的物理学家都发展得顺风顺水。从1964年到1965年，在理解宇宙的历史、挑选更合适的模型（大爆炸或是稳态模型）这两个问题上，我们都迈出了激动人心的一步。这个故事堪称经典。当时的情况在科学史上比较罕见，数据出现在没人关注的领域。在新泽西州的贝尔实验室，有一个与“回声一号”和特斯拉通信卫星一同使用的喇叭天线。天线收集到的背景噪声太多，阻碍了对宇宙中信号的研究。这里的科学家们不得不做些调整，只研究比噪声强的信号。很多人都为无法忽略的噪声苦恼，但两名年轻的科学家阿诺·彭齐亚斯和罗伯特·威尔逊，认真对待了这些噪声。

---

① 译注：传说解开此结者即可成为亚细亚国王，后被亚历山大大帝挥剑斩断。

彭齐亚斯和威尔逊发现无论天线朝向哪里，噪声的水平都一样。如果噪声来源于地球的大气，是不会出现这样的情况的，因为水平朝向的天线比垂直朝向的天线覆盖了更大面积的大气层。噪声要么来自大气层外，要么来自天线本身。彭齐亚斯和威尔逊认为，天线里的鸽子窝可能是噪声的来源。但赶走鸽子，清理干净之后，噪声依然如此。

另一位射电天文学家伯纳德·伯克听说了彭齐亚斯和威尔逊在天线上遇到的麻烦，而他了解普林斯顿大学的罗伯特·迪克当时的研究，这两人不了解。当时迪克根据20世纪40年代苏联裔物理学家乔治·伽莫夫、美国物理学家拉尔夫·阿尔法和罗伯特·赫曼的方案，正在建造一座天线，寻找宇宙起源之后不久的残留至今的辐射，如果大爆炸理论是正确的，那时的宇宙还不怎么热。伽莫夫、阿尔法和赫曼从理论上证明，这种辐射应该依然存在，到了现在，温度应该已经降到约-268摄氏度（约比绝对零度高5摄氏度）。伯克安排彭齐亚斯、威尔逊和迪克见了个面，大家一致认为彭齐亚斯和威尔逊意外发现了迪克一直寻找的辐射。

这个发现很快被取名为“宇宙微波背景辐射”，缩写为CMBR。这一发现是对大爆炸理论的极大支持，因为曾经的宇宙远比现在更热、更密实。霍金和朋友乔治·埃利斯在1968年合著了一篇论文，强调这一证据为大爆炸理论提供了巨大支持。[6]不过，这也向大爆炸理论提出了一个问题。经过不断测量，将天线朝向了每个可能的方向，研究学者们发现这一辐射的温度是一样的，没有在CMBR中发现一点能够导致我们今天所观测到的结构变化。

抛开这些问题，支持大爆炸理论的论据很充足。当时有人发现类星体——理论学家认为可能是星系成形初期的产物——只存在于离地球非常远的地方。如果稳态理论是正确的，星系不断地互相远离，之间的空间由新形成的星系填充，而且类星体的确是星系形成过程中的一步，那么类星体应该均匀地分布在宇宙的各处。事实却不是。类星体与地球之间遥远的距离（也代表了其形成时间的久远）意味着它们只可能存在于宇宙早期。星系形成的这一阶段肯定只在很久之前发生，后来的阶段都没有发生过，现在也不再发生。

给稳态理论宣判“死刑”的，是1973年在伯克利进行的气球实验。实验发现宇宙微波背景辐射的频谱与大爆炸理论预测的一模一样。而对银河系即其他星系中多种元素富集程度的研究，显示大爆炸对此预测是准确的。

不过到了20世纪70年代，大爆炸理论还有一些障碍需要克服。霍金虽然把注意力转向了黑洞，但依然挂念着宇宙起源的问题；而解决大爆炸理论的遗留问题，也一直在全球众多物理学家的计划中占据了前排位置。这些问题后来被称为“视界问题”“平坦问题”和“光滑问题”。

视界问题描述的是，即使在辐射来不及传递到（即使大爆炸后的瞬间产生的辐射也来不及）的地方，宇宙微波背景辐射依然在各个方向上都是一样的。即使在遥远的地方，辐射的密度也几乎完全是一样的，好像内部完成了能量交换，达到了平衡状态。怎么会这样？

平坦问题描述的是，宇宙为什么没在很早之前再次坍缩至大挤压，或是继续飞速地膨胀下去，导致引力没法把物质聚集起来形成恒星。在我们看来，宇宙没有出现以上情况的概率简直小到令人难以置信。膨胀的能量（来自大爆炸）和引力的大小一定要几乎完全相等，在大爆炸之后的10^{43}（1后面43个0）分之一秒内，差距不能超过10^{60}（1后面60个0）分之一。

光滑问题描述的是，从CMBR观测结果来看，早期的宇宙一定是光滑的，没有任何隆起、集簇、褶皱或是其他不规则形状。于是就有了天体物理学中最著名的质疑之一——大爆炸构想中“缺失的一环”：产生CMBR时（宇宙诞生30万年后）如此均一的宇宙，为何现在变得如此多样又不均匀——有了恒星、星系、星团和行星——甚至有物质集簇成了你和我？

如果你觉得最后一个不能算是问题，想想惠勒的体系：粒子之间距离越近，彼此的引力作用越强。如果宇宙中所有物质粒子都是等距分布的，没有哪个区域的粒子稍微密集一点点，那么每个粒子受到的各方作用力都是相等的，粒子也不会向任何其他粒子靠近。研究学者们就是在宇宙早期发现了这一僵局，物质似乎分布得非常均匀，不可能产生、形成现在宇宙中观测到的结构。

20世纪70年代中期，霍金第一次访问加州理工时，还没有物理学家能解决以上任意一个问题。

暴胀驾到!

到了20世纪70年代末，在加州斯坦福直线加速器中心工作的一位年轻的粒子物理学家阿兰·古斯，对当时宇宙学家描绘的宇宙历史有了重大的认识。

古斯马上意识到自己发现了好东西，于是在笔记本上写下“重大发现”，还在这几个字上圈了两圈。他的发现给大爆炸理论中的顽固问题提供了出色的解答，同时提出了无须精心调试宇宙的初始状态，也能变成今天我们所见的样子的可能性。

古斯认为，宇宙早期可能经历了一段飞速的膨胀，然后稳定下来，以我们现在观测到的速度继续膨胀。“稳定”阶段是他的观点中最独特的地方。其他科学家通过求解爱因斯坦的方程组，发现宇宙的膨胀速度会从头到尾一直增加，或者从停止减速的那一刻开始，一直加速，从不停止。古斯的宇宙只在极早期经历过飞速膨胀。

古斯推导出，在大爆炸后的10^{30}（1后面30个0）分之一秒内，宇宙受到了强大的斥力，在非常短的时间内，表现得像被爱因斯坦抛弃过的宇宙常数一样。在极短的一瞬间内，这股斥力让膨胀加速，导致宇宙的尺寸急剧膨胀，从比质子还小的体积膨胀到像高尔夫球大小。

古斯提出这个理论后的30多年，物理学家一直在完善这个理论，不断提出新版本，并且努力弄明白这一过程为何会发生，又是怎么发生的。要理解这个理论，得先熟悉一些术语。

先从对称破缺开始：立着的一根杆子就是很好的例子。立杆可能朝任何方向倒下，导致它倒下的引力是“对称”的；对立杆倒下的方向没有偏好，每个方向的可能性都是相同的。但立杆倒下时，只有一个方向，而不是同时朝着所有方向。立杆倒下时，对称就破缺了。霍金在《时间简史》中举了另一个例子：想象一个蒙特卡洛轮盘。庄家转下轮子，小球在上面一圈圈地滚。这一状态就是“对称”的。你下了注可能对某些结果有所偏好，物理学却没有偏好。轮盘逐渐慢下来，小球的速度（能量）也逐渐减小，最终落在一个格子里。对称破缺了。[7]

“伪真空”和“真真空”对理解膨胀很重要，为了理解这两个概念，物理学家总是爱拿男式帽子举例，就是外侧有一圈包边，顶上有凹陷的那种帽子。在凹陷部位放一颗石子，石子会落在帽子顶部最低的地方。但这不是整个帽子的最低点，只是顶部的最低点。类似的是，基本粒子可以“落在”许多个临时“能级”，这些能级都是“伪真空”。抖一抖帽子，或是放几颗石子互相碰撞，石子就可能从顶部掉到边缘。在这个比喻里，帽子边缘就是“真真空”，我们可以将其理解为系统内能达到的最低能级。

在宇宙冷却下来的过程中，的确会发生这样的事。有些物质开始朝着能量更低的状态移动，同时释放导致飞速膨胀的排斥力。但是，回到上面的比喻，石子不会同时落下。落下的方式、速度，如何到了帽顶的边缘，或是跨过边缘——或是膨胀会不会以完全不同的形式发生——这些问题困扰了宇宙学家们数十年。不过几乎所有宇宙学家都同意膨胀发生过，并且膨胀成了“标准模型”的一部分。

另一个有用的术语是“相变”。日常“相变”的粒子就是水结冰（同时也包含了平衡破缺）。水作为液体，是对称的，在任意部位、任意方向都是一样的。温度足够低，水就会结晶成冰。冰就不是任意方向都一样的了。晶体的位置是一定的，排列的方向也是一定的。平衡破缺了。然而，如果小心地降低水的温度，可以低过冰点而不结冰，平衡也没有破缺。这个现象叫作“过度冷却”。冬天下雨时，即使气温低至零下，雨滴依然是液体状态，直到接触了物体——树，或是人行道——然后马上结冰。

阿兰·古斯的提议是基于大爆炸发生后的瞬间，宇宙非常热，粒子以高能状态飞速运动这个假设的。第2章讨论的4种自然界最基本的作用力——引力、电磁力、强核力和弱核力——那时依然是统一未分化的、一种超级作用力。然后宇宙稍微扩张了一点，冷却了一点。粒子的能量稍微少了一点，同时随着宇宙的降温，作用力开始分化，彼此之间出现差异。初始的对称状态被打破了，几个作用力一个接一个地“冻结”了。不过这些不是同时发生的，因为发生了过度冷却。当时的宇宙经历了一个相变的过程，在温度低至一定程度时（类似水温降到冰点以下），分散在各处的气泡状碎片各自发生了相变，同时各种作用力间的对称没有被打破。这个过程的结果，就是宇宙进入了不稳定的过度冷却状态，如果各种作用力之间的对称被打破了，宇宙就无法控制自己蕴含的能量。

早期宇宙的膨胀形态说法不一，有气泡、石子、帽子、冰水等多种理论，但这些理论都是建立在一个基础上，即这段时间宇宙所有部分——包括粒子密度高于或低于平均水平的部分——都急速膨胀，速度超过了光速。即使物质粒子的密度高于平均水平，粒子之间的引力也没能让它们聚集在一起。物质粒子的间距越来越远，这时的宇宙依然在膨胀，粒子密度更低，间距更远了。膨胀的过程可以“抹平”不规则的部分，因此现在的宇宙光滑、一致的状态，可能是从很久之前多样、复杂的初始状态演变而来的。膨胀的速度会自然趋近临界值，在不指定初始状态的情况下，解决“平坦问题”。[8]

那么膨胀是什么时候慢下来的呢？宇宙像那滴拒绝结冰，但最终还是冻结的雨滴一样，要完成暂时停滞的相变过程。古斯最初的提议认为过度冷却刚发生时，在平衡未破缺的大环境下，形成了平衡破缺的气泡，这些气泡继续膨胀，互相兼并，直到一切都变成了平衡破缺的状态，宇宙的膨胀速度也大致成为我们今天观测到的状态。

这个想法一开始还存在一个问题：气泡的膨胀速度非常快，就会导致互相碰撞，产生许多形状、粒子密度或是膨胀速度不一致的部分，但是我们的宇宙不可能出现这种情况。

不过，古斯还是公布了自己的理论。为了一个他认为自己或是其他人终有一天能解决的问题，他的理论包含了太多的承诺。这个理论解答了大爆炸理论中未解决的几个问题：我们可观测到的宇宙最初可能来自一片非常小的区域，在膨胀之前可能已经达到了平衡状态。飞速膨胀的过程“抹去”了膨胀的能量和收缩的引力之间的不平衡。膨胀会导致密度不均匀——也是未来的星系、超星系以及宇宙中演化出的所有结构的根源——这一预测很有潜力。

对宇宙微波背景辐射的观测还没法反映出这些“密度扰动”，但20世纪60年代中期，威尔逊和彭齐亚斯发现CMBR时，霍金和其他科学家已经开始思考密度扰动和光滑问题了。膨胀能够解答宇宙学家一直探索的问题吗？

像古斯一样，霍金并没有满足。他排斥暴胀理论，并不是因为气泡的碰撞会导致灾难，不会生成光滑的宇宙；而是因为宇宙在膨胀阶段的膨胀速度太快，气泡甚至来不及破缺平衡，彼此融合。他认为就算气泡以光速变大，也会很快散开，结果就是宇宙中部分区域内的4种作用力平衡破缺了，而其他区域没有——当然，我们的宇宙并不是这样。带着这个想法，霍金在1981年10月前往莫斯科参加了一次论坛。

莫斯科的辩论

当时33岁的苏联物理学家安德烈·林德，莫斯科大学及P.N.列别捷夫物理研究所的研究生，即将在这次莫斯科的论坛上，以让人有些恼火的方式认识霍金。

阿兰·古斯研究、发表膨胀模型之前几年，林德就在思考类似的问题，但发现这套理论存在问题。古斯也发现了同样的问题，但没有像林德一样保持沉默，而是抢在林德的前面大胆地发表了自己的论文——结果证明他也是正确的。虽然落后了一步，林德还是很快赶上，回到了暴胀理论研究的前列。1990年之后，林德还会用自己的把戏——杂技和催眠——在斯坦福的同行们中声名鹊起，但他在莫斯科的论坛上见到霍金时，还有些缺乏经验，在西方没什么名气，也从未去过美国或欧洲。霍金当时则是论坛的贵宾。

林德和霍金都提交了论文。霍金在演说中，提到了自己最近发现膨胀导致的密度扰动过大，无法形成我们今天观测到的宇宙。而林德在演说中，阐述了他在前一年夏天研究出的，自己和古斯提出的原始膨胀模型中包含的问题的解决办法。因为苏联在论文发表前有着冗长的审查制度，林德的“新暴胀理论”论文到了1982年年初都未能发表。林德在论坛上没有机会和霍金讨论自己的想法，但论坛结束后，命运还是让两人相遇了。2002年，霍金60岁生日时，林德生动地讲述了两人第一次会面之后造成的创伤，以及最终获得的成功。[9]论坛结束之后第一天，莫斯科的史登堡天文学院就邀请霍金去做一场演讲，霍金选择的演讲题目是自己对阿兰·古斯暴胀理论的研究。就在演讲开始前，英语和俄语都十分流利的林德受邀进行翻译。那时霍金通常是请学生代为发表演讲，他在一旁听着，偶尔打断进行补充或是纠正。不知为何，这次演讲没有做相关的准备。林德回忆说，那次的翻译经历非常乏味，只有两个步骤：霍金含糊地说些什么，学生努力理解，然后用英文清晰地复述；林德再将其翻译为俄语。演讲缓慢地进行着。不过林德很了解这个主题，开始自行用俄语做一些解释。霍金做出声明，学生翻译，林德直接进行解释，这样霍金就不用再解释一遍了。霍金好像也不在意，一切都进行得很顺利，他们就这样讨论着旧的暴胀理论。

不过还是有那么一刻，林德听到学生的翻译吃了一惊，因为霍金说安德烈·林德“提出了暴胀理论问题的一个有趣的解决方案”。[10]林德欣喜地将这句话翻译为俄语。苏联的顶尖物理学家们要听霍金解释林德的理论了！他认为自己在理论物理学界的未来一片光明，不过只持续了几秒。霍金马上把林德的新暴胀理论批得体无完肤。在长达半个小时的时间里，林德“替史蒂芬翻译，向大家说明我自己的理论中存在的问题，以及这个理论为什么行不通”。[11]

演讲接近尾声时，林德鼓起巨大的勇气告诉听众，他虽然替霍金做翻译，但并不认同霍金的观点，还说明了原因。然后他提出跟霍金私下讨论这个问题，霍金差点将这句理解为“有话出去说！”但两人只是找了一间空办公室，在研究员、工作人员苦苦找寻“神秘失踪的英国著名科学家”[12]时，两人讨论了两个小时，然后移步霍金的酒店继续讨论。事情的进展对林德很有利，“他开始给我看他家人的照片，还邀请我去剑桥，一段美好的友谊就此展开”。[13]

霍金对林德“新暴胀理论”的不满并没有错。对于对称破缺的气泡无法合并这个问题，林德提出了新的解决方案：气泡的体积应该足够大，最后演变到可以包含整个宇宙。要产生这种情况，气泡内部从对称到对称破缺的转变应该进行得很慢。霍金不认为林德“新暴胀理论”中的气泡需要很大的体积——不需要比当时的宇宙还大。这个理论预测的宇宙微波背景辐射温度也与观测到的有较大差距。

莫斯科之行后不久，霍金去了一趟费城。他在富兰克林研究院接受了本杰明·富兰克林物理学奖章，并发表演讲，从科学谈到他和简结婚初期就一直担忧的事——苏联和美国的核装备竞赛对地球上的生物造成的威胁。1962年，戴安娜·金对简说过：“他参加过禁止核武器的游行。”霍金这时依然在游行。

不过，回到剑桥后不久，霍金就开始继续关注暴胀理论。他收到《物理快报》的一封信，请他审查林德的暴胀理论论文，看能否发表。[14]即使他和林德都认为这篇论文存在瑕疵，霍金还是建议发表这篇论文。[15]这篇论文意义重大，值得广为流传，就算林德需要做些修改，苏联冗长的审查制度也会耽误太久。同时，霍金和一名研究生伊恩·莫斯也提交了一篇论文，提出了他们对暴胀理论较为圆满的解答：如果平衡不仅在气泡内，还在所有地方同时破缺了（还是像林德认为的那么慢），就能得到我们生活的这个一致的宇宙了。[16]有了这么多想法，霍金和DAMTP的一名同事加里·吉本斯打算在来年夏天组织一次讨论会，主要讨论暴胀理论。霍金那位精干的秘书朱迪·菲拉，马上投入了工作。

1982年1月，霍金40岁，他当初从未想过自己能活这么久。这一年还是双喜临门：霍金在新年时被授予大英帝国骑士勋章；2月23日在白金汉宫的授勋仪式上，他的儿子罗伯特做了他的助手。史蒂芬的名字后面现在需要加上CBE了①。

① 译注：CBE 即 Commander of the British Empire，大英帝国骑士勋章的缩写。

厘清暴胀理论

1982年6月21日到7月9日，研究暴胀理论的学者们终于齐聚剑桥，在诺菲尔德讨论会上进行题为“极早期宇宙”的讨论。安德烈·林德从苏联赶来，阿兰·古斯也去了。保罗·斯坦因哈特——宾夕法尼亚大学物理学家，和同事安德烈斯·奥尔布莱特独立研究出了与林德的理论很相似的“新暴胀理论”①，也去了。霍金在这次会议上展示了宇宙在膨胀阶段的温度，不可避免地会导致密度扰动。[17]

那年夏天的讨论会后，霍金又去了加州，这次是去圣巴巴拉，在加州大学新成立的理论物理学研究所待一段时间。这是吉姆·哈图的大本营，霍金访问期间，两人讨论了1981年9月霍金在梵蒂冈提出的理论。

---

① 目前，大家认为林德、斯坦因哈特和奥尔布莱特一同发现了“新膨胀模型”。“无边界理论”虽然对暴胀理论的相关理论没做什么贡献，却依然得到了霍金的认真思考。两年后，他和哈图完善了无边界理论。

第10章 “我旅行了那么多次，还从未从世界的边缘掉下去”

1974年，大家对霍金关于黑洞发出辐射的提议一开始持怀疑态度，但很快，绝大多数物理学家开始认同这个理论。如果广义相对论和量子力学没有错得太离谱，黑洞一定像任何有温度的物体那样发出辐射。原初黑洞还没有人发现过，但如果有，物理学家一定会发现它辐射出大量的伽马射线和X射线。

回到霍金辐射中，黑洞发出粒子的设想。一对粒子出现在事件视界上。带有负能量的粒子落入黑洞。能量为负，代表着黑洞的能量减少。这部分能量去哪儿了？（还记得能量是无法从宇宙中消失的吧？）它们由带有正能量的粒子传递进了宇宙（详见第6章）。

你还记得结论吧：黑洞质量减少，事件视界收缩。对于原初黑洞来说，结局可能是黑洞彻底消失，也许会如烟火般绚烂。如果什么都无法逃离黑洞，这又是怎么发生的呢？这是史上著名的“密室谜团”之一，最终由“S·H”破解。

黑洞内的物质即使到达了奇点，也不会持续到时间的尽头，这个理论引发了对另一个奇点的怀疑，也就是霍金认为时间起源于奇点的理论。量子论提供了新的可能性：也许大爆炸理论的奇点如霍金所说，“被抹去了”。也许我们还没有吃到闭门羹。霍金指出了20世纪初期量子论解决的另一个问题，关于卢瑟福的原子模型：“原子的结构，即数个电子像行星围绕太阳一样围绕原子核运行，存在一个问题。”（参考图2－1）“之前的经典理论预测每个电子的运动都会辐射光波。光波携带能量，因此电子的轨道会越来越小，最终与原子核发生碰撞。”[1]这张图肯定有问题，因为原子并没有这样发生坍缩。

量子力学和不确定性原理来救场了，我们没法同时确定某一时刻电子的位置和动量。“如果电子固定在原子核上，位置和速度就都确定了，”霍金指出，“但量子力学预测电子并没有确定的位置，而是在原子核外部的空间内以等概率分布。”电子的轨道并不会越来越小，最终撞击原子核，原子也不会坍缩。

根据霍金的说法，“传统理论的预测（电子终会碰撞原子核）与广义相对论对大爆炸奇点密度无穷大的预测很像”。[2]对于不确定性原理来说，黑洞中以及大爆炸瞬间都存在一个密度无穷大的点，这个数字太精确了。在霍金看来，这个原则会“抹去”广义相对论预测的奇点，就像抹去电子的位置信息一样。原子不会坍缩，他也认为宇宙起源以及黑洞内部都不存在奇点。空间的确被压缩得很厉害，但密度还没有达到无穷大。

广义相对论预测出黑洞内部以及大爆炸的瞬间，时空的翘曲会达到无穷大。如果情况不是这样，霍金希望研究出“如果时空在那一点的翘曲不是无穷大，又是什么形状”。[3]

时间还是时间，空间还是空间的时候

如果读者觉得下面的讨论很难理解，就请跳过吧。要“欣赏”霍金的理论，并不需要理解其中的每一个字，不过全部理解了确实更有趣些。当然，霍金用来描述理论的数学知识，以及我们想彻底理解他的理论所需要掌握的数学知识，远比在这里列出的公式复杂。

相对论将三维空间和一维时间结合为四维时空。我们来看下时空的示意图。这幅图（图10－1）是我原来画的，展示了我女儿凯特琳从学校的教室到餐厅的过程。纵轴是时间，横轴是全部的空间维度。图中任意一点都对应了空间中的一个点，以及时间上的某一时刻。一起来看下时空的原理吧。

这幅图一开始是中午12点整，凯特琳在教室的书桌前。随着时间的推移，她一直静坐着，空间位置没有变化。图中，有一条凯特琳沿着时间前进的线。到了12：05，下课铃响，凯特琳走向餐厅（她的书桌依然在时间线上前进，但是空间上没有移动）。凯特琳则在时间和空间轴上前进。12：07，她停下系鞋带。在这1分钟之内，她仍在时间线上前进，但空间上没有移动。12：08，她继续向餐厅走去，速度比之前快了一点，怕晚去没饭了。12：15，她到了餐厅。用物理学家的话说，我们追踪了凯特琳的"世界线"。

图10-1　时空中的凯特琳

这幅时空的示意图画得很潦草。物理学家的时空示意图中，时间和空间会使用统一的单位。比如，以1码代表作为空间和时间的单位（1码的时间非常短，数量级只有1秒的10亿分之一，即光子以光速前进1码所需的时间）。在这样的时空示意图中，如果某个物体在空间上移动了4码，时间上也移动了4码，它的世界线就呈45度角。这是光速运动的物体，比如光子的世界线（图10－2）。

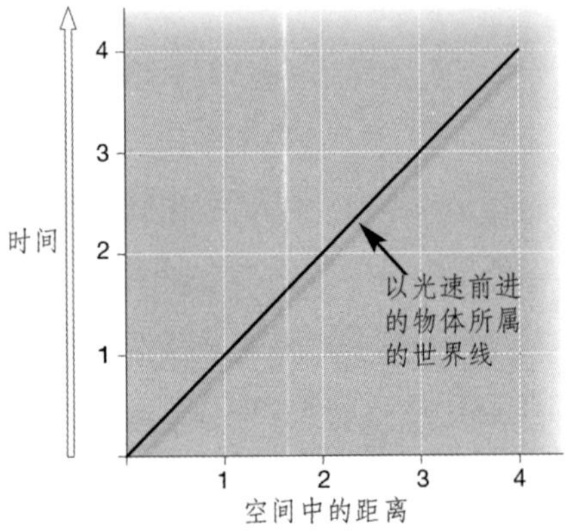

图 10–2　时空示意图，以码作为空间和时间的单位。如果某个物体在空间上移动了4码，时间上也移动了4码，那它的世界线就呈45度角。这是光子或者其他光速运动物体的世界线。

如果某个物体在空间上移动了3码，时间上移动了4码，它的运动速度就是3/4光速（图10－3a）。如果在空间上移动了4码，时间上移动了3码，那它的运动速度就超越了光速，这是不允许的（图10－3b）。

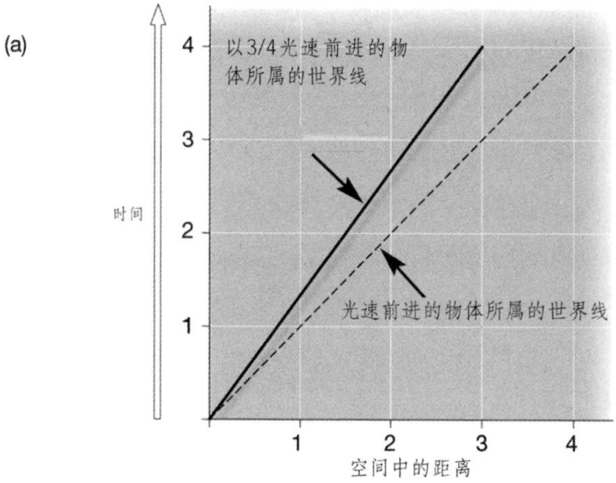

图 10-3a　时空示意图中，某物体在空间上移动了 3 码，时间上移动了 4 码呈现的世界线：速度为 3/4 光速。

与时间轴夹角大于45度的世界线，如图所示，是无法存在的。即从原点出发的世界线是不可能经过阴影区域的。要形成这样的世界线，运动速度就要超过光速。

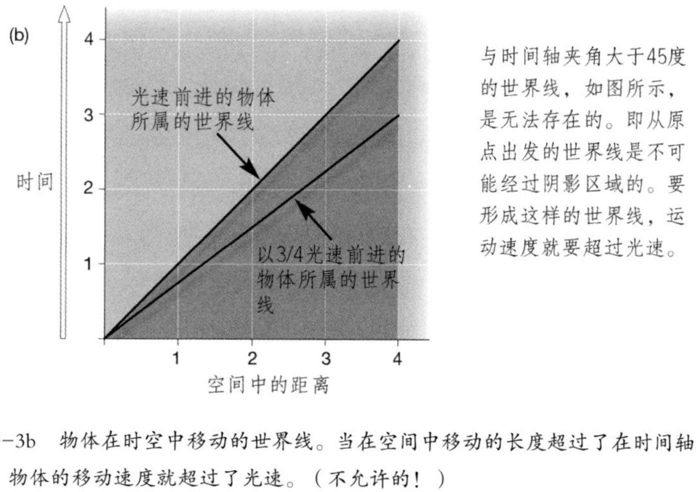

图 10-3b　物体在时空中移动的世界线。当在空间中移动的长度超过了在时间轴上的长度，比如本图，物体的移动速度就超过了光速。（不允许的！）

下一幅图（图10－4）展示了两个同时发生的事件。事件发生时，两者互不知情，否则信息传播的世界线会与时间轴呈90度角。在这样的世界线上，运动速度会超过光速。光速是不可超越的，而光速以下的世界线角度是不能超过45度的。

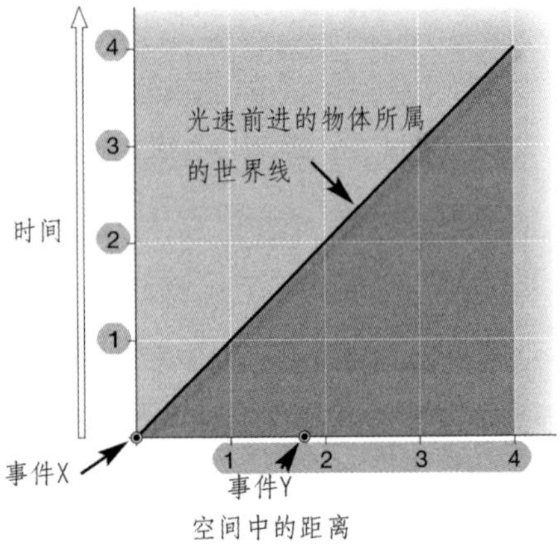

图10－4 时空示意图中，两个事件（X和Y）同时在异地发生。发生时，两个事件互不知情，因为信息传播的世界线角度不能大于45度，否则运动速度会超过光速。我们的宇宙里不允许这样。

现在再看一下世界线的"长度"。世界线的长度——这个在四维时空里的"长度"有什么含义？

来看一条速度比凯特琳快得多的世界线。图10－5中的物体在空间上移动了4码，时间上移动了5码。把物体在"空间"方向移动的距离当作三角形的一边（A边）。物体在"时间"方向移动的距离也当作三角形的一边（B边）。A和B组成了直角三角形的两条直角边。而该物体移动的世界线就是这个三角形的斜边（C边）。

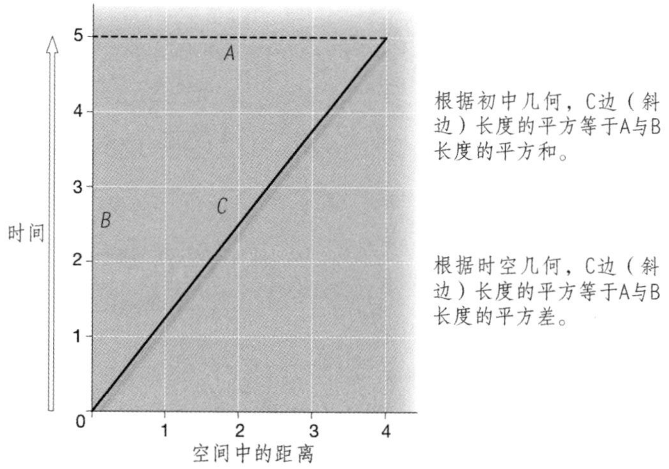

图 10-5　直角三角形，其中 A 边是空间方向移动的距离，B 边是时间方向移动的距离，时空中移动的世界线是 C 边，即斜边。

我们应该都听说过勾股定理，直角三角形的斜边长度的平方等于两直角边长度平方之和。4（A边长）的平方是16，5（B边长）的平方是25，16加25等于41，斜边C的长度就是41的平方根。

不用算这个平方根是多少了。这个不在讨论范畴里，除非我们是在做勾股定理的练习题。不过在时空里，原理还稍有不同。斜边（C边）的平方并不等于两直角边长度平方之和，而是平方之差。这个物体在空间上移动了4码（三角形的A边），时间上移动了5码（B边）。4的平方是16，5的平方是25，25和16之差是9，9的平方根是3。因此直角三角形的第三边C，即物体移动的时间线，在时空中的长度是3码。

我们纯粹为了好玩，假设这个物体是一个戴着手表的人。他的表会显示出这么长（3码）的“时间”。在图10-6中，劳伦在空间上没有移动，她的手表上经过了5个小时。她的双胞胎兄弟蒂姆，以4/5光速移动，则只经历了3小时。蒂姆回头，返回起点，又花了3小时，劳伦的手表又过去了5个小时。两人再次相遇时，蒂姆比劳伦稍微年轻了一点。这就是爱因斯坦发现的，我们宇宙中最奇妙又不可思议的现象之一。

我们再来看看更小一点的物体，即基本粒子运动的时间线。

“历史求和”，或者说“访问金星的可能性”

还记得前面说过，原子模型中电子的位置信息“被抹去”了。之所以“被抹去”，是因为我们没法同时准确测量电子的位置和动量。理查德·费曼找到了解决这个问题的方法，现在我们将其命名为“历史求和”。

假设你在考虑小红帽去外婆家都有哪些可以走的路，结果是可能的路径数不胜数——不仅仅是像乌鸦一样飞过去这种最短的路，或者尽量避开有狼群出没的森林之类的路径，而是所有可能走的路径。要是她把所有的路径都走一遍，地图上肯定是模糊的一大片。不过，有些路径的可能性比其他的要高一点。如果研究一下她走各个路径的可能性，那么她路上经过金星的可能性就一定非常小。但是根据费曼的理论，这种可能性还不能完全排除。选择这条路径的可能性虽然很小，但不为0。

类似的，物理学家可以用历史求和法，将某个粒子在时空中可能经过的所有路径都画出来，即粒子所有可能的“历史”。这样就可以求出粒子经过某个点的概率，类似计算小红帽经过金星概率的过程（但若是认为粒子能选择路径，就有点过头了）。

霍金打算将历史求和用在别处，研究宇宙所有可能的历史，以及哪些历史的可能性更大一点。

接下来你要知道，虽然相对论要我们将三维空间加一维时间想象成四维时空，从物理学上来讲，空间和时间是不同的概念。其中一处不同就在于测量时空之中两点距离的方法：上文那个三角形的斜边长度。

蒂姆向外移动了3小时（根据他的表），速度是4/5光速。他的双胞胎姐姐劳伦待在家里，没有发生空间上的移动。劳伦的手表走过了10个小时，蒂姆的手表只走过了6小时。他再见到劳伦时，会比她年轻4个小时。

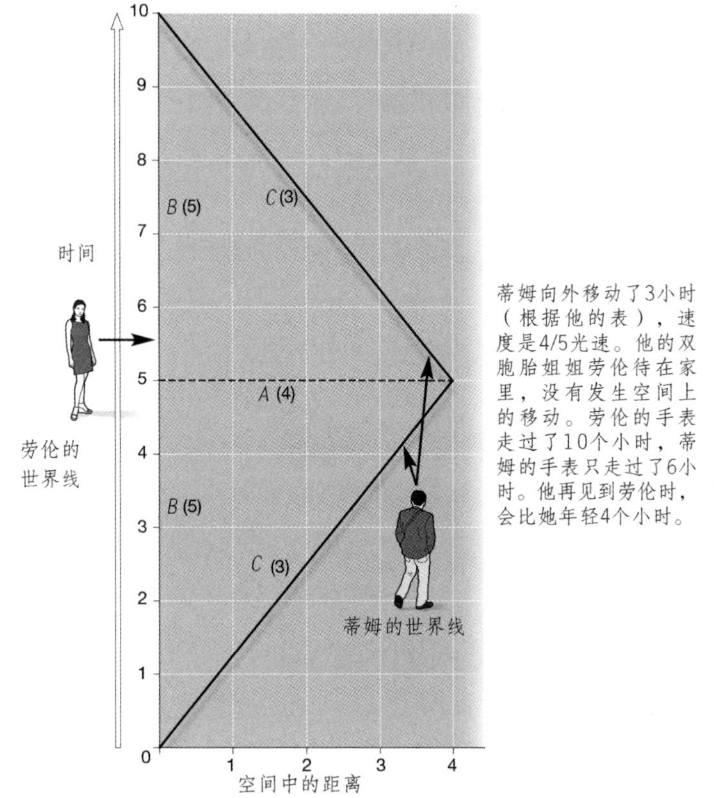

图 10-6　双生子佯谬

如果两个事件（X和Y）在空间上的距离比在时间上的距离长，则将两者连接的世界线（*C*边）就需要以超过光的速度运动，两者在四维时空之中的距离（*C*边的平方）是正数。

图10-7a展示的是时空示意图中的两个不同事件。连接两个事件的世界线与时间轴的夹角大于45度。如果光速无法超越，两个事件之间就无法传递信息。在这种情况下，即两个事件在空间上的距离大于在时间上的距离，斜边的平方（*C*边）是正数。用物理的语言描述，事件X和Y之间“四维距离”的平方是正数。

如果两个事件（X和Y）在时间上的距离比在空间上的距离长，则将两者连接的世界线（C边）不需要以超过光的速度运动，两者在四维时空之中的距离（C边的平方）是负数。

图10－7b展示的也是两个事件。两个事件在时间上的距离大于在空间上的距离。连接两个事件的世界线与时间轴的夹角小于45度。从Y到X的信息传递速度可以小于光速。这时，三角形斜边（C边）的平方就是负数。物理学家会说，事件X和Y之间四维距离的平方是负数。

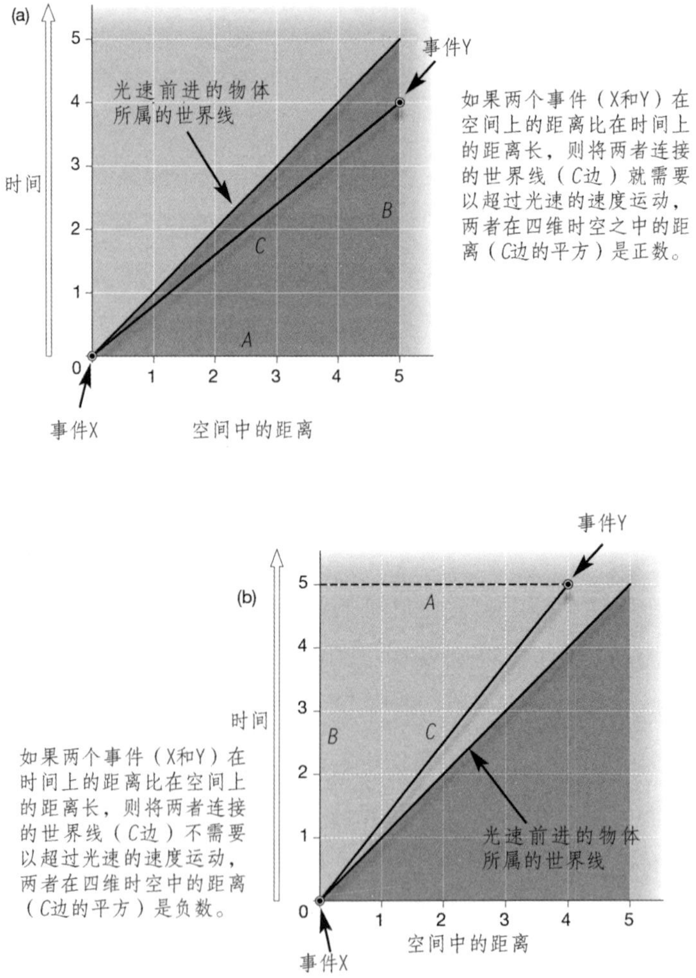

图 10–7　空间和时间的区别

也许上面的两幅图把你绕晕了。就算没晕，你的大脑里肯定也响起了警报。平方不能是负的，但这里不一样。如果一个数的平方是负数，这个数是什么呢？比如，-9的平方根是多少？我们通常认为，任何数（无论正负）的平方都是正数：3的平方（3^2）是9，-3的平方[$(-3)^2$]也是9。我们找不到平方是-9的数。任何数的平方都是非负数。

霍金和其他的数学家、物理学家有办法解决这个问题：我们虚拟出一系列数字，平方之后得到负数，然后看是什么情况。比如虚拟的1，平方后得到-1；虚拟的2，平方后得到-4，用虚数计算粒子和宇宙的历史求和。在“虚”时间线上，而不是“实”时间线上计算。图10-7b中，从X到达Y的时间就是虚时间——-9的平方根——3个虚数单位。

虚数是用来给数学问题赋予意义，并进行计算的数学工具（或者叫技巧）。“虚时间”能让物理学家更好地在量子层面研究引力，也有了观测早期宇宙的新方法。

模糊了光速?

我们把时间倒回宇宙的早期，随着空间的压缩，粒子在给定时刻可能出现的位置也逐渐变少，位置信息越来越准确。根据不确定性原理，这会导致粒子的动量信息越来越不准确。

我们先来看看通常情况下的光子，即光的粒子。光子每秒移动186000英里，因此光速也是每秒186000英里。现在我要说，光速的数值不是固定的（读到这里，你应该也习惯这种反转了吧）。前面讲到，电子可能出现的位置分布在原子核周围：有些直径的轨道比其他的可能性高一点，但绝对是模糊一片。而光子像电子一样，由于不确定性原理，无法同时精确测量出位置和动量信息。

然后，理查德·费曼和其他物理学家告诉我们，光子以每秒186000英里运动的概率是“围绕”这个速度分布的。也就是说，可以这样理解：光子的速度在我们所知的数值上上下浮动。在长距离内，各个光子的速度相互平均，光子的速度就成了每秒186000英里。不过在很短的距离内，在量子层面，光子的速度还是可能高于或低于光速。光子速度的浮动无法直接观测，但时空示意图上的光子路径，即那条45度的直线，变得有些模糊。

在研究极早期的宇宙时，空间压缩得很厉害，这条线就变得十分模糊了。不确定性原理意味着光子的位置信息越精确，动量信息就越不精确。如果极早期的宇宙，万物都被压缩到密度接近无穷大（不是奇点，但是差不多），光子等粒子的位置信息就非常精确了。位置信息这么精确，动量的不精确程度就大大增加了。随着密度接近无穷大，光子的速度也差不多有了无数种可能，这时的时空示意图会怎么样呢？请看图10-8。通常情况下，光子的世界线是一条45度的直线，现在这条线变得模糊一片，上下动荡得很厉害。

这种“动荡”的原因，还有其他方式可以想象出来，其中一种能将其与本书中的其他概念联系在一起。回溯到极早期的宇宙，就像把我们缩到极小的尺度，可以看清微观世界发生的时候。想象一下：你现在眼中的这本书好像很平整光滑，书页可以掀起来，但还是很光滑。类似的，虽然身边时空有些许翘曲，在我们看来还是光滑的。然而，如果用显微镜看这本书，就会看到无数的翘曲和凸起。类似的，如果从微观的角度——只有原子的几亿亿分之一，观测时空，就能看到时空的剧烈波动（图10-9）。第12章我们会再讨论这个问题，并且讲到这种情况会产生“冲动”。目前，我们只要知道极早期的宇宙，万物都被压缩得非常小的时候，时空也会出现这样剧烈的波动。

这个动荡、混乱的场景如何解释呢？我们还是要求助不确定性原理。第6章我们讲到，不确定性原理也意味着一个场，比如电磁场或引力场，不能同时确定场的值和变化速率。0也是确定的值，因此场的值不能为0。真空中所有场的值都是0。因此场值不能为0，就不能出现真空。没有真空的话，有什么呢？所有场值的持续波动，在正负两端摇摆，彼此抵消，又不为0。这一波动可以理解为霍金辐射中的一对粒子。在时空翘曲更严重、变化更快的区域，产生更多的粒子对。因此我们才认为黑洞的事件视界处会出现很多这样的粒子对。

在极早期的宇宙，时空翘曲非常严重，变化也非常剧烈。所有场，包括引力场的量子起伏都非常剧烈。引力场产生剧烈起伏，就等于时空翘曲产生剧烈变化。这里的剧烈并不是指浪涌一样的变化，而是指出现各种各样的波澜、起伏和旋涡。在这样一个奇诡的环境中，光子的世界线也会出现奇怪的变化。我们再看一下图10－8和图10－9。

一般来说，时空示意图可以展示出光子的世界线，光子以光速运动，与两根轴均呈45度角。

在极早期的宇宙，空间极度压缩，不确定性原理导致的模糊效应会让光子的世界线剧烈波动。时间和空间的基本界限不复存在。

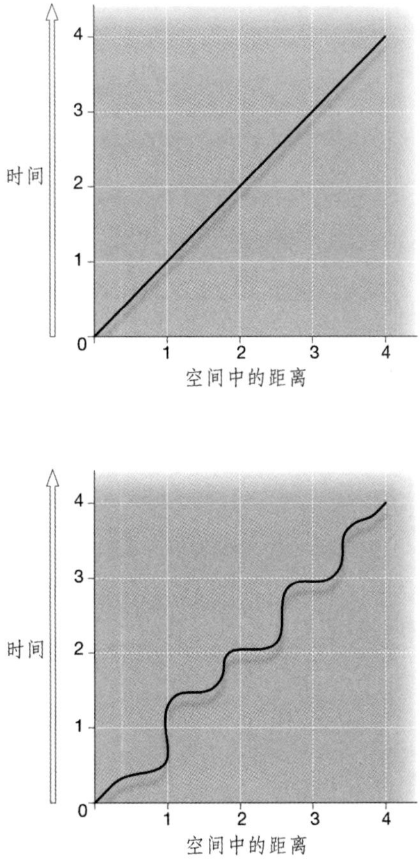

图 10-8　早期宇宙的不确定性原理

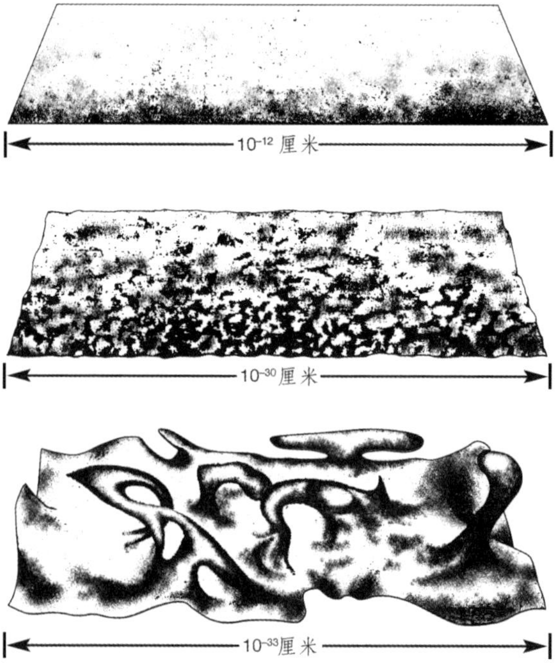

图 10–9　约翰·A. 惠勒 1957 年设想的量子真空，随着观测尺度的缩小，真空中的环境也越来越混乱。在原子核的尺度（上），空间依然很光滑。再凑近一些（中），就能看到一些起伏。再缩小到一千分之一（下），就能观测到剧烈的起伏。

无论参考哪个解释，我们需要理解的一点是时间的方向和空间的方向没有区别——时间看起来像空间时，时间的方向就不总是在45度世界线的一侧，空间的方向也不总是在另一侧了。

霍金总结了一下上面的情景："在极早期的宇宙，空间急剧压缩的时候，不确定性原理导致的模糊效应会改变空间和时间的区别。"如果两点在时间上的距离比在空间上的距离长，那么四维时空中两点距离的平方（直角三角形斜边的平方）就不一定是负数了。"某些情况下，（距离的）平方有可能是正数。这时，空间和时间的区别就消失了——可以说时间空间化了——这时再说'时空'就不准确了，应该是四维空间了。"[4]

当时间被空间隔开时

这会是什么样子？这个奇怪的四维空间又怎么和我们所知的时空——时间以时间的形式流动——融合起来？有了虚时间的概念，就能想象四维空间了，时间在四维空间里并不存在，只是弯曲起来形成封闭的表面，没有边缘或是边界。如果你能想象出这个画面，要么是你想错了，要么就是你的大脑向前进化了一大步。绝大多数人都会在更低的维度中进行想象。没有边缘或是边界的物体在低维度下很好想象：球体或是地球的表面。

弗里德曼提出的第一个宇宙模型中，宇宙的尺寸是有限的，但这个模型又是无边的。宇宙在空间维度上没有边界或边缘，就像球体的表面一样：没有边缘，但是尺寸有限。霍金认为宇宙有界，但在空间和时间维度上无边。时间可能没有起点，也没有终点。一切都闭合成了一个曲面，就像地球的表面一样。

我们非常无助。我们能想象出地球的表面，也认为它是有界而无边的，但是空间和时间上都有界而无边的宇宙是什么样的？我们很难把球的形状和任何四维宇宙的概念联系起来，我们在黑暗中摸索，就像失明了一样。来看看还有什么能帮到我们吧。

先来看看有界而无边的宇宙不能是什么样。“边界条件”是肯定不能有的——一切开始的那一刻，事物的状态——因为没有起点、没有边界，整个宇宙是闭合的。霍金建议我们这样描述：宇宙的边界条件就是没有边界。宇宙没有起点，也没有终点——哪里都没有，所以问也是没有意义的。但是之前呢？这就像追问南极以南在哪儿一样。写着“南”的路标在南极没有任何意义。而标着“过去”方向的时间箭头，在时间变成空间时也没有了意义。

如果在时间维度上，宇宙没有了过去和将来，那会有“别处”吗，就是其他地方，比如宇宙之外的地方——同时在空间维度之内？霍金的模型没有否认这点。没有边界，可以有外部吗？在球体模型里，外部是有意义的。你应该还记得第6章拿气球上的蚂蚁举例，外部就在蚂蚁向表面“外”看的方向，蚂蚁没法向外看。对蚂蚁来说这个维度不存在，但这并不代表这个维度不存在。空间中存在“别处”，而时间上没有（没有过去或未来），这跟我们生活在短暂突变过的四维空间这个想法很契合。

上面说的要是太复杂，难以理解，那就换个实用的角度看看。再问一下这个问题：有界而在时空中无边的宇宙是什么样？计算过程肯定非常复杂。不过，这个问题的答案应该是，我们的宇宙就是这样。

霍金的描述是：

他们预测宇宙一开始一定是很光滑、一致的状态。后来经历了指数增长，或是“暴胀”，体积大大增加，但密度没什么变化。这时的宇宙很热，后来会膨胀到今天的样子，温度也慢慢下降。从宏观上看，宇宙在各个方向上都还是一致的，但局部区域还是会出现不规则，进而形成恒星和星系。[5]

在实时间上，也就是我们生活的时间维度，我们依然会认为在宇宙的起源、黑洞的内部存在着奇点。

1983年，霍金和吉姆·哈图将这个宇宙的无边界理论展示给了物理学界。霍金强调了这只是个“提议”，这些边界条件不是他根据其他原理推导出来的。这个模型吸引了他，他觉得“这个模型确实是基于科学的，因为这个模型中，自然规律处处适用”。[6]没有自然规律不适用的奇点，这种宇宙是自洽的。需要解释它是怎么创造出来的吗？它是创造出来的吗？“这个宇宙就是存在着。”霍金这样写道。[7]

那么，创世主在哪里？

这就激起了一些棘手的哲学问题。霍金的说法是：“如果宇宙没有边界，但又能自洽……那么上帝就没有选择宇宙起源方式的自由了。”[8]

霍金并没有说无边界理论排除了上帝存在的可能，只是说上帝无法选择宇宙起源的方式。有的科学家不同意，他们认为无边界理论并没怎么限制上帝。如果上帝没有选择，我们也还是要思考，究竟是谁让上帝无从选择的。物理学家卡莱尔·库查认为，也许这正是上帝的选择。在英国为《自然》杂志审核《时间简史》的唐·佩奇也有类似的观点。佩奇在20世纪70年代末还是霍金的研究生助理。后来他去了加拿大埃德蒙顿，在艾尔伯塔大学做教授。他和霍金依然是好朋友，也在继续合作发表论文。霍金很清楚，佩奇很可能会对无边界理论不需要创世主这个观点提出质疑，果不其然。

霍金问道："那么，创世主在哪里？"佩奇从基督教的观点回答，他认为："上帝创造并维护整个宇宙，而不是只负责创造。无论宇宙有没有开端，都不影响宇宙是不是被创造出来的，就像艺术家笔下的线，无论究竟有没有起点和终点，或者会不会闭合成没有端点的圆，这条线都是被画出来的。"[9]在我们的宇宙和时间之外存在的上帝，并不需要"起点"才能创世，同时他还可以在"实"时间的过去看着我们，就像有一个"起点"似的。

霍金在《时间简史》里写，创世主的角色可能依然存在："大一统理论有多强大，可以自己创造自己吗？""如果不行，又是什么给公式赋予了生机，创造了一个宇宙给它们描述？"[10]在《时间简史续编》，也就是同名电影的配套书籍中，他说无边界理论是正确的，他能发现宇宙是如何起源的，"但我依然不知道为什么"。[11]他打算尽力探寻这个问题。

这些都是给我们的告诫：虽然理论物理学家会问出刁钻又犀利的问题，以及提出天马行空的理论，他们却不会说自己能给出"终极答案"即使霍金与人合著的一本书的副标题让人以为他们能给出终极答案①。正是通过提出"答案"并且分析、否定这些"答案"，尖端的科学才得以进步。最大胆、最富有想象力的科学家们放出了"纸船"，并且竭尽全力不让船沉没。

霍金的研究就是最好的例子。他先是证明了宇宙一定始于奇点，然后提

---

① 译注：此处指霍金与列纳德·蒙洛迪诺合著的《大设计——生命终极问题的新解读》。

出无边界理论，又告诉我们可能根本没有奇点。与此同时，他先说黑洞绝对不会缩小，然后就发现可以缩小。他对大爆炸奇点的研究看似与《圣经》中的创世存在关联，但后来的无边界理论又让创世主失业了 —— 至少让他换了个岗位。他在《时间简史》中说，我们可能还是需要救世主，“人类理智的终极胜利”就是“理解上帝的思维”。[12]霍金像历史上伟大的思想家一样，爱挑起争端又思想开放，他能得出定义清晰、论据充分的结论，然后马上无情地质疑、推翻这个结论。他也乐于承认之前自己的结论是错误的，或是不完整的。这是他研究科学 —— 所有的尖端科学都应该是这样 —— 进步的方式，也是物理学充满着悖论的原因。

在此过程中，霍金发表了许多有说服力的言论，甚至可以支持相应的哲学观点，信仰或不信仰上帝的人都引用或误用过他的言论，两类人都曾视他为英雄或敌人。不过，以他的言论，或是其他科学家的言论，支持或反对信仰的人总是有随时遭遇反转的风险。

同时，虽然在我们看来，霍金用无边界理论彻底推翻了自己，他却不这样认为。他说，他对奇点的研究，关键的地方在于阐明了若让量子效应不可忽略，引力场一定要特别强。而考虑了量子效应后，宇宙就可以在虚时间上是有界的，同时又无边，也没有奇点。

逐渐混沌的膨胀

1983 年，也就是霍金和吉姆·哈图发表无边界理论的那年，安德烈·林德用新的理论解决了暴胀理论中一些悬而未决的问题。西方世界第一个听他提起“混沌暴胀”这个概念的就是霍金，霍金非常感兴趣。

“新”“老”暴胀理论似乎都认为，膨胀只是早期宇宙经历的一个短暂的过程，膨胀开始前，宇宙处于热平衡状态（各处的温度都一致），一致性和尺寸都足够撑过膨胀阶段。林德在混沌暴胀理论中抛弃了这些假设，这个理论不需要宇宙达到热平衡，膨胀也可以发生得更早，距离大爆炸更近。

经历膨胀阶段之前的宇宙可能是一片混沌。只要混沌中的各个小单元能够膨胀，之后能够变得更光滑、更各向同性①，像是皱巴巴的气球充气后变成光滑的气球，膨胀就能够发生。甚至可能只有一个小单元膨胀了，虽然可能性不是很大。无论如何，随着气球的膨胀，其他在膨胀的部分都被推得越来越远，也许其他部分的宇宙依然是混沌的，也许一切都变得光滑了。

在混沌暴胀理论中，不存在相变或过度冷却。只不过有些区域的场值比其他区域的大，用林德的说法，像是“创世主失职，焉知非福”。[13]林德认为，场值较大的区域蕴含的能量能够产生引力排斥效应，导致其开始膨胀，而场值较低的地方则不能膨胀。产生膨胀的区域会在混沌中创造巨大的各向同性区域，都比我们可观测的宇宙大。在这些区域，场能会缓缓减弱；而有些区域，膨胀的速率会降低至我们今天观测到的水平。只要这样的区域足够多，我们就很可能找到能产生我们这个宇宙的区域，作为预设值的各个自然常量数值刚好能创造出你和我这样的存在。也许只有一个这样的区域——也就是我们所在的宇宙。

这个故事有了一个圆满的和解，但还没有到结局。混沌暴胀理论还预测了“膨胀的第二阶段”，发生得很晚——宇宙膨胀的加速……可能就发生在当代。20世纪80年代初，即使对安德烈·林德和史蒂芬·霍金来说，这个理论也像是科幻小说。而到了20世纪末，这个理论就不再是科幻小说了。

同时，20世纪80年代初，刚刚有人思考暴胀理论时，这个理论最不可思议的一面就是，即使理论物理学家对膨胀的过程各持己见，却一致同意今天可观测的宇宙可能始于一小块常人难以置信的、质量和能量的不规则分布。约翰·巴罗在《宇宙之书》中这样描述：“膨胀没有根除（不规则），只是将它们挤到了现在的宇宙里，我们观测不到的地方。它们依然在遥远的地方，不过整个可观测宇宙只会反映出当初的一小块空间膨胀之后，变成了高度各向同性又光滑的一片。”[14]

---

① 译注：各向同性的意思是物质在各个方向上的性质相同。

当然，我们的宇宙并不是完全光滑的。宇宙中还有太阳系、星系和星系群。即使是膨胀之后的一刻，后来膨胀成为可观测宇宙的那一部分，也不会像我们想象的充了气的气球那样完全光滑。这部分会被拉伸开，但依然存在着小小的异常，发展成了种种惊人的结构——正是现在宇宙中大规模的密度分布异常。

早在1982年夏天，霍金和吉本斯在剑桥组织的论坛上，与会的科学家中就有人意识到膨胀可能产生某些特别的异常。[15]宇宙微波背景辐射中也会反映这些异常，当时还无法观测到。不过，无论是否支持暴胀理论，即使没人能亲眼见证宇宙起源时期的事件，我们也总有一天能找到证据，看支持暴胀理论的科学家究竟是对还是错。

第 11 章 “下面是一个叠一个的乌龟”

1982年春，露西11岁，马上从纽纳姆克罗夫特小学毕业。她和父母决定，下一步最好的选择就是去剑桥的佩斯女校读中学。哥哥罗伯特7岁就进入了佩斯男校。20世纪60年代，霍金为了结婚必须有一份工作，他选择去研究坍缩奇点。而这次，为了交露西的学费，他进入了一个全新的领域，对自己的家庭乃至全世界都有了深远的影响。一切都始于霍金想出一本讲宇宙的书赚钱这个决定——不是出版学术书籍，而是面向没有科研基础的人的科普书。

虽然当时已经有了讲宇宙和黑洞的畅销书，但霍金觉得这些书在最有趣的问题上讲得不够多，也就是当初吸引他研究宇宙学和量子理论的问题：宇宙从哪里来？为什么以及是怎么起源的？宇宙有没有终点？如果有，怎么走到终点？有没有一个完整的理论描述宇宙和其中的万物？我们快找到这个理论了吗？需要“创世主”这个角色吗？

他认为这些问题不仅能激起科学家的兴趣，也能激起所有人的兴趣。不过，科学的技术性和专业性越来越强，大众早已无法参与讨论。他写书的关键在于让普通人，或者说没有数学基础的人们，都能理解这些问题。他在给孩子们解释的时候做过一些尝试。罗伯特·多诺万记得，有一天晚上，他们在西路的公寓里共进晚餐，霍金的大儿子罗伯特问了个关于太阳系的问题。霍金的回答“把一切都解释得很清晰，大家都能听懂”。他想要向更多的人解释这些问题，于是他开始口述，并于1984年完成第一版草稿。

因为口述这么长篇的书确实不容易，霍金希望能有更多人读到这本书。

他早期的书都是由全球最富声望的学术出版社之一——剑桥大学出版社出版的，但是在跟出版社洽谈过这本新书之后，出版社预测每年的全球销量大约能有2万本，于是霍金决定找一家更面向大众市场的出版社。他希望自己的书出现在机场的书店里，他在美国的代理人认为不可能。因为学者和学生也许会买这本书，但是大众就不太可能买了。霍金却不这么想。

英国有7家出版社拒绝了霍金的这本书，当然，他们后来都后悔不迭。[1] 但还是有出版社发出了邀约，最意外的一份邀约来自Bantam①。霍金不顾代理人的反对，选择了这家。Bantam虽然不怎么出版科普类书籍，却在机场的书店里卖出了很多书。美国的Bantam花25万美元买下了在美国的出版发行权，英国的Bantam-环球出版集团花3万英镑买下了英国的出版发行权。花这么多钱买科普书的版权无异于是在赌博——但也是这两家出版商最成功的一次赌博。

岌岌可危的一年

对霍金一家人来说，1985年十分艰难。那年夏天，霍金本打算去日内瓦的欧洲核子研究委员会访问一个月。他当时很期待，能够探索一下唐·佩奇和雷蒙德·拉夫拉姆关于“时间之箭”的计算指向的部分潜在结果。霍金和几位护工、秘书劳拉·珍翠以及几名学生从剑桥出发，直接前往瑞士，而简、乔纳森、露西和蒂莫西走了条更迂回、冒险的路，一路野营，穿过比利时和德国。他们计划在拜鲁特歌剧节和史蒂芬会合，然后收起野营的装备，穿上正装观看瓦格纳的《尼伯龙根的指环》巡演。比起安全、健康地待在瑞士的史蒂芬，当时大家都很担心大儿子罗伯特，因为他在进行“童子军奋进”，徒步穿越冰岛，还要在冰岛北边的海岸线划独木舟前行。[2]

抵达拜鲁特的前一夜，简在曼海姆一处公共电话给在瑞士的丈夫打电话，

① 译注：班坦图书公司，美国最大的纸质图书出版社。

安排一下第二天的行程。心急如焚的劳拉·珍翠接了电话，要她赶紧到日内瓦。史蒂芬因肺炎住院了，情势一片黯淡。简到了日内瓦，发现了让劳拉心急如焚的事。史蒂芬处在诱导性昏迷状态，已经用上了生命维持系统，命悬一线。

医生知道患有肌萎缩性侧索硬化症的史蒂芬时日不多，但不清楚他还有着生存下去的顽强意志。他们要简做出选择，是否断开史蒂芬的生命维持系统，让他离开。当时的情况让人心碎。要救他的命，唯一的办法是做气管切开术。之后，史蒂芬就不会一直咳嗽或是呛到了，但他再也不能说话，甚至不能发声了。活下去的代价有些可怕。霍金虽然说话很慢、很难理解，但那终究是他在说话，是他唯一的交流方式。如果不能说话，没法跟人交流，他的职业生涯很难继续。他的生命究竟价值几何？不过，简回忆起那一刻，还是说自己的决定“清晰又明确，完全没有犹豫，史蒂芬必须活下去，无论（医生对她说）后面可能遇到什么困难”，因为她认为作为史蒂芬·霍金的妻子，自己“是他活着，而不是死亡的代理人”。[3]“前景非常非常黯淡，”她回忆道，“我们不知道怎么过下去，也不知道他能不能活下去。我做出了决定……但有时候我也会想，我做了什么？我让他过的是什么生活？”[4]

在霍金的身体条件合适的时机，剑桥大学就安排了一架急救飞机带他回剑桥，进入阿登布鲁克医院的重症监护病房。医生们最后尝试了一次避免手术的方案，但是一取下呼吸面罩，他就会呛到，进而痉挛。想要他活下去，只能进行气管切开术。霍金还记得那段时间，他做了个栩栩如生的梦，梦见自己坐在热气球上飞行。他把这个梦当作希望的象征。

霍金在医院恢复得很慢，而且已经不用鼻子或是嘴呼吸，而是通过喉咙上一个永久切口。他唯一的沟通方式就是让别人举着字母卡，在指向对的字母时抬一下眉毛，把要说的话一个字母一个字母地拼出来。

在重症监护病房待了几周之后，医院才允许霍金周日下午回家。简坚持要他跟自己、孩子们以及乔纳森在一起，而不是去疗养院。从1980年起，社区和马丁·里斯安排的护工每天早晚都去霍金家里工作一两个小时，替简、研究生和乔纳森多照顾一会儿史蒂芬。然而从现在开始，霍金每时每刻都需要护工照顾。花销增加得太多，远不是霍金一家能承受的。由公共基金支持的英国国民医疗体系可以报销住在疗养院的费用，但只能报销每天几小时的上门护工费用，外加帮忙洗澡。“我们承担不起请护工上门的费用的。”简说。[5]不仅是霍金的物理学家生涯结束了，看起来他所有的生活都结束了。大家早就料到会有这一天，但这一天真的到来时，他们还是很难过。

“前途经常看起来一片黑暗，但总会出现光明。”[6]简这样说，她在努力找回当年结婚时的乐观心态。远在加州的基普·索恩听说了朋友的困境，马上联系简，建议她去约翰·D.和凯瑟琳·T.麦克阿瑟基金申请援助。霍金的另一位朋友，粒子物理学家穆雷·盖尔曼是基金会的董事，麦克阿瑟基金同意尝试资助一段时间的护工费用。11月初，霍金入院之后三个多月，他出院回到了西路的家中。

昏暗的地平线上出现了一道意外的曙光。加州的一位计算机专家沃尔特·沃托斯发来了一份他为身患残疾的丈母娘设计的程序——“均衡器”程序，让用户可以从计算机屏幕上选择单词，并用自带的合成器发声。霍金的一位学生设计了一个类似鼠标的设备，让霍金用他唯一能做出的动作操作：按压手里的按键。如果这个动作都不能做了，他还可以用头部或是眼球运动激活按键。

霍金在完全恢复之前，没法继续研究，就先在计算机上练习。他在学会用计算机说“你好”后，第一句话就是让他的研究生助理布莱恩·惠特帮他写完那本畅销书。[7]将来全球人都会熟悉这个合成器发出的声音。不过他要先熟练操作程序才能写书，很快他就能每分钟输入10个单词，虽然不是很快，但他已经认为自己可以继续做科研了。“是有点慢，”他说，“但是我可以慢点思考，我很适合这样。”后来，他的速度又加快了。有段时间，他每分钟输入的单词能超过15个。

这套系统他用了25年，其间有过几次调整，2010年后，“均衡器”由一款更先进的系统取代。系统的输入流程是这样的：计算机自带的词汇库包含约2500个单词，其中包括大约200个专业科学词汇。屏幕上满是单词，上下两部分屏幕轮流亮起，霍金看到自己要输入的单词就按下按键，选择含有这个单词的半边屏幕。这半边屏幕上的单词再逐行亮起，看到想输入的单词时霍金再按下按键。最后这行的单词再轮流亮起，霍金按下按键选择想输入的单词。有时一不小心错过，他就要从头开始。他还有些常用语，比如“请翻页”“请打开台式计算机”，还有一套字母表，用来拼写自带词汇库里没有的单词，而且据说还有一套骂人的句子，不过我没见他用过。

霍金把单词一个个地拼成句子，句子显示在屏幕底部。之后他把句子发送到合成器，通过扩音器发声，或是直接通过电话传输（比较奇怪的一点是，合成器老是读不准“光子”这个词，第二个音节总是发成轻声）。他还可以把文字存储在磁盘上，再打印出来修改。他还有一个给论文排版的程序，他用单词描述，程序再翻译成方程中的数学符号。霍金就这样写论文，并且存在磁盘上。他可以提前听合成器演讲，再编辑、润色。他在观众面前把演讲稿一句句地发送给合成器，同时有一位助手在一旁操作幻灯片，把他的话写在黑板上，以及回答一部分问题。

霍金的合成器说话重音会变，并不像单调的机器人声，这点对他来说非常重要。一开始他希望合成器能说英式发音，但过了一阵子，这个声音成了他的标志，“就算给我英式发音的合成器我都不要了，我会感觉自己变成了另一个人”。[8]合成器的口音还存在争议，因为有人说是美国口音，也有人说是北欧口音，但我听着像东印度口音，也许跟合成器音乐一样的抑扬变化有关。霍金没法给声音注入情感，合成器的声音听起来谨慎、深沉又超然。霍金的儿子蒂莫西觉得这个声音很适合父亲。蒂莫西对霍金的声音印象最浅，他1979年出生时，霍金已经不怎么发声了。

人们跟霍金交谈，会觉得自己是在跟机器交流吗，就像是科幻小说里的异种一样？或许一开始有一点点，很快你就感受不到了。霍金并不介意别人有这种感觉，也总能在别人不耐烦的时候保持耐心。他在读这本书的部分章节时，我帮他扶着书页，他的护工，而不是他本人，告诉我不用等他选择“请翻页”时再翻页，这样要在屏幕上操作好几次。她说，他一开始按按键就可以翻页了，免得他麻烦。一个半小时的时间里，他一直在适应我的习惯，而且没有一点我妨碍了他的意思。巧的是，霍金再按键时，我翻了页，可他是要说话，而不是要翻页。

霍金的幽默很有感染力，而且随时会迸发。然而，有位记者对霍金说，这样讲笑话肯定让人有些失望，还没讲到笑点，听众差不多都预料到了，霍金承认“我经常发现自己把句子写好的时候，话题已经变了”。[9]不过，他绽放微笑的时候，很难相信他会遇到什么问题。霍金的微笑非常有名，也展示了他对物理学的深爱。这个微笑像是在说：“这些都很厉害、很严肃，可是——也很好玩啊！”

当然，霍金能有现在的成就，甚至活了这么久，这绝对是奇迹。如果你见过他，体会过他的智慧和幽默，就会像他表现出来的那样，不把这种不寻常的交流模式和身体的严重残疾当回事。他就希望这样。他选择忽视困难，“不想自己的状况，也不后悔阻碍我的事，当然本来也没有多少”。[10]他希望其他人也能有这种态度。

1985—1986 年

1985 年秋，“均衡器”让霍金继续研究物理、完成畅销书的希望大增，简和劳拉・珍翠也面试并聘用了几位全职护工，让霍金能够在家生活方便些。护工需要三班倒，还得接受过专业医护人员训练。插在霍金喉咙的细管需要定期用“迷你吸尘器”洗干净，不让分泌物在肺里积存。“迷你吸尘器”本身也可能导致感染，使用不当也会造成伤害。[11]并不是所有来面试的人都能接受这么严苛的工作，常有人半途而废。

有位申请人很希望得到这份工作，并且愿意长期照顾。她就是伊莲・梅森，一位身体健壮灵活的女性，有着奇怪的幽默感，从她的一头红发就能看出她色彩上的审美很不错。简对她的照顾能力很满意。伊莲生于赫勒福德，本名伊莲·西比尔·劳森，是一名虔诚的福音派基督教徒，她的父亲亨利·劳森是圣公会的神职人员，母亲有医学学位。伊莲在孟加拉国的孤儿院工作了4年，然后回到英国，嫁给了一位计算机工程师——大卫·梅森。他们有两个孩子，其中一个跟蒂莫西差不多大。

我对伊莲和大卫·梅森以及他们儿子的印象，只是我女儿同学的一家人，但我记得在家长日，我在勺托鸡蛋赛跑中赢了伊莲。她出了名地好胜，但是在这次赛跑中没怎么表现出来。她看起来只是个热情又无拘无束的人。

史蒂芬和简雇用伊莲也是无心插柳，伊莲的丈夫改装了一台小型计算机和语音合成器，并且装在了霍金的轮椅上。在此之前，霍金只能在台式计算机上用“均衡器”，现在他可以带着这个声音去任何地方。大卫·梅森和妻子伊莲一样，都愿意为霍金奉献。“他动一动眉毛，你就得为他跋山涉水。”他说。[12]

霍金一家还要适应生活隐私性大大降低的压力，像是生活在全天24小时都有陌生人在的小型医院。霍金恢复得很快，“均衡器”程序也用得驾轻就熟，圣诞节前就继续投身工作了。他没法再独自穿越后花园了，要有护工陪同才可以。

其他事情也在朝好的方向发展。他儿子罗伯特的高考成绩出来了，而且他考得很好，大家都松了一口气。之后，他收到了剑桥的录取通知书，秋季入学，像父亲当年在牛津一样，学习理学。

到了1986年春，霍金一家人的生活渐渐进入一个乐观的状态，但是3月，史蒂芬的父亲弗兰克去世了，母亲伊索贝尔说史蒂芬“因为父亲的去世非常难过——真的很可惜，因为他本来很喜欢父亲，长大后渐行渐远，最近几年都没怎么见过面”。[13]当然，史蒂芬继续勇敢地生活了下去，很快他又开始了远行。第一次的目的地是瑞典，去参加论坛，这次旅行在各方面都非常成功。穆雷·盖尔曼也参加了，还亲眼看着霍金参加完整场论坛——麦克阿瑟基金会的资助收到了较大的成效。10月，简申请继续资助，并且获得了批准，现在基金会可以持续资助医疗和护工费用了。

席卷机场书店

1986年春，霍金熟练掌握了“均衡器”程序后，就继续写他的畅销书。没过多久，他就用自己典型的做派，将身体上进一步的残疾视为自己的优势，而不是悲剧。霍金说：“其实，比起之前能讲话的时候，我现在交流起来更顺畅。”[14] 大家经常认为这句话体现了他直面困境的勇气，然而他只是在阐述事实，他不再需要“翻译”进行听写了。

1985年夏，Bantam接收了霍金的第一版书稿，但是考虑到他的身体原因，这个项目无法继续推进了。不过推进这本书本就不容易，Bantam坚持要在第一版上做些修改。最后霍金几乎重新写了一遍。

他知道，即使不使用专业术语、不提专业概念，这本书也不容易懂。他说自己不是很喜欢方程，虽然大家把他在脑海里运算的能力跟莫扎特在脑海里创作交响曲的能力相提并论。他很难写出方程，即使“均衡器”可以将他对方程的描述转化为数学符号。他说自己对方程没有直观感受。基普·索恩说，他经常以图像的形式思考，这对于写书很有帮助：将他脑海中的图像转化为文字，配上几个比喻和几张图表。

霍金和他的研究生助理惠特形成了一套工作的流程。霍金用术语解释之后，会意识到读者理解不了，然后他会和惠特想一想合适的比喻，但要核实过可行性之后才肯用。霍金也会思考究竟要解释多少。复杂的问题是不是最好一带而过？解释太多会不会反而让人困惑？最后，霍金解释了很多很多。

Bantam负责这本书的编辑彼得·古扎第并不是科学家，他认为自己理解不了的部分都需要重写。他指出了一点，霍金的学生和同事有时也抱怨过：霍金的思维跳跃性太大，经常得出出人意料的结论，并且误以为大家都能跟上他的思路。有人说这是因为霍金惜字如金，但原因其实远不止这点，而且他在同行面前展现的思维跳跃，远比彼得面对的更高深。惠特说霍金有时告诉他“根据我的知识”，事情一定是这样，而不是做出证明，或者解释一下自己的思路。布莱恩负责计算，有时也会告诉霍金他算错了，但是霍金不相信。在思考、交谈之后，布莱恩会发现霍金是对的。“他的直觉比我的计算还可靠。我觉得很大程度上是因为他的思维：他可以跳跃思考，而不是按部就班；跳过简单的计算，直接得出结论。”[15]

不过对霍金的编辑古扎第来说，畅销书里可不能跳过思维过程直接得出结论。即使霍金觉得解释得很彻底了，古扎第也经常无法理解。有一次，Bantam委婉地建议找一位有经验的科普作家代写，霍金言辞激烈地拒绝了。修改的过程很枯燥，霍金每重写完一章，古扎第就返回一份长长的意见和疑问。霍金很恼火，但后来他还是承认编辑是对的。“修改后，这本书强多了。”他说。[16]

剑桥大学出版社的编辑看过霍金这本书的提案，还警告过他，书中每出现一个方程，销量就会减半，古扎第也这样说。霍金最终决定书中只出现一个方程式：爱因斯坦的$E=mc^2$。在书名的争论上，古扎第赢了。霍金认为“简”这个字可能不妥，古扎第说他本人很喜欢，能让他会心一笑。这场争论非常重要，书名最终定为《时间简史》。1987年春，在修改了一年之后，第二版书稿终于完成了。

那时，霍金也已经全身心地投入到物理学界，继续进行研究，又收获了一个个奖项和荣誉。1986年10月，他收到了宗座科学院的邀请，一家人接受了教皇的接见。霍金还获得了物理研究所颁发的第一枚保罗·狄拉克奖章。1987年的6月、7月，《时间简史》的终稿完成后，剑桥大学举行了一场国际论坛，庆祝科学史上最重要的出版物之一，牛顿《自然哲学的数学原理》出版300周年。霍金对这场活动非常重视。他和维纳·伊斯雷尔征集了引力领域领军人物的多篇论文，汇集成一本满是辉煌的书——《引力的300年》。[17]

1988年春，《时间简史》临近出版时，唐·佩奇要为《自然》杂志审核这本书，因此提前收到了一本。佩奇很震惊，发现书里全是错误：图片和表格都放错了位置，也标错了内容。他赶紧致电Bantam。Bantam的编辑们决定全部召回并作废。然后他们开始抓紧修订，重新印刷，好赶在4月，美国的发行日期前上市。佩奇手里的书应该是仅存的几本初版之一，那本书现在可能也很值钱了。

霍金很喜欢提起这点：美国版的《时间简史：从大爆炸到黑洞》是在1988年愚人节那天发行的。英国版则是在同年的6月16日，英国皇家科学院的午宴上发行的。霍金惊讶地看着这本书毫不费力地攀升至畅销书榜首，并不可思议地保持了好几周，直至好几个月，在美国很快就卖出100万册。在英国，书店里的《时间简史》供不应求，很快这本书就翻译成了其他语言。在机场书店里，这本书摆在了显眼的位置。《时间简史》创下吉尼斯世界纪录①之后，他的声音合成器发不出“吉尼斯”这几个音节，总是说成“盖尼斯”。“可能因为程序是美国的吧，”霍金打趣说，“要是有爱尔兰的程序……”②[18]

也许是编辑的不懈努力，霍金终于让大家能够一步步跟上他的思维逻辑（虽然有时还是有些难度），甚至能领先他一点。如果你不是做科研的，这本书最好拿来研究，而不是快速阅读。这本书绝对值得研究，读来也非常有趣。霍金的幽默让《时间简史》成了一段妙趣横生的历险，最好不要在不方便突然大笑的场合阅读。

史蒂芬·霍金很快家喻户晓，成为全球无数人的榜样。芝加哥的一批粉丝组织了俱乐部，印了他的T恤。有一位成员说，他在学校的几个朋友以为T恤上的霍金是摇滚明星，甚至还有人说手里有他的新专辑。

这本书的评价也很好，有位评论家把这本书和《万里任禅游》相提并论。简·霍金听到这个吓了一跳，不过霍金觉得受宠若惊，认为这意味着他的书“让人们觉得自己跟意义重大的智力、哲学问题之间还有关联”。[19]

买了书的人能读懂吗？有些评论家认为买了书的人应该都没读，就算读了也理解不了。他们只是想展示一下这本书。霍金在《时间简史续编》中犀利地回应了这一观点：“我认为有些评论家低估了大众。他们觉得自己身为评

---

① 译注：在畅销书榜首时间最长的书籍。

② 译注：吉尼斯世界纪录最初由爱尔兰的吉尼斯啤酒厂老板收集。

论家一定很聪明，如果自己都读不懂，普罗大众就更没有希望了。”[20]他并不在意别人拿他的书显摆、装饰。他说，多年以来，《圣经》和莎士比亚的作品都是这样的。不过，他还是认为有不少人读了他的书，因为他收到了堆积如山的读者来信。许多信里都问了他问题，还详细地说了自己的体会。他在街上经常被陌生人拦下，听他们说自己有多喜欢这本书。霍金觉得这样很开心，但他的儿子蒂莫西觉得有些尴尬。

由于日渐增长的名气和新书宣传的需要，他出行的机会更多了。迎接霍金的来访非常耗费精力，纽约的洛克菲勒研究院就有过一次体会。霍金在经历了一整天的演讲和公开亮相后，晚上还受邀参加迎接他的晚宴。霍金很喜欢这种场合，他经常闻一下红酒，再发表一下评论。晚宴和讲话结束后，一行人来到能俯瞰东河的堤坝上。大家都心惊胆战，保护霍金不要掉进河里。幸好他没有，很快他就被安全护送回酒店。在大堂旁的宴会厅，有人在跳舞。霍金坚持不休息，还要大家突然袭击一下派对。同行的知名学者都没法劝阻他，就勉强答应了，“不过我们从没这样做过！”霍金在舞池上旋转着轮椅，换了一个又一个舞伴。乐队为他演奏到很晚，原来的派对结束后又持续了好久。

霍金会写续集吗？在被问了许多次之后，霍金回答说应该不会。“叫什么名字呢？《时间繁史》？《时间终结之后》？《时间之子》？”[21]也许可以叫《时间简史2》——读者可能会说：“刚以为机场书店没什么可买的书！”他会写自传吗？除非他没钱请护工了，至少他是这么跟我说的，短时间内不太可能。1990年8月，《时代》杂志宣布，截至当时《时间简史》已卖出超过800万本，而且销量仍然在增长。他要是把唯一一个公式也去掉该多好！

有人认为Bantam和霍金在宣传时利用病情博取同情心。他们认为霍金的蹿红只是一场短暂的闹剧，还认为封面上霍金的照片过于夸张、奇怪。霍金说自己在选择封面上没有任何话语权。不过，他倒是说服了出版社，在英国版的封面上放了张好看一点的照片。

往好的一面看，霍金在媒体上的曝光除了让世界了解他的科学研究，知道宇宙大概“下面不是一个叠一个的乌龟”①，还给世界带来了同样宝贵的精神财富。这本书让数百万人了解了他对科研工作的热情，还时刻提醒着人们：有一种内心深处的健康，可以超越任何身体上的疾病。

对霍金一家人来说，这本书的成功出版的确改善了经济条件，“真是旷世罕见，支持工党的人成了百万富翁”[22]，用剑桥CAM杂志的话说。但是，简和孩子们常年与残疾和死亡的威胁相伴，用简的话说就是：“我们一直在悬崖边上生活，最后在悬崖边上扎了根，就是这个情况。”[23]现在他们却不得不面对另一种威胁，就是成名之后的光鲜和代价，以及活成全世界期待的童话一般的样子。

到了20世纪80年代中后期，因为伊莲·梅森经常陪着霍金出行，伊莲的朋友——《纽约时报》摄影师米亚姆·伯克利拍了一系列照片，照片中的二人显然已经互生情愫。可惜伊莲对霍金强烈的忠诚，对霍金的保护欲，小心翼翼地维护与霍金之间的关系，以及她的人格魅力却让霍金的家人、其他护工，或是DAMTP的同事及工作人员有些反感。不过她和霍金的感情不会轻易消散。霍金的护工都很有能力，又有同情心，但他总是愿意尽量多跟伊莲待在一起。

① 译注：在《时间简史》中，霍金讲了一个很有名的故事：一次科学演说结束时，一位年长的女士声称反对主讲人的观点，坚持认为世界是由一只巨大的乌龟驮在背上的。当主讲人问她，这只乌龟又站在什么上面时，她说主讲人这个问题问得很聪明，事实是“下面是一个叠一个的乌龟”。

第 12 章 “研究诞生初期的婴儿宇宙”

早在20世纪70年代，杂志和电视就都报道过霍金的故事。到了80年代末,《时间简史》出版后，全球几乎所有的期刊、杂志都报道了他。他走到哪儿都有记者和摄影师跟着。新闻头条的大字标题是“勇敢的物理学家了解上帝思维”，他的照片还被登在《新闻周刊》封面上，旁边是一片炫目的恒星和星云，标题是“宇宙的主宰”。1989年，霍金和家人接受了美国ABC电视台《20/20》节目的采访，英国也有了他的电视节目:《宇宙的主宰：史蒂芬·霍金》。他不再只是事业有成，还有了名气。他成为偶像、超级巨星，跟体育明星和摇滚巨星并列。

简说：“我看到家庭没有分崩离析，孩子们都很优秀，史蒂芬还能在家里生活、继续研究，有一种满足感。”[1]外面的世界不知道乔纳森·赫里尔·琼斯或是伊莲·梅森，也最好永远不要知道。

霍金之后又收获了各种学术奖项：5个荣誉奖项和7个国际奖项。其中就有1988年的沃尔夫奖，该奖项由以色列的沃尔夫基金会颁发，被公认为仅次于诺贝尔物理学奖。剑桥大学的另一位权威学者克里斯托弗·波芝，在同年获得了沃尔夫农业奖，波芝夫妇经常跟霍金一家人共同赴宴。史蒂芬对一位记者说“我不相信上帝，我的宇宙里容不下上帝”，这句话让简特别伤心，因为当时他们在耶路撒冷——简心目中的圣城①。

① 译注：耶路撒冷是耶稣受难、埋葬和复活的地方，是基督教圣城。

这时他们的大儿子罗伯特·霍金已经进入剑桥大学基督圣体学院学习物理，还加入了学院赛艇队。有个电视节目拍到他在河中赛艇，他的家人为他欢呼，霍金也用合成器助威。女儿露西想进入表演行业。她出演了剑桥青少年剧院的获奖作品《狗心》，改编自20世纪20年代的苏联政治讽刺小说，她还去了爱丁堡和伦敦巡演。在伦敦巡演的时间刚好和牛津的入学考试冲突，所以露西大胆地决定不去考试，全靠之前的面试和高考成绩申请，最后她还是被牛津录取了。至于10岁的蒂莫西，霍金说："所有的孩子里，他大概是最像我的了。"[2]他很喜欢和蒂莫西玩游戏，霍金下国际象棋厉害一点，蒂莫西玩《大富翁》厉害一点。"我们各自都有擅长的游戏。"蒂莫西说。[3]1988年，美国摄影师史蒂芬·夏姆斯拍到他们两个在即兴玩捉迷藏。蒂莫西很擅长这个，他能凭电机的嗡嗡声听出父亲在靠近他。

露西对ABC的《20/20》节目说她和父亲"关系很好"，虽然两人都很固执。"我其实经常跟他吵架，两人都不愿让步。好多人其实意识不到自己有多固执。只要他有了一个念头，就会不顾一切后果地追求。他一件事都不会落下……无论别人付出什么代价，他都会坚持自己的做法。"[4]这听起来很可怕，但跟露西聊起这点时，她显然很喜欢父亲，也尊重他的想法。在一次接受ABC的采访时，她说她认为以父亲的状况，只有固执才能生存下去。是他的意志力支撑着他夜以继日地工作，绽放微笑，妙语连珠，同时无视自己的残疾。就算有时会让他显得骄纵、以自我为中心，也完全可以原谅。在谈到他的健康状况和对死亡的恐惧时，露西说："我总是以为'他会没事'，因为病发了那么多次他都安然无恙。但是他那么脆弱，还是免不了让人担心。他一出行我就非常担心。"[5]很小的时候，露西就学会了应对这种情绪。小时候母亲就给她解释过ALS是什么病，露西哭了，那时她懵懂地认为"他第二天一定会死"。[6]

在学术界，物理学家们源源不断地向霍金表示敬意，但对媒体的热情又有些不屑一顾。不用学高等数学，也能算出几百万本书的收入比露西的学费多了不少。偶尔也会有人带着一点酸葡萄的心理，嘟哝："他的工作跟好多其他物理学家也没什么差别，让人感兴趣的是他的身体状况。”有位同事说：“要是评选本世纪（20世纪）12位最优秀的理论物理学家，霍金根本没希望上榜。”[7]这些话并没错，因为20世纪确实有太多优秀的物理学家，霍金也同意这点，只是觉得“根本没希望”有些言过了。令人惊讶的是，当时几乎没有人对他表示过轻蔑。他与同行一向相处得很好，而且同事们都很喜欢他。哈佛大学的西德尼·科尔曼不仅在物理学界与霍金不相上下，在课堂上的幽默也是，他很开心地看到霍金成名后，越来越频繁地到访美国，而且经常到访新英格兰（哈佛大学所在区域）。有时候，有的物理学家会觉得霍金的名气掩盖了自己的光芒，但对他本人也没有意见。

不过，霍金单凭科学成就也绝对有能力让他成为名人，或是卖出几百万本书。他真的滥用了身体残疾，靠着轮椅收获名誉和财富吗？其实，虽然霍金本人不希望这样，但是物理学界之外的绝大多数人，都会更欣赏他的精神，而不是他的科学成就。他并不是唯一一个在逆境中创造奇迹，还保持着乐观精神生活下去的人，但有谁能像他一样用那么迷人的做派取得如此大的成就？

近30年来，霍金一直为了自己保持着乐观的精神和生活的决心，虽然偶尔可能会在别人看不到的时候灰心。他能活下来并取得成功，靠的就是这种精神和决心。之前他只是对自己和家人负责，到了20世纪80年代末，他要对全球数百万受他鼓舞的人负责。许多人，不仅是残障人士，都希望他和妻子继续生活下去。他的存在可以证明，即使有悲剧发生，生活和身边的人也可以很美好。霍金可以理解，即便他想避开这份强加上来的责任。他说，自己也只是凡人。霍金后来说他并不觉得自己悲情又浪漫，像是“完美的灵魂栖息在残缺的身体里。我为自己的智力自豪，但我也得接受自己的残疾”。霍金因此也成了残障人士的楷模。不过，他的成就与众人的期待还是有一点差距。除了身患重病以外，霍金在其他方面都非常幸运。简说，如果她的丈夫只是默默无闻的物理老师，就没法申请到基金会每年资助五万多英镑的护工费用，他也不会有计算机程序帮自己开口。他只能远离家人，说不出话，独自一人潦倒在护理机构，毫无意义地一天天活下去。她对英国国民医疗体系（NHS）的不满，让她走上了为ALS患者争取权利的道路，希望NHS能够资助上门护工的费用，而不是拆散一个家庭。霍金的形象让众多大学筹建了提供全天候护工服务的宿舍，让有需要的学生能够入学。霍金办公室的展示柜里有一个样子抽象的玻璃奖杯，是布里斯托大学“霍金之家”送来的，剑桥大学也建了类似的设施。

无论他对世界的影响如何，1989年的霍金都克服了重重险阻，“成功了”。英国女王册封他为荣誉勋爵，这一荣誉只有女王和其他65位成员享有。这是女王可以册封的一项最高荣誉。剑桥大学也给自己的教授颁发了荣誉博士学位，这还是很罕见的。霍金从校监菲利普亲王手里接受了学位，随后参加游行，伴着国王学院、圣约翰学院唱诗班的歌声和剑桥大学铜管乐队的奏乐，从剑桥大学议事厅出发，再回到这里。“那年是史蒂芬最辉煌卓越的一年，”简说，“他应该也很开心。”[8]他喜欢从事自己的研究。“我的家人很好，我也事业有成，还写了一本畅销书。还有什么不满足的呢？”霍金这样说。[9]他成名了，也很喜欢这样。想想他21岁时，都找不到活下去的理由，这时的经历真是让人激动，跟命运开了个有意思的玩笑。

当然命运也跟他开了玩笑。他的书在全球大卖也有不利影响，他留给科研的时间少了。他的学生们都哀叹，他的“课外活动”太多了。来访的人太多，他又很少将人拒之门外；收到的邀请太多，他又不好意思拒绝；出行的次数太多，越来越频繁。他一开始还亲自回复了几封《时间简史》的读者来信，但很快就力不从心了。后来，回复信件的工作主要交给了他的研究生助理和秘书。

成名也不总是好事。“名气显然帮我办成了不少事，也让我能帮助其他残障人士，”霍金对一位记者说，“但我走到哪儿都会有人注目。不管在哪儿，都有人认出我，走过来跟我说很喜欢我的书，能不能跟我合个影。他们这么热情，我很高兴，但有时候我也希望有自己的空间。”[10]他想出了解决办法，给合成器加了几句预设的话，“总是有人把我认成他”或者“经常有人把我认成史蒂芬·霍金”，当然没人上当。

霍金在喘不过气的日程表之中挣扎时，他的同事都担心他会顾不上科研，但他从没有停下科研的脚步。1990年6月，他又一次拜访加州理工时，了结了之前的一桩小事。16年前他和索恩打了个赌，那时终于有了天鹅座X-1的观测数据，结果表明天鹅座X-1有95%的可能性是一个黑洞。霍金认为该和索恩算这笔账了。当时索恩在莫斯科，霍金在“从犯们”的帮助下，闯入他们立下赌约的地方——索恩的办公室，并留下一张按了手印的字条，表示“认输”。

20世纪80年代末，霍金虽然以名人的身份穿梭在世界各地，但与他脑海里穿梭的距离相比，他在现实中的旅行显得微不足道。早些时候（1956年），约翰·A.惠勒引入了“量子虫洞”这个概念。霍金现在希望穿越虫洞，抵达更加外围的空间，进入“婴儿宇宙”。下面我们跟他一起站在时空之外，看得更清楚明白点。

重新审视“宇宙气球”

把宇宙想象成一个巨大的、正在飞速膨胀的气球，“宇宙气球”上的点就是恒星和星系，点会让表面凹凸不平。像爱因斯坦预测的一样，质量和/或能量会让时空翘曲。如果用一个低倍显微镜看宇宙气球的表面，虽然上面坑坑洼洼的，但总体看起来还是光滑的。如果用放大倍数非常大的显微镜看，宇宙气球表面就一点也不光滑了。气球表面好像在剧烈振动，看起来一片模糊（见图10-9）。

这种模糊我们之前也见过，不确定性原理让量子维度下的宇宙一片模糊。同一时刻，粒子的位置和动量无法同时准确测量。要想象不确定的量子世界，可以想象每一个粒子都在微微地随机颤动。观测者离得越近，颤动就越剧烈。即使我们用最大的努力观察量子维度，最多也只能说粒子有这么大的概率在这里——或是那么大的概率在那样移动。类似的，宇宙气球的表面也是不确定的。放大到一定程度后，量子扰动就过于混乱，发生什么事都有可能。

那么在史蒂芬·霍金眼里，都有可能发生什么事呢？20世纪80年代末，霍金一直在思索宇宙气球出现凸起的可能。我们常见的气球如果表面有一小片薄弱的区域，就会出现凸起。不过一般来说，出现凸起之后气球就会爆掉，但偶尔也会从表面上凸出来一个小小的气球。如果我们的宇宙也这样，那么"婴儿宇宙"就诞生了。

听起来很不得了：宇宙的诞生。我们能亲眼看见吗？不可能。首先，这种情况只会发生在第10章讨论的"虚"时间上，而不是"实"时间。其次，霍金认为，只有宇宙才算是真正从小起步的。我们的宇宙和新生宇宙之间的联系——可以叫"脐带"——大约只有10^{-33}厘米长。这个数字代表着如果1是分子，那分母就是1后面跟着33个0。这个数字非常小！开口——虫洞——就像小小的黑洞，出现之后，瞬间就消失了。之前我们提到过另一个寿命非常短暂的存在：第6章讨论霍金辐射时，我们说到可以将能量场的扰动想象为一对短暂存在的粒子，虫洞就是将时空纹理——宇宙气球表面——中的扰动具象化的一种方式。

霍金认为脐带连接着的婴儿宇宙寿命并不短暂，而且虽然诞生的时候很小，后面不会一直不变。他认为最终，新生的宇宙会膨胀数十亿光年，达到现今的宇宙这个尺寸。很像我们的宇宙，但是空空如也？完全不是这样。霍金指出："物质可以在任何尺寸的宇宙中由引力能量产生。"[11]这些物质可能变成星系、恒星、行星，甚至生命。

会有很多婴儿宇宙和成年宇宙吗？这些宇宙都会在各处产生分支吗？比如在厨房水池里或者你的身体里？霍金认为是的，我们身边也许时刻都有新宇宙诞生，甚至在我们体内，而我们又完全无法察觉。

也许你会好奇，我们的宇宙可能来自另一个宇宙表面的凸起吗？霍金认为有可能。我们的宇宙可能是无限连环的宇宙中的一环，这些宇宙像蜂巢一样互相连接，其中不仅有许多婴儿宇宙，还有许多成年宇宙。两个宇宙之间也可能不止有一个虫洞连接。虫洞也可能连接同一个宇宙的不同部位，或是不同时间（图 12－1）。

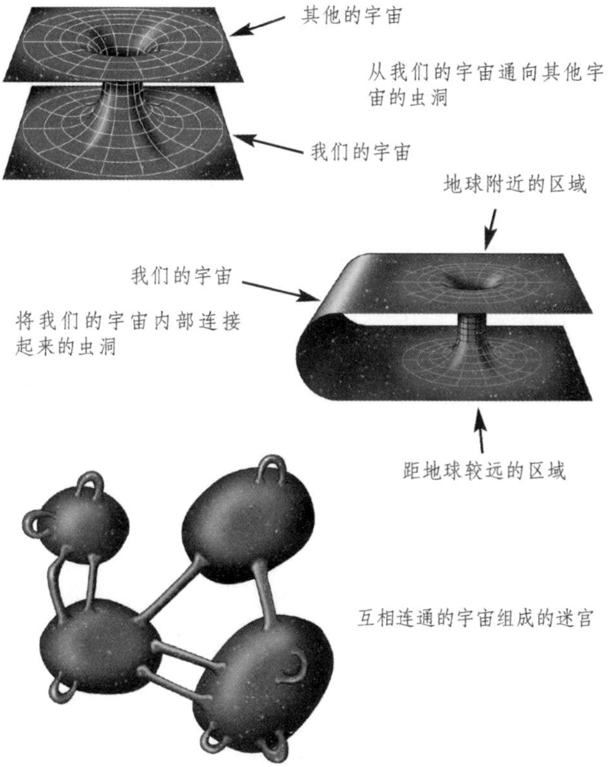

图 12-1　虫洞和婴儿宇宙

量子筛下的生活

我们发挥一下想象力，从一个电子的角度来看这一切。如果宇宙中每个点都有无数个宇宙诞生或消失，那么从电子角度来看，外面的世界就像是一锅烧得翻滚的浓粥。在其中穿梭就像穿过一个巨大的、不断变换的筛子。在这种环境下，做直线运动的电子肯定会遇上虫洞，落入其中，然后从另一个宇宙出来。这种现象好像意味着我们的宇宙中，物质会消失，而这是不允许的。不过根据这个理论，物质是不会这样损失的，我们的宇宙还会迎来一个一模一样的电子。

电子这样一进一出，我们观测不到吗？我们观测到的现象不是这样的。在我们眼里，电子就像在做直线运动。不过霍金认为虫洞的存在，会让电子运动时表现出的质量比没有虫洞时多一点。因此，如果想预测粒子的质量，一定要确定虫洞是否存在。

如果电子与光子一起落入虫洞，不会发生任何异常。我们只会观测到在电磁作用下，信息粒子之间的一次正常交换，一个电子发射出光子，另一个电子吸收掉。霍金认为所有的粒子质量和粒子之间的作用——宇宙各处从不间断的四种作用力——都可以用进出虫洞来解释。

这时，你应该会想，粒子怎么穿过虫洞？虫洞应该比我们所知最小的粒子还要小，和霍金辐射一样，通常情况下不可想象的事，到了量子力学领域都可以想象了。

霍金计算出虫洞对粒子——比如电子——质量的影响时，他的计算一开始得出了粒子质量会比实际质量大很多的结果。后来，他和其他科研人员得出了更合理的结果。不过到了20世纪80年代末，霍金对虫洞理论能否预测我们宇宙，或是其他宇宙中粒子的质量产生了质疑。我们在第2章看到，如果遇到无法预测、只能测量的物理量，这个量值就叫作预设值。到目前为止所有的理论中，粒子的质量和作用力的大小都是预设值。虫洞理论也无法改变这点，但可以解释这些物理量为什么是预设的。霍金认为粒子的质量和其他自然界的基本量会成为“量子变量”，也就是说这些量值是不确定的，就像粒子的轨迹，或是宇宙气球表面的变化。这些数字在宇宙诞生那一刻就随机设定好了。就像掷了一次骰子，然后这个宇宙中的数值就确定了——但没有理论能预测掷骰子的结果，甚至没法估计各个结果的可能性。霍金不确定虫洞理论是不是这样。不过后来他在不同的环境下，又认为自然界的基本变量——甚至是“自然规律”——可能并不是所有宇宙中的基本变量，而是各个宇宙之间都不同。

严重翘曲的宇宙

“量子扰动为什么没有把时空翘曲成一个小球，是个巨大的谜题。”霍金经常说起这点。[12]还记得吧，这就是理论物理学家在追寻万物理论的路上必须解决的一个谜题。

物理学家将（所谓的）真空中的能量这一问题称为宇宙常数问题。

你应该记得，爱因斯坦提出了宇宙常数的概念，这个常数平衡了引力，不让宇宙发生体积上的改变。他后来说宇宙常数是“我一生最大的错误”。后来这个概念有了一点变化，但与之前的含义依然有关联。现在科学家笔下的宇宙常数，表示真空中的能量密度。我们的常识认为真空中不会有能量，不过我们前面看到，宇宙常数（真空中的能量密度）很大，广义相对论也告诉我们这一质量/能量会导致宇宙翘曲。

不过，不管不确定性原理和广义相对论如何预测，我们现在的宇宙都没有蜷缩起来。恰恰相反，霍金研究虫洞理论时，大家一直认为——也一直观测到——宇宙常数的数值是接近0的。我们是根据星系之间远离的速度，以及我们存在的这个事实推断出的。“无论正负，宇宙常数的绝对值如果很大，都会导致宇宙中无法孕育生命。”霍金经常这样说。[13]宇宙常数的值正是第9章中提到的“精心调试”的结果。爱因斯坦说它是“错误”尚且为时过早了，不过直到20世纪90年代初也没人知道。

为什么我们观测出的宇宙常数这么小，而理论预测值又非常大呢？还记得霍金辐射中的粒子吗？霍金在卢卡斯数学教授就职演讲中，提到了超引力理论，这个理论认为真空中的一对费米子（物质粒子）会提供负能量，以此平衡一对玻色子（信息粒子）提供的正能量。这也许可以解答这个问题，至少提供一部分解答，但这个问题还是很复杂。比如，这些粒子不仅仅通过引力作用。不过，即使有很多对正负能量彼此抵消，要让它们完全抵消也很难做到。西德尼·科尔曼像霍金一样对虫洞很狂热，他的说法是：“0很可疑。这就像你在10年时间里花了几百万美元，同时没有注意过你的薪水，等你想查下收支情况时，你发现自己刚好花得一分不剩。”[14]而宇宙常数更不可能抵消至0。

虫洞能解决这个谜题吗？霍金认为无处不在的虫洞让宇宙常数，即真空中的能量密度，成为像粒子质量一样的“量子变量”，可以是任何数值。那么，宇宙常数接近0的概率是多少呢？想象一下婴儿宇宙刚刚从其他宇宙分支出来的样子。虫洞理论认为宇宙有很多个——有的远比我们所在的宇宙大，有的远比原子小，处于两者之间的尺寸也都有。婴儿宇宙中的宇宙常数一定是直接通过虫洞复制过来的——或者说“继承”过来的。人类在婴儿阶段继承了什么天赋并不重要，等长大了才重要。而婴儿宇宙是否“继承”了接近0的宇宙常数也不重要。宇宙“长大”之前，宇宙常数根本无法测量。不过，既然宇宙的尺寸有大有小，婴儿宇宙的宇宙常数就更可能通过虫洞继承自更大、更冷的宇宙，只有这种宇宙中，真空中的正负能量才有机会抵消为0。科尔曼研究了（虫洞理论中）宇宙常数接近0的可能性：成为我们所在的宇宙。他发现其他类型的宇宙都不太可能。

虫洞和万物理论

虫洞和婴儿宇宙挑战了诸多物理学家的想象力。他们开始提出各种质疑，还提出了其他理论。这总是好事，“研究诞生初期的婴儿宇宙，”霍金打趣道，“它成长得非常快。”[15]虫洞和婴儿宇宙对寻找完整诠释宇宙的理论有帮助吗？

首先，我们知道，这个理论似乎提供了考量宇宙常数的新角度，而宇宙常数——真空中的能量密度这个棘手的问题，本该让宇宙收缩的。霍金真的认为虫洞理论能融合广义相对论和量子力学吗？“我还不会这么大胆，”霍金说，“广义相对论和量子力学之间并没有根本的冲突，但有些问题也是虫洞理论无法解决的。”[16]

其次，虫洞理论对回溯到“起源”也是一直成立的。在爱因斯坦的理论中，如果回到大爆炸那一刻，就出现了物理学法则完全不适用的一个奇点。

霍金的无边界理论认为，虚时间中没有奇点。虫洞理论认为在虚时间中，我们的宇宙源自其他宇宙分支出来的一个婴儿宇宙。

最后，虫洞理论将量子力学和相对论用完满的、几何的方式连接起来，让我们觉得“量子扰动”“量子虫洞”和“婴儿宇宙”这些概念，和宏观尺度上的时空翘曲和黑洞没什么不同。我们宇宙中的基本量值，比如粒子的质量、电荷数，还有宇宙常数，可能是由无限连环宇宙的外形及内部构造决定的。

其他理论都无法预测粒子的质量和电荷数，这些都只能作为理论中的预设值。没见过我们宇宙的外星人如果不偷看“真实”的宇宙，就没法用这些理论计算基本量值。我们知道，关于虫洞能否让我们理解、计算这些基本量值，或是虫洞根据其他理论做出预测的可能性是否更小，都还存在争议。

研究超弦理论——认为宇宙中的基本单元不是点一样的粒子，而是振动着的弦——的物理学家希望他们的理论最终能够预测粒子的质量和电荷量。霍金并不这么乐观。“如果婴儿宇宙的示意图是准确的，我们预测这样的宇宙数量的能力就会减弱。”[17] 如果我们知道一共有多少个宇宙，各自都是什么尺寸，就是另一回事了，可惜我们不知道。我们连宇宙之间的连接、分叉都看不到，没法得知所有宇宙的形状的，我们只知道如果宇宙会连接、分叉，就会改变如粒子质量、电荷量之类的值，最后我们得到的预测值会有一小部分不确定性，但是个数一定。

同时，霍金对这样的研究能带他发现万物理论这件事不怎么抱希望。他选择将精力集中在他理解的领域，一点点攻克相对论和量子力学结合时会发生什么、怎么发生的问题。他认为自己这样发现的宇宙规律总是成立的，无论最终发现的万物理论是什么、是谁发现的，他的研究应该能融入更大、更基础的研究中。

拯救历史

如果我们不讨论比粒子大的物体穿越虫洞进入另一个宇宙，或是进入宇宙的另一部分，科幻小说爱好者一定会失望的。基于这个现象的科幻小说很多，表面上看，这种旅行应该是可行的。

1985年，卡尔·萨根邀请基普·索恩和他的研究生一起研究这件事的可能性，科幻小说和科学猜想结合到了一起。萨根需要让他的小说《接触未来》的女主角瞬间抵达很遥远的地方。当时的问题在于，能让你、我，或是萨根小说中的女主角穿越的虫洞体积过大，十分不稳定，也非常危险。非常小的扰动——比如我们的存在——都可能将虫洞和我们一起摧毁。最后，索恩认为自己找到了答案，用来自其他宇宙的、带有负能量密度的材料撑开虫洞——也许远比我们发达的文明可以做到。

霍金听说索恩的这个提议，反应非常简单："你错了。""在科学界，如果有人发现了其他人的错误，是不会保持礼貌的。"索恩说。[18]

霍金开始想方设法证明自己的观点，最终得到了"时序保护假说"。他反对的正是"时间机器式的虫洞"。这个"假说"认为自然规律不允许回到过去（封闭的时空曲线）这类的时空旅行。时间机器式的虫洞一旦激活就会爆炸，而霍金认为这爆炸能够"保护宇宙免受历史学家的摧残"——没人能回到过去，改变历史。2002年，索恩在为庆祝霍金60岁生日发表的论文里告诉读者和听众，时序保护假说只是一个"假说"，"他和我研究的领域，谁也无法确定自己是否正确"。[19]霍金还说"时间旅行现在不可能、将来也不会发生的最佳证据，就是我们还没见到大批来自未来的观光团"，[20]但他也讽刺地推测，有可能我们所在的这段时间对游客不够友好，臭名远扬，未来的人们都不愿来。

基普·索恩将霍金讨论时序保护假说的论文称为一篇"力作"，当然这不代表着他同意里面的观点。索恩60岁生日那天，霍金将基于量子力学计算出的成功穿越时间机器式虫洞的概率送给了他。霍金的结果是10的60次方分之一。[21]

那么，小一点的黑洞呢？原初黑洞蒸发时，早期落入黑洞的物质怎么样了？虫洞理论认为，这些物质不一定会以粒子的形式返回我们的宇宙，这些粒子可能会进入一个婴儿宇宙。信息悖论又探出了头！当然，这个婴儿宇宙会和我们的时空连接。这就像又形成了一个黑洞一样，刚成形就蒸发了。物质从一个黑洞进入，以粒子的形式从另一个黑洞喷出，反之亦然。这也可以算是空间旅行——如果你是粒子——信息也没有损失。

虫洞和婴儿宇宙能够解决“信息悖论”吗？如果有人还抱有希望，认为宇宙有办法自己防止信息损失，霍金很快就会让这个希望破灭。

第三部分
1990—2000年

第13章　“理论物理即将走到尽头了吗？”

从20世纪中期到2000年，剑桥大学应用数学及理论物理系所在的大楼一直是一幢阴森的高大建筑，没有什么特色。也许在这里工作的人都注意不到周围的环境，或者他们出于欣赏美学之外的原因喜欢这栋老楼。

从银街拐入一条小巷，经过一片沥青停车场，再走过一扇红门，就看到了大楼的入口。大楼的内部层次分明，楼层的平面布置也逻辑清晰。接待区域后面有一条小走廊，一直走进去向右急转，路过一部古老的黑色金属电梯，直走一段之后，再拐个小弯，走廊就变得宽阔了一点，两旁是信箱和公告板，公告板上面贴满了讲座、论坛通知告示，还有些下流的涂鸦，接着走廊又突然变窄，尽头是一扇门，里面是公共休息室。

几十年来，每天下午4点，DAMTP的教职工都聚在这间休息室喝茶。其他绝大多数时间，这里都没有人，灯光昏暗。这里的色调是石灰绿，比如围绕低矮的桌子摆放的塑料椅子、木制品，还有承重的支柱下半段的涂色。有张桌子上摆着一摞科学杂志，一面墙上贴满在校生和教职工的大头照，另一面墙上是历任卢卡斯数学教授的正装像。房间的尽头是巨大的窗户，能看到小巷对面一堵空荡荡的墙，几乎见不到阳光。霍金和其他几个人的办公室就在公共休息室的这头。他办公室的门上挂着一张标语：“请安静，老大在睡觉。”他应该没睡觉。多年来，霍金在这个舒适、天花板高大的办公室里工作很久，陪着他的还有孩子们的照片、几株植物、门上与真人同尺寸的玛丽莲·梦露像，以及1985年之后必须一直照顾他的护工。他办公室那扇巨大的窗户下面就是停车场。

霍金每天11点开始工作，他的秘书先跟他核对一下日程表。在20世纪80年代末，核对日程表成了笑话。他们的日程表差不多成了摆设，约见霍金的人要随机应变。

他手上的按键一开一合，时光就这样流逝。霍金就靠在轮椅上，面无表情地看着计算机屏幕选择单词，跟访客或记者交流，跟同事讨论，给学生建议，跟人通电话，写演讲稿，或是回复信件。

有时，你能听到他操纵轮椅穿过公共休息室，穿过走廊，去其他房间参加会议和论坛时，电机发出的嗡嗡声。总有一名护工陪着他。偶尔合成器会发声，请护工调整一下他的坐姿，或是清理一下气管中的积液。

20世纪80年代末，照顾霍金的护工非常多，能力也很强，性别、年龄各异。他们似乎都很喜欢霍金，都愿意好好打理他的形象，梳好他的头发，擦亮眼镜，擦掉嘴角流出的口水，以及用他们的话说，每天许多次地“把他扶正”。霍金只能完全依靠他人，但他从未表现出一丝无助。恰恰相反，他精力充沛，遇事果决，对自己的生活有着绝对的掌控力。照顾他的人都说他的人格魅力让照顾他以及与他共事的人既受益匪浅，又充满挑战。我从没注意到后来简在书里写到的，护工之间的“争宠”。

20世纪80年代末，霍金的研究助理、他的私人助理苏·梅西和一位护工，三个人加起来，也无法应付海量的信件。他们拼尽全力用心回复来自全球的信件、诗歌和录像带。许多来信都饱含着动人的故事，值得霍金本人回复。但霍金即使把全部的时间都花在这上面，也只能处理一小部分信件。很遗憾，他们最终只能用提前印好礼貌词语的明信片回复。

下午1点，无论晴雨，霍金都会操作轮椅，带着上面的便携计算机走进剑桥窄窄的街道，有时只有一名护工陪他，有时会有几名学生陪他一起散步。他们很快就穿过剑桥的核心地带，走过国王大街上的高档商店、国王学院礼拜堂和议事厅，到冈维尔与凯斯学院与学院里其他科研人员共进午餐。护工会在他肩膀上围好围嘴，用勺子喂他吃。对霍金来说，吃饭没有讲话有难度，他吃饭时手指还会一直操作按键，选择跟身边人说的话。

吃过午饭，他就再回到DAMTP。那时至少已经有两大洲知道了霍金让人胆战心惊的轮椅操控能力。学生们会提前走上国王大街和银街，拦住汽车、火车和自行车，霍金则操控轮椅飞速前行，享受着大家都给他让路的待遇。比起ALS，认识他的人都更担心他可能会被货车撞死。

到了下午4点，霍金又一次从石灰绿的门后面露头。下午茶是系里的老规矩，空荡的大公共休息室里突然充满了喧闹的人声，还有茶杯的碰撞声。这时，绝大多数物理学家和数学家都穿得像建筑工人。有人说天气不好的时候，霍金的“相对论小组”远看就像心情不好的摇滚乐队。他们不寒暄，谈话内容包括虫洞、欧几里得空间、标量场和黑洞。低矮的桌子上写满了方程。霍金那带有讽刺的智慧奠定了他这边的基调，但也有学生说，他喝茶时说的几句话，往往比其他人一个小时的讲座都更有价值。霍金熟练掌握了言简意赅的技巧。之后再看他写的内容，你会发现他用词精准，表达也很准确。

到了下午4点半，公共休息室像之前突然人满为患一样，又突然空了下来，灯也关掉了，只留一根长长的荧光灯管。霍金又回到办公室，工作到7点。他的学生们认为，傍晚时的他对学生们的帮助更大。

霍金有时在学院吃晚餐，有时会坐着一辆专门改装过的面包车去听音乐会或是去剧院，这辆车是他用1988年以色列沃尔夫物理学奖的奖金买的。蒂莫西学校的管弦乐队举行音乐会时，他也会去听蒂莫西演奏大提琴。蒂莫西和姐姐露西一样，大提琴也拉得很好。其他时候，霍金都会在办公室工作到很晚。

1989年12月的某一天，霍金又工作到很晚，我去找他商议写书的计划，那是我第一本写他的书。我们聊到了黑洞，我给他读了一段我写的内容，让他看看有没有错误。我读到一半，跟他抱怨说编辑不希望讲科学的书写得有趣或是幽默，所以那段内容才有些无聊，霍金说：“写科学的书就应该有趣。就说是我说的。”这句话肯定能说服编辑，毕竟霍金的书供不应求，卖出了数百万册。有那么一刻，我看到他屏幕上掠过一句话：“能把我扶起来一点吗？”

我有些惊讶。后来我才意识到这不是说给我听的，我看向旁边年轻的男护工。他马上起身，把霍金扶起来一点，调整到一个更舒服的位置。

那晚我离开之前，已经跟他商量好了计划。霍金告诉私人助理，给我提供一些从未面世的童年、家人照片，他写的童年记事和有关自己身体残疾的内容。到了五六月，我写完书中有关科学的章节之后，他还会跟我核对一遍。

“悬崖”让步了

生活在聚光灯和众人的赞许下，霍金难免会收到其他人对他身体条件的各种看法。无论你多么冷静成熟，多么精通自嘲，都很难一直客观地看待自己。二十多年来，霍金一直想告诉大家，他并不是“次等人”。他做得太成功了，大家都认为他是超人。他从没有故意向人灌输这一点，他说自己只想被人当作普通人。但有批评家说，他也没阻止别人把他当成超人。说实话，谁愿意阻止呢？这个形象很有趣，又能帮他卖书。再说，阻止别人这样想有什么好处呢？他一旦说出类似“别人说我有勇气时我都有些尴尬，我只是做出了当时唯一可行的选择”[1]的话，就会有人说他故作谦虚，其他人还会认为他又一次展现了英雄气质。

霍金开始越来越多地公开承担作为残障人士楷模的责任。1990年6月，他在南加州大学举办的职能科学论坛开幕前的演讲中，表现得有些激进：“一定要帮助残障的孩子融入同龄人，这能完善他们的自我认知。如果很小的时候就被孤立，怎么会认同自己人类的身份？（被孤立）也算是‘种族’隔离。”他说，病魔来袭时已经成年，他的童年有健康的朋友陪伴，一起玩乐打闹，所以自己算幸运的。但他又说：“虽然在我克服身体残疾的路上，轮椅和计算机固然很重要，但更重要的是正确的精神状态。抱怨公众对残障人士的态度没有意义。残障人士要像黑人和女性一样，主动发声，改变社会对这一群体的看法。”[2]就算是批评霍金的人也没法否认，他在改变残障人士的社会地位这件事上，做出的贡献是空前的。

霍金在全球发表演讲，接受荣誉，主持新闻发布会，享受众人的赞美时，陪伴在他身边的人逐渐变成伊莲·梅森，他在剑桥大学的朋友们用宠溺和欣慰的眼光看着“本校巨星”，但也越来越替他忧虑。他们并不嫉妒霍金的快乐，而是担心他。他自己也开始代入“宇宙的主宰”这个形象了吗？出名之后的他会不会没时间做科研了？他本来就很固执，这样会不会让他变得骄纵又自大？他自我认知的提升会影响到家庭生活吗？他和简突破重重逆境的婚姻能延续吗？民众都喜欢英雄。史蒂芬·霍金还能做回原来那个他吗？看来不太可能了。

简和乔纳森·赫里尔·琼斯的关系只有少数几个守口如瓶的人知道，外界或是媒体依然无从知晓——在剑桥这样小的城镇或是大学这样小的群体里，这样的保密水平算是很厉害了。不过，1989 年简在一次采访里说的话，还是透露了对未来的些许担忧：“我一开始非常乐观，史蒂芬也被这种乐观感染了。他的决心已经超过了我，我都跟不上他了。但他应该是在过度弥补自己身体条件导致的不便，看见什么就做什么。”[3]

他“看见”的事太多太多了。简认为他能住在家里，能正常地生活已经是巨大的胜利了。史蒂芬·霍金却远不满足。他有了更多的选择，更多的可能性，这是他做梦都想不到也不敢想的，而他的时间却远远不够用了。

他参加的活动、收到的赞许、获得的奖项，都让他与家人渐行渐远。家人们也渐渐脱离了他，有了自己的生活。大儿子罗伯特和女儿露西都在努力独立生活，离开他的庇护。简也极少陪他出行，或是一起公开露面。她想在教学、园艺、读书和音乐中寻找避风港。她的声乐课收到了成效，她成为剑桥顶级唱诗班的中流砥柱，经常独唱女高音。除了乔纳森，还有其他朋友跟她有一样的信仰。她在史蒂芬生活中扮演的角色变了。她说，她不再负责鼓励生病的丈夫了，她“只是在提醒他，他不是神”。[4]

在外人眼里，25 年来史蒂芬和简在逆境中如鱼得水。史蒂芬一次次地强调，两人的感情支撑着他继续生活、走向成功。1989 年，《宇宙的主宰》以一集特辑收尾，结尾是一张两人看着睡着的蒂莫西的照片，霍金还说：“夫复何求。”霍金一家人的公众形象继续让人们相信，悬崖边上的生活虽然也会面对各种问题，但终归是美好的。

他们脚下的“悬崖”越来越松动，到了1990年春，居然开始崩塌了，只有少数几个人料到会这样。之前霍金即使知道简和乔纳森的感情，也愿意延续婚姻的决心到现在有些动摇了。后来，他在《我的简史》中写道：“简和乔纳森的感情越来越好，我对此越来越气恼。最后，我已经无法接受当时的状态了。”

前一年我找霍金商议出书的事时，银街上这一家人的生活还有条不紊地运转着，但是1990年初夏，我带着几章科普内容的完稿再次来访时，他们都显得有些狂乱、难过。我请霍金帮忙审查这几章，跟他聊了一周，发现不知为何，系里大家的情绪，尤其是跟霍金比较亲近的教职工，还有霍金自己的情绪，都非常紧张，如在弦上。终于，我和史蒂芬共同认识的简的一个朋友拨开了迷雾。史蒂芬告诉简，他要为了伊莲・梅森离开她。就算外面的媒体像狗仔队一样关注着他们，一家人还是严格保守了秘密。即使是一直采访史蒂芬、还为他写书的我，也很难相信这件事。曾经众人眼里美好、崇高的一段婚姻，就这样郁郁而终。与霍金关系紧密的朋友们并不觉得惊奇。他最信任的教职工中，有几个人辞职了，因为不愿面对他即将破裂的婚姻，以及和伊莲的这段新感情，苏・梅西在竭力保证工作能有序进行下去。

刚过25周年结婚纪念日，霍金夫妇就分开了。史蒂芬和简没有发表公开声明，史蒂芬只是在秋季的一场发布会上简短地提到了他和妻子已经分开，但不排除复合的可能。在剑桥这个八卦传播得像野火一样快的小镇上，这个消息传播得却很慢，这是因为朋友和同事对霍金的爱和尊重。即便这样，越来越多来自剑桥乃至全球的人得知了这一消息，并且为之惋惜。婚姻破裂本来很普通，霍金和他的婚姻却都如此不普通。

一开始，舆论的矛头都指向霍金，指责他离开了勇敢支持着他的妻子。直到20世纪90年代末，简出版了自己的回忆录，这一趋势才有所收敛，大家终于知道，两人的婚姻其实早就陷入了困境。

霍金搬出了西路上的房子，和伊莲在松林定居下来，那是一片养眼、高档、封闭的住宅区，离格兰杰路不远。20世纪90年代初，伊莲送两个儿子上学之后，有时会踩着滑板去松林的住所。

霍金拆掉了生活中家庭这根支柱，另一根支柱——科研工作，也岌岌可危了吗？

再看卢卡斯数学教授就职演讲

虽然有人担心霍金私人生活的波澜会影响到他的科研工作，但他依然表达着他对科研的热情，他说自己“已经跃跃欲试了”。他还能像媒体预言的那样，发现万物理论吗？当时霍金并没有研究万物理论最热门的候选：超弦理论。不过，物理学界的主流观点也说变就变，而与主流适当保持距离的人，也许刚好能发现各个前沿学说之间的联系，并整合为一个完整的理论。当时有传言说，以理论物理学界的标准来看，霍金已经接近“垂暮”了。做出伟大发现的通常是年轻人，因为需要新鲜的思想、激情、自信的工作方式，再加上一点天真。这些霍金都还有，但如果认为他再也做不出伟大发现，实在是大错特错了。

他的寿命够久吗？疾病依然在缓缓侵蚀着他。他担心自己完不成科研就会去世吗？1990年他回答了这个问题，说自己从来不会想得那么远。他长期与猝死的风险相伴，已经不怕死亡了，他的科研工作需要众人齐心协力，其他前赴后继的物理学家还多着呢。

他从没声称自己对于发现万物理论是至关重要的，“但我也不急着去世。”他又说：“我活着时想做的事多着呢。”[5]

到了1990年6月，距他就任卢卡斯数学教授已经过去了10年，我问他如果有机会重新发表就职演讲，有什么要改动的地方。理论物理即将走到尽头了吗？他认为是的。但不是在20世纪末。最有希望整合作用力和粒子的理论，不再是他演讲里提到的$N=8$超引力，而是超弦理论，认为宇宙中一切事物的基本构成都是微小的、振动着的弦，而我们今天发现的多种粒子，其实是弦的各种基本振动形式。假以时日，超弦理论能够完善自己的理论体系，他认为还需要等20到25年。

我问他，他的无边界理论能否回答这个问题：宇宙的边界条件是什么？他说能。霍金说，他认为虫洞理论对万物理论有很好的引导作用。也许正是因为虫洞的存在，超弦理论以及其他理论才无法预测宇宙中的基本量值，比如粒子的质量和电荷量。

如果有人发现了万物理论，然后呢？霍金认为，在这之后的物理学研究，就好比征服了珠穆朗玛峰之后的登山运动。不过，霍金也在《时间简史》中说到，对于人类来说，这才刚刚开始，因为虽然万物理论能告诉我们宇宙运行的原理，以及宇宙为什么是今天的样子，却不能解释为什么会有万物理论的存在。万物理论肯定只是一系列规则和公式。他想过这个问题："那又是什么给公式赋予了生机，创造了一个宇宙给它们描述？""宇宙为什么要存在？"[6]他说，这些问题用普通的科学手段是无法解答的，比如归纳数学模型的那种方法。

霍金依然渴望知道答案。"知道了答案，我就知道了所有关键的信息"，[7]"然后我们就理解了上帝的思维"。[8]这是《时间简史》里的最后一句话，不过他也在电视上接受采访时说："我对理解'宇宙为什么存在'这个问题不太乐观。"[9]他没考虑过要理解上帝的思维，是否一定要找到万物理论，或是像简说的那样，除了科学法则，是否还有其他理解上帝的途径。

1990年的巨星

哈佛大学授予了霍金荣誉学位。参加过仪式和招待会的人都能欣喜地回忆起，与霍金一同接受学位的艾拉·菲茨杰拉德①在招待会上专门为他献声。

---

① 译注：著名爵士女歌手。

学术界之外的人开始出现在霍金的办公室门外，看着小牌子上的字，像找他辅导的研究生一样在门外排队等候。当时是教皇和费德里科·费里尼①的摄影师弗兰西斯·恰克贝迪，而不是剑桥当地或是来自纽约的摄影师，带着器材和助手，占据了公共休息室靠近霍金办公室的那一侧。他认为霍金的形象最好通过他们的镜头、他们的视角展示，而且最好是半身像，后来在巴黎的一场户外博览会上，他拍摄的霍金肖像在巴黎的一场户外摄影展上展出，还跟着走遍了全球。那次摄影展的肖像人物包括弗朗西斯·克里克②、小说家加西亚·马尔克斯和建筑大师贝聿铭等。

一次不寻常的电视采访，也让公共休息室里人声鼎沸，讨论物理的人都被挤到了角落。史蒂文·斯皮尔伯格同意担任纪录片《时间简史》（1991）的制片人，导演是年轻的埃罗尔·莫里斯。

莫里斯是一位才华横溢的导演，有着深厚、丰富又不寻常的背景。他少年老成，10岁时就发表过有关太阳系的演讲；十几岁时拉大提琴，在枫丹白露跟随纳迪娅·布朗热③学习音乐；本科时打破了约塞米蒂国家公园的爬山纪录；读研时，他闷闷不乐地在普林斯顿（跟随约翰·A.惠勒）学习科学史，还在伯克利学习哲学。一路走来，莫里斯并没有邂逅他愿为之奉献一生的事业，不过他自己的经验也让他能更好地理解不走寻常路的人，比如霍金。[10]

虽然伯克利拒绝了莫里斯关于精神异常抗辩、怪兽电影和威斯康星监狱内谋杀犯的论文提议，他依然对“真实犯罪”十分感兴趣，他的兴趣在他开始拍摄纪录电影后依然延续。莫里斯联系了一个叫兰道·亚当斯的犯人，他当时因谋杀达拉斯一位警官而被判死刑，等候执行。莫里斯发现判决有些疑点，并亲自调查了他的案子。之前他的电影事业步入低谷时，他还在纽约做过几年私家侦探，因此他调查起来也颇有经验。[11]他拍摄了自己调查亚当斯案件的过程，并最终查出真相，还了亚当斯自由。这部名为《细细的蓝线》的纪录片

① 译注：著名导演，代表作有《卖艺春秋》《八部半》《月吟》等。

② 译注：DNA 双螺旋结构的发现者之一。

③ 译注：法国著名作曲家。

于1988年首映，收获了许多赞誉，也让莫里斯跻身知名纪录片导演行列。他自称为“导演/侦探”，自然也是有充分的理由的。[12]

史蒂文·斯皮尔伯格找来为霍金拍摄《时间简史》的，正是这样一位有趣、复杂又才华横溢的年轻导演。身为导演，莫里斯经常这样挑战自己“如何在不破坏神秘性的前提下提取真相”[13]，他也正是抱着这个想法，开始了《时间简史》的拍摄工作。

斯皮尔伯格选择莫里斯，也有影片立项早期出现了可能威胁整个项目的问题需要解决的原因。霍金希望，斯皮尔伯格和他的团队能使用手头上所有最先进的科幻电影拍摄技术，让《时间简史》成为银幕上的一道奇观。斯皮尔伯格和莫里斯应该是拍摄此片的最佳人选。霍金并不想在影片里展示自己的个人生活。不过制片团队认为，霍金设想出来的影片能吸引来的观众数量，是远远无法让他自己或是制片团队满足的。这部影片一定要是传记性质的。霍金认为这是斯皮尔伯格跟他的私人恩怨，两个不肯让步的人相遇了，不过最终斯皮尔伯格获胜，他选择莫里斯执导这部片子，还说服了霍金，莫里斯可以“拍摄出人们想看的片子，同时不背离《时间简史》这本书的初衷”。[14]莫里斯认为霍金在身有残疾的情况下勇敢生活，和他在科学领域中的大胆探索是“不可分割的题材”。[15]他选择让霍金用合成器的声音，亲自为影片配旁白，还多次拍下了他在计算机屏幕中的倒影。

莫里斯在之前的作品中，给人印象最深刻的就是他天才般的采访技巧，以及对讲话人头部特写的巧妙运用，而霍金也做了很大的让步，允许莫里斯在影片中采访他的家人、朋友以及科研界的同事们。但他不能代表简的意见。简和他们的三个孩子只在影片中以照片的形式出镜。伊莲·梅森也拒绝了采访，不过执行制片人戈登·弗里德曼发现她“身为护工，身体条件非常好”，能够“在摄影棚里侧手翻”。[16]史蒂芬在影片里没有回答问题，也没有透露个人生活的信息。不过他的母亲伊索贝尔同意出镜，霍金还在首映式上感谢莫里斯让他母亲成了电影明星。

在《时间简史续编》——这部电影的“伴读”①——后记中，戈登·弗里德曼写到，在影片拍摄的3年时间里，剧组先在伦敦的工作室拍摄，后来移师剑桥，其间莫里斯对影片的效果不满意，就直接推翻重来，而霍金和莫里斯也结成了“牢固的工作关系”。“在后期剪辑工作期间，霍金和埃罗尔·莫里斯经常一起在剪辑室里待上几个小时，一同向着两人共同的目标努力”。[17]

1992年8月，影片《时间简史》在纽约和洛杉矶首映。该片在1992年圣丹斯电影节夺得纪录片评委会大奖和最佳纪录片导演奖，以及美国国家影评人协会的最佳导演奖。菲利普·古勒维奇在《纽约时报》杂志上发表了他颇有洞察力的评论：“莫里斯对霍金及其身边人的记录，居然塑造出了一个天才头脑困在残障躯体中的普通人形象。”[18]《新闻周刊》的大卫·安森称赞该片“精巧、鼓舞人心又神秘。莫里斯将抽象的概念用飘浮的图画展现出来，还用杂耍大师一般的兴致和技巧让图画在空中旋转”。[19]《时代周刊》的理查德·希克尔称赞了该片“优秀的讲话人头部特写”，还说：“这部有催眠作用的影片用简单的手法，蕴含了丰富的内容，单单这一成就已经足够出色了。”[20]

莫里斯对该片的成就非常满意，他称赞霍金“象征了数百万战胜逆境的人，也象征了个体在无法阻挡的宇宙面前的渺小”，也对影片对这一形象的成功塑造感到满意。莫里斯说该片与他之前的所有作品相比，“少了些理性，多了些感性”，即使该片的题材看上去很艰深，即使影片中“每个人都比我聪明”。[21]

虽然该片的艺术水准非常高，也收获了诸多赞誉，可看过的观众却并不多。该片的宣发工作甚至还有所保留。如果霍金说服了斯皮尔伯格会是什么结果，我们永远不会知道了。

霍金的个人生活发生了天翻地覆的变化：伊莲成了他生命中至关重要的人；他成了电影明星。但即使这样，我几年后再次前往银街上公共休息室里的办公室拜访他时，却好像什么都没发生过。1990年我在书里对这间办公室的

---

① 译注：电影的配套书籍。

描述，放到几年后依然适用……按键的咔嗒声；计算机屏幕上来回掠过的单词，合成器用礼貌的声音把单词读出来；学生、护工和同事在办公室进进出出。下午4点，公共休息室的桌子上还是会整整齐齐地摆上一排茶杯，像一队玩具兵一样。历任卢卡斯数学教授的画像俯视着“心情不好的摇滚乐队”队员们，看他们一边喝茶一边用奇怪的数学语言聊天。他们之中有那样一个让所有人同情的身影，像是篝火节之夜即将被丢进篝火的人偶①。他戴着围嘴，旁边有位护工一边托着他的额头，一边帮他向前探头，好让他喝到护工手里的茶。他的头发蓬乱，嘴角松弛，眼镜微微下滑，镜片后面的眼睛有些无神。但是只要有学生拿他打趣，他就会绽放出能点亮全宇宙的笑容。

我那本1990年出版的书是这样结尾的：“无论这个难以置信又有些反常的故事未来如何发展，我们都希望有一天，当霍金的肖像挂在公共休息室的墙上，就在他办公室那一侧的空位里，他也能在他的肖像里绽放那样的微笑。不过现在，不要相信办公室门上的小牌子，老大没有睡觉。”

已经过去差不多30年了，霍金那时48岁。

① 译注：为纪念盖伊·福克斯尝试炸毁议会大楼，英国将每年11月5日定为篝火节之夜，将盖伊·福克斯的人偶丢进篝火中燃烧。

第 14 章　“在拍戏的间隙我喜欢解决物理问题”

安德烈·林德在20世纪80年代末至90年代初与亚历山大·维兰金合作，发现了膨胀的宇宙有着惊人的潜力：在暴胀理论中，这样的宇宙可以“自我复制”，最终会得到一株枝繁叶茂的“宇宙之树”。霍金提出的“婴儿宇宙”概念也认为会有许多其他的宇宙。与可能存在的“多元宇宙”相比，我们所在的这个巨大宇宙也突然显得渺小了。

“永久”的膨胀

再想象一下早期宇宙中，有些区域在飞速膨胀，而周围的某些区域并没有。林德和维兰金认为在膨胀的区域内，会产生膨胀速度更快的子区域，也会产生膨胀速度更慢的子区域。故事还没有结束，子区域内还会产生子子区域，以此类推。换句话说，每个膨胀的微小区域都由更小的子区域组成，有些子区域在膨胀，而且是由更小的子子区域组成，以此类推——一系列永久膨胀下去的宇宙。“永久膨胀”构成了宇宙永久自我复制下去的过程。用林德的话说就是，“宇宙是一个不断增长的巨大‘分形’。里面包含了许多膨胀的球体，球体会产生新的球体，新的球体还会产生更多球体，无穷无尽”。[1]我们所知、所观测到的宇宙只是其中的一个区域，或是子区域，甚至是子子区域。当时有动画片把林德塑造成了一个嘉年华上的气球小贩。

还有像我们宇宙一样的“平行宇宙”吗？不一定，但也不能排除存在类似的宇宙。即使“我们的宇宙”之外既无序又无比复杂，我们的宇宙还是光滑的，也相对简单一些。其他区域，或是子区域的膨胀也可能产生光滑的大型宇宙。而宇宙所属的整体，也可能分割为无数个体积呈指数级增加的区域。不过，当各个大型区域的能量级降至我们宇宙当下的水平时，就会各自产生不同的物理法则。永久膨胀会产生无穷多种宇宙，用约翰·巴罗的话说就是：“我们发现事情的真相可能是……在广袤的时空纹理中，我们只居住在其中一块很简单的区域……整个时空无比多样，也因为历史无比复杂，绝大多数区域是我们无法触及的。”[2]而我们无法看清所在这片区域的本质，是因为这样的宇宙最可能出现，但并不是这样的。

巴罗经过深思熟虑才写下“因为历史无比复杂”这个词组。因为如果宇宙所属的整体真如永久暴胀理论描述的那样，那么也没理由相信我们的宇宙诞生于这个永久过程开始或者说接近开始的那一刻。我们的宇宙可能是某个子区域，甚至子子子……区域——谁知道前面会有多少个“子”？在这个模型里，我们的宇宙有起源，但其所属的整体，那个巨大的分形，也许并不需要有起源或是终结。也有人反对这个向过去无限延伸的设想。创立暴胀理论的阿兰·古斯，那时在与亚历山大·维兰金和阿尔文·博德合作，他认为这个“永久”膨胀的设想在过去一定有个边界、有个起点。

发生了这么多事，我们注意不到吗？的确注意不到。膨胀发生得太过迅速，各个区域、子区域、子子区域……转瞬之间就彼此分离了。它们以超过光的速度分离，成为一个个的“口袋宇宙”。

用林德的话说，“根据这个设想，我们之所以在四维时空，有着这样的物理法则，并不是因为其他维度、其他物理法则无法存在，或是存在的可能性很小，仅仅是因为我们这样的生命没法在其他区域存活”。[3]在无穷多样的宇宙中，很可能——甚至是必然——至少有那么一个宇宙，能够让我们这样的生命存在。人择原理在这里依然生龙活虎，而且不再像是一个逃避思考的借口了。

如果在我们附近或是其他地方都无法观测到永久膨胀，还有其他可以观测到的证据——甚至是可能存在的证据——证明永久膨胀这个设想吗？当时霍金正打算证明这个问题并没有那么遥不可及，虽然永久膨胀的设想刚提出时的确是这样。

全球知名

20世纪最后一个十年里，霍金依然延续着惊人的国外出行频率，自从他做了气管切开术，失去声音之后就一直这样。只要有不知疲倦、不畏艰难的护工陪着他，坐飞机旅行和忙碌的日程就都不是问题。90年代中期，他几乎每年都访问一次加州理工，与基普·索恩和约翰·普利斯基兴致勃勃地讨论黑洞、引力波以及索恩在LIGO（激光干涉引力波天文台）的工作，当时的引力波探测设备还在开发中。

如果要请霍金做演讲或是参加论坛，就要投入更多不知疲倦的人力，一方面要安排周到，另一方面还要控制预算。霍金身边的人异常多，像陪同皇室出游一样，而他又不能坐经济舱。同时，至少要有一名护工坐在他身边。住宿安排也非常复杂，酒店的房间、门口、楼梯和电梯都得容得下他的轮椅；报告厅也得有能力承载慕名而来的、坐得满满当当的观众；安保团队也一定要配备，让外面的人群保持距离。与霍金一同出行的人要做好应对一切的准备，而每次日本之行似乎都有些不寻常的境遇——20世纪90年代他至少去了7次。当时霍金前往东方，一般都是琼·古德温陪同照顾，她回忆起有一次霍金特别想去日本北部。东道主提醒他那片区域多发地震，建议他去安全一点的仙台。当然，2011年仙台发生了近海地震，引发了海啸，还导致了核泄漏，不过在琼的回忆中，他们的仙台之行很开心。不过他们当时的确说起过地震的事，琼问霍金这时该怎么做。霍金说："你自救吧，不用管我。"

另一次日本之行中，发生了一点意外，虽然没有对霍金造成身体上的伤害，却可能伤害了他的自尊心。在子弹头列车的站台上，他像往常一样，被记者和相机层层包围，要他发表声明或给他拍照。结果转瞬之间，所有记者都莫名其妙地跑开了，留下霍金一个人。后来大家才知道，当时旁边的站台上，一位著名的相扑运动员刚下火车。原来霍金还不算是全宇宙最重要的名人。

2002年，研究弦理论的物理学家大卫·格罗斯在霍金60岁生日聚会上讲的故事，也发生在日本：

跟史蒂芬一起出行，会遇到很多你这辈子都不可能遇到的人。我们没见到天皇，我有点后悔。但我们的确见到了在日本更受欢迎、更有名的人——茶艺大师，我们还见到了艺伎，等等。不过最有意思的事，是霍金一定要去唱卡拉OK，并且我们真的去了，还唱了《黄色潜水艇》。不过如果我现在唱出来，你们应该就都跑掉了。每次到了副歌，史蒂芬就会唱一句“黄色潜水艇”，可能现在，他电脑上还留着“黄色潜水艇”的快捷方式呢！[4]

平时他待在家附近就没那么有意思了，安全也没法保障。1991年3月6日，霍金前一晚在松林的家附近横穿格兰杰路时被出租车撞到，消息很快就在剑桥传开了。当时天很黑，又下着雨，轮椅前后都有反光灯，并不难看清。他横穿马路时，护工大喊“小心！”飞速驶来的汽车还是撞到了他的轮椅背面。他被撞飞出去，飞过轮椅的残骸，双脚着地摔在了路上。即使身体健康的人，这样的事故也很严重了，但他两天之后就出院继续工作了，只是胳膊吊着石膏，头上缝了几针。他的私人助理苏·梅西、研究生助理、学生和朋友花了两天的时间，手忙脚乱地从外地运来新轮椅，又找到合适的组件，修好了他的电脑，好让设备跟上霍金恢复的速度。

1992年，史蒂芬和伊莲在离剑桥市中心不远的纽纳姆建了一处住宅。住宅的设计很奇怪，霍金无法上到二层。不过底层非常宽敞，主卧很大，还自带卫生间，旁边是摆满书籍的图书馆兼书房，还有其他起居室，以及厨房旁边宽敞的开放式家庭活动室兼餐厅，后来前面的花园还装了座喷泉。要进入住宅，先通过后面的一个小花园，再穿过带顶棚的门廊。整幢房屋由实木篱笆围起，外面还有浓密的高灌木丛。霍金从这里出发，穿过古老的茅亭巷，再绕过一片池塘，穿过“牧草场”里低低的野草和树木，跨过小桥，穿过卡姆河上的河坝——河坝将卡姆河分成上游和流经后花园的下游——过了河坝就可以直接走进米尔巷，踏上DAMTP后门他的专用坡道。

熟悉牧草场的人，都担心霍金很难通过里面窄窄的小桥。因为自行车也只能勉强通过这些小桥，还得小心手不要被两边的栏杆擦伤。霍金坐在轮椅上可以快速地“穿行自如”，即使是天黑时。有天晚上，陪他回家的琼·古德温不小心一脚踩空了，摔倒在小路边上。霍金不知道琼已经不在身后了，还自顾自地飞速向前。有位好心人扶琼起来，告诉她自己是整形外科医生，还问她需不需要专业上的帮助，琼跟他说“快拦住那轮椅”。

皱纹的膨胀

1992年4月，加州大学伯克利分校以及劳伦斯伯克利实验室的一位天体物理学家乔治·斯穆特和其他几所科研机构的同事，宣布宇宙背景探测器（COBE）卫星收到的数据显示，宇宙微波背景辐射中出现了“涟漪”。这个发现的意义十分重大。自20世纪60年代起，天体物理学家和宇宙学家就在苦苦找寻背景辐射中的微小波动，而这些“涟漪”是他们第一次发现证据。宇宙诞生大约30万年后，纹理中产生的细微波动，证明当时的状态的确产生了引力，让物质越聚越多，形成行星、恒星、星系乃至星系群。斯穆特的发现让无边界理论站稳了脚跟。这个理论既预测了宇宙整体的光滑性，也预测了其中出现的一点异常，正如COBE观测到的那样。

霍金认为，COBE的发现甚至能作为霍金辐射存在的间接证据。前面讲过，根据暴胀理论，远在宇宙微波背景辐射产生之前——当时宇宙诞生还远不足1秒——宇宙就经历了飞速膨胀时期。霍金指出，在这段时期宇宙的膨胀太剧烈、速度太快，远处的物体发出的光永远无法被我们观测到，除非能超越光速。有些光我们可以观测到，有些光则不能，这刚好符合黑洞事件视界的描述。霍金认为，早期宇宙中可能的确存在事件视界，就像黑洞的事件视界一样，根据光能否被我们观测到，分隔开了两个区域。这个古老的事件视界也会像黑洞一样，发出辐射，而这种情况下发出的热辐射，密度会出现特有的波动特征。在早期宇宙的事件视界中，密度的波动也会随着宇宙膨胀，不过之后就被“固化”了。现在我们能够以温度波动的形式观测到，即斯穆特在宇宙微波背景辐射中观测到的“涟漪”。这些“涟漪”的确具有热辐射，比如霍金辐射特有的密度波动特征。

舞台和银幕上的明星

1992年秋天，热爱歌剧的霍金被搬上了纽约大都会歌剧院的舞台，准确地说是一个“飘”在舞台上的角色。那部歌剧并不是瓦格纳的作品，而是菲利普·格拉斯的新作《远航》,《时间简史》的配乐就是格拉斯创作的。为庆祝哥伦布发现新大陆500周年，大都会歌剧院安排了《远航》的演出，不过格拉斯并没有讲述哥伦布的故事，而是让哥伦布化身为人类探索精神的象征。[5]歌剧的序幕中，一个坐着轮椅的角色——显然象征着霍金——飘在舞台上，缓缓地说：“眼界有多远，航行就有多远。”一片星空突然出现，像是他召唤出来的一样，然后他飞走了。

接下来的一年，霍金还参与了一场小小的演出，成为他的最爱，也成了大家的最爱，他用想象力深入太空，比他一直想尝试的亚轨道飞行大胆得多。不过这次，他没有借助理论物理的力量。

那是1993年春，在庆祝《时间简史》发行录像带的派对上[6],《星际迷航》中扮演瓦肯人斯波克的伦纳德·尼莫伊也参加了，还有幸向大家介绍霍金。《人物》杂志记载当时的场景，“最有名的瓦肯人和地球上最著名的宇宙学家一拍即合”[7]——这是每个《星际迷航》粉丝都希望看到的。尼莫伊听说霍金也是《星际迷航》的粉丝，而且像每个粉丝一样，非常希望能在剧中露脸，尼莫伊就联系了执行制片人里克·伯曼。伯曼马上在一集开头给霍金安排了3分钟的戏份，那集叫作《陨落（第一部分）》。①

霍金的戏份发生在“进取号”星舰的全息甲板上——用全息技术将船员的幻想变为“现实”。这个场景是机器人DATA的幻想——与爱因斯坦、牛顿和霍金玩扑克。当然，霍金是唯一一个扮演自己的人。他很久之前就拿到了剧本，也提前把台词录入了合成器。20世纪90年代到2010年前后，霍金还能做出几个表情，他也充分利用了这几个表情来刻画角色。“大家都被他脸部的灵活性惊呆了。显然他的脸部肌肉非常发达。”那一集的导演亚力克斯·辛格说。扮演牛顿的约翰·内维尔补充说：“他要是用那样的微笑回应你说的话，你会感觉这一天都被点亮了，真的。”[8]扮演DATA，也是牌局主持的布伦特·斯皮内总结说：“等里克·伯曼和我都老了，坐在家里的摇椅上时，肯定会说起跟霍金的故事。”[9]对自己的工作，霍金也是主次分明，他在片场说：“在拍戏的间隙，我喜欢解决物理问题。”[10]他唯一一件后悔的事是“可惜当时飞船上响起了红色警报，所以我没拿到自己赢的钱”，虽然他“赢了所有人”。[11]

在《星际迷航》中的客串，让霍金在公众中的关注度几乎超过了《时间简史》最热门的时期，也对他同年（1993年）出版的《黑洞、婴儿宇宙及其他》有了不小的帮助。他很快也在其他流行文化元素中出现。平克·弗洛伊德《藩篱之钟》专辑中的歌曲《说下去》中就出现了他那合成器的声音。

拥趸和楷模

霍金出演《星际迷航》的那一集在残障青年中的影响力远远超过了他的几本书。1993年9月，《时代》杂志的一篇文章写道：霍金在西雅图专心致志发表演讲，一个多小时的时间里，轮椅上的青少年们都“全神贯注”。[12]演讲过后，大家围在他身边，问的问题大多是他身有残疾是怎么生活的，以及会带

① 译注：《星际迷航》每周播出一集，霍金出演的是《星际迷航：下一代》第6季第26集。

来哪些问题，反而没什么人问科学或是宇宙的问题。“等待霍金输入答案的时候，大家都一直微笑。这是一位著名的科学家、畅销书作者、出演过《星际迷航》的明星——他还像他们一样，身有残疾。”[13]显然，霍金的名气——虽然既是好事也是坏事——“让我有能力帮助其他残障人士了”。[14]

他还会以其他形式帮助他们。1995年夏天，他在伦敦皇家阿尔伯特音乐厅发表演讲，下面的5000个座位座无虚席，他的号召力的确非同小可，演讲的收入捐给了一家肌萎缩性侧索硬化症慈善基金会。他在伦敦科学博物馆推广了一项帮助残障人士的科技，叫作“对我说”。无论在世界的哪个角落，他的出现或是号召募捐，都能够保证门票售罄。1993年1月，《新闻周刊》的一篇文章讲述了公众和媒体对加州大学伯克利分校一场演讲的狂热，许多听众甚至提前3个小时到场占座。[15]他坐着轮椅驶入讲台中央，闪光灯就连绵起伏，摄影师们你推我搡，只为抢到一个好角度。借助大家的这种狂热帮助残障人士，还是很值得的。

十几年来，霍金一直成功地“操纵”着公众，或者说他只是刚巧能在需要公众和媒体进一步关注的时候，发表出能吸人眼球的评论。无论是哪个原因，对他，乃至对残障人士和科学界都提供了莫大的支持和拥护。

“根本原则”的挑战

1994年8月，在波士顿举办的苹果世界展览会上，一则有些反常的负面言论很快传遍全球：“也许这说明了人类的本质，我们创造的唯一一种生命只是为了毁灭。不愧是依照自己的形象创造出来的。”[16]霍金说的是电脑病毒。

电脑病毒算是生命吗？霍金认为“算是生命”，而且他短短几个字就引发了一阵骚乱。当时播出的一集《星际迷航》中，皮卡德舰长遭遇了超级智能的病毒，他选择跟病毒谈判，而不是摧毁病毒，以避免违反星际舰队的“根本原则”，即‘不得干预任何外星社会的内部发展和社会秩序’。如果他摧毁病毒，就会违反这一原则。显然《星际迷航》的编剧同意霍金的观点，当时有很多

《星际迷航》和霍金的双重粉丝就这一问题展开了内部辩论。①

“生物通常包含两个要素，”霍金说，“首先是维持和繁衍自身的内部指令，其次是执行这套指令的机制。”我们所知的生命都是生物，对应的两个要素就是基因和新陈代谢，但“需要强调的是，这两个要素并不一定要跟生物有关系”，电脑病毒接触了不同的电脑，就会复制自身，感染系统。虽然电脑病毒没有通常意义上的新陈代谢，但还是会利用宿主的新陈代谢功能，像寄生虫一样。“绝大多数生命，包括我们，都是依靠其他生命生存的寄生虫。”

而在生物学领域，“生命”究竟如何定义还没有定论，因此接受采访的生物学家都不愿说霍金是错的，因为电脑病毒的确部分符合生命的定义。霍金在演讲的结尾，又说到了“生命”可能包含哪些形式，再一次震惊众人。即使以光速行驶，人类的寿命还是达不到远距离星际、星系际旅行所需的跨度。不过，机械飞船可以在遥远的行星上着陆、开采资源，并制造新的飞船，这些飞船的寿命是足够的，这样的航行可以永远进行下去。“这些机器成为新的生命形态，基于机械及电子元件，而不是大分子（比如生物）。”霍金说。前景真的有些黯淡！

1993年，霍金还在百忙之中与加里·吉本斯合编了一卷欧几里得量子引力的论文集。[17]论文集共收录37篇论文，其中16篇是霍金执笔，或是合著的。同年，他还出版了一本自己写的关于黑洞和大爆炸的论文集。[18]

时间之箭

20世纪90年代初，霍金发表的公众演讲中还有一个主题，远没有“病毒是一种生命形式”那么让人不安。这个主题让他魂牵梦萦了许多年：“时间之箭”。熵（无序性、混乱程度）的增加，以及人类对过去和未来的认识，似乎都与宇宙的膨胀有关。为什么会这样呢？他读博期间，就想过围绕这个问题

① 译注：作者指的是1989年11月20日首播的《星际迷航》第3季第9集。

写学位论文，但后来还是决定研究“更加确定、不那么虚无缥缈”的课题。奇点理论“简单多了”。[19]不过，霍金在和吉姆·哈图研究无边界理论时，发现这个理论居然暗示了“时间之箭”的存在。1985年，他发表了一篇论文，又回到了这个问题上，还打算夏天去CERN继续深入研究，可惜他突发重病住院了。

霍金收到的演讲邀请越来越多，他发现这个问题的确能吸引没有专业知识基础的听众，他也能简明扼要地解释清楚。他也通过这个问题告诉大家，即使是像他一样知名的科学家，也会承认错误、转变思维。

无论时间朝哪个方向流动，科学规律都依然适用，除了极少的几个特殊情况。在时间轴上，科学规律是对称的。大多数的物理现象即使倒过来发生，也没人能看出有什么问题。但在我们的世界中却不是这样，我们的过去和未来定义很严格。电影如果倒放，我们马上就能发现，时间的两个方向很难弄混。为什么对称在这里“不成立”，依然是一大未解之谜。不过，我们能确定的是，在我们所感知的宇宙中，时间之所以向前流逝，似乎与无序性（或是熵）总是随时间增长有关。从有序到无序是一条单行线，破碎的花瓶不会自己拼好，再跳回架子上。熵，无序性，永远不会减少。

“时间之箭”有三支：“热力学之箭”（无序性，或是熵增的方向）、“心理”或“主观感受”之箭（人类感受时间流逝的方式），以及“宇宙之箭”（宇宙随时间膨胀，而不是收缩的时间方向）。霍金感兴趣的是为什么会存在这三支箭，为什么定义如此明确，这三支箭为什么又指向同一方向。无序性增加，我们感受时间从过去流向未来，同时宇宙也在膨胀。霍金怀疑答案就在无边界理论中，当然还需要人择原理的一点帮助。

热力学之箭（无序性或是熵的增加）和心理之箭（我们日常对时间的感受）的确总是指向同一方向。随着时间的流逝，无序性，或者说熵会增加，这是常识。霍金承认这几句话只是在复述同一件事，他总结说，“熵随着时间增加，是因为我们把时间流逝的方向定义为了熵增加的方向”[20]，但心理之箭和热力学之箭基本一致，这点霍金是能够接受的。为什么这两支箭和宇宙之箭都指向宇宙膨胀的方向？一定要这样吗？这时无边界理论就登场了。

还记得经典广义相对论里，一切物理法则在大爆炸奇点都不成立了吗？我们没法预测时间起源那一刻，究竟是有序还是彻底的无序——无序得无以复加。不过，如果霍金和哈图的无边界理论是正确的，那起源就是“一点规则、光滑的时空，宇宙也会从一个非常光滑、有序的状态开始膨胀”。[21]随着宇宙的膨胀，我们今天所见的一切事物的逐步形成，如星系群、星系、恒星系统、恒星、行星，还有你和我，就代表了持续、巨大的无序性增长，而这一趋势还在继续。因此，在我们所知的宇宙里，热力学之箭、心理之箭和宇宙之箭都指向同一方向。

不过，如果弗里德曼的第一个宇宙模型（参见图6-1），即宇宙最终会停止膨胀，开始收缩的模型是正确的，那么膨胀变成收缩后，宇宙之箭就掉转了方向。这时的关键问题就是，热力学之箭和心理之箭也会掉转方向吗？无序性会开始降低吗？霍金认为科幻小说作家可以设想出许多可能性，但他也指出：“担心宇宙再次坍缩会如何有一点太学术性了，因为宇宙至少要过100亿年才会开始收缩。”[22]

不过，无边界理论似乎并不意味着坍缩的宇宙中无序性会降低，霍金一开始也总结到，宇宙停止膨胀、开始收缩的时候，三支箭，而不仅仅是宇宙之箭，都会掉转方向，再次同时指向同一方向。时间会倒流，人也会经历倒序的一生，像特伦斯·汉伯里·怀特的亚瑟王题材小说《曾经与未来之王》中魔法师梅林的经历一样“返老还童”，摔碎的茶杯会重新拼好。

当时在宾州州立大学物理系工作的唐·佩奇并不同意。他发表了一篇论文，与霍金论述时光之箭的论文发表在了同一期《物理评论》上，他在论文中称无边界理论并不意味着宇宙开始收缩时，三支箭都要掉转方向。[23]霍金的一位学生雷蒙德·拉夫拉姆提出了一个更复杂的模型，三个人展开了讨论，也反复计算了许多遍。佩奇与霍金共事的时间久一点，他建议拉夫拉姆不要先把结论告诉霍金，而是先想办法把他们的假设全部说出来，好让史蒂芬自己推导出结论，不用他们进一步解释。[24]他们终于说服了自己的导师，让他意识到自己一直以来都是错的。虽然宇宙停止膨胀、开始收缩的时候，宇宙之箭会掉转方向，但是热力学和心理之箭不会。霍金的论文已经来不及修改，但他还是加了一条注释："我认为佩奇的理论应该是正确的。"[25]

那么，热力学之箭、心理之箭和宇宙之箭为什么都指向同一方向呢？因为即使我们没有"返老还童"，也没法在宇宙之箭倒流时产生的那个收缩的宇宙中生存。那时的宇宙将处于彻底的无序状态，所有恒星都耗尽了燃料，质子和中子也都衰变成光子和辐射。热力学之箭也很难站得住脚了。如果太阳灭亡，我们必死无疑，但就算我们能存活下来，为了继续生存，也需要让热力学之箭站住脚。因为首先，人类需要进食。食物算是有序形式的能量，我们的身体将食物转化成的热量是无序的。霍金不得不认为，心理之箭和热力学之箭从各方面来讲都是同一支箭，一支消失了，另一支也不复存在。在宇宙收缩的阶段，智慧生命无法存在。我们观测到的热力学之箭、心理之箭和宇宙之箭为什么都指向同一方向？答案是：因为如果不是这样，问这个问题的人就不会存在了。觉得这句话耳熟吗？没错，就是人择原理。随着时间（在这三支箭上）流逝，霍金越来越觉得人择原理不再是一个逃避思考的借口了，不再会"断绝我们理解宇宙深层次规律的所有希望"了，也越来越认为这个理论的确很有说服力。

继续在事件视界上"变戏法"

1981 年，霍金怀疑在维纳·艾哈德的阁楼里，伦纳德·萨斯坎德是"唯一一个充分理解了我话中深意的人"。自那之后，萨斯坎德一直跟信息悖论问题纠缠不清。"自 1980 年以来，我思考的每件事几乎都是对（霍金）那个极具洞察力的问题的回应，即落入黑洞的信息的命运。虽然我坚信他的答案错误，但这个问题本身，以及他对有说服力的答案的执着探索，都让我不得不重新思考物理学的根基。"[26]1993 年，萨斯坎德回顾了霍金在 20 世纪 70 年代的科研成果，并发现了解决"黑洞事件视界为何不合常理"这个问题的新方法。

只要对黑洞有些最基本的了解，就会知道如果有人（就假设她叫米兰达吧）落入黑洞，她的经历和远处一艘飞船上的人（就叫他欧文吧）观测到的结果，是大不相同的。爱因斯坦告诉我们，如果两人以飞快的相对速度互相远离，两人都会发现对方的时钟变慢，还会发现对方沿着运动方向被压扁了。而靠近大质量物体（黑洞就是质量非常大的物体）的时钟，也会比一般的时钟走得慢。

结论就是对远处的观测者欧文来说，米兰达落入黑洞的过程越来越缓慢，她的身体越压越扁。最终，米兰达进入事件视界那一刻，欧文眼中的她静止了。同时，米兰达自己会完好无损地进入黑洞。从欧文的视角来看，她扁扁地卡在边界上；而从米兰达的视角来看，她还在向黑洞中坠落。

萨斯坎德发现两人的观测结果可能都正确，还指出虽然对于他本人，还有你我等既没有落入黑洞，也没在远处观测的人来说，会认为两种情况都会发生，还会为其中的矛盾而困惑，但我们谁也没有在现场。假设这次只有你和我，我在远处观测，而你落入了黑洞。这个问题的关键在于，现实生活中无论是我——远处的观测者，还是你——落入黑洞的人，都没有观测到或是经历过这个矛盾。而不幸落入事件视界的你也绝对不可能再出来跟我讨论问题，或是给我发送信息。如果后来我也落入黑洞（萨斯坎德还为此困惑了一阵子），你也远比我离奇点更近，我永远无法追上。我们两个也永远无法知道对方观测到的矛盾现象。

两个观测者观测到的现象都不违反科学规律，萨斯坎德与同事拉鲁斯·索拉西斯、约翰·乌格鲁姆将这一现象称为“视界互补”。

来回忆一下“互补”的含义。互补指的是结合两个不同的，甚至互不相容的描述，以得到更全面的认识，而这是任一个描述都无法提供的。20世纪初，尼尔斯·玻尔用这种方式描述过物理学中的波粒二象性问题。在研究衍射、干涉实验中，科学家发现光表现出了波的特征，这样光就不能是粒子。但是在研究光与物质的作用时，光又表现出了粒子的特征，这样光又不能是波。到了1920年，人们既可以将光理解为波，也可以理解为粒子，但两种理论都无法单独解释实验数据，而认为光有时是粒子，有时是波，或是认为光既是粒子又是波，都无法解开这个僵局。对于物质和辐射，这个问题也依然存在。1927年，玻尔给爱因斯坦写信，认为我们可以接受这种矛盾的局面，“只要我们不被直觉‘诱惑’，认为物质和辐射要么是波，要么是粒子就行”。[27]两种描述互不相容，但又都是必需的，也都是正确的。

视界互补也是这个道理。萨斯坎德总结称：“信息同时出现在两个地方，这显然是悖论，但是如果深入分析，又会发现没有矛盾之处。虽然这的确有点怪。”[28]1993年，乌得勒支大学的杰拉德·特·胡夫特就提出过“维度缩减”，萨斯坎德为其重新赐名为“全息理论”。

回到远处飞船上的观测者欧文，他看着米兰达落入事件视界。由于时间膨胀效应，在飞船上看到的米兰达好像在事件视界处静止、摊开了。萨斯坎德指出，出于同样的原因，欧文也能看到黑洞诞生过程牵连到的一切，以及黑洞形成后落入的一切，都像米兰达一样在事件视界处静止了。“黑洞的事件视界就像是一个巨大的垃圾场，满是被压扁的物质。”萨斯坎德说。

而全息理论认为，信息就这样存储在边界，而不是内部。想想信用卡上的全息标签，二维的卡片上存储了三维的图像。萨斯坎德又进一步阐释了这个理论，将黑洞类比为宇宙中一个巨大的投影仪，将三维的人转化为事件视界上二维的平面。关键在于黑洞边界上摊开的信息并没有被毁，信息全部在那儿，没有消失。

弦理论为这一切提供了一个有趣的解释。你还记得弦理论吧，就是粒子并不是一个个的点，而是一个个小小的、振动着的弦。弦的振动方式决定了粒子的类别。首先，我们想象一个落入黑洞的弦，你在远处的飞船上看着它，随着弦离事件视界越来越近，振动也越来越慢。弦摊开了，所携带的信息也摊开在整个事件视界上。一个个的弦在事件视界上摊开，互相重叠，形成一团乱麻。

既然一切都是由弦构成的，那么一切落入黑洞的物质都是这样摊开的。覆盖黑洞表面的一团乱“弦”能够存储黑洞形成前后落入的一切信息，而事件视界之内才是“进入黑洞”的物质。在远处的观测者看来，物质并没有进入黑洞。物质静止在了事件视界上，之后还会以辐射的形式回到太空。

1994年，萨斯坎德访问了剑桥，还希望趁这个宝贵的机会说服霍金，视界互补能够解决信息悖论。不幸的是，当时霍金生病了，两人无法联系上。终于有一次，霍金参加了萨斯坎德主讲的一场黑洞互补的讲座。萨斯坎德回忆当时的情景：“这是我最后一次直面史蒂芬的机会了。演讲厅人满为患。霍金来的时候，讲座刚开始，他坐在了后面。一般来说，他总会坐在前面靠黑板的位置。那次他也不是一个人，他的护工和助理都陪着他，以防他身体突然出现状况。他显然身体不太舒服，讲座进行到一半他就走了。就是这样。”[29]直到21世纪初，才有人对萨斯坎德的理论进行了详细的数学推导。

第15章 “我认为我们很有希望避免世界末日和新黑暗时代的到来”

1995年春，《时间简史》第一版上市后7年，才第一次出版了平装本。一般来说，第一版上市后一年就会出平装本，但是精装本一直畅销，Bantam就一次次地推迟平装本的印刷时间。有位记者告诉霍金，这本书在英国卖出了60万册，全球卖出超过了800万册，[1]连续235周问鼎《纽约时报》畅销书排行榜，很难想象会有人为了省下8.1英镑，一直等7年才去买平装本。霍金则不同意：“世界上每750个人中只有一个人买过这本书，所以还剩749个人呢。”“不愧是霍金式的逻辑！”他的护工喊道。[2]

那年春天，霍金和简终于正式离婚。7月，霍金在美国科罗拉多州阿斯本音乐节的一场音乐会上，首次公布了他和伊莲订婚的消息，以及之后举办婚礼的消息（这也是在为音乐节、音乐学院以及阿斯本物理中心宣传）。[3]

音乐会上，霍金用一段简短、欢快的演讲引出了理查德·瓦格纳的《齐格弗里德牧歌》。这首曲子与瓦格纳的其他作品不同，是一首温馨的乐曲，小型乐队就可以演奏。这首曲目也有着浪漫的渊源。1870年，瓦格纳创作了这首曲目，圣诞节一早在妻子柯西玛卧室外的楼梯上演奏，给了她一个生日惊喜。瓦格纳和妻子前一年夏天喜结连理。霍金选择伴着这首《牧歌》宣布订婚的消息，实在是精妙。这首乐曲以文学中独有的方式将柔情与激情融合在一起。霍金下台时，伊莲爱抚着他的肩膀，同时音乐响起。阿斯本物理中心理事长、物理学家大卫·施拉姆评论道：“史蒂芬看着伊莲时，眼神中带着温暖——带着爱慕的神情。他们两人之间有着独特的感情。”[4]两个月后的1995年9

月16日，史蒂芬和伊莲在剑桥婚姻注册处举办了婚礼，第二天在教堂举行仪式，又办了婚宴。那两天，霍金的三个孩子和伊莲的两个儿子都没有出现。虽然第一天在婚姻注册处的婚礼，两人是打算对媒体保持“最高机密”的，但婚礼之后的派对上还是出现了无数台相机，记者们也争先恐后地问着问题。罗伯特·多诺万又做了一次史蒂芬的伴郎，他担心第二天在教堂的仪式会在媒体中激起更大的波澜，但霍金跟他保证不会这样的。霍金推测，他的婚礼到了第二天已经算是“旧闻”了，他也真的猜对了。仪式和接待会在剑桥附近的玛丁利大礼堂举行，几乎没有什么人关注——霍金又一次证明了自己对媒体奇妙的掌控力。不过，霍金还是提前在电脑里写好了声明：“太棒了，我与爱的人结婚了。”[5]

不幸的是，当时媒体对于他们的婚姻并不抱有什么善意，他们质疑伊莲与这样一位非常富有又可能时日无多的人结婚的动机。有些记者希望伊莲的前夫大卫·梅森能说出一些负面的话语，但他也在为伊莲说话。他说，伊莲只想找一个真正需要她的人。[6]霍金就是真正需要她的人。霍金去世后，罗杰·彭罗斯写道：“她（伊莲）支持霍金的方式与简不同。在霍金身体十分虚弱的时候，是她的爱与呵护支撑着他活下去。”显然伊莲也需要霍金，因为霍金说他娶伊莲的原因是“我也该帮帮别人了。成年之后，一直是别人在帮我”。[7]之后，霍金一直拒绝回答媒体以及好奇的听众提出的关于自己婚姻的问题。他的标准回复是“我不想披露太多私生活的细节”。[8]史蒂芬和伊莲的生活一直伴随着流言蜚语，其中有一个话题经常被最了解他们的人说起——最起码“他是爱伊莲的”。薇薇安·里奇从2001年开始做霍金的护工，直到他与简离婚，她对两人的评价比诸多媒体要正面一些：“他们出人意料地般配。两人对彼此是有感情、有火花的。”

史蒂芬宣布订婚的消息时，简正在西雅图看望大儿子罗伯特。她回到剑桥后，重拾了之前的一个决定，不再打算以霍金妻子的身份写回忆录。她当时在写一本书，讲的是她在法国买下并修复的一栋房子，叫作“磨坊”，但是她找不到出版商。对于同样想在法国置业、修缮房屋的人来说，这本书能提供宝贵的建议和实用的信息。不过出版商都希望看她写自己与霍金的生活，而不是关于这个“磨坊”的。一位不择手段的经纪人诱骗她签了一份合同，如果出版商同意出版她正在写的这本书，之后她一定要出一本“揭露一切”的书。简一直等到1994年，这个条款失效的时候，才自己在法国出版了《在家》。

1995年夏秋时节，一切都不同了，史蒂芬和伊莲结婚了，乔纳森和简也开始在剑桥同居，还带着简的儿子蒂莫西。对简来说，这时似乎该从她自己的角度，有些消极地讲述一下完整的“霍金的故事”。麦克米伦出版公司的一位编辑来信，问她是否愿意写一本自传，这次简答应了。[9]

茶与一场讲座

1996年春，我前往DAMTP拜访霍金，顺便喝茶。当时他和罗杰·彭罗斯合著的《时空本性》刚刚出版，书里有一段话，让批评家们非常恼火。[10]

霍金重申了过去十几年他一直在强调的一个观点，即物理理论“只是数学模型，追问理论是否与现实相符是没有意义的。你只能问这个理论的预测与观测结果是否相符”。[11]对于虫洞是否存在这个问题，我们可能都很好奇，但霍金一直在强调——也会一直强调下去——讨论这类问题是没有意义的。

我趁喝茶的时候跟他深入讨论了下这个问题——好吧，理论是否与现实相符，这个问题是没有意义的。那么这个问题会有答案吗？真的有那么一个“现实”存在吗（即便是与我们绝缘的）？认为这样的现实不存在，无论从什么角度、层面出发，都是很后现代主义的观点。

霍金的回复很有趣：“我们对现实的认知从未脱离过模型。但这不代表不依靠模型的现实不存在。如果我真的认为不存在，也不会继续做科研了。”[12]《时空本性》包含了霍金和彭罗斯在剑桥牛顿研究院发表的六场演讲，也展现了两人不同的哲学及科学观点。霍金在书中评论道：“我认为彭罗斯本质上是柏拉图学派的，但要他自己承认才算。”[13]霍金对我的回答说明他也是柏拉图学派的。[14]

我们在公共休息室喝茶，身边一如既往地挤满了学生和物理学家，他们着装随意，甚至有些邋遢，话语间夹杂着数学名词，谈话内容贯穿古今、遍及宇宙，低矮的桌子上写满了方程式。我突然发现，这群人并没有将霍金区别对待，除了在他编辑句子时耐心等待，并且认为他说的话值得等这么久。他没法做出肢体语言，也没法发声，合成器的声音只能传达一种情绪：无尽的、深思的耐心，给他的话语蒙上了一层高深的色彩。而他的幽默，无论是不是无意的，都给人一种冷幽默的感觉。

那天的下午茶时间提前结束了，因为霍金要去做一场公开讲座，几周前讲座的票就在校园内分发掉了。有人建议我跟他的研究生和博士后一起去，这些人不需要票。真是个好心的建议，因为我比他的学生至少大了25岁，跟主讲人同龄。

那场讲座是媒体组织的，楼外面停着广播车，电缆蜿蜒着从车里爬出，聚光灯打在舞台和听众身上。报告厅十分现代，面积也很大，不过容纳的听众不多，不像霍金在其他地方的演讲，台下摩肩接踵。又长又弯、像书桌一样的板凳上坐着大约500名听众，其他人都挤在上面的看台上。霍金乘轮椅登上讲台时，有人示意安静。这段平静、寻常又不可避免的路程，还带着一点来自其他维度的气息。他的演讲已经提前输入电脑了，一位助理操作着投影仪。即使他的演讲和幻灯片里有的方程和图表几乎没人能看懂，台下的听众还是全神贯注地在看。

那时，霍金还在忙着参与另一个电视剧项目，第二年即将播出。那部剧叫作《霍金的宇宙》，还配有同名书籍，一共6集，由BBC和美国公共电视台共同制作。这次他依然要求剧集紧贴科学研究，并且如愿了。

1997年3月，露西跟家人说了自己怀孕的消息，孩子的父亲是她的未婚夫亚力克斯·麦肯齐·史密斯——一位驻扎在波斯尼亚的联合国维和部队成员。他们打算定居伦敦，那年春末也喜结连理。他们给霍金的第一位孙辈取名威廉，与史蒂芬的教名一样。[15]同年7月，简和乔纳森·赫里尔·琼斯结婚了。

宇宙学尺度的审查（假说）

霍金又要认输了，这个赌约始于1970年，那时霍金刚开始思考黑洞事件视界处的光线，以及两束光线碰撞、落入黑洞后会发生什么的问题。这个赌注的问题是，黑洞的事件视界可能消失，形成一个“裸”奇点吗？罗杰·彭罗斯提出了“宇宙审查假设”——事件视界内的奇点永远不会“露点”。有关这个问题的讨论持续了许多年，霍金跟基普·索恩以及约翰·普利斯基（也在加州理工）打赌，彭罗斯是对的。输家要给赢家提供“能盖住赢家裸体的衣服，上面还要绣上得当的认输声明”。从1991年大家定下赌约开始，普林斯顿大学的迪米特里斯·克里斯托多罗就借助得克萨斯大学马修·乔普推克的计算机模拟技术，进行了一系列理论计算，得出的结果暗示了黑洞坍缩时——尽管这种情况很罕见——可能产生没有事件视界的奇点。乔普推克说，要出现这种情况，难度大约相当于让铅笔笔尖朝下立在桌子上，但理论上来说并不是不可能发生。

1997年在加州做的一场公开讲座上，霍金公开承认自己打赌输了。他在送给索恩和普利斯基的T恤上绣的话语，暗示了虽然“裸”奇点可以存在，但是不会——或者不应该存在！T恤上的图案是一个身材姣好的女性，用一条毛巾勉强遮羞，下面还配着文字“大自然厌恶‘裸’奇点”。克里斯托多罗重新计算了一遍，发现霍金可能认输得有点早，因此几人重新打了赌。这次的赌约明确了前提，也就是奇点的存在不能基于罕见的情况，而输家在衣服上绣的话语也要直接认输，不能有任何含糊。同时，普利斯基也声称在我们的认知中，的确存在一个“裸”奇点，也就是大爆炸。[16]

1997年，霍金的经历十分让人难忘。他和基普·索恩以及其他几位同事一同去了南极洲，照片里的他裹得严严实实地坐在轮椅上，身后是冰天雪地。不过他并没有到达南极点，他也从没到过北极点，所以他不能说“亲自”观测过南极、北极没有边界。

从其他角度看,1997年同样意义非凡。霍金在一次论坛上结识了弗农·摩尔博士[①]——英特尔集团的创始人，后任CEO及董事会主席。摩尔宣布，今后霍金需要的所有电脑都将由英特尔提供。从那时起，英特尔组织了专门的团队，在英特尔发布新款或新一代处理器时，给霍金提供最新的电脑。他们与霍金的技术支援助理合作，每18个月为霍金提供一台他感兴趣的电脑，保证他能一直享受到最新的英特尔硬件。

加速!

1998年1月，在美国天文学会组织的一场会议上，一位年轻的天文学家索尔·波尔马特发表了一则声明，所造成的轰动与哈勃望远镜发现宇宙在膨胀时不相上下：宇宙的膨胀在加速！宇宙学家们都惊掉了下巴。媒体很快发布了相关报道，称这是惊人的发现，与众人的期望大相径庭。霍金与罗杰·彭罗斯合著的《时空本性》2010年再版，在这一版的后记里，霍金感慨了这个惊人发现的重要性，以及当时大家的激动心情。

两支天文学家团队分别发现了这一现象：加州劳伦斯伯克利国家实验室的波尔马特及其带领的超新星宇宙学项目团队一直在通过对超新星的研究，寻找宇宙膨胀是否在减缓的证据。不过他们的发现刚好相反——大家都很难相信他们的发现没有错误。直到3月，澳大利亚斯壮罗山和赛丁泉天文台的布莱恩·施密特团队也得到了类似的发现。

暴胀理论预测宇宙是扁平的，但是新观测到的数据似乎在暗示着宇宙是开放的（见图6-1中弗里德曼的第二个模型），但这一发现还暗示了一个结论，对暴胀理论并没有那么不利。波尔马特的观测，首次强有力地说明我们宇宙被一种“斥力”所主导。这种反引力排斥的加速膨胀正是暴胀理论中所预

① 译注：作者似乎写错了，此处应为戈登·摩尔。

言的。反引力在悄悄给宇宙加速。

还记得爱因斯坦因为不相信广义相对论预测宇宙是动态的，而在方程中插入的宇宙常数吗？当然，他后来又把宇宙常数去掉了。现在波尔马特认为，确实是有一个很小的宇宙常数存在，霍金和许多其他科学家都认为这是最简单的解释。[17]但这个结论还是有些不让人信服。真相也许没有这么简单，宇宙中也许还存在着一股来自外部的反引力。还有人认为宇宙中存在神秘的“精质”（亚里士多德命名的第五种基本元素，英文为quintessence）。

为了描述这股神秘的能量源，物理学家引入了“暗能量”这个词。我们从爱因斯坦最著名的方程中了解到，能量等同于物质。有人认为，除了普通的物质和“暗物质”（虽然其构成依然未知，但是已证实的确存在），再加上暗能量，可能刚好可以得到暴胀理论预测的扁平宇宙。在2010年版《时空本性》的后记中，霍金认为这种能量只要足够多，甚至可能产生反翘曲，构成最初的无边界理论预测的封闭宇宙。[18]不过1998年时，考虑到这个意外的发现，霍金打算重新思考一下无边界理论了。

接近千禧

1998年，美国总统比尔·克林顿公布了千年晚会系列活动——由白宫主办的八场演讲及文化展示，通过互联网进行直播，同时邀请霍金作为主讲人之一。他的演讲是第二场，安排在3月6日，题为“想象力与变革：下一个千年的科学”。他借这个机会向大家发出了警告，提醒大家注意他认为很危险的现象——人口过多以及无节制的能源消耗。霍金认为我们有可能毁灭地球上所有的生命，或者“退回到野蛮的原始人时代”。他也表达了自己的疑虑，认为下一个千年内，法律和规章可能都无法阻止人类对DNA的改造。即使绝大多数人都同意立法禁止人类基因工程，还是无法阻止某些人私自尝试。也许他不想让听众太过绝望，演讲的最后他鼓舞大家：“我是个乐观主义者，我认为我们很有希望避免世界末日和新黑暗时代的到来。”[19]

美国似乎总能让霍金展现更阴暗、更无所顾忌的一面。1999年他又回到加州，在蒙特雷待了几天，又乘飞机前往加州，为在《辛普森一家》中客串的角色配音。这次行程对他很重要，考虑到他的轮椅在启程前两天出了故障，他的研究生助理克里斯·伯格恩连续工作了36个小时，终于及时修好了。如果霍金无法拯救全人类于水火，至少还可以赶到洛杉矶，及时“拯救丽莎的大脑”。霍金客串的那一集中，最有名的一句台词是他告诉主人公荷马，他那个甜甜圈宇宙的模型“很有趣”，而且“我可能要偷来用”。霍金问制片人，可不可以制作以他为形象的手办，这款手办上市后就席卷了各大玩具商店。霍金还客串了《呆伯特》（也是配音），那一集里，一台机器意外制造了一个黑洞，最后也是他拯救了宇宙。狗伯特为了让霍金修复时空绑架了他。不用说，霍金博士又修复了宇宙。那一年霍金自己也“维修”了一下。他做了喉结易位的手术，防止食物掉入肺部，让吃饭时的风险大大降低，也有趣了许多。

20世纪80年代末，我在写第一本关于霍金的书时，描述霍金鲜为人知的私生活是不合适——也是不可能的。到了1999年，简的《音乐移动群星》出版，将她和霍金的生活公之于众。她将两人生活中经历的波折——无论是身体上的还是精神上的，以及自己和乔纳森·赫里尔·琼斯的感情，都事无巨细地展示了出来。不出意外地，简的这本书在媒体中掀起了波澜，对简来说却有些意外。霍金并没有公开发表相关的声明，只是说他绝不会读自己的传记。他的幽默感还在，有次记者问他简这本书的事，还问了他是否在遗嘱里捐献自己的DNA供克隆研究，我当时也在场，他回答说：“应该不会有人想要一个一模一样的我吧。”[20]

霍金在一部歌剧里露过面，客串过电视剧，又有了一部拍他的电影，他还没在话剧中出现过。罗宾·霍顿创作了话剧《上帝与史蒂芬·霍金》，并给霍金提前寄了一份剧本，霍金则选择了忽视，并且希望这部话剧永远得不到公演的机会。后来霍顿又添加了些从简的书里得到的细节，这下霍金开始考虑采取法律手段了，不过后来他认为这样会给这部“愚蠢又毫无价值”[21]的话剧吸引太多注意力。上帝、教皇、女王、简、爱因斯坦和牛顿都是话剧里的角色。露西看了一场演出，看到自己的家庭被搬上舞台，她“既害怕又着迷”，克制着自己“爬上舞台跟他们一起演出的强烈冲动”。[22]

与此同时，霍金应儿子蒂莫西的请求，朝着另一个方向拓展自己的眼界。蒂莫西那时已经是埃克塞特大学的学生了。他和哥哥不同，没有选择追随父亲的脚步攻读物理学，而是像母亲一样，选择了法语和西班牙语。蒂莫西让霍金对F1方程式赛车有了兴趣，甚至还怂恿他去听摇滚演唱会。霍金说自己真的很喜欢这样，不过有一次他在开场20分钟就离开了演唱会，即使那场演唱会的票特别难买。这位瓦格纳的终身粉丝（虽然他的合成器总是把瓦格纳的名字读成“维纳”或是“瓦根纳”）在摇滚乐上也有独特的品味，知道自己喜欢什么、不喜欢什么——并且会用轮子投出自己的一票。

理论的会面——无边界理论和暴胀理论

20世纪90年代末，随着千禧年的临近，霍金在同事及公众之间的名声逐渐稳固，但他和吉姆·哈图的无边界理论依然存在争议。这个理论预测的宇宙是封闭的，即弗里德曼提出的第一个模型（见图6－1）。在这个模型中，宇宙最终会坍缩，导致大挤压。随着对宇宙膨胀加速的发现，以及对宇宙中物质及能量的估计越来越可靠，90年代末的理论物理学家越来越怀疑我们的宇宙是否如这个模型描述的一样。我们的宇宙甚至越来越可能是“开放”的，像弗里德曼的第二个模型一样，永远膨胀下去。

与此同时，暴胀理论预测宇宙是“扁平”的，像弗里德曼的第三个模型一样，即宇宙中物质的量不多不少，刚好可以维持宇宙膨胀的速度，使其不致坍缩。1995年，纽约州立大学石溪市分校的尼尔·图鲁克、马丁·布赫和阿尔弗雷德·戈德哈伯发表了一篇论文，证明膨胀的宇宙也可能是开放的，并且永远地膨胀下去——但这对无边界理论并没有直接的支持。[23]

无边界理论预测宇宙是封闭的，暴胀理论预测宇宙是扁平的，甚至还可能是开放的，观测数据也倾向于开放宇宙的观点，霍金开始考虑将这些模型整合起来。尼尔·图鲁克是他的好朋友，有一天，在剑桥大学一场关于开放膨胀的论坛后，两人边喝茶边交流了各自的观点。

两人最终得到了一个模型，一个时空粒子，像一个小小的、有些不规则的，还有褶皱的四维球体，会自行膨胀，形成一个无限、开放的宇宙。[24]这个粒子在膨胀之前只能存在一瞬间，可以算是昙花一现，因此霍金和图鲁克将其取名为“瞬子”。不过“豌豆”这个名字更广为人知，因为两位理论物理学家声称虽然这个粒子比豌豆的体积小很多，却跟一粒豌豆的质量差不多（大约1克）。豌豆这个形象也很恰当，因为豌豆是圆的，符合宇宙圆形的“起源”，即无边界理论中提到的，时间作为空间的第四个维度。豌豆不是奇点，也不是密度无穷大的点，尼尔·图鲁克将其描述为：

把暴胀想象为引发大爆炸的“炸药”，瞬子就是自燃的引信。要产生瞬子，就要有引力、质量、空间和时间。少了任何一样，瞬子就无法存在。一旦产生了瞬子，它就会马上变为一个膨胀着的、无限的宇宙。[25]

瞬子“之外”什么都不存在，“之前”也什么都不存在，时间和空间维度上只存在瞬子。不过，依然有媒体声称这个理论证明了宇宙是从无到有的，这与本来的理论大相径庭。宇宙是从“引力、空间、时间，以及一个微观球体中的物质”[26]中产生的。

将暴胀理论、无边界理论及观测数据整合是很有意义的，在霍金和图鲁克的同事之中却没有马上得到反响。有个比较尴尬的问题就是，这个模型预测出来许多宇宙之中都不存在物质。不过对霍金来说，这个问题也不难解决。我们可以拿出人择原理，说只要有一个宇宙能允许智慧生命存在就够了。

认为无边界理论尚存在争议，不能组成可靠理论的人提出了反对意见，其他人则认为霍金和图鲁克太依赖人择原理了。安德烈·林德的意见比较大。他认为，这个模型中的宇宙，物质密度只有现在观测到的1/30，这是令人无法接受的。就算是人择原理也无法解释这个矛盾。霍金和图鲁克的回应是，他们研究的模型到目前为止还比较简单，等模型变得更现实一点，得出的结论也会更理想一点。

公众对与霍金有关的一切消息都十分感兴趣，大西洋两岸的媒体借机报道了这一点分歧，并将其包装成了“理论物理界的‘诸神之战’”。“给豌豆一个机会吧！”[27]《天文学》杂志这样呼吁，《科学》杂志则更加低调一点，用的标题是“膨胀遭遇开放宇宙”。[28]林德任职教授的斯坦福大学有在线新闻服务，那里的媒体也把这次分歧包装得像职业拳击赛一样：霍金与林德争论宇宙起源。[29]标题把霍金放在了前面，弄得林德像当地的小孩子一样，不过也许斯坦福在线报道认为，按字母顺序排列总不会有问题的。

即使林德之前认为霍金对自己很有威胁，到了这时他的想法也变了。他说霍金“非常有天赋”，[30]“是个很好的人”，[31]但也说霍金对数学有着近乎宗教的信仰，[32]“有时，我是这样理解的，他太过信任数学了，他会先计算，再进行解读”，[33]“得先保证你用对了数学工具。这次，我的直觉告诉我他用错了”。[34]不过，林德在一份对霍金大加赞扬的声明里，也表达了与其他人差不多的观点：“我认为史蒂芬是我的朋友，我也希望这次分歧过去后，我们还是朋友。他得出的惊人结论，乍一看经常是错的。但最终，他经常是对的。不过他也有错的时候。这次我们也只能耐心等待，看他是对是错。”[35]

斯坦福在线新闻的这篇文章，报道了那年4月霍金应林德邀请前往斯坦福举办的论坛。现场人满为患，都是为了有机会亲眼见证这两个人现场“争论”。次年11月，霍金还在加州蒙特雷和林德、亚历山大·维兰金进行了辩论，那次他是为自己选择使用人择原理进行辩护。那次的他，甚至比后来更加依赖人择原理时的他还要自信满满：“我们生存的宇宙没有在早期坍缩，或是变得几乎真空。因此我们必须考虑人择原理：如果宇宙不能满足我们存在的条件，我们也不会探寻宇宙为什么会这样了。”[36]不过霍金和图鲁克的理论在此后好长的一段时间内都没有定论。

第16章 “在我看来很明显”

1999年12月，千禧年来临前，CNN的拉里·金亲自前往剑桥的DAMTP拍摄对霍金的采访，霍金提前拿到问题，也在电脑里提前准备好了答案，以避免回答的时间过长。这段采访在圣诞节当天播出。拉里·金问他打算怎么庆祝这个特别的新年，霍金说他要参加《辛普森一家》的主题换装派对，扮演他自己——这样他就不用换装了。[1]

到了千禧年，霍金已经成了大名人。他与数位国际知名人士——包括南非大主教德斯蒙德·图图——一同签署了《千禧年残障宪章》；5月，他与查尔斯王子一同反对转基因食品；8月又录了一段视频，在美国民主党全国集会上播出，以支持当时竞选美国总统的阿尔（艾伯特）· 戈尔。

他的每场讲座听众都成千上万，足迹也继续遍布全球，去了韩国、印度的德里和孟买，以及西班牙的格林纳达。2000年6月，他在加州理工的“基普节”——庆祝基普·索恩60岁生日——上举办了一场讲座，又回到剑桥办了一场，为纽纳姆克罗夫特小学扩建募集到了数千英镑。2001年夏天，BBC4套播出了他的一部新纪录片《真实的史蒂芬·霍金》。

此外，霍金还为“量子爵士”1400型轮椅代言，呼吁公众关注残障人士对新技术的需求。“我的护工们跟着轮椅跑就能健身。”他打趣道，这一点也不夸张。

他们的确在努力“跟着”霍金。这时的霍金出一次国，阵势比之前还要大，像行军一样：至少有霍金、他的研究生助理、医务护工和两名普通护工。

霍金自20世纪80年代起就需要带着电脑和交互设备出行，每次都要携带大量的设备和行李。在霍金遍布全球的行程中，设备行李的托运经常由琼·古德温负责。她说每次出行的行李包括普通的衣物、气管清障用的吸引器，以及一个巨大的黑色应急包。他的研究生助理携带保养、维修轮椅和电脑所需的工具、设备、零件。这么多物品，在运输过程中难免丢失。古德温还记得有一次，霍金马上要见比尔·盖茨，结果他所有的衣物都被托运人员弄丢了，大家只能急急忙忙地现买。还有一次，她虽然没有陪同，但还是接到了另一位随行人员慌慌张张地从地球另一端打来的电话，吸引器锁在车里，结果钥匙丢了。这可怎么办？

乘坐民航飞机时，霍金最好的选择就是携带轮椅进入客舱，免得等飞机着陆后，在空荡荡的客舱里等人把托运的行李带过来，但他也不是总能如愿。有一次，他们甚至给轮椅单独买了张头等舱机票——好费钱的解决方案！安检也一直是个难题，因为轮椅始终无法通过金属检测器。绝大多数时候，大家都不要求霍金进行安检。千禧年之后，他可以随时乘坐私人飞机出行了，不过除了飞机还有其他的问题。要让日本的“子弹头”列车多停靠30秒，还需要做许多复杂的工作。

千禧年之后不久，曾经热衷报道霍金出行、公开露面和获得荣誉的媒体，似乎把同样的热情带到了报道他疑似遭受虐待这件事上。剑桥警方发起调查时，霍金坚决拒绝参与。他打消了团队和家人有时很焦躁的担心，也坚决地对警察以及所有其他人表明，不希望任何人插手他和妻子的生活。断断续续的调查、谣言，以及警察对他的同事、团队及家人关于一系列未经证实的“来源不明的伤痕”——据说有些甚至可能是致命伤——展开的问讯，持续了5年，直到2004年3月，警察才撤销了调查。

“*P* 维膜”没那么蠢

2000年至2001年，安德烈·林德和合作伙伴在努力将弦理论和永久膨胀联系起来，而霍金则与他的历届研究生一起（当然是他没有出国的时候）将无边界理论与一个较新的理论——“膜”理论——统一起来。他们还继续站在“膜”理论的角度研究黑洞。

“P维膜”这个名字是由霍金在DAMTP的同事彼得·汤森提出的，汤森一直在为这些奇特的理论做基础性工作。P维膜的“P”可以是任何数字，指这张“膜”共有多少维度。如果$P=1$，就是一维膜，这张膜只有一个维度——长度，也就是一条线；如果$P=2$，就是二维膜，这张膜有两个维度，长度和宽度，也就是一张纸，或是一张膜。以此类推，我们可能会发现三维膜的形态像是冒险游戏①中臭名昭著、能取人性命的“黏胶立方怪”——当然这个不在P维膜理论范围内。P的取值也可以更大，只是更难想象了。这个理论延续了一个古老的理念，即世界是以从点到线、到面再到立体的方式创造出来的，这个理念源自公元前5世纪毕达哥拉斯学派的想法，后来柏拉图也继承了这个理念。柏拉图推测，之后也许还有更多的维度，不过目前已经可以创造我们所知的世界了。[2]当代研究P维膜的理论物理学家更容易跳出维度的限制，思考这个问题。

P维膜能够像黑洞一样吸收和释放粒子。用P维膜模型预测某几类黑洞的辐射频率，结果与霍金的虚拟粒子对模型一样。P维膜成了落入黑洞信息的载体，但可能还不止这样：信息最终通过辐射从P维膜发射出来。考虑到这个可能性，霍金又一次想到了海森堡不确定性原理所暗示的，空间内每个角落都充满了小小的黑洞，像霍金辐射中的粒子对一样，迅速出现又消失，小小的黑洞会大量吸收粒子和信息。当然，这些黑洞只有原子核的几百万亿分之一，因此啜取比吸收更恰当一些，也正因如此，霍金说，物理法则依然起着决定性作用。不过这并不意味着信息损失的严重性有所减弱。P维膜能拯救这一切吗？

霍金1981年公开声明信息进入黑洞就彻底消失之后，关于信息悖论的争

① 译注：即《龙与地下城》的设定。

论一直持续着，不过——考虑到这个问题在物理学研究中的重要性，还是很让人惊讶的，但还不至于妨碍或者激怒霍金，因为他的心思在别处。有人好奇他是不是单纯地倔强，故意无视与自己观点冲突的言论，拒绝参与讨论。有人担心他是出于身体原因，无法给予有力的实质性回击。对霍金自己来说，他只是发表了不容置疑的断言，虽然言论的内容很让人遗憾，而且他听到的言论都不足以让他亲自出手。

不过，老大也一直没有睡觉。他了解萨斯坎德1993年发表的理论，而1996年安德鲁·斯托明和卡姆伦·瓦法为解决信息悖论提出的P维膜理论，也吸引了他的注意。霍金和同事认为这个理论能解决信息消失的问题，还有其他人也很看好。不过“巨人”在巢穴里辗转了一下，之后还是转过了身去，没有信服。霍金坚持了自己的观点，信息进入黑洞后，就无可挽回地消失了。P维膜——虽然这个理论在其他方面很有趣，但并不是我们要寻找的答案。

不过，在一场演讲结尾，霍金这样说道：“宇宙的未来并不像拉普拉斯认为的那样，完全由科学法则及现在的状态决定，上帝依然留了几手……”他展示的最后一张幻灯片上是一位长着胡子的长者，带着神秘的微笑，把几张牌塞进袖子里，人们不禁会想：这几张牌是二维膜吗？

“果壳”之前的历史

我第一次听说或是看到《果壳中的宇宙》时，这本书还是一沓手稿，那是2000年夏天，霍金在纽约Bantam的编辑安·哈里斯把手稿寄给了我。里面包含了许多公共及科学演讲、论文的打印稿，大多都是发表不久的，有些很好懂，有些满是方程和物理学名词，论文内容有不少重叠，偶尔还跟霍金之前的书有重叠——一点也不像一本条理清晰的书。里面提到了弦理论、M理论、虚时间、历史求和、信息悖论、全息理论、额外的维度等，更不用说对更基础的理论的总结，比如量子力学、广义相对论、黑洞以及大爆炸。书里的内容太多了，而且一点也不简略……至少当时是那样的。安·哈里斯想知道这些手稿能不能成书，因为霍金是Bantam和她的招牌作者之一，任谁都很难把手稿寄回去，告诉他不能出版。

我同意帮她看一下手稿，而且很快就被吸引住了。我在边缘添加了注解："他是这个意思……"或者"太专业了""可以这样理解""33页已经提过了"……我还画了一张图表示章节的划分以及各个章节的内容，可以如何重组、联系，最终成书。安·哈里斯请我也参与进来，"帮霍金把书改得简单些，让普通人也能看懂"。改到"普通人"能看懂，问题不大，我就是普通人。

结果，霍金早就走在了安·哈里斯和我的前面。他对这本书如何重组已经有了非常好的想法，他是故意将这本书打乱顺序递过来的。在掌握了一小部分核心材料后，各个有独立主题的章节可以打乱顺序阅读。我的任务变成了帮他把各个章节的难度调整到一致，指出哪些内容需要改进，好让普通的读者容易理解。霍金打算借助这个机会，重申一些他对一些科研工作之外争议事件的观点。

在经过几个月的电子邮件通联后，我们在他剑桥的办公室里共事了两周。一起的还有一位出色的插画师，菲利普·邓恩，他来自图书实验室和奔月设计公司。一开始我还担心他的插画会不会有什么科学上的纰漏，但最终，他的插画让《果壳中的宇宙》成了霍金的几本书中插画最有创意的一本。

银街不再

2000年，DAMTP发生了一次重大变革。虽然新大楼——一幢非常现代的综合楼——"数学科学中心"2002年才能竣工，但我去找霍金讨论《果壳中的宇宙》时，DAMTP已经从银街上的老楼搬了出来。我当时住在克莱尔霍学院，本来可以穿过后花园和卡姆河，到达新大楼，但我要走相反的方向，离开古老的剑桥中心地带，穿过一片高档住宅区，朝新卡文迪许实验室方向走，但不用走到实验室。新的数学科学中心还在施工，就已经有点《星际迷航》的感觉了，除了“绿色”屋顶（真的是绿色的，上面覆盖了草皮）。这次我没法直接走进去了，是霍金的私人助理，之前与我未曾谋面的凯伦·赛姆斯出来接的我。

比起银街上的老办公室，霍金新办公室的条件有了很大的提升。他的新办公室很宽敞、很现代，铺了地毯，两个方向的大落地窗也让办公室里非常明亮。这是间“角落办公室”[①]。屋里不仅能摆下他的书桌、电脑、书架和黑板，还能摆下一张长毛绒沙发、几把椅子和给客人喝咖啡的桌子，都是柔和色调的。墙上有一幅装裱好的彩色玛丽莲·梦露画像，比银街的那幅看起来高档一些。书桌和书架上绝大多数的照片都是外孙威廉的照片。办公室在三楼，可以俯视下面的草坪以及周围的高档住宅区。有人告诉我，窗外的这抹风景很快就会消失，因为数学科学中心竣工后，窗外几米的地方会建起一座新的大“亭子”，不过还是比之前面对的老停车场和砖墙好。

不过，新大楼里没有类似公共休息室的地方还是很可惜的。离得最近的公共休息室是走廊尽头的一间大餐厅，跟霍金的办公室之间隔了几座桥，还有几个坡道。餐厅跟之前有些破旧的公共休息室比，面积小了太多，距离也远，他再也没法像以前一样，每天下午4点让大家在桌子上写方程，边喝茶或是咖啡，边进行临时的论坛。这个传统需要想办法延续。

当然从科技水平的角度看，这幢大楼还是非常先进的。百叶窗可以自动根据光照强度收放，完全不需要人工干预。晚上百叶窗也会放下，因为附近居民投诉这幢巨大、明亮的超现代奇观，晚上像是外星飞船一样在街对面着陆。这幢大楼偶尔也会“透气”，空气从通风口和门窗自动涌入，吹得风口的纸条抖动不止。

除了创新、现代的大楼以外，霍金手里的小盒子发出的咔嗒声、屏幕上掠过的单词、合成器的声音都和我记忆中的一模一样，有些护工也很眼熟。

虽然去剑桥之前，我已经通过电子邮件跟霍金联系了几个月，但亲眼见

① 译注：在欧美，在角落的办公室是留给地位较高的人办公的。

到霍金本人，我发现无论是搬进新大楼，还是满世界旅行、外孙出生以及个人生活的变故，都没有阻碍他在物理学领域前进的脚步，他热爱这个领域，也在其中投入了多年的精力，而他每多存活一年，都是一个奇迹、一次胜利。老大还醒着。当然，我们的对话方式也不寻常。他用手里的设备控制着屏幕上的指针，在屏幕上半部分一排排的单词之间飞速跳跃着，虽然经常点歪，但总能选中，然后不断重复这个过程。即使我知道他要说什么，也一定得控制住替他写完句子的冲动。不然就太不礼貌了，而且他会写完句子。所以我在一旁静静地等待，悄悄给寻找单词的小指针加油。“快点！……那边！……对了……不对！”我经常激动地挥起拳头，意识到之后又放下。他的列表里有多余的词组吗？我也不知道。一开始的两周，最初几分钟我总是有些懊恼，后来我就淡定了。一定要等着他，让他以自己的方式完成。他并没有懊恼——或者只是没有表现出来。

我们讨论《果壳中的宇宙》时，主要是我指出里面的段落、句子，有时是大段大段的文字，需要表述得简单一点。我已准备好了措辞，他总是先听我的意见，然后坚持用自己的话改写。有时我在旁边的注解“我觉得这句话太难了，史蒂芬”，会让他露出经典的微笑，然后飞速地按着按键，在单词之间跳跃，最后说出“我觉得讲得很清楚”。但他还是会改正这个问题，努力把理论物理的名词转换成“普通人”能懂的语言。不过也有很偶然的情况，转换后的内容还是不够简单，我就只好说“不好意思，我还是看不懂”——即便我也许能看懂。他会回答“那我就再改简单点”，他也真的做到了。

他在《果壳中的宇宙》中提出的最有趣的观点，就是我们可能生活在高维度时空的四维表面上，而这个表面就是所谓的“膜世界”。

如果我们生活在这种环境下，这个四维膜世界，也就是所谓的“宇宙”中的一切——比如物质和光——都与我们在所在的宇宙中观测到的一样，除了引力。引力（广义相对论认为是时空的翘曲）在更高维度的时空中分布，也正因如此，引力的表现有些奇怪。比如，随着距离的增加，引力减弱的速度比我们能体验到的更快。

这就出现了问题，如果引力随着距离的增加而减弱得更快，那么行星就不会再围绕恒星运转了。行星要么落入太阳，要么逃向外太空。而我们观测到的不是这样。不过，虽然额外的维度离我们并不远，就在离我们这个膜世界不远的另一个膜世界上——阴影中的膜世界，但我们无法看到。因为之前说过，光只能在所在的膜世界中传播，无法进入膜世界之间的空间。也许光离我们只有1毫米，但我们无法观测到，因为这1毫米的距离在另一个空间维度上。想象一下二维世界：一张纸上有几只虫子，上面还有一张纸与其平行。虫子不知道另一张纸的存在，因为它们无法感知空间的第三个维度，它们只知道这张纸上的两个维度。如果另一个维度在阴影中的膜世界，引力的影响范围就无法超过两个膜世界之间的距离。像其他三种基本作用力一样，也只能作用在我们所在的膜世界，而且随着距离的增加而减弱的程度与我们预测的一样——刚好让行星能够围绕恒星运转。

不过，还是有其他线索的。当引力的作用距离远小于膜世界之间的距离时，引力的变化更加明显，在距离很近的两个大质量物体之间微小的引力作用上，可以观测到这种变化。

这个理论还有更有趣的内涵：离我们很近的“阴影中的”膜世界，我们是看不到的，因为那个世界的光无法传播过来，但我们可以感受、观测到旁边这个膜世界中物质产生的引力。我们会认为这些现象很神秘，因为产生这些现象的源头我们无法探测到，只能通过引力去感受。

这能解释天体物理学中，“遗失质量”或是“暗物质”之谜吗？因为要想形成恒星、星系和星系群，并且让它们像现在这样运转，宇宙中的物质一定比我们在任意一段电磁波谱上观测到的要多。我们有可能观测到了其他膜世界中物质的引力作用吗？

除了阴影中的膜世界，还有其他膜世界模型，而这些模型对其他现象的预测，比如事件视界、黑洞蒸发、引力波、引力与自然界其他作用力相比较弱、宇宙的起源及其在虚时间中的历史、暴胀理论、普朗克长度、无边界理论等，也引发了大家的许多讨论，霍金对此很感兴趣。通过膜世界理论来看无边界理论，会是什么样？

如果这样看我们所在的膜世界，那么虚时间上也存在历史，像四维的球体一样，或者说像地球的表面一样，只不过多了两个维度。如果前面几章你都认真阅读了，到目前为止，这些内容你应该都很熟悉。不同之处在于原来的无边界理论中，膨胀的球体，即霍金要我们想象的那个“世界的球体”，“内部”空空如也，像个气泡，而在膜世界理论中不是这样。“气泡”内部是更高维度的空间，而这部分空间的体积，你也猜到了，会随着膜世界的膨胀而增加。

在时间轴上，我们所在的膜世界会像暴胀理论描述的那样，经历膨胀阶段，体积增加。这时最有可能出现的情况就是，膨胀速率保持不变，永远膨胀下去，恒星和星系永远没有机会成形。这样的膜世界中不可能产生我们，但我们又是存在的。因此根据人择原理，膜世界一定还存在其他可能性。我们发现膜世界虚时间上的历史，像在实时间上一样，要经历一个初期加速膨胀，然后速度减缓的过程，之后就有了形成星系的条件，智慧生命也能够进化出来。这些我们还是比较熟悉的。

关于膜世界，最不可思议的推断是受到了全息理论的启发。还记得伦纳德·萨斯坎德将全息理论应用在黑洞上的提议吗？全息理论认为，一片时空区域内的信息可以编码至边界上。霍金给我们留下了这样一个问题：我们认为自己生活在四维的世界中，是不是因为我们是气泡内部事件在膜上的投影？

后来，我和霍金关于《果壳中的宇宙》的讨论又通过电子邮件持续了几个月，对文字进行微调，不过整体来看，我在剑桥的那两周起了主要的作用。那两周很激动人心，但也非常紧张。最后一晚，我离开数学研究中心[①]停车场时，我无声地庆祝了一下，还终于有机会挥了下拳头——成功了！我熬过来了，霍金也是。

① 译注：这里作者似乎出现了笔误，将数学科学中心写成了数学研究中心。

冈维尔与凯斯学院的晚餐

我在剑桥待的那两周里，有天晚上我和霍金一起坐他的面包车去冈维尔与凯斯学院参加晚宴。那是11月一个寒冷的夜晚，面包车停在国王大街向三一街的转角处，就在议事厅和圣玛丽教堂之间，冈维尔与凯斯学院对面。从数学科学中心开车送我们来的护工停下了车，亮着车头灯，自己下车到副驾驶侧，解开了保护霍金和轮椅的重重安全带，将轮椅放下来是很繁重的操作，需要一定的空间，我作为后座唯一的乘客，为了不给她添麻烦，提前下了车在路边等着。剑桥无处不在的骑行者飞速从我和面包车旁边掠过。过了一会儿，他们还得小心躲开车门放下的金属坡道，霍金裹了一层又一层衣服，迎着冷风，从坡道上徐徐下来，到了人行道上。

他以庄严的节奏，慢慢地走过冈维尔与凯斯学院大门，穿过三个庭院，到了大厅正门。这么多年来，尽管霍金在残疾人公益方面取得了诸多成功，但他想进教职活动室和学院大厅，还是没有更方便的路。小小的电梯只能挤下他和护工。我丈夫之前在大门口等我们，他跟我们两个说有另一条上去的路。我们再见到他时，他正在厨房和其他游客罕至的屋子之间穿梭，当然学院里大部分建筑都很古老，也很美。在木制的教职活动室中，炉火烧得正旺，学院的科研人员跟霍金打着招呼，既显得跟他很熟，又早已不对他的残疾或是成就表现出任何惊讶。有些人在自己领域内的成就不亚于霍金，只不过不像他一样国际知名。对他们来说，他只是史蒂芬·霍金。

喝完雪莉酒，大家鱼贯进入大厅，在高桌上就座，比下面长桌上吵闹的本科生高一级台阶——冈维尔与凯斯学院依然对在大厅共进晚餐这件事很重视。研究生在吟游诗人廊厅安静地吃着晚宴，只不过没有吟游诗人。我们伴着觥筹交错的声音、年轻人乱哄哄的说话声、偶尔迸发出的大喊与大笑声，以及科研人员安静的交谈声，共进晚餐，还品尝了学院地窖贮藏的红酒。霍金的护工给他围上了巨大的围嘴，喂他吃饭，他则按着按键，通过计算机和我丈夫聊国际政治。

大厅里挂满了冈维尔与凯斯学院赫赫有名的科研人员画像。在靠近中心的显赫位置，挂着霍金的现代油画像。几个世纪以来，无数人从学院大厅吵闹的长桌后面走出去，做了教师，继续科研，赚钱，或是改变世界。学院里的新人、老人、了不起的人、普通人、未经世事的人、德高望重的人组成了一个独特的整体，一同进餐。当时的感觉就像是夏令营的晚餐被安排到了有几百年历史又美得与夏令营的氛围完全不搭的房间里。这一代的冈维尔与凯斯学院，将当代最出众的人招入麾下——而大家只把他当作普通的夏令营营员。

2000年秋，我在霍金的办公室里讨论《果壳中的宇宙》的两周时间里，我经常比他早到DAMTP，于是便在他办公室门口与这幢超现代“豆荚”大楼电梯前的小桥之间，一条蜿蜒的现代桌子前等他。每天随着电梯门打开，他的轮椅出现的那一刻，我总会感觉现实出现了一点深远的变化，需要我调整一下自己。即使我习惯了这种感觉之后，还是总会觉得其他世界的一部分——对我来说很陌生的高智商和残疾，以及我在别处从未见过的坚强意志——慢慢地、坚定地在我们的时空中移动，从小桥到办公室门口，差一点轧到我的脚。

他用机械的声音说“早上好”，或者问我“你好吗？”之类的……霍金一天的工作就此展开，他从不说自己“去办公室”，而是说“去工作”。

第四部分
2000—2011年

第 17 章　“不断拓展的可能性”

2000年1月，在一份声明中，同时也是请霍金预测人类未来的千禧年采访的一部分，他将自己对基因工程的看法总结了一下。他说，一万年来人类的DNA都没有显著变化，但是很快，人类就不需要等待生物进化来改变自己了——而且人类也不肯再等待。下一个千年，我们也许就有能力彻底重写DNA，增大脑容量了。无论如何禁止人类基因工程，动物和植物基因工程也会因为经济原因而获得许可，“总会有人想在人类身上试一试，除非世界秩序变成了极权主义。总有人会想方设法改进人类。我并不支持人类基因工程。我只是说这件事可能发生，而我们应该考虑如何应对”。[1]

一年半之后，他改了主意。在“9·11”事件之前不久的一次采访中，他告诉德国的《焦点》杂志，人类通过改造DNA来避免自己被终将统治世界的超级计算机甩下，是个明智的选择。[2]计算机真能变得那么智能吗？霍金之前说过，计算机的复杂程度“还不如蚯蚓的大脑，而蚯蚓从不以智力闻名”。[3]但他认为“如果人体内复杂的化合物让我们变得智能，那么同样复杂的电路也能让计算机做出智能的行为”。[4]甚至，智能计算机还能设计出更加智能、更加复杂的计算机。[5]

他的新论断虽然极富争议，但是由于“9·11”事件，很快就被人遗忘了。而事件之后，媒体自然想要采访他——因为他们认为霍金对于物理学之外的问题，肯定也能发表高明的言论——这样他就有了机会谈到自己在思考的另一个问题。他对《卫报》的记者说：“虽然‘9·11’很可怕，但没有威胁到人类的生存。真正的危险在于我们有意或是无意中，创造出可能会毁灭我们的病毒。”[6]

霍金建议尽快制订殖民太空、保证人类生存的长期计划。这不是他一时兴起，又很快遗忘的想法。在千禧年采访中，他已经预测到了本世纪内，会有（男）人驾驶飞船，“或者只是有人驾驶”，抵达火星。但这只是第一站，火星不适宜人类居住。我们要么学会在空间站生活，要么前往下一颗恒星。不过他认为本世纪内，我们还无法抵达另一颗恒星。因为我们的速度无法超越光速（不管科幻小说里怎么写），因此每趟旅途都很漫长、无趣又艰苦。霍金又回到了人类在未来不断殖民太空是一个明智的选择这件事上，他也在与露西合著的童书里表达了这一观点。他似乎认为，把这个观念根植在能决定人类未来命运的小孩子身上，是件很迫切的事。

不是每个人都喜欢他这样发表自己专业领域之外的言论。多数批评霍金的人都说他“没错”，但是很“天真”。布莱恩·皮帕德爵士是20世纪著名物理学家，有一次，他也为自己和同事的言论道歉，因为“相信自己在一个领域达到专业的程度，便学习其他领域的知识，也能发表自己的言论了”。[7]霍金也许也是这样，但他知道这是将自己认为很重要、需要说出来的观点传达给大众的绝佳机会，他甚至可能有影响政策的能力。

霍金从没把自己关在理论物理的象牙塔里，他对政治和世界上的其他事都很关心。每晚他到家后，都会收看电视新闻，而且据他的护工薇薇安·里奇称，他看新闻时的反应都很激烈。多年前，让简都觉得自愧不如的那个小伙子，依然坚守着不可动摇的信念，也总是趁着晚上摘下眼镜之前——这也是他除了单词板外唯一的交流方式了——发表自己的观点。他早上醒来时，也一定要看新闻。“新闻和瓦格纳的歌剧每天陪伴着我。《尼伯龙根的指环》也一直在放。”

薇薇安从2001年开始为他工作。与其他人不同，她第一次见到霍金时，没有对他的外貌感到震惊：“他比我想象中的好多了！”她之前一直在苏·莱德之家帮助比霍金情况还严重的残障人士。他请她“说说自己”。然后，她说，自己一开口就停不下来了。他终于问她“愿意为我工作吗？”她同意了，而且一干就是16年。霍金经常要帮工和护工“说说自己”。“他想了解你，想知道你之前做过什么、家人怎么样，他也会认真听。他非常有趣，我们都很喜欢他。”

不过，薇薇安也经历过霍金发脾气的时候，即使小事也会让他大动肝火。有次在布鲁塞尔一场论坛的晚宴上，他要薇薇安点红酒，于是她就点了一杯。之后霍金开始邀请大家来品红酒，她提醒霍金自己只点了一杯。“他非常生气。事情没办对，或是没有按他的意愿来的话，他就会特别恼火。他会言辞激烈地解释自己的想法，但同时他也非常有耐心。”她还记得，虽然霍金发表了一些很激烈的公众言论，但他还是很喜欢信仰上帝，喜欢经常去教堂的护工，“他绝不会劝他们放弃信仰”。他还把自己接受洗礼的照片装裱好，挂在了卧室墙上。

再看万物理论

1980年，霍金发表卢卡斯数学教授就职演讲时，说到当时最有希望将作用力和粒子统一起来的理论是$N=8$超引力。1990年，他告诉我这个理论可能是超弦理论，再加上他的无边界理论，或许能解决宇宙边界条件的问题。现在千禧年来了又去，理论物理还是没有走到尽头，万物理论也没有找到。2002年4月，霍金对一位记者说：“我认为接下来的20年中，我们有一半的可能发现一个完整、统一的万物理论。”[8]——这比他在卢卡斯数学教授就职演讲时的预测更加谦虚谨慎。

几个月之后，霍金的猜测更加大胆了。他重新思考了自己科研工作的主要推动力，开始怀疑最基本、统一的理论——如果存在的话——我们也许永远无法找到。我们的理解总是像一块拼布床单一样，不同的理论覆盖不同的区域，只有某些部分重叠。如果真的是这样，那么将不同理论之间的冲突视为理论自身的缺陷或是错误就不太明智了。我们关于宇宙的发现，一定像拼

图一样，“识别、拼出边缘的几块”——也就是超引力和各种弦理论——并不难，但我们永远没法“了解中间是什么情况”。[9]2002年7月，在剑桥大学庆祝保罗·狄拉克百年诞辰的一场演讲上，他说：“如果没找到一个由有限的几条原则组成的终极原理，有人会很失望的。我以前就是这样，但我的想法变了。”[10]

霍金请台下的听众追忆一下奥地利数学家库尔特·哥德尔，他在1931年证明了数学的“不完整”，因为任何包含整数加法和乘法的复杂数学体系内，总会有一些命题——我们甚至能判断是正确的——无法在体系内用数学方法证实或证伪。霍金认为物理学也是这样，有些命题是正确的，却无法证明。基普·索恩提到，霍金改变了自己的工作方式，以前的他坚持寻找严格的数学证明，后来变成了寻找“较大的可能性，以及向理解宇宙的终极目标快速迈进”[11]，而不是寻找确定性。霍金依靠自己的直觉大步迈进，并且希望其他人能填补步幅之间的空隙。那么他会更加大胆，警告自己的听众，有些理论虽然他自己确信是真的，却无法证明吗？不会的，这时的他也跟其他所有人一起，走到了无人敢跨越的鸿沟边。他说我们的理论不成体系、不完整，因为“我们（人类）和我们提出的模型，都是我们尝试描述的宇宙的一部分……我们的物理理论只是互为参照”。[12]

他在狄拉克百年诞辰演讲中提到的难以捉摸的新理论，还不是“由有限的几条原则组成的终极原理”，但也算是我们当时的极限了。这个理论就是“M理论”，它有个有趣的版本，将汤森提出的弦理论整合了进去。还记得我们讨论P维膜时，$P=1$，这张一维膜就只有一条弦，因此弦也属于汤森提出的P维膜。而霍金也没有把超引力和弦理论抛在脑后——他之前认为最有希望成为万物理论的两个理论。最有潜力的5个超弦理论分支可以整合为一系列理论，还可以把超引力包含进去。超弦理论和超引力就是“拼色床单”的一部分，各自适用不同的情况，但都无法覆盖所有的可能性。物理学家在这些理论之间发现了不寻常的联系，不禁让人猜想，这些理论会不会是更深层次的理论——M理论——的不同表达，而这个理论还没有一个相关的方程。霍金也开始觉得这个理论永远不会出现任何方程。

在M理论提出的一系列数学模型中，时空共有10个或是11个维度，通常是9个或10个空间维度，加一个时间维度。你也许会问，为什么只能有一个时间维度，我的回答是这个理论的某些版本中，只要维度总数不变，的确可以有不止一个时间维度。

当然，我们只能感受到四维时空。其他维度呢？霍金在2001年说过："我得说，我个人很愿意相信其他维度的存在。但我是实证论者，'真的存在其他的维度吗？'这个问题并没有意义。我们只能问，其他维度的数学模型能否很好地描述宇宙。"[13]

至于我们为什么看不到其他维度，是因为其他维度都"蜷缩"起来了。想象一下花园里浇水的水管。水管是有宽度的，但是从远处看就像一条线，只有长度一个维度。如果其他维度也是这样"蜷缩"起来，我们可能无法察觉，不仅仅是从人类的视角，从原子或核物理的角度也无法察觉。

我们有可能观测到吗？假设有那么一个或是更多的其他维度没有彻底"蜷缩"起来，那么使用更先进的粒子加速器，或者测量极短距离内的引力作用，也许可以验证这个假设。

与此同时，M理论和其他维度对理论物理和宇宙学的未来也做出了断言，而这正是2002年，霍金60岁生日庆典的主题。

年方六十还是享年六十

霍金的60岁生日庆典差一点泡汤。因为就在过生日之前几天，他的轮椅撞墙上了。他在生日宴的开幕致辞，《果壳中的60年》里轻描淡写地说："差一点就变成了果壳中的59.97年。圣诞节之后，我和一堵墙起了点冲突，墙赢了。不过阿登布鲁克医院很厉害，又把我修理好了。"[14]

有那么一小段时间，生日庆典的筹备工作戛然而止，大家都为霍金暗暗祈祷，不过后来大家听说霍金正在病床上准备生日致辞。没人在最后一刻退出，包括模仿玛丽莲・梦露、赞美霍金，还要演唱《我想得到你的爱》，或者告诉在座的诸位物理学权威可以上台发表演讲的演员，虽然生日庆典的主角不在，但庆典还是照常举办。霍金觉得60岁生日是值得庆祝的。他对记者说，很多人都不喜欢过60岁生日，但对他来说这是个成就，他从没想到自己能活这么久。

他的生日庆典包含了许多内容。有一场为期4天的"纪念论文集"论坛，理论物理学和宇宙学界众多受过霍金启发的巨头贡献了多篇高水平论文。公众享受了为期一天的科普讲座。真正的庆典是在晚上，共有近200名客人参加。"玛丽莲・梦露"也参加了，霍金称她为"宇宙的模型（模特）"。师从霍金的研究生们和他的第一任妻子简组成了唱诗班，由简的丈夫乔纳森・赫里尔・琼斯指挥，U2乐队的吉他手艾治也友情客串。霍金的生日离教堂的圣史蒂芬节很近，唱诗班就唱了伯纳德・卡尔改过词的《明君温彻拉斯》。"佩奇和霍金，一同向前"，歌词还提到了唐・佩奇。冈维尔与凯斯学院大厅的一场派对上，马丁・里斯对老朋友大加赞扬——这时他已经是爵士，并任格林尼治天文台台长了。三一学院大厅的一场派对上，音乐突然响起，身着五颜六色服装的舞者跳着康康舞盛大登场。BBC4套和美国CBS电视台的记者也在场，BBC对霍金的公众演讲进行了在线直播，之后观众还自发唱起了《祝你生日快乐》，虽然听起来很吵，还跑调得厉害——那周还出现了好几次这种情况。后来BBC直播了所有的科普讲座，成为《霍金系列演讲》节目。

霍金的同事也借这个机会大开他的玩笑：

马丁・里斯说："天文学家习惯了面对天文数字，但都比不上（霍金在剑桥读博时）我给今天的庆典开出的赔率。"[15]

罗杰・彭罗斯说："我很开心地发现霍金现在正式迈入老年了，再口无遮拦也不会有人追究了。当然，他总是口无遮拦，不过现在他的胆子应该更大了一点。"[16]

伯纳德・卡尔说："我经常觉得，能做出这么多重要发现，史蒂芬・霍金应该分身有术。那我就祝所有人60岁生日快乐吧！"[17]

伦纳德·萨斯坎德说:“我们都知道,史蒂芬是目前为止,宇宙中最倔强、最气人的人了。”[18]

拉斐尔·布索说:“能帮忙筹备史蒂芬·霍金的60岁生日庆典很荣幸(尤其是史蒂芬很会玩乐)。”[19]

加里·吉本斯称赞“史蒂芬·霍金有着不屈不挠的勇气和大胆乐观的精神”,[20]还引用了罗伯特·布朗宁的话:“人的手当然要不断伸得更远一点,不然天堂何用?”

迈克尔·格林回忆起20世纪70年代初,他在剑桥第一次见到霍金时,宇宙学的地位还很低:“大家将其当作天文学的分支,也根本没人讨论!”[21]

尼尔·图鲁克说霍金真的有“‘对生活的渴望’,帮他克服重重难关”。[22]

基普·索恩送的生日礼物是一个承诺:“引力波探测器——LIGO、GEO、VIRGO和LISA——将验证你在黑洞黄金时代做出的预测,而且你不用等到70岁生日那天。”[23]

在霍金60岁生日庆典上提交的论文,将理论物理和宇宙学截至2002年的发展历史和现状进行了完美的总结,也像论坛主题说的那样,为未来的发展提供了基础。这次庆典邀请到了全球最优秀的科研人员,讨论了霍金最感兴趣、对他的工作影响最大的话题,也不可思议地将领域内的绝大部分中坚力量集合了起来,其中很多人都曾是霍金的学生。庆典持续了一周,又有何不可呢?霍金这60年来认识的人中,没几个人相信自己能有幸参与这场派对。霍金当时的妻子伊莲送他的生日礼物,是在一个特制的热气球中飞行30分钟。1985年他接受气管切开术时,他做过在热气球中飞行的梦,他当时认为这是希望的象征。到了60岁,这个梦终于实现了。

霍金的同事以及其他参加生日庆典的人,都相信霍金之前摔下轮椅只是一次小事故,但事实远比这严重。那天他在护工的陪同下,操作轮椅在茅亭巷崎岖不平的旧路上前行,结果轮椅突然失控,撞上了一堵墙,轮椅撞翻了,霍金也摔伤了髋关节。他的研究生助理尼尔·席勒无奈地耸耸肩:“他约了别人,要迟到了,于是就一如既往地开启了霍金速度。”[24]医生进行手术时,他的身体太虚弱，连一般的麻醉剂都无法使用。霍金只接受了硬膜外麻醉注射，感受到了手术的全过程，就像“电钻的声音”。[25]

霍金的60岁生日那天，他精心编著的哥白尼、伽利略、开普勒、牛顿和爱因斯坦文集《巨人的肩膀上》出版了，这本书里也加入了5个人的生平概述，以及霍金的评论。

解密宇宙微波背景辐射

千禧年过后，新一代观测者装备上了新一代观测设备，以前所未有的精度尝试验证膨胀宇宙做出的种种预测。[26]科学家们一直在寻找能验证暴胀宇宙学的种种预测，不出意外地，大家的注意力都集中到了大爆炸的余辉——宇宙微波背景辐射（CMBR）上。乔治·斯穆特发现虽然微波的分布极其均匀，各处的温度却不尽相同。1998年进行的气球观测（结果于2000年公布）详细测量了天空中部分区域的CMBR；[27]而2001年，南极地表的度角尺度干涉仪也得到了类似的测量结果。

之后的2001年6月，NASA发射了WMAP（威尔金森微波各向异性探测器）。①这颗卫星的使命，就是以空前的精度得出一张CMBR的分布图。它能够测量出百万分之一摄氏度的温差，而且卫星在天上，而不是地上，因此测量范围能够覆盖整个天空。当时大家都盼望WMAP能够一劳永逸地解决过去几十年来关于宇宙基本性质的绝大多数争论，比如年龄、形状、膨胀速率、构成、密度等。对于膨胀如何产生，以及CMBR在不同方向上的温度变化趋势如何，各个暴胀理论的观点都不尽相同。[28]科学家们希望WMAP的数据能对上述几种情况进行验证。[29]

直到2003年2月，WMAP都一直在出色地完成使命，传回的数据让科学家们在几十年后，终于给宇宙年龄的争论画上了句号——137亿年，以及宇

① 译注：WMAP是戈达德太空飞行中心与普林斯顿大学合作的项目。

宙中CMBR成形的时间是大爆炸后38万年。WMAP的观测结果显示，宇宙是扁平的，支持了当时宇宙中绝大部分能量都是“暗能量”的理论。

WMAP的测量结果显示，我们在天空中观测到的CMBR中温度和密度的变化——促成了星系诞生的变化，与标准大爆炸模型预测的一致，即无论波长如何，振幅变化都几乎一致，一切形式的能量，其变化规律都一致，而变化的分布又是随机的。[30]

不过，在WMAP2003年2月发布一批数据后，还有些重要的问题无法解决。一条关键的线索没有出现：暴胀理论能预测大爆炸后立即出现的引力波在CMBR中表现的形式和特征。那时，WMAP还没能发现引力波留下的这些“脚印”，它也无法确定暗能量是来自“真空能量”（宇宙常数），还是来自“精质”。有趣的是，观测结果与膨胀宇宙相当吻合，也与宇宙的循环模型相符，即宇宙自大爆炸开始膨胀，最终收缩至大挤压，之后再一次大爆炸，如此循环下去——这个模型深受尼尔·图鲁克和罗杰·彭罗斯的喜爱。[31]

减速？

2003年春，霍金又一次进入大众文化的视野，他参与了《柯南·奥布莱恩深夜秀》中的一个片段。一开场，喜剧演员金·凯瑞在讨论宇宙学。他的手机响了，是史蒂芬·霍金来电，他告诉凯瑞不用再费心了：“他们的小脑瓜可理解不了这些问题。”霍金说完，马上就挂了电话。他没法继续聊下去，是因为他在看金·凯瑞主演的电影《阿呆和阿瓜》，并被“片中展现的天才”震惊了。这一年，霍金去了好多地方，多次横跨世界。他先是在得州农工大学的米切尔基础物理学研究院待了一个月，又去加州大学戴维斯分校参加宇宙膨胀的研讨会，然后到了瑞典，接受瑞典皇家科学院颁发的奥斯卡·克莱因奖章，还参加了一场弦理论和宇宙学的诺贝尔研讨会，接着回到美国，在加州理工和加州大学圣巴巴拉分校进行为期两个月的访问，最后去了克利夫兰的凯斯西储大学。

即使日程如此繁忙，他的同事们也没有发现他慢下自己探寻的脚步，但同事们也担心他再也无法拥有以前那样的智慧了。20世纪末，在一次关于哪位物理学家最有影响力的调查中，参与的物理学家们并没有把霍金排在很靠前的位置。他因为手部肌肉乏力而使用的那个小按键装置——这是他与同事交流的唯一途径——用起来也越来越艰难、越来越缓慢了。解决方法之一，就是求助于他带的研究生。霍金选择了克里斯托弗·加法德。霍金先思考问题，向加法德展示几种可能的解决方法，加法德再钻研数学上的细节，看霍金的思考是否正确、是否具有启发性。

加法德记得自己过了一阵子才适应节奏。霍金的想法来得太快，他都来不及应对。我读过霍金的论文，并且花了好大力气理解。加法德的话给了我这样的人些许鼓励，他说自己当时非常懊恼，论文里的每句话他都要花上半年才能理解。他的进度落后了半年，而要追赶上来，也不是易事。[32]

为了让进展更快一点，加法德做了别人不敢做的事——在霍金的意图已经明确、正在努力选词的时候，替他补全句子。过去，霍金经常无视别人的猜测（哪怕是正确的），坚持自己把句子补全，但这次他允许了加法德的做法。

加法德让霍金自己表达“是”和“否”——通过他脸部微弱的运动——而不是等他在屏幕上找到想要的词。你要是见过他们两人合作时的视频，就会好奇加法德是怎么飞快地在屏幕和霍金之间转头切换，还能保证脖子和后背不抽筋的。

这份工作简直就是为加法德准备的。2003年，普林斯顿的高级研究员阿根廷籍物理学家胡安·马丁·马达切纳用严谨的数学推理，论证了伦纳德·萨斯坎德解决信息悖论的方法，让争论偏向了萨斯坎德这边。[33]在圣巴巴拉的一场论坛上，晚宴过后，主讲人杰夫·哈维没有发表演讲，而是引出了一首胜利之歌。他改编了20世纪90年代中期火爆一时的《玛卡莲娜》，把每段结尾的“玛卡莲娜”都改成了“马达切纳”。[34]在场的人们都热情地合唱，还跳起了舞，庆祝物理学摆脱了信息悖论的魔爪。萨斯坎德宣布“战争结束”了。他认为，战争早就该结束了，但霍金“是一名在丛林中游荡多年，不知道战事已经结束的可怜士兵”。[35]虽然业内越来越多的声音认为霍金错了，基普·索恩仍一直支持他。霍金没有改变想法，至少这时还没有。

他请加法德研究马达切纳关于信息悖论的论文。霍金认为最好的回应，就是对那篇让大家认为他错了的论文发起正面进攻。这个任务可不简单。加法德钻研了一年半，发现自己还是无法确定信息是否消失在黑洞中了。

2003年12月1日，霍金因肺炎被紧急送往医院。与之前他住院的时候一样，他的护工都陪同着，一刻不停地守护着他——而接下来的几年里，他入院的频率还要大大增加。不像这些护工，医院的护士没有在入职时受过特别的训练。比如，只有经常照顾霍金的人才知道，霍金要求把自己抬高一点时，如果是一个人托着他的腋下向上抬，无论多么小心谨慎，都有可能让霍金肩膀脱臼。他的身体即使不能活动，也对疼痛和触摸非常敏感。

这年12月，他的情况好像比以往更加严重了。他用了好几周的生命维持系统，不过即使其他人都在担心他的生命时，他也没有浪费时间。他一直在思考黑洞，想找到解决信息悖论的新途径。他恢复得很慢，2004年年初出院时，他和加法德又开始热烈地讨论数月以来他在病床上思考的问题了。经过了许多个漫长的白昼、许多次挑灯夜战，甚至周末也不休息，[36]霍金终于认为自己可以踏出办公室，迈入“战场”了。

都柏林论坛

2004年春，霍金在剑桥举行了一场论坛，简略地初步介绍了他的一些新理论，他还告诉大家，自己打算在更大规模的论坛上进行宣讲。刚好那年7月，都柏林要举办第17届国际广义相对论及引力论坛。霍金联系了论坛的科学委员会主席科特·卡特纳，请求为自己安排一段时间进行演讲，他说“我解决了黑洞的信息问题，我想讲一讲”。[37]这个忙可不好帮，霍金的论文提交得很晚——论坛要求3月19日前提交题目及摘要，那时他刚刚出院，并且也无法提供论文的预印件。不过，以他在业界的地位还是为他争取到了一个小时的时间。

媒体和粉丝对他展现出的狂热，说明他的“咖位”一点没有变。据称，负责场馆出入的公关公司报酬有4000镑，他们也证明了自己的价值，因为记者和狂热粉丝时刻准备蜂拥而入，有幸挤进去的人马上在过道两旁架好了相机和录像设备。

霍金的同事们则没这么兴奋，他们坐在自己的座位上，好奇霍金会宣布什么。霍金沿着过道平稳又不失庄严地缓缓移动，通过一个斜坡登上了都柏林皇家学会大厅的主舞台。有人认定他会发出挑战，重蹈自己20多年来的覆辙，认为信息消失在了黑洞中。其他人则认为这位逐渐黯淡的天才会静静地认输。当时，多年来一直与霍金站在同一战线、相信信息消失在了黑洞中的基普·索恩，在这个问题上与霍金有分歧的约翰·普利斯基，论坛的主席彼得罗斯·弗洛莱德和克里斯托弗·加法德都在台上等待，面对着一整片电视台的录像机。这不是一场普通的物理学论坛，也不是普通的一天。

只有加法德和索恩知道，这是霍金著名的几次观点突变之一，但具体的方式有些出人意料。他并不打算向萨斯坎德和马达切纳认输。的确，他坚持了20多年的观点错了，但萨斯坎德和马达切纳也没有解决问题。霍金要自己解决，他想出了另一种绕过信息悖论的方法。

当天的演讲由彼得罗斯·弗洛莱德开场，他开玩笑说，虽然大家都知道信息传播的速度无法超过光速，但是霍金带来的消息好像并不遵循这一规律。

霍金习惯用平静、机械的声音开场，问大家“能听见我说话吗？”如果听不见，观众就不会回应，因此台下通常会小声表示肯定，或是用欢呼做出回应。标志性的开场白后，他向大家阐述了关键问题，还从20世纪60年代中期开始追溯信息悖论的历史，即物体坍缩成黑洞后，其中包含的一切信息都无法传达到外界了，除了这三点：质量、角动量和电荷量。约翰·A.惠勒将这一发现称为“黑洞没有毛发”，后来简称为“无毛理论”。

这些都不是储存信息的障碍。经典的黑洞会永远在内部保留着信息，外部无法访问，但一直保留着，也依然是宇宙的一部分。霍金发现量子效应会导致黑洞以恒定速率发出辐射（著名的霍金辐射）之后，问题就出现了。霍金辐射并不包含黑洞的构成信息，或是后来落入的信息。到目前为止还没有问题，直到你意识到黑洞会以这种方式最终蒸发，彻底消失。那么黑洞内部留存的信息呢？想要保留这部分信息，唯一的可能就是霍金辐射与其他辐射有些许不同，能够反映出落入的物体。虽然许多物理学家相信霍金辐射一定有所不同，但没人真的发现过。不过霍金的计算表明，霍金辐射只是热辐射，随机，没有任何特征。[38]

要是有人认为黑洞分叉出来的婴儿宇宙也许能解决信息消失的问题，霍金也会提醒他们：

黑洞内部无法分叉出婴儿宇宙，信息牢牢地留存在我们的宇宙中。我不想让科幻小说粉丝们失望，但是如果信息留存了下来，就没法通过黑洞穿梭至其他宇宙。如果你跳入黑洞，你的质能就返回了我们的宇宙，但是已经面目全非了，关于你的信息还在，只不过无法被识别。[39]

台下的听众肯定有人就等着霍金说这些呢。他会不会宣布，霍金辐射还是可以作为逃离黑洞的载具，就像之前拿恢复烧毁的书举例时那样，原则上来讲，霍金辐射能够恢复黑洞内隐藏的信息呢？

霍金解决这个问题的方式跟其他理论有关，即黑洞有可能同时具有多种几何（拓扑）形态。信息并不会困在黑洞内部，因为事件视界并没有形成。

克里斯托弗・加法德还记得，霍金的这次演讲让台下绝大多数人都"困惑不解"。有人在台下咕哝："光说大话，没见什么数学证明……不怎么可信……全是烟幕弹。"基普・索恩评论道："乍看之下，这个理论很不错，但我还没看到全部的细节。"[40]他说自己需要先研究一下霍金的论文，再判断霍金是否正确。罗杰・彭罗斯并不认同："在我看来，信息消失这个论点很有力，霍金起初也是这样认为的。但是在都柏林的时候他公开反悔了。我认为这是错误的。他应该坚持自己的观点。"[41]霍金虽然说过，还要继续为自己的理论寻找数学理论的支撑，却已经自信地针对之前他和基普・索恩与加州理工的约翰・普利斯基定下的赌约认了输。当时的赌约是这样的：

史蒂芬·霍金和基普·索恩坚信，落入黑洞的信息永远无法被外界宇宙访问，直到黑洞蒸发、彻底消失之后也无法找回。约翰·普利斯基坚信，只要找到合适的量子引力理论，就可以，也一定可以发现黑洞蒸发时，释放信息的机制。

因此普利斯基提出此赌约，霍金、索恩也都接受：最初纯粹的量子态坍缩形成黑洞后，这个黑洞蒸发至最后一刻时也一定是纯粹的量子态。赢家可以任选一本想要的百科全书，由输家赠送，从而自由获取他想要的信息。

1997年2月6日，三人在加州帕萨迪纳共同签署了这份文件。当然，霍金是按的手印。

霍金在演讲结束前说："我会送约翰·普利斯基一本百科全书。约翰是土生土长的美国人，所以肯定会要一本棒球百科全书。在这边我很难找到这样的百科全书，因此我换成了一本板球百科全书，但约翰并不相信板球比棒球更好。所幸我的助手安德鲁·邓恩说服了经典体育出版社，空运了一本《完全棒球：终极棒球百科全书》到都柏林。我现在将这本百科全书送给约翰。如果一会儿基普也同意认输，他可以转给我一半的钱。"索恩并不相信霍金，或是任何人解决了信息悖论的问题。这本百科全书被拿上了舞台，约翰·普利斯基将它高高举过头顶，像在温布利球场举起温网男单冠军奖杯一样。

2005年1月，霍金在加州理工的一场演讲中，对这件事这样评价："30年来，人们一直在争论（信息消失的）悖论却没什么进展，直到我自认为发现了答案。信息没有丢失，但也没有以有意义的方式返回。就像烧毁一本百科全书一样。信息没有消失，只是很难读懂了。我给约翰·普利斯基送了一本棒球百科全书。但我更应该送他一捧灰烬。"[42]

霍金并没有对同事们承诺进一步解释这个问题，直到2005年10月，他才用一篇论文做出了解释。

第18章 “外公有轮子了”

2004年4月，BBC的电视电影《霍金传》首播，那时他刚刚出院，正准备踏入信息悖论的战场。这部电影并没有完整记录霍金的一生，只是用电影手法展现了他生命中重要的两年，也就是他得知自己患了ALS、遇见简、为博士论文研究奇点理论的那两年。2002年的一部纪录片《史蒂芬·霍金：简介》也重播了，收看的观众约有400万人。

霍金先前协助编剧完成了剧本的终稿，片中饰演青年霍金的本尼迪克特·康伯巴奇为此仔细学习了ALS的早期症状。本片部分情节也是基于简的自传改编，她一点点地看完了片子，发现没什么好指正的。“(康伯巴奇)真是不可思议。他花了好多精力研究运动神经元病恶化的过程。本片能让观众忘我地徜徉在那段时光中。不过，我觉得片中的我比现实中精力充沛。我做事很坚决，但同时我也很羞怯，所以片中的许多事件也不算特别准确。”不过，简认为本片还是准确地反映了那几年的时光。“我还清楚地记得我们的乐观态度，我们一定能成就不凡……即使当时的情况不甚理想，我们还是认为一切皆有可能。”[1]

大约在影片首播的时候，关于霍金被虐待的报告和声明被永久地锁进了剑桥警局的档案室。霍金还是那么受大家喜欢。2004年一项针对16—18岁英国青少年最喜欢的人物的调查中，他屈居于橄榄球明星强尼·威尔金森之后，成为排名第二的青少年偶像。像之前在日本一样，他又一次被体育明星盖过了一点风头。但霍金游历世界和举行演讲的脚步没有慢下来。他在2005

年的日记里写："1月：加州理工和加州大学圣巴巴拉分校；2月：华盛顿特区，牛津；3月：西班牙；6月：中国香港；10月：德国；11月：又到加州，然后去华盛顿州的西雅图。"

那年1月访问加州理工时，霍金建议举办一场只面向本科生的演讲，主题就是他的物理学生涯。演讲的题目借用了《星际迷航》那句著名的短语："勇敢向前。"

2月，他与妻子伊莲去了华盛顿特区，接受詹姆斯·史密森200周年纪念奖章。在吉姆·哈图的帮助下，史密森尼慈善基金会在仪式上回顾了霍金的过去：《史蒂芬·霍金的平行宇宙》。哈图毫不吝惜溢美之词，介绍了自己的老朋友："史蒂芬·霍金的研究成果在数学上无比精确，在物理上又极富创新。他差不多总能让你大吃一惊。"[2]哈图引用了霍金对自己职业生涯的描述："你可能以为，我对宇宙的起源和发展早就有了宏大的设想。但其实不是这样。我没有什么宏大的计划，我只是跟着直觉走，看哪条路有趣或是可以通行。"[3]

霍金当时的演讲主题是"地外智慧生命"，开讲前的音乐显然是精心挑选过的，与《星球大战》主题曲非常像。"说到智慧生命，我指的不仅仅是《星际迷航》中那类基于DNA的人形生命体，"他说，"那些都太像我们自己了。宇宙中可能存在的生命形式要丰富很多，连计算机这类电子系统都可以算在内。"[4]他认为《星际迷航》中描绘的外星文明过于静态。即使剧中的设定是他们的科技水平远超当下的我们，有些外星文明却已经达到了接近完美的稳定状态，无法再发展或是进化了。"我不相信《星际迷航》描绘的场景。我们永远不会达到这样的稳定状态，走到发展的尽头。我们会以越来越快的速度改变。"[5]

牛津一行，是参与纪念他的导师丹尼斯·施玛的系列演讲。霍金是第三场演讲。他还去了西班牙奥维耶多，参与阿斯图里亚亲王奖25周年纪念，这是一项嘉奖全球科学、技术、文化、社会及慈善工作的大奖。

这么频繁的出行和活动频率，身体再好的人都会吃不消。但是刚过60

岁生日的霍金却十分激动，而且这么多活动并没有停下他身为知名作家的脚步。2005年10月，他与列纳德·蒙洛迪诺合著的《时间简史（普及版）》出版了，这是他第一本畅销书《时间简史》的改编。这本书的确更普及了，配上了精美的插图，还加入了最新的物理知识。同年，他开始编纂一本收集了数学史上重要的突破以及知名数学家小传的书，计划2006年出版，这本书名字叫作《上帝创造整数》。

霍金时不时地发表演讲，会见媒体，继续发表一些与宇宙学毫无关系的煽动性言论。他对政客的不屑越来越明显。在2004年11月伦敦特拉法加广场上的一次反战游行上，他说美国2003年3月入侵伊拉克的行为犯了“战争罪”。[6]2005年，乔治·W.布什提议重启登月计划时，霍金评价说：“送政客上去更划算，因为不用再接他们回来。”[7]他告诫反对干细胞研究的人：“干细胞来自胚胎并不是反对的理由，反正胚胎也会去世。从道义上来讲，这种行为和取出车祸受害者的心脏移植给他人没什么不同。”[8]

2005年5月，他放松了一下——又客串了《辛普森一家》，客串的这集名为《别怕屋顶工》，“霍金”这个角色宣布他定居在斯普林菲尔德了。他买下了一间比萨店。他想让电脑说出公司的口号，但是电脑卡住了，只能重复“比萨比萨”。霍金捶了两下，电脑才恢复正常，当然在现实生活中他没法这样。后来，这个“霍金”告诉荷马，时空出现了裂隙，还有一个小黑洞，导致了引力的折射，让荷马成了唯一一个能看到建筑工人库里和其他角色的人，拯救了荷马的理智（如果理智可以拯救）。那年，霍金还以专业顾问的身份，在纪录电视电影《异形星球》中客串。

2005年8月22日，霍金承诺已久的那篇解决信息悖论的论文终于发表在了《物理评论》10月18日刊上。那篇论文只有三页半，只包含了三个方程。霍金将费曼的历史求和理论，像之前一样，应用在了宇宙上。在与吉姆·哈图钻研无边界理论时，霍金研究过宇宙可能出现的多种历史，以及各个历史发生的可能性大小。现在，他也请读者想象一下宇宙可能出现的其他历史。有些历史会存在黑洞，有些没有。有黑洞的历史中，信息会消失，但没有黑洞的历史则不会。他的解决方案是，认为有黑洞的历史会被无黑洞的历史抵消掉，关键在于无黑洞的历史中信息不会消失，因为没有黑洞吞噬信息。如果你等得足够久，只有无黑洞的历史能凸显出来。最终，信息还是留存了下来。

想想霍金的这番解释，再想想他之前对于信息通过霍金辐射返回外界这一想法的坚决抵触，他居然在这篇论文发表后不久，在与女儿露西合著的童书《勇闯宇宙》系列[9]中（封面还加上了克里斯托弗·加法德的名字），提出了完全不同的解决方案，将霍金辐射囊括了进去。关于他自上而下的方法，我们后面也会讲到，很难与他2005年提出的解决方案融合，这点也很有趣。霍金的很多同事都不怎么信服，不知道他为什么更喜欢自己的解决方案，而不是萨斯坎德和马达切纳的。也许原因在于，他认为这个问题是他提出的，也应该由他自己解决。

对于论文迟迟未发表的原因，霍金和加法德声称，是因为那个手持按键设备霍金用起来越来越困难。就这件事而言，2005年的确是让人灰心的一年。自2000年起，他与人交流的速度就越来越慢，直到他再也没有力气按动按键。他的技术支援助理鼓励他尝试一种安装在眼镜框上的“眨眼开关”，使用低功率的红外线，可以根据眼球的动作做出反应。他们提供了几种互动设备，霍金都试了，但都不喜欢。最终，山姆·布莱克本（2007年他成为技术支援助理）开发出了能让霍金完全接受的设备。

2005年的出行计划也没能如期完成。虽然霍金在日记上写下了西雅图有一场演讲，他却没能前往。他本来计划从加州奥克兰前往西雅图，但那天早上他摘下夜用呼吸面罩的时候，突然出了事故，根据ISEPP主席特里·布里斯托的描述，霍金“心脏几乎停了。他们赶紧进行抢救，好多人都慌了。但他经历过类似的情况”。[10]霍金留在了奥克兰，并通过直播完成了西雅图的演讲。

这次挫折没有阻挡住霍金的脚步。2006年，他计划前往法国、西班牙、中国和以色列。他不是第一次去以色列了。1988年他和简一同去接受沃尔夫奖，但这次他要求与巴勒斯坦人会面，并为他们举办一场演讲，否则拒绝前往。主办方满足了他的要求。他在以色列找到了新的笑料，说名人出行总是很难不引人注意，在他身上尤甚：“我戴上假发和墨镜都不够。一看轮椅就露馅了。”[11]

11月，霍金被英国皇家科学院授予科普利奖章，这枚奖章到过的地方比霍金还远。因为在颁奖之前，皇家科学院请英国航天员皮尔斯・塞勒斯将奖章带到了太空。

就在2006年夏天，霍金和伊莲的婚姻终以离婚收场。伊莲搬离了剑桥。霍金拒绝发表评论，他的私人助理朱迪斯・克洛伊黛用几句话打发走了蜂拥而来的记者：“他太忙了。这样太分散注意力了。我们没有时间接受采访……我们对当下的谣传没有一点兴趣。”[12]

WMAP继续进行着观测，理论物理学家们希望返回的结果能帮他们理解暴胀理论，解决其他问题。他们并没有静静等待。当时出现了一些新的膨胀模型，维度已经超越了我们熟悉的四个维度。2000年，霍金提到P维膜可能对膨胀有影响。创立暴胀理论的阿兰・古斯也在研究“膜世界”发生膨胀的可能性。2006年，蒙特利尔麦吉尔大学的娜塔莉亚・舒马赫和罗伯特・布拉登伯格提出了一个新的模型，其中驱动膨胀的是炽热的气态膜。他们的模型中，所有的空间维度一开始都压缩在一起，我们所熟悉的三维之外的维度，都挤在所谓的“轨形”中。在很早期的宇宙，气态膜开始扩张，能量密度降低，直到我们熟悉的三个空间维度进入膨胀阶段。[13]

霍金依然住在他和伊莲一同构筑的宽敞、舒适的住宅里。从他第一次结婚开始，他第一次一个人生活，当然身边还是有一批护工照顾，还有一位敬业、能干的管家。在据传他被虐待的那段灰色时光里，他拒绝回应孩子们的关心，和他们的关系也一度紧张。而从这时起，他又恢复了和孩子们的联系。大家似乎都选择把这段艰难又费解的经历抛在身后。不过，虽然霍金和伊莲都没有公开发表过对离婚的意见，霍金却显然认为与伊莲的婚姻不是一个错误，是一段不可忽视、无法遗忘的经历。他没有尝试挽回婚姻，但他要到几年后才彻底放下这个念头。伊莲的巨幅画作一直挂在壁炉上。

猪圈里的兴衰

虽然2011年，研究弦理论的物理学家布莱恩·格林在剑桥的一场演讲上告诉观众，研究弦理论的物理学家们都“开心得像在泥巴里打滚的猪崽”，但他们也不总是这么开心的。自20世纪开始，直到他发表演讲的时候，“猪圈”也不总是那么吸引人。早在1986年，研究弦理论的物理学家们就清楚，其他维度蜷曲起来的形式多到让人绝望，[14]大家都认为这是弦理论的一大缺陷。不过，安德烈·林德发表的第一篇关于永久膨胀的论文，就激起了同行的斗志，他在其中坚称，紧化（蜷曲）的多样性“不应该是这些理论的劣势，而应该是优势，因为能产生我们这样智能生命的迷你宇宙存在的可能性也增加了”。[15]

1997年，当时在哈佛的马达切纳提出了“ADS-CFT①对偶”，在传统的量子场论和某类弦理论之间建立起了联系。

还记得对偶吧，就是两个大相径庭的理论（有时甚至看起来是对立的）同时精确地描述了同一种现象。马达切纳的理论只是未经证实的猜想，但有可能为弦理论提供真正的数学基础，因此对之后弦理论的发展产生了较大的影响。“ADS-CFT对偶”也对弦理论和膜世界之间的联系有重要的揭示作用，[16]霍金认为这个理论对信息悖论也能有所贡献，为认为信息无损的一方提供支持。[17]

结果，2000年又陷入了低谷，加州大学圣巴巴拉分校的乔·波钦斯基和加州大学伯克利分校的拉斐尔·布索发现，弦理论基本方程可能解的数量，也许是个天文数字，每个解都对应了一种描述宇宙的方式。物理学家们花了一段时间确定各个解是否稳定，到2003年就全部完成了。（大约）有10^{500}个稳定解。这么大的数目带来的问题，是弦理论无法证实或证伪的。几乎任何实验数据都与理论相符。第2章讲过，这样的理论可不太理想。这回又是安德

---

① 译注：ADS意为反德西特，CFT意为共形场论。

烈·林德拯救了世界，他指出这其实不是什么坏事。其实，永久暴胀理论正好预测了这样的情况。

我们先来看看蜷曲的问题，或者说不是问题的问题。

蜷曲的奥林匹克竞赛

新的宇宙出现时，弦理论预测的所有空间维度中，只有部分开始膨胀。有些维度依然不可见，但对这个新宇宙的形态起了至关重要的作用。理论物理学家发现维度并不是随意蜷曲起来的，它们蜷曲的形式决定了那个宇宙的自然规律。

20世纪80年代末和90年代初，霍金在思考虫洞和婴儿宇宙时，就推测过粒子质量和其他自然界的基本常量也许并不适用于所有宇宙，而是各不相同。这些数值可能是“量子变量”——每个宇宙诞生时随机产生，之后便确定下来了。像是掷了个骰子，而且没有任何理论能够预测结果。

在M理论中，这个行为已经不是掷骰子了。霍金和蒙洛迪诺在合著的《大设计》中这样描述：“内部空间的具体形状决定了物理常量的值，比如电子的电荷量，以及基本粒子之间相互作用的性质。”[18]换句话说，M理论的基本法则允许不同的宇宙中存在不同的自然规律，就像美国宪法允许各州之间存在不同的法律。同理，单个宇宙中的自然规律，由其他维度蜷曲的方式决定。

林德和同事计算了其他维度蜷曲起来的所有可能，每一种可能都对应一种独特的宇宙。[19]这个数字大到超乎想象，蜷曲真的变成了一场奥林匹克竞赛。在如此多的可能性面前，“多元宇宙”这个词汇也显得“渺小”了。可惜约翰·A.惠勒不在了，没法起个更好的名字。

自上而下

千禧年之前的几年，霍金和图鲁克将那颗豌豆——瞬子搁在一旁，然后分道扬镳。图鲁克开始偏向“循环”模型，即宇宙自大爆炸开始膨胀，最终收缩至大挤压，然后来一次大爆炸，重新出现，如此循环往复。

霍金则对永久膨胀模型更感兴趣。这个模型中，宇宙的可能性也许有无穷多，很难计算，甚至有人认为无法比较各个可能性的大小。但这并没有阻止霍金的脚步，他下定决心试一试，打算使用一个在部分同事眼中仍然存在争议的理论，人择原理。

对于使用人择原理的争议，在之前霍金和图鲁克提出瞬子理论时达到了顶峰，那时也没有消失。不过，霍金的老朋友马丁·里斯和马里奥·利维奥在2005年发表了一篇论文，指出“人择推论”并不只在合理的科学论断中出现，而且可能在区分可以存在的宇宙类型上提供前瞻性思考，给人择原理及其应用增加了一些可信度。不过“这种言论让许多科学家血压飙升……这个原理的确可以成为宇宙学家工具箱中的一员”。[20]霍金打算将其当作强有力的工具。

2006年2月，他和托马斯·赫托格合作发表了一篇论文，将多个宇宙的弦理论描述与无边界理论的初始条件结合了起来。他们认为，早期宇宙应该是弦理论描述下，宇宙所有可能形态的重叠——就像你从一沓非常厚的扑克牌中抽取一张，可以一下子看到所有的可能性。每个可能性都对应着不同的未来。这样的宇宙有着许许多多可能的起源，以及许多许多可能的历史。那年霍金在加州理工的一场演讲中开玩笑说：“有可能存在这样一种历史，月球是蓝纹奶酪构成的，但这种可能性非常小，老鼠听了应该不会开心。”[21]

霍金和赫托格将视线锁定在了一个模型上，这个模型有着简单的描述，允许宇宙拥有几个不同的膨胀历史。我们应该把自己放在“起源”的位置上，开始计算各个宇宙出现的概率吗？不。霍金用了“自上而下”的方法，从现在出发，观测宇宙现在的样子，再倒推回去，计算各个初始态发展至当下这个宇宙的概率。这就是宇宙现在的状态“选择”了过去。

霍金和赫托格研究了我们观测到的无边界理论各个初始条件导致的结果，并想出了验证这个理论的方案。如果这个思路是可靠的，那么与标准暴胀理论得出的情况相比，CMBR和引力波谱会存在细微的差异。霍金认为，未来的科技也许能探测到这些差异。[22]

2006年在加州理工演讲时，霍金是通过脸部肌肉控制电脑的，虽然连接他眼镜的设备很笨重，也不太好用。这场演讲题为“宇宙的多种起源”，讲到了他和赫托格的一些新思路。至于他那套自上而下的方法，会在后来出版的《大设计》中详细描述。

《勇闯宇宙》系列

2004年春，露西的小说《精疲力倦》上市，她刚开始写第二本书《意外的马拉松》时，她跟许多记者聊过她的书。不过记者们的问题很快就从她和她的写作转移到了她的父亲，她并不感到意外，但也有一点恼火。

那时，露西的生活发生了变故。她的婚姻没能长久，和丈夫分开后不久，她的儿子威廉就诊断出了自闭症。“那种感觉像是心真的碎了。”她说。[23]母亲简要她坚持找到最有效的治疗手段，威廉的病情因此大为好转。威廉特别为外公自豪，但跟霍金在物理学领域的成就没什么关系，而是因为“外公有轮子了”。霍金也特别为外孙自豪，他的办公室里摆满了威廉的照片，甚至还在《果壳中的宇宙》中插入了一张。

采访露西的记者们对她父亲越来越感兴趣，她的回应也很实际。她决定，斗不过他们，就加入他们。于是，她与父亲合著了一本书。

2006年6月，露西陪父亲前往中国香港和北京，当地民众的狂热更胜以往。他们刚踏出飞机舱门，警察就不得不围起人墙，挡住热情的群众，好让他们进入电梯，尽快前往酒店。即便在安保上投入了这么多资源，霍金还是差一点被推倒。他本人倒是很镇定。他希望记者能记录下学生们像橄榄球队员一样激动地争抢他的瞬间，可惜报纸的头版只刊登了他和几位表情绝望的警察的合影，后来照片换成了一群听话的小学生，拉着比他们还大的欢迎横幅。霍金计划去香港科技大学发表演讲，两位物理学本科生还有幸向他献了花。时任香港科技大学校长朱经武评价说：“他是有史以来最有名望的科学家之一。如果说牛顿改变了世界，那么史蒂芬·霍金就改变了宇宙。”[24]

霍金和露西借此机会，对在场的众多听众宣布了两人将合著一本童书。《乔治的宇宙·秘密钥匙》是他们两人合著的第一本书。这本书除了讲述小英雄乔治、他隔壁的科学家埃里克和女儿安妮以及一台超级计算机“宇宙”的太空历险，还包含了其他霍金关心的问题。在看到大城市的污染情况后，霍金表达了自己对地球可能“变成金星，表面温度达到250摄氏度，天空飘下硫酸雨”的担忧。[25]

在“乔治的宇宙”系列中，露西真的给了那些曾经让她恼火的人——比如记者，一些想要的东西。系列的前两本叫作《秘密钥匙》和《寻宝记》[26]，读来让人快乐，又富有教育意义，也让人有机会一睹霍金和家人的生活状态。物理学家埃里克的原型显然就是霍金，只不过没有残疾。他对物理学的热情，对分享物理知识的坚持，无法满足的好奇心，对工作坚持不懈的精神，对孩子的爱等，都体现在这个角色身上。他们告诉我，书中乔治的祖母梅布尔，是一个让人敬畏的好角色，她患有选择性耳聋，原型就是霍金的母亲伊索贝尔。主人公乔治参加一场高水平的物理学论坛时，发现自己居然有勇气举手提问，也是基于霍金家人的故事改编：露西的哥哥罗伯特8岁时，和父亲一同参加了一场理论物理学论坛。他坐在前排认真听讲，频频点头，最后还举手问了一个很聪明的问题。书中那位深思熟虑、认真回答乔治问题的物理学家也是致敬霍金现实生活中的一位同事。书中用到的科学知识就是霍金研究的内容：黑洞、霍金辐射、信息悖论、寻找人类可以殖民的行星。

露西告诉记者，她创作“乔治的宇宙”系列有几个原因。她的儿子才10岁，她还有个外甥，罗伯特和妻子卡特里娜的儿子乔治。“乔治的宇宙”系列就是献给他和威廉的。露西想和父亲创作一本能把他的部分研究成果讲给孩子们听的书。她注意到在威廉的生日派对上，孩子和父母都聚在霍金身边，而霍金居然耐心地回答他们的问题，为他们解释自己的科学研究。她看到父亲给出深思熟虑、富有教育意义的答案，还能让他们开怀大笑。霍金说，孩子总是充满好奇心和求知欲的。一切皆有可能，他依然是这样。他还保留着这份童心，他和露西也希望能鼓励小读者们保留这份童心。

与父亲合著这本书，让露西有机会看到父亲做科研时的工作状态，而她说在这期间，改变了他们之间的关系。她虽然没觉得父亲有什么变化——也许更老成了一点——但也是第一次见到父亲的这一面。“他居然能把数量庞大的信息存储在脑子里，还可以挑出重要的细节，做出简要的评论，彻底改变你的思维方式。”[27]她被父亲快速、清晰的思维，以及将事物整合到一起的能力震惊了。

2006年11月，霍金在BBC电台的一次采访中，又一次强调人类的未来取决于能否殖民另一颗行星，它不在太阳系内，而是围绕着其他恒星旋转的行星。[28]他曾经希望能亲自上太空。一个月之前，他在一次采访中说，自己的下一个目标就是进行太空旅行，“也许理查德·布兰森①可以帮我。”——布兰森马上就答应了。布兰森在2010年的“维珍银河”亚轨道太空旅行中给霍金留了个位子。帕丽斯·希尔顿和威廉·夏特纳②也一同前往。霍金没指望布兰森能带他到另一颗宜居的行星，但相信未来一定能实现，他和露西合著的小说中，也延续了这一情节。

当年晚些时候，在一篇博客下，25000人回答了霍金的问题：“在一个政治、社会、环境都无比混乱的世界中，人类如何再存活100年？”他自然认为自己的想法能够影响公共政策。在他发表的后续言论中，提到了基因工程，看他的口吻，基因工程不再是一件必将发生的麻烦事，而是承载了让人类变得“明智、不那么激进”的乌托邦式希望。[29]

在与露西的中国之行中，霍金再一次开了教皇约翰·保罗二世禁止科学家研究宇宙起源的玩笑，说教皇不知道他的演讲主题他很开心，因为他“不希望像伽利略一样被送上宗教法庭”。梵蒂冈似乎选择忽略了这些言论，但天主教的平信徒领袖看到了断章取义的言论，进行了多次轻率的回击。美国

① 译注：英国维珍航空的董事长。

② 译注：前者是希尔顿酒店集团继承人之一，后者曾在《星际迷航》中饰演主角柯克船长。

天主教联盟主席比尔·多诺霍在一份火药味十足的回应中说："霍金不应该再曲解教皇的言论了……""他说有些问题科学无法解释——这正是教皇声称的——和独断地警告科学家不要继续研究是有着很大的不同的。"[30]我们之前看到，教皇的声明对当时科学界的进展把握得比较准确，也没有威胁任何人上宗教法庭的意思。他的原话是：

针对世界起源的每一个科学假设……总是不能完整地诠释宇宙起源。这个问题无法只靠科学解决，而是需要超越了物理、天文的人类知识，即形而上学；最需要的是从上帝的启示中领悟的知识。[31]

美国天主教联盟主席比尔·多诺霍的话，霍金真的往心里去了。他以宗座科学院成员的身份访问梵蒂冈时，没有再提伽利略的事。教皇约翰·保罗二世也在1992年的一次演讲中，承认罗马天主教会迫害伽利略是错误的，霍金早在1973年前往梵蒂冈时，就说过自己希望教会能做出这一声明，现在该言归于好了。

零重力

2007年，山姆·布莱克本不抱什么希望地去应聘一个岗位，这个岗位要求具有丰富的物理知识（山姆只有工程学学位，没有物理学的），但他当场就被录用了。朱迪斯·克洛伊黛还记得，她和霍金都认为山姆是这个岗位的理想人选。霍金身边有很多可以聊物理的人，也需要有人保障他的轮椅和发声系统顺利运转，迅速、高效地修复任何故障，在机场和演讲现场护送他，有必要的话还要能抬起他，人要非常好，还得24小时全天候待命。技术支援助理这个岗位不简单，山姆之前的助理也都做得很好，但他还是一鸣惊人了。他成功地改进了霍金的眼镜框上他用来操纵电脑和发声程序的开关。之前的开关是个像束带一样的沉重设备，总是拉着霍金的镜框下坠，于是山姆换成了焊在镜框上的曲别针。曲别针上一条细细的线连接着轮椅后面的一个盒子。这个装置被人称为"眨眼开关"，不过不是这么操控的。这个开关能探测到人眯眼的动作，或者说是脸部一块肌肉的运动。山姆的发明一开始只是个原型，但是效果非常好，霍金一直在用，中间经历数次改进，直到他去世。

2007年4月，霍金体验了一次冒险，他希望这能成为朝着真正的太空旅行迈出的第一步。他踏上了一架让乘客体验失重——零重力状态的航班。没人知道他脆弱的身体会出现什么反应。没有问题！霍金经历了八轮失重，总共4分钟，超乎了所有人——也许除了他自己——的意料。“我可以一直体验下去！”他说。[32]山姆·布莱克本，以及4位医师、两名护工全程监测着霍金的血压、心跳和血氧含量，他们认为霍金说的没错。山姆说，他在霍金身边工作的5年里，从没见过霍金本人或是他的团队像这次这么开心。

这趟航班是由一家叫作“零重力”的公司提供的。制造失重状态的原理是：飞机的航线是一条条的抛物线，像过山车一样忽上忽下。飞机爬升时，乘客感受到的重力大约是在地面上的两倍。接近抛物线顶部之后，会经历大约25秒的自由落体。如此循环往复，霍金那次体验了八个这样的循环。

霍金踏上这次航班，甚至是自己可能有幸参与的太空旅行还有第二个动机——传播自己的观点：殖民其他行星是保证人类种群长久延续的唯一途径。

接下来的100年内，我们都很难保证地球上不发生灾难，何况是接下来的1000年甚至100万年。人类不应该把筹码都押在一处，或是押在一颗行星上。为了我们这个物种的未来，一定要让一部分人永远离开地球。[33]

他坚持认为，未来在太空中的旅游服务会形成一个庞大的市场。“我们将让一切都降了价——从机票到电脑——的商业机制带入这个市场。”[34]

而他的第三个动机就是鼓励其他残障人士多出门，多尝试这样的事。如果他能做到，其他人也可以。虽然其他人不一定能研究宇宙的起源，但体验失重为什么不可以呢？当然，我们首先想到的答案就是价格。

巡回物理学家

2008年，霍金的行程非常繁忙，而他勇猛过人的私人助理朱迪斯·克洛伊黛和山姆·布莱克本更是如此。朱迪斯负责提前考察目的地，与东道主协商行程，并提前在现场做好安排。她入职时，别人告诉她“私人助理不需要出行”。其他私人助理也许是这样，但她不行。山姆的职责是打包霍金的所有设备，以及安排托运。那时霍金的轮椅上装了呼吸器，再加上发声的电脑和连接镜框上传感器的设备，使得轮椅非常沉重。轮椅下方的电池像混凝土块一样，但这同时也保证了霍金操控的稳定性。这些全都由山姆负责。他还记得有许多次，自己提前与机场工作人员商量好了计划，等到他和霍金抵达机场时，却发现工作人员没有跟值机柜台或是登机口沟通好。“霍金教授得换到机场的轮椅上。”这句话是不可接受的。机场的轮椅没有霍金需要的设备。解决了这个问题之后，山姆会陪他登上飞机，然后飞快地将轮椅和设备拆卸开，再打包好放入行李架。航班落地后，他还要把所有设备取下、拼好。

1月，霍金的目的地是智利，去瓦尔迪维亚参加智利最著名的物理学家、魅力非凡的克劳迪奥·本斯特的60岁生日庆典。10年前，霍金访问智利和南极时，本斯特曾经负责接待。在遥远的智利克服了重重困难——智利国内地形异常崎岖，又刚刚意识到无障碍设施的重要性——之后，朱迪斯·克洛伊黛、山姆·布莱克本和其他随行人员陪他乘航班去了复活节岛。朱迪斯在南半球的太平洋海岛生活了许多年，还学习过太平洋历史，这趟旅途对她来说简直像“圣杯”一样珍贵。

5月，他们去了南非。霍金在开普敦访问了非洲数学和科学学院（AIMS），这所学院吸引了非洲各国的顶尖学生来读研，也支持着整个非洲大陆上的数学和科学研究。霍金的朋友、同事尼尔·图鲁克是AIMS的创始人，他协助策划了这次行程。霍金启动了AIMS的“下一个爱因斯坦计划”，他在演讲中称，希望这个计划能够培养出“非洲的爱因斯坦”。他还会见了纳尔逊·曼德拉。10年之后，霍金在一次与尼尔·德格拉斯·泰森[①]的访谈中，说曼德拉是他“最喜欢的非科学家”。

---

① 译注：美国知名天文学家、科普人士。

9月，由圣地亚哥·德·孔波斯特拉大学安排，霍金来到了这座美丽的西班牙圣城，接受芳塞卡奖，这个奖项是颁发给杰出科普人士的。

朱迪斯·克洛伊黛回忆：“那次旅行很艰难，大家都抱了很高的期望，新闻发布会规模也很大。发布会时间太长了，记者也问了太多问题（有四十多个问题供史蒂芬选）。史蒂芬大约回答了14个——这已经很多了。”这次露西也陪着他，去宣传西班牙语版的《乔治的宇宙·秘密钥匙》。

那年霍金一直想着长途飞行，他在加州理工的一场演讲中，对从虫洞穿越到其他宇宙的可能性不那么悲观了。他提出了新的可能性，时空的其他维度中还存在黑洞。光无法在其他维度传播，只能在我们熟悉的四维时空中，但引力还是会对维度有影响，而且比我们体会到的要大得多。这样，其他维度中要形成维度就简单了一点。

那场演讲中，霍金在普及黑洞的背景知识时，还用另一种方式描述了霍金辐射。他没有放弃粒子对的模型，只不过是换了种思维方式。如果粒子在一个特别小的黑洞中，你就能很精确地确定它的位置。根据不确定性原理，粒子位置的确定性越高，速度的不确定性就越高。因此黑洞越小，这个粒子速度的不确定性就越高，甚至有可能超过光速，这样粒子就能够逃离黑洞了。在这个模型中，霍金辐射的确来自黑洞内部。

一个人落入黑洞之后，有可能从另一个宇宙中出来吗？他认为有可能。他还没放弃通过虫洞旅行的想法。但去了就没法回来，所以即使霍金是世界上最勇敢、最渴望旅行的人，他本人也不会去尝试。

第 19 章　“我总是在走不寻常的路”

“对于宇宙诞生之初的大胆预测，如今居然可以用实打实的数据来验证了，真是神奇。”2008年3月，WMAP的首席研究员查尔斯·贝内特这样感慨道。[1]“第五年的结果”显示WMAP卫星的数据依然对膨胀有利，但也对暴胀理论增加了更多的限制。同时，WMAP发现了没有预测到的现象：在CMBR随机的温度分布中，出现了一个神秘的断点——“冰点”。[2]我们能确定的信息只有“盯牢这个点”，但是科学家们对其提出的几种解释都没有影响到暴胀理论。

科学家们争相寻找实验及观测数据，试图证实长期以来仅限于理论的猜想，这一现象不仅仅发生在天空，也发生在陆地——还是很深的地下。2008年9月11日，CERN的大型强子对撞机（LHC）启动后，大家都抱了很高的期望，希望这台盼望已久的设备能揭开“希格斯玻色子”的面纱。

霍金对阵希格斯

1964年，彼得·希格斯提出了“希格斯玻色子”的存在，并且将其纳入了宇宙学理论的标准模型中。2008年的一场新闻发布会上，他激烈地回应了霍金在BBC一场采访中发表的言论——《星期日泰晤士报》的头版标题用了“发起攻击”这个说法[3]。

两人之间不太友好的关系始于1996年。霍金发表了一篇论文，声称希格斯玻色子不可能观测到。到了2000年，已经有人证明他错了。那年，CERN的大型电子-正电子（LEP）实验的结束，并没有得到希格斯玻色子的决定性证据，霍金从密歇根大学的同行戈登・凯恩那儿赢了100美元。霍金另一个跟希格斯玻色子有关的赌约还没有定数，还需要芝加哥附近费米实验室先完成类似的实验。2002年，希格斯在爱丁堡的一场晚宴上发表演说："……很难与霍金真正展开讨论，因此他的好多言论可以逃脱'制裁'，别人却不行。他的名气给他的话增加了可信度，其他人可没有。"让霍金与希格斯的交锋超越了激烈的科学讨论范畴。霍金回应他称"我希望只谈科学，不要人身攻击"，后来希格斯私下向霍金解释了当时的前因后果，两人讲和了。霍金说他没有被冒犯，这件事也就此了结，但霍金还坚守着自己的观点，希格斯玻色子无法通过任何实验手段观测到。

2008年9月，在LHC启动之后不久的一场新闻发布会上，霍金揭开了旧伤疤，说他认为"发现不了希格斯玻色子才更刺激。这能告诉我们什么是错的，我们就得重新思考。我赌了100美元，我们没法发现希格斯玻色子"。[4] 希格斯用贬低霍金工作成果的方式回应："从粒子物理、量子理论的角度看，要想得出一套成形的理论体系，只引入引力是远远不够的，我觉得霍金就是这样。我对他的计算结果持怀疑态度。"[5] 霍金认为LHC可能得出更有趣的结果，比如发现某些超对称的粒子对。"这些粒子对的存在是对弦理论的有力证实，"霍金说，"也正是它们组成了暗物质，维持着星系的形态。但无论LHC发现或是没能发现什么，结果都能为我们提供许多关于宇宙结构的信息。"[6]《星期日泰晤士报》评论说"二人的口角很可能引起整个科学界的震荡"，虽然这言过其实了，但79岁的希格斯非常急切地盼望自己的理论得到证实，也是无可厚非的。

LHC对于霍金还有其他意义。那段时间，他在加州理工的一场演讲中提到，他认为LHC有可能观测到对撞机内的粒子对撞产生的微观黑洞。如果真的能观测到，这些黑洞应该会以霍金辐射的方式向外辐射粒子。[7] 他就可能得到诺贝尔奖[①]了。他还提到，CMBR中的波动可以理解为宇宙膨胀阶段产生的霍金辐射固化下来的结果。

但是对希格斯、霍金和许多其他人来说很不幸的是，LHC启动之后仅仅9天，CERN就不得不将其关闭。由于一处电路连接故障，氦气泄漏至对撞机所在的隧道中，导致原本用来控制亚原子粒子在对撞机中循环运动的超导磁铁出现故障。一年之后，LHC才重新正常运转。

2008年，山姆·布莱克本和霍金尝试了一款新的设备，叫作眼球追踪，或眼球扫描设备，来改进他那套发声系统的交互。这套设备安装在电脑屏幕上，追踪他眼球的焦点。不过只有他把眼睛睁大时，设备才好用，霍金觉得很难让眼皮一直抬起来。他们还是没有选择这套设备，但希望眼球扫描技术进步之后，还可以继续尝试一下。

2011年2月末，科研工作者们又一次蓄势待发，尝试寻找希格斯玻色子。“我们知道，这次要么发现希格斯玻色子，要么排除它的存在，这两个结果都举足轻重，”CERN的研究及科学计算负责人塞吉奥·伯托卢奇说，“当然如果没能发现，大家可能不会觉得有多了不起，但如果希格斯玻色子真的不存在，一定要有其他粒子填补它的空缺。”[8]

时间吞噬者

2008年9月，霍金有幸为剑桥旧城区一台美丽又有些阴森的设备揭幕。这台设备属于基督圣体学院，这所学院有着剑桥大学最古老的庭院。这是一台巨大的机械钟，就摆在本笃街和国王大道路口拐角处。[9]这台钟的表盘直径5英尺（约1.5米），没有指针，表盘上排布着几圈水滴形状的灯，蓝色的灯光一圈圈循环，分别指示时、分、秒。这台钟镀着纯金，表盘的设计理念来自涟漪，像是一块石头扔进熔化了的金属，激起一圈圈的波纹。波纹代表的就

① 译注：如果没有实验或是观测数据支撑，再有潜力的理论也很少获得诺贝尔奖的青睐。

是大爆炸，向外辐射着金子。

这块金光闪闪的奇妙钟表是为了纪念史上最伟大的钟表匠之一——约翰·哈里森，他是18世纪解决纬度问题的先驱，发明了“蚱蜢擒纵”机构。圣体钟的制作者、捐赠人约翰·泰勒，20世纪50年代在基督圣体学院读本科，随后成了伟大的发明家。他对旧钟表也非常喜欢。泰勒将“蚱蜢”做成了一只可怕的硬壳大蝗虫。这只既吓人又美丽还很怪诞的大虫子，牢牢地把住表盘的上沿，一点点爬动。蝗虫把前爪伸入钟表外圈的擒纵轮齿中，像哈里森的蚱蜢擒纵机构一样，以恒定的速度控制着齿轮转动。

这只可怕的怪兽叫作“吞时器”，或“时间吞噬者”。[10]到了整点，圣体钟不用鸣响报时，而是晃起时钟背面木棺上的一条铁链，用击锤敲打木棺盖。

这台了不起的机器，由霍金来揭幕真是再合适不过了。几乎所有人都把“霍金”和“大爆炸”以及时间的“简史”联系起来。霍金驯服了时间，将其变成了又一个空间维度。他似乎也奇迹般地延长了自己的时间，也许也在挑战钟上的那只可怕的生物。

挑战那只生物的不止他一个。现在，我的小外孙管那台钟叫“上面有只虫子的大钟”，是他在剑桥最喜欢的景点。霍金肯定喜欢“时间吞噬者”得到的这个童言无忌的称谓。

不声张的庆祝

时间的确在流逝，在霍金身上也不例外。一年之后的2009年9月30日，霍金遵循剑桥大学卢卡斯数学教授在67岁退休的惯例，离开了他占据了30年的教席。他的继任者是迈克尔·格林，一名出色的理论物理学家，专攻弦理论。与霍金60岁生日庆典不同，他告别卢卡斯数学教授席位的仪式，只是在系内部悄悄地办了一场香槟宴。

退休并没有改变什么。霍金繁忙的日程、研究工作以及他在DAMTP的位置都基本没有变化。这回他的头衔变成了剑桥大学理论宇宙学研究中心主任。他还在宽敞的角落办公室里办公，他的私人助理和研究生助理也没有被人拒之门外。在给BBC《新闻之夜》的一条音频消息中，霍金重申自己并没有真的退休，只是换了些头衔，还说：

“活了这么久，做了这么久的理论物理研究，真的是我的荣幸。过去40年来，我们对于宇宙的理解发生了很大的变化，如果我在其中有那么一点贡献，就很开心了。我希望跟大家分享自己的兴奋和热情。发现前人不曾了解的事物、突然顿悟的那一刻是无与伦比的，我不想跟性比较，但这种兴奋更持久。”[11]

之前的一年，霍金一直在威胁离开剑桥、离开英国——他以此来抗议政府计划大幅削减自己研究的领域，以及他希望青少年接受的科学教育方面的公共开支。这部分开支会转移到科学的工业化应用上，以及某些人认为可以为英国引入资金的科学。霍金一直在抗议政府的决策持续了十多年，说他们“不知道过去，看不见未来”，“要求一切科研项目都与工业有关，简直是荒唐。过去那些为现代科技打下奠定基础的伟大发现，有几个是出自工业驱动的科研？答案是几乎没有”。[12]

如果他搬走，会去哪儿呢？霍金一直很喜欢参观位于加拿大安大略省滑铁卢那所全球最先进的科研中心——圆周理论物理研究所，当时尼尔·图鲁克是那里的主任。当时有传言说霍金退休后，会去那里工作。不过，霍金还没有抛弃剑桥。虽然他的头衔变了，经费被削减了，身体条件越来越差，跟人沟通的能力也越来越弱，他的计划还是一如既往地具有惊人的野心：“要完全彻底地理解整个宇宙为什么是现在这样，又为什么会存在。”[13]这个过程要花多久呢？前一年，在《查理·罗斯秀》的一场采访中，霍金也被问到了这个问题。他用1980年自己在卢卡斯数学教授就职演讲中的话回应：“到本世纪末。”然后他讳莫如深地一笑，说虽然他的说法没有变，但21世纪还有许多年，比他发表演讲时，20世纪剩下的那几年多得多。

山姆·布莱克本给2009年来了个真正的开门红，他大胆地送了霍金一个迷你火箭发射器作为生日礼物。有了这个“办公室玩具”，他可以发射横穿整个办公室的火箭。3月，他去洛杉矶第一次见孙女罗斯，并将与露西合著的“乔治的宇宙”系列第二本送给了她。罗斯和哥哥乔治是罗伯特和妻子卡特里娜的孩子。

霍金又去加州帕萨迪纳发表了一场演讲。他对大家的狂热已经习以为常，每年都有几次，甚至许多次这种情况，在几乎变成霍金主场的加州理工，每年也有好多次。

太空，最后的边境

随着开场音乐，理查·施特劳斯的《查拉图斯特拉如是说》响起，霍金进入了会展中心，4500个座位座无虚席。即使不熟悉这位作曲家名字的人，也能听出这是电影《2001太空漫游》开场那段震撼的背景音乐。霍金的手没法再操作轮椅了，但他的双手摊叠在大腿上，依然能保持速度，穿过过道。随后，约翰·施特劳斯的《蓝色多瑙河》——没那么宏大、震撼，但更加亲切——取代了理查的曲目，霍金也从坡道走上了讲台。听众们等待着。有那么一小会儿，什么都没发生。出故障了吗？故意吊胃口吗？霍金的研究生助理上台调整了一下霍金的笔记本电脑。霍金的手依然摊叠在大腿上，他用脸部肌肉的运动控制电脑。很快，大家期待已久的声音和文字就出现了：“能听见我说话吗？”加州理工的听众欢呼了起来。霍金回来了！

霍金的演讲主题为“我们为什么要探索太空”，[14]这是他前一年在华盛顿特区发表的演讲，是为NASA成立50周年送上的贺礼。2007年出版的“乔治的宇宙”系列之一中有一段同名章节，这段演讲算是这章的成人版。他在演讲里还提到书中没有的内容，即太空旅行的成本，霍金承认花销很大，但即使将美国太空探索的预算增加至20倍，与全球的GDP比起来也只是小巫见大巫。他建议大家定下这样的目标：2020年在月球建立基地，2025年送宇航员登陆火星，不仅仅本着探索太空的目的，更要重燃公众对太空乃至科学的兴趣。“很多太空科学家都承认，自己对科学的兴趣产生于登月的那一刻。”他说。

我们能在太空中发现生命吗？霍金认为，即使在我们这个广袤的宇宙中，宜居的星球上出现生命的概率非常小，也一定有地球之外的星球上存在生命。这样的生命与我们的距离应该非常遥远，而且几乎一定不可能是基于DNA的。另一种可能是陨石也许可以将生命从一个星球带到另一个星球，甚至从一个星系带到另一个星系。如果生命是这样扩散的（术语叫作“胚种说”），那么在我们这片空间中的其他地方发现其他基于DNA的生命也就不算稀奇了。

他指出，地球上的生命源自“胚种说”理论的一点证据，就是地球上出现宜居的环境之后没有多久，就出现了生命，这点有些可疑。地球形成于46亿年前，最开始的5亿年间，地球表面温度太高，生命无法出现。生命出现的最早证据来自35亿年前，这意味着地球上出现宜居的环境之后，只过了5亿年就出现了生命。这段时间看起来很漫长，但其实非常短暂。

外星人当然还没有拜访过我们（至少我们认为没有——“不然他们怎么只找怪人？”），而且银河系中，我们的附近似乎也没有高等智慧生命。搜寻地外文明（SETI）计划也没收听到外星人的电视节目。方圆几百光年范围内，应该不存在发展程度和我们类似的外星文明。

为什么我们得不到外星人的消息？霍金提出了三个可能的原因：

第一，生命出现在宜居星球上的概率太低了。

第二，即使这个概率很高，生命进化为智慧生命的概率也太低了（智慧不一定与种群的长久延续有关，比如细菌和昆虫）。

第三，能够发射无线电信号的智慧生命，应该也能够造出核弹或是类似的大规模杀伤性武器，他们可能很快就毁灭了自己。霍金说这个笑话有些病态，但他还说，如果外星生命没有毁灭自己，考虑到地球生命那短短的寿命（与宇宙的寿命相比），我们还是很难遇到与我们发展程度类似的外星生命。他们要么比我们原始得多，要么先进到觉得我们特别原始。霍金偏向于第二种可能，即产生生命的概率不低，产生智慧生命的概率很低，“甚至有人会说地球上也没有智慧生命”。

霍金的演讲很长，也很有思想。他回答了提前筛选过的学生以及加州理工社区的人们递交的问题：我们距离《星际迷航》中的世界还有多远？不要想着靠曲速引擎或是复制器了，我们得“走那条艰苦的路”，无法超越光速。要到达遥远的地方，也许不止需要一代人。旅途过于漫长，船员们甚至可能向不同的方向进化，将人类分裂为两个不同的物种。

加州之行结束前，霍金的身体状况不允许他按计划继续前往菲尼克斯了。露西替他去了，并现场播放了他提前录好的演讲。霍金回到剑桥后，还住院观察了一小段时间，不过最终医院确认，这只是暂时的问题。8月，他计划去华盛顿特区，接受美国总统巴拉克・奥巴马颁发的总统自由勋章，这之前很久他就恢复好了。9月，他去瑞士访问了日内瓦大学的CERN，他的演讲《宇宙的诞生》让剧院座无虚席，通过视频转播的其他10个场馆也都一样。

他在华盛顿接受奖章时，有人发表了些言论，意外地让他加入了当时美国总统希望国会通过医保法案的辩论中。一位反对所有医保体系的人士炮轰英国的医保体系时说：“如果史蒂芬・霍金是英国人，肯定活不到现在！”霍金回应说自己当然是英国人，还生活在英国剑桥，“英国国民医疗体系让我受益了40多年。我在英国得到的治疗非常好。我相信所有医保体系”。[15]简对英国国民医疗体系则没这么乐观，毕竟这个体系之前让她失望过。

2010年2月，位于加州帕萨迪纳的美国行星协会为霍金颁发了表彰杰出科普工作的宇宙奖。之前的得奖者包括《阿凡达》导演詹姆斯・卡梅隆，以及《新星》的制片人宝拉・阿普赛尔。[16]霍金的身体又虚弱了，协会派人专程前往剑桥为他颁奖。协会的使命是“启迪地球上的人类探索其他世界、理解我们的世界，并寻找地外生命”。报纸刊登了在剑桥举办颁奖典礼的通知，结尾是四个字：“票已售罄”。

2010年春，霍金还为另一样提醒人们时光飞逝的事物揭幕。能在英国皇家园艺协会在伦敦举办的切尔西花展上，有一座以自己名字命名的花园，是很独特的体验。“史蒂芬・霍金运动神经元病花园：时间简史”，这座花园不仅仅是献给霍金的，更是献给所有受运动神经元病影响的人——病人、家人、护工。踏入花园，走上一条代表地球植物史的螺旋形道路，就进入了一片区域，这里种植了地球上部分最古老的植物，这片区域的尽头是“能提供食物的地中海类植物，未来如果气候恶劣，可以供我们果腹”，一直延伸至接近花园中心的位置。花园的中心是一片水池，池水流入一个漆黑无底的漩涡——代表黑洞——时间的尽头。旁边一堵石墙中嵌入了一座古董钟，代表着运动神经元病患者感受到的时光飞逝。伊丽莎白女王观赏花园时遇到了霍金，与他进行了交谈，还祝贺了他。

天空的论断

2009年，WMAP的使命结束了。2010年1月公布的观测结果总结显示，CMBR中的温度大幅波动比小幅波动密集一些——看似微不足道，实则是对许多膨胀模型至关重要的预测——并且确认了宇宙的确是扁平的。[17]这回观测到了CMBR中冷热点完全随机的整体位置分布，给了第二个结论空前有力的支持。[18]

2009年5月，随着WMAP的任务进入尾声①，欧洲航天局（ESA）发射了普朗克卫星。这颗卫星携带的部分探测器可以在-273.05℃的环境下工作，只比绝对零度高0.1℃。不过修正过的CMBR图像、数据分析和论文至少要到2013年才会发布，但2011年1月，ESA就提前公布了部分数据。“我们还没挖掘到真正的宝藏，即宇宙微波背景本身。”[19]ESA的科学及机器探索部门主管大卫·萨斯伍德说。项目的第一个目标，就是清除掉影响CMBR研究的部分表层因素。在宇宙发展的进程中，许多事物都可能影响到CMBR，“许多不光彩的天体物理现象”[20]给整个辐射增加了复杂度——引力透镜效应导致的异常、无线电信号源、黑洞，甚至是仪器噪声。

研发普朗克卫星的科学家们将关注点集中在“异常微波辐射”上，即与星系中尘埃较密集的部分有关的发光区域，而且能确认其来源是由快速运动的

---

① 译注：2010年10月，WMAP终于进入“坟墓轨道”。

原子或是紫外线撞击引发旋转的宇宙尘埃。从数据中过滤掉这些微波“迷雾”不会让CMBR失真。CMBR不会受一点影响，还能让普朗克卫星的数据以前所未有的细致程度揭示宇宙微波背景。[21]

随着对CMBR的观测越来越细致、精确，各个模型也越来越难与观测结果吻合了。而对于模型来说，能够提供与观测结果吻合的支持也越来越有力了，有些模型就被过滤掉了。不过到目前为止，CMBR、宇宙整体形状、宏观光滑程度以及微观结构的观测结果与预测都较为吻合，膨胀宇宙学的好日子来了。[22]约翰·巴罗总结说：“与微波背景辐射中温度变化显著规律有关的观测证据越来越多，这意味着我们非常重视可见的宇宙早期经历过暴胀阶段这一理念。”[23]

科学家们还预测，大爆炸后立即出现的引力波会在CMBR中留下明显的痕迹，[24]但一直很难观测到。不过，还有其他寻找引力波的途径。基普·索恩对黑洞的兴趣由来已久，那时他与同事花了一段时间合作开发设备，用以更直接地探测、测量黑洞事件和早期宇宙产生的引力波，其中一种方法是激光干涉测量法。

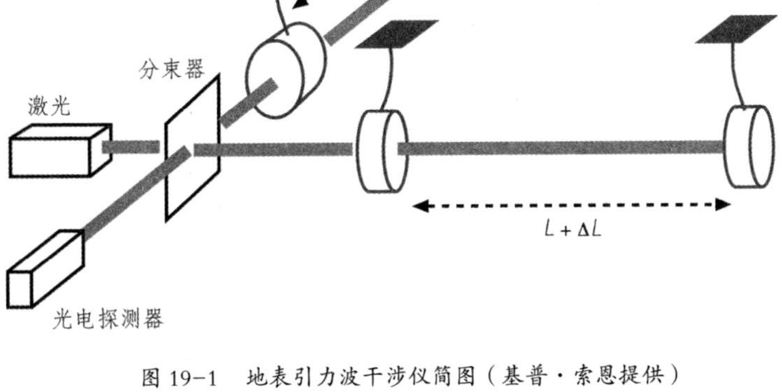

图 19-1　地表引力波干涉仪简图（基普·索恩提供）

干涉仪能够将激光分为两道彼此垂直的光束。每道光束都经一面镜子反射，原路返回，两束光相遇后再次合并。每面镜子都有质量很大的配重，这样一旦有引力波经过干涉仪，对负重之间的空间产生扰动（镜子也会受牵连），就会产生微小的位移，改变光束运动的距离，在激光中产生干涉图形（见图19－1）。

地球上已经有好几个地方架设了引力波探测器，包括华盛顿的汉福德（LIGO）、德国汉诺威，以及意大利比萨。不过这些探测器还有一个终极版，一个大到惊人的阵列，计划以三架航天飞机的形式进入太空，名为激光干涉空间天线（LISA）。就位后，三架航天飞机形成一个三角形，每条边都有500万千米长。光在各架航天飞机之间传输大约需要20秒。（见图19－2）当能够扰动空间的引力波经过这台巨大的“仪器”时，会导致航天飞机之间的距离产生细微的变化，而各架航天飞机之间发射的光束也会出现干扰，可以通过极其精密的仪器测量。[25] LIGO和LISA是基普·索恩在霍金60岁生日宴上承诺送他的四台探测器中的两台（另外两台是GEO、VIRGO），还说在离他70岁生日还有很多年的时候，就能验证他的“黄金时代黑洞预测”。[26] 而他的70岁生日越来越近了。

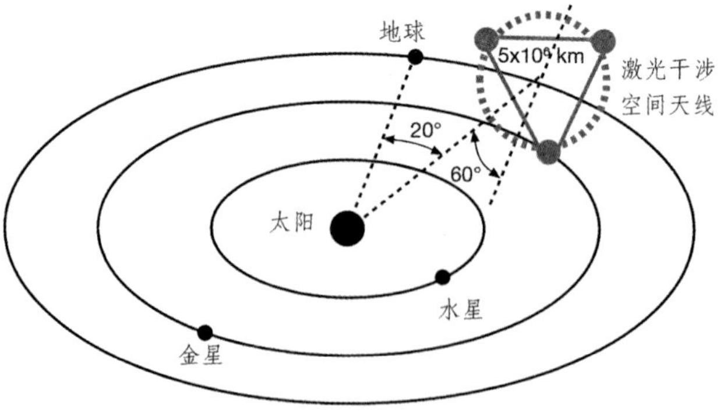

图19-2　ESA与NASA计划共同打造、发射的激光干涉空间天线（LISA），未来计划用来共同检测低频引力波（基普·索恩提供）。

继WMAP、普朗克和LISA之后，NASA又发射了关注CMBR的爱因斯坦膨胀探测器，以及研究引力波的大爆炸观测仪。这两台仪器也许可以一起给我们带来任何探测器、任何研究，包括非常成功的WMAP都没法带给我们的成果：科学家们追寻已久的、对膨胀本身的物理机制以及能级的理解。[27]引力波为我们提供了一次空前绝后的机会，探测宇宙诞生之后一瞬间的样子。

这些观测数据能够给膨胀是否发生过下个定论吗？暴胀理论对引力波的样式和特征都做出了预测。如果结果与这些预测一致，就成了有力的证据。如果无法探测到引力波，就可以支持另一个模型——火宇宙模型，这个模型中我们的宇宙没有膨胀，不过是由两个三维膜世界在隐藏的额外（第四）空间维度中，非常缓慢的碰撞产生的。

以身涉险

说到永久膨胀预测的宏观宇宙，似乎从宇宙中我们所处的狭隘视角来看，根本无法验证。那么在我们有限的视野内，能找到什么证据呢？

霍金和同事永远不会放弃对将来有机会通过观测结果验证的现象做出预测。在2010年9月的一篇论文里，霍金、吉姆·哈图和托马斯·赫托格承认"（宇宙的）马赛克结构不可能观测到。我们看不到整个宇宙，只能看到（我们的观测范围内）过去的光锥中，一片几乎同质的区域"。[28]

不过，即使大幅度的波动需要在异常巨大的尺度——"超视界尺度"[29]——上才能观测到，他们依然认为在我们能观测到的宇宙范围内，在计算同质区域出现的小范围异动时，无边界波函数依然能助他们一臂之力。他们声称，CMBR温度变化频谱中存在或是不存在的随机波动的确能为我们提供宏观宇宙的有用信息，以及是否存在更宏观的宇宙。

"量子波函数"能够展示单个粒子在两点之间所有可能的运动轨迹，而无边界波函数则能够展示我们的宇宙所有可能的历史，前提是宇宙的诞生方式与哈图和霍金预测的一致。在此之前的2010年1月，两人在一篇论文里提到，他们在共同考察部分可能的宇宙历史。[30]既然历史有无穷多种可能，那么是否要计算各个可能的概率大小就值得商榷了。不过，哈图、霍金和赫托格相信肯定能够得出结论——他们没有使用理查德·费曼自己处理无穷大时使用过的，还认为有些"笨"的重整化手段。[31]他们将自己研究过的各个历史分为两组。

先考虑那些不太可能出现永久膨胀的宇宙历史。换句话说，这些宇宙都不太可能是永久膨胀的产物。如果我们生活在这样的宇宙，而宇宙又刚好呈现出我们观测到的样子，而且如哈图、霍金和赫托格所说，无边界波函数的确在计算过程中助他们一臂之力，这样的计算过程会产生什么样的结果呢？

（1）在我们能观测到的范围内，CMBR频谱中的温度会呈现出一部分非随机性波动；

（2）在我们观测范围外，在更宏观的尺度上，总体呈现出同质性；

（3）过去经历过的膨胀过程有限。

而对CMBR的观测不但无法展现（2）描述的场景，对其他两项预测似乎也没提供什么支持。

再来考虑下另一组宇宙模型。这些宇宙很可能是永久膨胀的产物，如果我们生活在这样的宇宙，而且又一次地，宇宙刚好呈现出我们观测到的样子——并且如哈图、霍金和赫托格所说，无边界波函数的确在计算过程中助他们一臂之力——这样的计算过程又会产生什么样的结果呢？

（1）在我们能观测到的范围内，CMBR频谱中的温度会呈现出大量的随机性波动；

（2）在我们观测范围外，在更宏观的尺度上，呈现出大量的不同质性；

（3）过去经历过很长一段的膨胀过程。

这就差不多了！至少到目前为止，看起来是这样。CMBR中能否观测到随机性的存在（及其程度）是问题的关键。

不过，哈图、霍金和赫托格决定，继续以身涉险：他们在2010年9月发表的论文中声称，通过计算，我们的宇宙应该会在场值为最低时结束膨胀阶段。[32]他们较为精准地预测了我们能观测到的区域内（我们的光锥内）——不仅CMBR频谱中的温度呈现出了大量的随机性波动，而且如果永久暴胀理论是正确的，波动的分布及频谱也不是完全随机的。①这种非随机性极其细微，很难被探测到。

普朗克卫星，乃至其他未来发射的探测器都能够得到足够精确的数据，来验证这些预测，以及展现出霍金及哈图的无边界理论预测的CMBR中温度轻微波动的规律。大家还希望普朗克卫星能探测到光线以特定的形式弯曲，以证明宇宙的几何形态与某些多元宇宙及永久膨胀模型预测的一样。[33]

接地气的霍金辐射

霍金、哈图和赫托格一直在思考什么证据能够证实永久暴胀理论，而另外一组科学家在研究如何用实验手段制造霍金辐射，不在黑洞边界或是早期宇宙的事件视界，而是在实验室里。2010年9月末，《物理评论快报》收到了一篇意大利英苏布里亚大学的丹尼埃尔・法西奥及其科研团队发表的论文，声称他们成功制造出了霍金辐射。[34]他们的方式是向玻璃块发射激光。

他们认为，激光脉冲穿过玻璃时，会改变光在其中传播的速度（玻璃的“折射率”）。随着脉冲穿过玻璃，玻璃的折射率发生变化，脉冲附近的光传播速度越来越慢。如果一束脉冲A追赶一束更慢、更弱的脉冲B，A最终能够追上B，并且使B附近的光速减慢。B脉冲会越来越慢，甚至最终停滞。而脉冲A的最前端，像黑洞的事件视界一样，会将B吸入。

我们讨论过霍金辐射——不断出现的粒子对。一对粒子一起出现，然后

① 直接引用三人在2010年9月发表的论文，感受一下用纯粹的理论物理学术语描述是什么效果：“……微波波动基本符合高斯频谱，标量谱指数为n8~.97，张量－标量比约为10%。”（James Hartle, S. W. Hawking and Thomas Hertog, ‘Eternal Inflation without Metaphysics’.）

分开。经历了短到不可思议的一瞬间之后，两个粒子再次碰面，互相湮灭。在黑洞的事件视界附近，两个粒子还来不及碰面、湮灭，带有负能量的粒子就可能穿过事件视界，进入黑洞。当然，带有正能量的粒子也可能落入黑洞，但不是必然。这个粒子现在自由了，可以以霍金辐射的形式逃逸了。对于远处的观测者来说，这个粒子是从黑洞内部出来的。其实它刚好是从外侧出现的。同时，携带负能量的另一颗粒子进入了黑洞。

法西奥和他的团队观测了这样的粒子对——光子——看脉冲穿过玻璃时，产生的事件视界会不会吸入粒子对中的一个，让另一个以霍金辐射的形式逃逸。他们架好了相机，聚焦在玻璃块上，再通过激光发射器发射了3600束脉冲。相机记录下了一点微弱的亮光，频率刚好处在霍金辐射预测的区间内。科研人员仔细地排除了其他光源的可能，认为他们的确观测到了霍金辐射。

这能让霍金赢得诺贝尔奖吗？毕竟如果没有实验或是观测数据支撑，再有潜力的理论也很难获得诺奖的青睐。2010年11月，在英苏布里亚大学公布实验结果后不久，我问霍金，法西奥及其团队真的发现霍金辐射了吗？他的回答则讳莫如深："我是得不到诺贝尔奖的。"

2010年，山姆·布莱克本注意到霍金的交流能力更加衰退了。他对面部肌肉的控制也越来越弱，无法再做出信息量丰富的表情了。他还能做出寥寥几个表情：抬起眉毛代表着"是"，嘴角向下咧代表着"否"，咬牙切齿的含义和其他人一样，还有他招牌式的微笑。

第 20 章 “我叫史蒂芬·霍金，物理学家、宇宙学家，也算是个梦想家”

2010年初秋，霍金与列纳德·蒙洛迪诺合著的《大设计》面世，还有一个不太符合霍金风格的副标题“生命终极问题的新解读”，书名不再有着前两部书那种独到的幽默感，比如时间“简”史或是“果壳”中的宇宙，这本书显然严肃起来了。

《大设计》将半个多世纪以来，霍金所做的思考和工作汇总起来，让我们了解人类追寻万物理论的进展。里面有费曼的历史求和、人择原理、“模型”及“现实”的含义、无边界理论、信息悖论、对现代哲学的蔑视（这次放在了第一页，而不是最后一页），以及与上帝的斗争。但这本书一开头，就点明了一个巨大的变化：对万物理论的追寻，的确已经支离破碎了。

艾萨克·阿西莫夫写过：“在困扰男女科学家的诸多刻板印象中，有一个的确伤害了他们。科学家的形象经常是‘邪恶’‘疯狂’‘冷漠’‘以自我为中心’‘心不在焉’甚至是‘无趣’，他们对此也不是很在意。但不幸的是，人们经常认为科学家就是‘对的’，而这极大地扭曲了科学的本质。”霍金几次让人震惊的态度突然转变，贯穿了本书始终，彻底打破了这一刻板印象。霍金最擅长彻底推翻自己的主张，不过我们也看到，有些看似是态度的突然转变，其实都算不上倒退或是回头。霍金创造的《蛇与梯子》游戏中，碰到“蛇”并不会让你远离目标。即使这样，放弃对基本万物理论的追寻也是巨大的转折——只有霍金遇到不可动摇的证据，封住了其他所有的路时才有可能发生。

《大设计》开篇还点明了另一件事，就是霍金不再以怀疑的态度看待弦理论了。至于究竟是什么让他改变了看法，我们很难确定。除了他自己，大多数人还认为他直到20世纪90年代末还是反对弦理论的。不过，他在1990年告诉我（见第13章），他认为超弦理论是最有可能通向万物理论的。他是对的，但是也有个转折。

“宇宙终极理论”最新的候选理论也许还是这个“头衔”最终的归属，是M理论。以由来已久的万物理论标准来衡量，M理论有点让人失望。这个理论不简单，没法印在T恤上，也没法满足惠勒那首诗的要求，不符合毕达哥拉斯标准，即优美而清晰的理论能带我们找到真相。那么这个理论是错的吗？霍金的态度是，这个理论不算正确、不算终极，但也许是我们能达到的极限了。

M理论不是单一的理论，而是一系列理论。霍金将其描述为“理论家族”。家族的每个成员都能较好地描述一定物理条件内的观测结果，但都无法适用所有物理条件，哪个成员都无法描述“万物”。这些理论看似各不相同，却都有着同一个落脚点，也都可以视为同一个深层次理论的不同侧面。[1]我们目前还不知道如何将这个深层次的理论抽象为一组方程，也许永远都做不到。

霍金和蒙洛迪诺将这一情况同世界地图类比了一下。因为世界地图使用了墨卡托投影，与其他区域比起来，地图上的北端和南端的区域比实际偏大（越向北或是向南，这种失真越严重），而北极和南极则完全没有出现在地图上，这样的世界地图与一系列局部区域的小地图比起来，的确不那么精确。一系列小地图中，重叠的区域也没有出现冲突，无论如何划分，重叠的区域看起来都是一样的。每张小地图都能够可靠地反映那一片区域。但单一的地图就无法很好地反映地球表面。类似的，理论体系中任意一个单独的理论都无法适用所有观测结果。[2]

如今，理论物理学家将五个不同的弦理论以及超引力——1980年霍金曾对这个理论寄予厚望——划分为一个家族，作为对更加基础的M理论的近似。在霍金那个世界地图的比喻里，这六个近似理论就是六张小地图。

虽然这个情况还不是最理想的状态，即完全理解整个宇宙，但我们也不必一直怨天尤人，哀叹自己对基础、透彻、深层次理论的无知。我们的确是知道一些的。时空共有10个或11个维度。有质点、振动的弦、二维膜、三维物体，以及其他占据9个（某些理论认为是10个）空间维度的物体——*P*维膜。

前面说过，在能体会到的三个维度之外，其他的空间维度我们也许无法察觉，因为这些维度都紧紧地蜷曲在一起，而可能的蜷曲形式多到不可思议，一开始吓退了希望弦理论成为唯一万物理论的人们。前面，我们用浇花用的水管帮助读者理解蜷曲这一现象。霍金和蒙洛迪诺又找到了更好的比喻。

先想象一个二维平面，比如说一张纸。之所以称其为二维，是因为要定位上面的任何一个点，都需要两个数字（横、纵坐标）。你也许没意识到，吸管也是二维的。要定位上面的一个点，就要知道它到端点的距离，以及在圆周上的位置。假设这根吸管非常细，这样就几乎不用考虑点在圆周上的位置了。霍金说，如果吸管特别特别细，直径只有几亿亿亿分之一英寸，就不存在“圆周”这个维度了。这就是研究弦理论的物理学家希望我们想象额外维度的方式——蜷曲到非常小，我们完全注意不到。他们称这种现象为“蜷曲至‘内部空间’”。

20世纪90年代初期至中期，额外维度繁多的蜷曲形式，对理论物理学家造成的阻碍越来越小了。其中一点改变，在于大家认识到了，额外维度蜷曲起来的多种形式，只不过是我们在四维时空中处于不同的观测角度引起的。不过，安德烈·林德提到，额外维度蜷曲的形式也是至关重要的。正是这种蜷曲的形式定义了各个宇宙中的自然规律。M理论中，内部空间有多少种蜷曲形式，就可以出现多少种不同的宇宙，其中的自然规律也各不相同。这个数字大到无法想象。

对于这些宇宙的诞生，霍金建议可以用艾丁顿的气球来类比，即气球上爬着一只蚂蚁，只不过这回不用气球，上面也没有蚂蚁。2006年，他在加州理工的一场演讲中，建议听众们将膨胀的宇宙想象为气泡的表面。沸腾的水中会产生气泡，许多小的气泡刚一形成就消失了。这些气泡就是只膨胀了一点点的宇宙，还没达到微观的尺度就坍缩了。星系、恒星或是智慧生命都无法出现。不过也有其他的气泡，一开始很小，后来膨胀到了一定的尺度，不会坍缩，至少很长一段时间内不会。这些气泡一开始以不断加快的速度扩张着，这就是我们所说的“膨胀”。

《大设计》回顾了理查德·费曼的观点，即量子力学理论中，粒子从一点到另一点的过程中没有确定的位置，我们将其理解为粒子没有路径。前面提过，费曼意识到我们可以直接认为，粒子同时走过了所有可能的路径。在这个前提下，想想众多宇宙的可能性，即永久膨胀中提到的情况。只说每个宇宙都有不同的历史是不够的。而想想历史求和，每个宇宙都有众多可能的历史，也有众多可能的未来，其中的很多可能性都无法诞生智慧生命，只有一小部分宇宙允许我们这样的生物存在。

在所有可能的宇宙中，只有一个是完全均一、规律的。计算下这种宇宙出现的概率，就会发现可能性很大。这种宇宙是最有可能出现的，但不是我们所在的宇宙。这样的宇宙，即早期阶段不存在细微的不规则，导致CMBR中不存在微小的波动，是永远无法让我们栖息的。我们的宇宙一定有些区域比其他区域更密实，这样引力才能将物质聚集起来形成星系、恒星、行星，甚至是我们。2006年，霍金在那场加州理工的演讲中这样说：“天空的微波（CMBR）图像是宇宙中所有结构的蓝图。我们就是早期宇宙波动的产物。”[3]幸运的是，许多宇宙历史中都存在一点点不均匀和不规律。这些宇宙与均匀、规律的宇宙存在的概率几乎相同。我们不知道有多少其他的宇宙能产生“我们”一样的存在，但我们知道这样的事至少发生过一次。

在霍金对M理论的理解中，有另一个熟悉的概念至关重要，即在量子层面的宇宙中，观测必然导致干扰，也必然会影响观测目标。对绝大多数人来说不太熟悉，但是更加重要的一点是，无论我们多仔细、彻底地观测现在，我们无法观测到的过去和未来一样，都是不确定的。霍金将这些与费曼的历史求和结合起来，总结道：“宇宙不只有一个历史，而是所有可能出现的历史一同存在，每种可能的概率各不相同。我们对现在的观测会影响过去，选择出不同的历史。”[4]这个观点也不是特别陌生，前面提到霍金和哈图在研究无边界理论时，就用到了历史求和。霍金思考的重点变了，他意识到，我们通过观测现在选择出的历史，对我们理解宇宙有着至关重要的作用。

回到费曼的方法，考虑粒子从一处至另一处的所有可能路径。如果把粒子换成宇宙，就不太容易了。我们不了解A点（起点），但对我们这个宇宙来说，我们的确很了解B点，即我们现在的状态。霍金请我们考虑一下所有满足无边界条件的历史（封闭表面、没有边界的历史），而终点是我们现在所知的宇宙（B点）。A点有非常多的可能，不过我们不敢保证说这些可能性“包罗万象”，因为首先要满足无边界条件。假设我们从A点出发，会发现许多可能的B点，有些与我们现在的宇宙很像，但绝大多数都不像。

霍金推荐我们尝试将他“自上而下”的思维方式用在宇宙学上，从现在向过去出发，自上而下追踪可能的历史。这是研究宇宙学的新视角，也是看待因果论的新视角。宇宙并没有唯一的、依赖观察者的历史。我们身在宇宙、观测宇宙，就创造出了宇宙的历史，而不是历史创造了我们。比如，为什么我们的宇宙中只有四个未蜷曲的维度呢？M理论中并没有约定宇宙一定要存在四个可观测到的维度。自上而下的宇宙学认为，宏观空间维度的个数可以是0到10中任意一个数字。三个空间维度加一个时间维度也许并不是最可能存在的情况，但这是我们唯一感兴趣的情况。

再用老的视角看一下宇宙，即“自下而上”地看，你会发现自然规律为何是现在的样子、宇宙为何刚好适宜我们存在和观测，似乎找不到原因。但我们观测到的自然规律的确是这样，而且我们也生活在宇宙中。为什么不从这两点出发呢？我们的存在是至关重要的。在宇宙无穷多的可能性中，我们的存在“选择”了适宜生存的宇宙，其他的宇宙几乎都无关紧要了（究竟是否真的无关紧要了，还要听霍金继续讲）。

有了无边界的宇宙，我们再也不需要追问宇宙的起源了，因为没有起源。有了M理论，我们再也不需要追问宇宙为何刚好适宜我们存在和观测了，因为我们的存在“选择”了生存的宇宙。事实上，我们可以算是亲自调试好了宇宙。人择原理在这里的确充分发挥了效用。用霍金的话说就是：

“虽然在宇宙的尺度上看，我们弱小又无关紧要，但从这个角度看，我们也算是创世主了。”[5]

现在问题出现了：我们能验证这个理论吗？霍金写道：也许有数据能将自上而下理论与其他理论区分开，支持或是驳倒这个理论。也许未来发射的卫星能够获取这些数据。2006年，他在加州理工的那场演讲中提到，我们也许可以通过“极早期宇宙产生的观测机会”来探查、测量引力波。光在宇宙早期就被自由电子打散过许多次，并在宇宙诞生38万年之后冻结，引力波则不同，极早期宇宙发出的引力波不会受到任何介质的干扰，依然可以触及我们。[6]

霍金将自上而下的思维方式，延伸到了智慧生命在地球上诞生这件事上。他认为我们的宇宙、我们的太阳系，以及我们的世界都是精心调试过，好让我们存在的，这一点是任何理性思维都无法预测的，他还准备了一套很有说服力的说辞。不过，后来有一次他简洁、不容置疑地重申人择原理时，这样写道：“显然，一颗宜居星球上的生命审视身边的世界时，肯定会发现周围的环境满足他们生存的必要条件。”[7]就像我们，通过我们的存在，选择了我们的宇宙，也选择了地球的历史，以及允许我们存在的宇宙环境。

在《大设计》中，霍金似乎不再喜欢别人对决定论的质疑。不知为何，信息悖论被抛弃了，也不再困扰霍金了。他明确地声称：“拉普拉斯构想出的科学决定论……其实是所有现代科学的基础。”[8]当然，这一点他从没有质疑过。之前说到信息悖论的内涵，他会认为所有现代科学可能都是错的。这点疑虑显然已经打消了，因为他说，科学决定论是“贯穿本书的、至关重要的原则”。[9]后面又写：“本书的创作完全基于科学决定论的概念。”[10]

科学决定论也适用于我们人类。他写道：“看来，我们仅仅是‘生物机器’，自由意志不过是幻觉……既然我们无法解出决定我们行为的方程，就用了一个等效的理论，即人类有自由意志。”[11]其实霍金最好在书里多讲一点这个问题。关于人类的自由意志，有许多重要的科学发现——有些支持他的观点，有些不支持——但霍金没有讨论这个问题。他做出了自己的选择。他认为世界之所以一团乱麻，是因为“大家都知道，我们做出的决定经常是不理性的，对后果的分析也经常存在偏颇”，这也让读者希望他能再深入讨论下去。这些话很“随意”，与他之前在讲座以及公开发言中，对世界形势深思熟虑的言论比起来，很不符合他的特点。

不过，决定论还是一个比较复杂的概念，也并不像我们想的那样不容变通。本书前面说过，在量子层面观察宇宙，我们就要对决定论做一点修改，设定一个系统在任意时刻的状态，自然规律就能决定各个过去和未来出现的概率，而不是精确地预测过去和未来。用霍金的话说，就是“自然只允许一部分结果出现，每个结果被发现的概率都各不相同”。[12]你可以通过不断重复试验、观察不同结果出现的频率，以及这些频率是否符合理论的预测，来验证量子理论。

霍金又提到了1996年，我和他在DAMTP老楼的公共休息室中讨论的观点，当时这些观点还引来了一些人的批评。他当时对我说的话是“我们永远无法脱离模型看现实，但这不代表现实无法脱离模型存在。如果我不这么想，当初就不会做科研”。而在《大设计》中，他用斜体字强调，“不存在脱离图像或者不依赖理论理解的现实”。他继续写道，这个结论“在这本书中非常重要”。这些内容与他当年说的第一句话异曲同工，只不过把“看”换成了“理解”，但是他去掉了第二句话。读者不禁好奇第二句话是否仍然成立。

霍金还列出了自己很抵触的两种对“现实”的思考。一种是传统科学的“现实主义者”视角，相信存在一个真实的外部世界，可以测量、分析，而且在任何一个观测者看来都是一样的。另一种是被霍金称为“反现实主义者”的视角，这一视角固守在试验和观测得来的经验知识中，对新理论毫无贡献，最终也会因为我们所知的一切都经过了大脑的过滤，因此无法确定经验是否存在，以及能否自我毁灭。

霍金写道，他相信自己这个“不依赖模型的现实主义者”终结了现实主义者与反现实主义者的争论。他坚持认为，模型只有是否符合观测结果一说，没有是否“真实”一说。如果符合观测结果的不止一个模型，也不用争论哪个更加“真实”或“正确”。“我们的感知——也包括了我们用来构建理论的观测结果——都不是直接的，而是经过了层层过滤，即人脑的感知功能。”[13]他说，这不仅适用于科学，更适用于我们日常的感知。在科学层面上，无论我们是否在有意识地构建模型，我们都无法直接接触到不依赖模型的现实。不过，我们依赖模型理解的现实也不是一无是处，因为这是人类理解、管理世界的方式。随着观测结果和经验的不断更新，模型也会不断迭代。

霍金的观点很难让人赞同。除非我否认现实——我们也都有这样的时候——我在生活中也正是用这种方式学习的。我们的经验各不相同，也许我们需要求同存异，而不是争出谁“对”谁“错”。霍金会将他的世界观应用到更极端的观点上，他想让我们的世界分裂开吗？他应该就是在这里提出了自己观点的第二部分，也是纯粹属于构想的一部分，也许是想表达“但这不代表不存在‘对’和‘错’；如果我认为不存在对错，我的生活也就没有意义了”。另外，也有人认为人类价值是进化史的产物。这样想，“对”的事帮助我们这个物种存活了下来——既无比高深，又是特别基础的。如果这是真的（而且在这样的讨论中，“真的”又是什么意思呢？），那么“不依赖模范的道德”就和“不依赖模型的现实”一样虚无缥缈。

即使这样，霍金关于“现实”的讨论还是能解答你从本书第2章就开始好奇的问题。拿电子举例，如果没人见过电子，怎么知道电子是“真”的？虽然没人真的见过电子，但电子这个模型与云室中观测到的轨迹，或者显像管中的点点亮光的观测是相符的。这个模型在基础科学及工程领域的应用都相当成功。但电子是“真”的吗？虽然许多物理学家都理所当然地认为是真的，但霍金认为这个问题没有意义。

他所谓的“不依赖模型的现实”，在思考“波粒二象性”问题时很有用——为了更好地理解，必须同时有两个不同甚至看似互不相容的描述。两个描述没有哪个“更好”或是更“真实”。波粒二象性源自20世纪初，在发现光与物质作用时呈现出了粒子的性质，但光的传播试验又表明光应该是波这一现象。

这些都为我们思考M理论打下了知识基础。之前讲到，似乎没有哪个数学模型能全面地描述宇宙，M理论家族中的每个理论都能描述一定范围内的现象。在不同理论重叠的区域，也不存在冲突。因此这些理论都属于同一个理论，就像霍金那个地图的比喻，小地图都是同一张大地图的一部分。但家族中没有哪个理论能描述所有作用力和所有粒子，以及宇宙所在的时空架构。如果寻找万物理论的征途止于这个看似支离破碎的理论，也只好这样，“在不依赖模型的现实框架下，这是可以接受的”，[14]再没有其他独立于我们已知模型的理论了。

霍金和蒙洛迪诺写道，多元宇宙中的所有宇宙都源自“虚无”，因物理法则而自然出现，因此不需要创世主。他们为了表达观点，将一些问题过度简化了一下。在霍金偏爱的永久暴胀理论中，宇宙不是源自虚无，而是源自其他宇宙。但过去的某一刻，一定有一个最初的宇宙，以及最初的膨胀过程，作为一切的起点，或者这个自我重复的过程可以追溯到无穷久远的过去。第一个宇宙（如果存在“第一个宇宙”）的起源，应该可以用无边界理论解释，这样我们就像《时间简史》末尾写的一样，碰到了这样一个高深的问题，不需要创世主的存在了。

不过，《大设计》关注的是另一个谜团，是否有人精心调试了宇宙。信仰上帝的人——这些人还相信“鸿沟上帝”理论，即有些情况只有引入上帝才能解释得通——会失望地发现霍金和蒙洛迪诺用自上而下的方法和多元宇宙给出了另一个可行的解释。如果你只将上帝当作必要时才用的解释，霍金就会再次将你排除在外。霍金的书在上帝及科学的问题上吸引了媒体的关注，但更有趣的是，仔细、爱思考的读者会发现，书中对这个问题的讨论的确能启发一些深入的讨论——但这些讨论的结果并不怎么符合霍金的期望。

在《大设计》最后一章中，霍金和蒙洛迪诺讨论了物理法则源自哪里的问题，开启了相关的讨论：“自然法则只告诉我们宇宙如何运转，但不会回答为什么。”在《时间简史》的最后，霍金写道，这个问题的答案只有上帝的思维才能理解。这回他将这个问题分为了三部分：“为什么是这样的自然法则，而不是其他的？”“为什么存在（法则等），而不是不存在？”以及“我们为什么存在？”

为了更好地阐明第一个问题，霍金和蒙洛迪诺列出了类似我们这样的宇宙中，必要的物理法则。这一系列法则一定要定义“能量”的概念，其中能量的总量是守恒的，是不随时间变化的。另一点是这些法则必须“规定”任意被真空包围的个体能量都为正值，同时还必须有引力的法则。引力的法则必须在其支配的自然界的作用力和物质粒子之间规定超对称的存在。应用了自上而下的思维方式后，“为什么是这样的自然法则，而不是其他的？”这个问题的答案也许只是简单的“因为其他自然法则无法造就出我们来回答这个问题”。这个回答用到了人择原理，但除此之外，M 理论还补充了一点其他的：因为其他维度蜷曲的方式多种多样，每个宇宙的法则都是由这些维度蜷曲起来的方式决定的，自然会有某个宇宙具有这些法则。

为了更好地阐明第三个问题（“我们为什么存在？”），霍金和蒙洛迪诺给读者介绍了一款计算机游戏，叫作《游戏人生》。这款游戏非常精彩，是 1970 年由当时在剑桥做数学研究的约翰・霍顿・康威发明的。棋盘有些像国际象棋盘，一部分格子上写了“活”，一部分写了“死”。随着游戏“一格一格地前进”，作者用一套简单的规则定义了“死”“生”和“存活”。显然，非常简单的规则也能造就非常复杂的游戏。还记得第 2 章提到的“没见过我们这个宇宙的外星人”吧。游戏中途加入的玩家也会处在类似的位置上，能够从观察到的现象推测方块排列规律以及游戏效果的“法则”——虽然不是最原始的简单规则，但也是因其延伸出来的规则。这个游戏为“复杂性的诞生”或是“自组织系统”提供了一个简单的例子。我们可以借助这个例子延伸出去，理解斑马的条纹或是花瓣的纹路是如何由一系列细胞生长而成的。

康威当初发明这个游戏是想探索一下，一个只有极其简单、基本法则的“宇宙”中，能否诞生有能力复制自己的物体。这个游戏里存在这样的物体，甚至从某种程度上来说，这些物体可以算是“智慧”的。因此可以得出结论，非常简单的法则也能产生复杂程度类似智慧生命的物体。用霍金的话说就是：“很容易想象，法则再复杂一点的话，就能允许具有生命所有属性的复杂系统出现了。”[15] 不过在生命是否有自我意识这点上还存在争议。

这段话也许可以回答“我们为什么存在？”但这个答案够完整吗？在《游戏人生》中，以什么套路开始并不重要——任何“初始条件”都能得到一样的结果——但法则不能随意变换，因为系统的进化是由法则决定的。因此又要回到第一个问题：“为什么是这样的自然法则，而不是其他的？”

总结一下以上的观点，霍金的三个问题中，他和蒙洛迪诺针对我们的宇宙回答了第一个问题（“为什么是这样的自然法则，而不是其他的？”），即我们的法则之所以是这样，是因为额外维度蜷曲的形式。他们能针对整个弦理论、整个多元宇宙中支配一切的法则——是怎样的法则我们还不知道——回答这个问题吗？他们认为在所有引力超对称理论中，M 理论是最通用的，因此也是整个宇宙的最佳候选理论。M 理论依然是“候选”理论，等待发掘更多的证据，但霍金相信这个理论能够得出一个囊括我们的多元宇宙模型，因为其他模型都行不通。[16]

他们回答了第三个问题（“我们为什么存在？”），认为在众多可能的宇宙中，允许我们存在的宇宙很可能出现，而且满足了这个条件后，即使很简单的一组规则（由额外维度蜷曲的方式决定），也不难产生我们这样的存在（想想上面的游戏）。

第二个问题更加基础，也更难回答，需要考虑的范畴远不止我们的宇宙、宇宙的规则和我们，还包括构成 M 理论家族的未知理论。霍金认为这一系列理论决定的多元宇宙“自主降临”了，但他没有解释为什么。即使经常听到的“虚无是不稳定的，总会衰变成其他事物”，这话也在暗示，很多事物的存在可能已经是设定好了的。霍金和蒙洛迪诺没有回答这第二个问题——“为什么存在（法则等），而不是不存在？”

虽然霍金的很多同事对 M 理论抱了很大的期望，但还是少有人与他一样，对 M 理论的诠释能力非常乐观。《时间简史》最后自信满满地留了一些悬而未决的问题，让读者对有朝一日，我们终将解决这些问题抱了很大希望。但《大设计》却没能很好地回答这些问题。

这本书的反响不怎么热烈，大家这样的态度似乎并不是因为与作者存在分歧，而是出于对这本书缺乏力度的失望。《经济学人》评价称："难的问题刚要露面，作者们就在远处挥挥手，向下一个目的地进发了……"[17]"还有好多问题，远比作者以为的更微妙。"[18]而书中声称的，所有观点都通过了试验的检验，则被认为是在"误导读者"，"经过证实适用于所谓亚原子世界的，是量子力学的核心内容。两位作者对其的理解和推断并未经试验证实，是否能通过证实也是未知数"[19]……《纽约时报》的德怀特・加纳写道："《大设计》其实小到让人失望，也一点都不优雅。《时间简史》中，霍金先生精练、真诚的声音十分引人入胜，但到了这本书里，却变得高高在上，像是罗杰斯先生给小孩子讲解云彩一样，还很不可捉摸。"加纳还认为霍金在用作家蒂莫西・菲利斯的话说，"贩卖上帝"，不信教的作者纯粹为了卖书而妄言上帝和宗教。[20]

不过，对于"自上而下"的思维方式和霍金与蒙洛迪诺对M理论的展示，倒并非"无力"，或是让人失望，霍金对于科学研究内涵的声明是全书中最精彩的段落之一。霍金相信我们：

正处在科学史的关键点上，我们必须改变对目标的认识，对物理学理论如何成立这一点的认识。看来，自然界基本法则的基础参数甚至形式，都不受逻辑或是物理法则限制。自然法则可以是任何形式，参数可以取任意值，只要数学上能够自洽，而在不同的宇宙中，自然法则也的确有不同的形式，参数值也各不相同。这些法则也许不能满足我们的需求，证明我们是独特的，或者囊括所有物理定律，但的确是自然之道。[21]

放弃对上帝的信仰意味着什么?《大设计》中霍金对信仰的蔑视，其频率和自信程度超过了其他书。但设计越大（霍金的设计尤其宏大），那些既相信霍金的科学又信仰上帝的读者就越会在复杂精妙的多元宇宙视角中寻找奇迹的来源。

这本书上市后，立即引发了宗教相关的讨论，而且讨论经常很激烈。仔细了解了讨论的内容后，你会惊讶地发现参加讨论的双方显然有很多没读过霍金和蒙洛迪诺这本书的人。读过书的人中，也不难找到认为霍金和蒙洛迪诺并没有成功抛弃创世神的无神论者，以及认为两位作者成功了的有神论者。看来霍金的话也许对读者的信仰没有影响，也许是因为信仰取决于理性，而非科学。不认同霍金的言论中，最有趣的是以下两类：

（1）霍金的模型虽然解释得很透彻——哪怕那天我们的现实真的不依赖模型了——自人类开始思考那一刻就存在的一个问题依然悬而未决：为什么存在（《大设计》），而不是不存在？M理论模型中的“存在”，远比人类提出的任何构想都宏大、广博得多。但是为什么存在模型的依据呢？的确，从宗教的角度回答“上帝”，与从科学的角度回答“根本的数学逻辑不允许‘不存在’强不了多少”。“上帝”和“数学逻辑”都是“存在”的，因此这两个回答还会带来这两个问题：谁创造了上帝？谁制定了数学逻辑？你可能猜到了，霍金认为答案就是我们——观测者。问题到此为止，不需要再问我们是谁，或是被什么，创造出来的了。我们就存在于此，我们的存在“选择”了其他所有的存在。没有其他的解释，也不需要其他的解释了。

霍金并没有提到这个观点。《大设计》这本书中没有，2010年11月我与他在办公室交谈时也没有。我提到了他在《时间简史》中提出的问题：“是什么给公式赋予了生机，创造了一个宇宙给它们描述？”运用自上而下的思维方式，得出的答案可能是——我们？他的回答是否定的。

（2）第二类观点是针对“不依赖模型的现实”这个理念的。提出这一观点的人指出，霍金和蒙洛迪诺写到对于这个世界，我们每个人都有不同的经验，也因此有了属于自己的模型，并试图理解这个世界。我们的模型大同小异，但也存在区别，因为各人的经验不同。霍金的模型并不需要包含任何与上帝的存在或是能力有关的经验。他显然对上帝没有任何经验，也认为别人关于上帝的言论都不可靠。那么，他为什么要在模型中加入上帝？他又不需要。

另外，认可上帝的存在和能力的人，认为霍金的模型并不准确。他们认为模型一定要包含上帝（如果你认为这方面的经验不可能是“真的”，你就已经违反了“不依赖模型的现实”的原则，不要继续讨论了）。

假设你是个物理学家，不但信仰上帝，还赞成霍金的科学论断，那么你的模型不仅要包含上帝，还要包含20世纪、21世纪科学家们做出的所有惊人发现和推论。是不是有点麻烦？

所幸，《时间简史》和《大设计》都没有排除既包含上帝，又包含科学的模型存在。至少霍金的许多同事都认为，这样的模型可能存在，并不是天方夜谭，于是无神论者和有神论者开始了辩论。带着开放的心态仔细阅读《大设计》，你大概也会认可这个观点。于是，我们有了两个模型，一个包含上帝，另一个不包含。根据“不依赖模型的现实”定义，追问哪个更“真实”是没有意义的，霍金认为不包含上帝的宇宙模型代表着“现实”也是与这个观点冲突的。

你也许在想，将不依赖模型的现实应用到我们个人的世界观上是不合适的，但霍金似乎认为合适，他声称：

我们的大脑通过建立外部世界的模型，解读感官收到的信息。我们的大脑对家、树、其他人、插座的电流、原子、分子以及其他宇宙都形成了概念。这些概念是我们唯一能理解的现实，我们没法测试现实是否依赖模型。[22]

当然，我们的宇宙模型中包含的物理属性肯定比这要多。前面说过，这些属性包含了关于对错的定夺。以一个极端的情况为例：透过憎恨、自私和偏见看世界，从而建立的模型值得我们正视吗？从霍金在人权和政治方面的公开发言中我们知道，至少在实践层面，他不会将不依赖模型的现实拓展至不依赖模范的道德。

在我心中，我是自由的

2010年11月，霍金和我第一次讨论我创作本书的计划时，他请我将他当时对永久膨胀的最新观点，以及他认为能验证这些观点的观测结果囊括进来。第19章你已经读到了。他第二个请求是要我记得提及他新参与的电视节目，2011年年初于英国首播。这是一部三集的纪录片，在英国题为“史蒂芬·霍金的宇宙”（与之前的一部剧集同名），在美国题为“与霍金一起了解宇宙”。

在这部由本·鲍伊出品的精彩剧集中，霍金没有在报告厅或是办公室里，而是在他的学院——冈维尔与凯斯学院——大厅邀请我们一同遨游时空。大厅中的长木桌都推到了墙边。霍金坐在轮椅上，一个人待在墙上嵌满木板的华丽大厅中。墙上挂着他的画像，以及过去、现在其他学院名人的画像。他用熟悉的声音开场：“大家好，我叫史蒂芬·霍金，物理学家、宇宙学家，也算是个梦想家。虽然我不能动，也只能通过电脑发声，但在我心中，我是自由的。”[23]我们跟随他深入宇宙，遨游时空，邂逅他了解或是认为很有可能存在的奇观，并乘着他的想象力，探索他认为我们能够发现的景致和生物，他的确是非常自由的。在这部奇幻绝伦的三集纪录片中，霍金和最先进的电脑动画师、天文影像专业人员让观众们清醒地意识到了距离的浩瀚和星系的繁多——时空那纯粹、骇人又无法理解的广袤。

霍金并没有亲自解说这部纪录片。他的开场白还没结束，声音就已经切换成了本尼迪克特·康伯巴奇——在电影《霍金传》中饰演他的那位演员的声音。纪录片后面，霍金的声音在冈维尔与凯斯学院的大厅会偶尔出现几秒，提醒观众是谁在讲述这个故事。

三集纪录片的第一集中，动画师和霍金创造了奇妙的外星生命——如果外星生命出现在霍金的办公室，他会立刻用火箭筒炸掉——管他什么最高指导原则呢①。虽然霍金坚称，想在宇宙中寻找生命，最好的去处就是地球，因为已知存在生命的地方只有地球，但他还是带我们走出了地球，走出了太阳系，甚至走出了银河系。他告诉我们，宇宙中其他生命的形式也许非常独特，我们完全无法识别出来。我们也不寒而栗地听说，“关键不在他们什么样，而在于他们能做什么”。比如说，先进的飞船舰队几秒钟内降临，用镜子包住，偷走所有能量，并聚焦这些能量，创造一个虫洞。

没错，说到虫洞，霍金就回来了，即使当时他发表了一些关于虫洞的消

① 译注：“最高指导原则”源自《星际迷航》，要求不得干涉其他星球的文明。

极言论。十分先进的文明的确有可能创造虫洞。这一切都不太可能发生吗？也许吧，但霍金在第一集结尾提醒我们，前面说到我们在地球上出现本就不太可能："我们只要看看自己，就知道非常不可能发生的事也会发生，而且经常发生。"[24]

在第二集《时间旅行》中，霍金承认自己"痴迷时间"。他对"整个宇宙的故事如何结束"特别感兴趣。这集对时间旅行的可能性进行了精妙的概览。时空中的微小虫洞不断成形、再成形，将不同的空间与时间联系起来。我们能捕获一个，再将其放大几亿亿亿倍，用作时间机器吗？用这种方式，或是其他方式回到过去可行吗？霍金将自己的设想打印了出来，他希望能以此流传千百年，摆好香槟、看起来很美味的食物，并且挂起横幅——"欢迎，未来时间旅行者接待处"。他的邀请包括了找到他、与他分享盛宴所需要的所有信息和坐标。没有人来访。也许他的邀请没有流传很久，但也许有一两份在剑桥的学院里流传下去了。因为没人回应他的邀请，再加上其他原因，比如先有因后有果这条"支配整个宇宙的基本规则"无法解决的悖论，以及不可避免的、会在使用虫洞之前就将其摧毁的辐射反馈，霍金说他认为我们无法回到过去。但我们可以前往未来，而且不必依靠虫洞。爱因斯坦意识到时间在各处的流动速度不一样，大家也都认可了他的说法。物质会拖慢时间，因此质量巨大的物体可以作为时间机器。在巨大黑洞的事件视界外飞行的飞船，如果驾驶技术足够好，速度也足够快，没有落入黑洞，会在时间上跨越很长一段距离。黑洞中经过大约5年（飞船上个体的体验），地球上也许已经过了10年。以接近光的速度旅行效果更好，这种方式跨越的时间更久，但旅行的速度无法大于或是等于光速。以接近光速旅行的旅客（比如在一列精妙的、每秒绕地球转7圈的列车上），自己度过一周回到了地球，但会发现地球上已经过了100年。

纪录片的第三集是全剧的高潮。首先，霍金带我们去了早期的宇宙，见证大爆炸时刻。他承认当时应该是一片漆黑，因为还不存在光——我们也就无法看到。空间也不存在，我们没法站在"外部"观测这个事件。"那时只存在内部”。[25]我们经历了膨胀阶段，见证了宇宙只比反粒子大一点时，物质与反物质的湮灭，还一次次地了解到了引力对形成我们这个宇宙的重要性。我们看到了惠勒的“民主体系”，一堆滚珠轴承涌入剑桥大学冈维尔与凯斯学院的大厅。动画里的众多轴承彼此间距相等，形成一个永远不会屈服于创造“我们”宇宙的僵局。但从这个完美的体系中移除几个轴承，这里一个，那里一个，引力就有了着力点——霍金指出，这个例子也能说明不完美在我们的宇宙中是至关重要的。最终，我们走到了现在的宇宙，以及更远。霍金带我们走进了未来，以及他关于地球衰落的设想。他依然像年轻时一样担心核武器——“我们的智慧足以设计出这些武器，但我怀疑还不足以驾驭这些武器”[26]——但还有其他原因更可能导致这一噩梦。他还承认，要在宇宙其他地方寻找落脚点会遇到非常棘手的障碍。

那么整个宇宙的故事如何结束呢？“宇宙的命运，”他说，“取决于暗能量的表现。”[27]暗能量增加了吗？还会继续拉伸空间，驱动膨胀吗？粒子之间的距离会变得巨大，导致一切作用都失效吗？或者暗能量的力量会衰退，让引力将一切聚集起来，导致大挤压吗？我们不知道。我们离结局还有很远很远。霍金说他在一次日本之行时，东道主要求他不能提及宇宙的命运，不然会导致股市暴跌，不过他觉得那时清仓还为时尚早。霍金对于极其久远的未来我们如何存活提出了建议，即我们有可能发现前往另一个宇宙的方式，而我们还剩下大约300亿年的时间。

在《与霍金一起了解宇宙》中，霍金并没有直接抨击对上帝的信仰。在展示了一系列宇宙历史中很可能出问题的关键节点，为我们展示了这一切的宏大和精妙绝伦之后，他用自己的声音说：“也许科学发现，的确有更高级别的存在，设定好了自然法则，好让我们的宇宙以及我们存在。那么真的有这样一位大设计师，将我们的命运提前写好了吗？我认为不一定。”[28]他继续谈到了人择原理，以及宇宙的诸多可能性。他似乎希望通过列出我们已知的知识，我们对此的总结，加上他的观点，来让观众像他一样对宇宙抱着激动、敬畏和好奇的心理。然后，就看我们自己的了。他甚至还反驳了《大设计》的副标题，认为我们知道终极答案。在纪录片的最后一刻，他说："也许哪天我们能解开终极谜团……发现宇宙究竟为什么存在。"[29]《与霍金一起了解宇宙》不仅让我们对宇宙充满了敬畏，也对我们自己充满了敬意，毕竟我们成功地发现、理解了这么多。不过，那个问题依然存在。电影《时间简史》的导演埃罗尔·莫里斯说自己在拍摄影片时，总会给自己定下这样一个挑战："在不影响事件神秘感的前提下提取真相。"在《与霍金一起了解宇宙》中，霍金与制片人本·鲍伊也遇到了同样的挑战。

抛开导演莫里斯的技巧，《时间简史》还有未竟的设想，而这部精彩的三部曲，加上绝妙的配乐，也许已经很接近那个设想了。这也许就是霍金当初设想的样子，只不过25年来计算机动画技术迅猛发展，他的设想也呈指数级增长了。

2010—2011年

2010年11月，开始创作本书的2012年版之前，我几年以来第一次去霍金的办公室拜访了他。办公室有了一点点变化。梦露的巨幅照片被取了下来，不知为何摊放在地上。露西儿子威廉的照片还摆在架子上，霍金电脑屏幕旁边的一堆论文之中，还摆了一张他和伊莲的彩色照片。他的书桌上，靠近门口的那端有一个扁平的大盘子，上面用神秘的方式摆着一堆石头，散发着看起来没有味道的微弱蒸汽，形成薄如蝉翼的云雾，好像镶着银边。霍金的私人助理朱迪斯·克洛伊黛说这是几年前伊莲特制的加湿器，是为了帮助霍金呼吸。盘子里不是普通的水，侧面的窗台下摆了好多瓶。那扇窗外是2000年还没建成的"亭子"，不过也没有破坏景致。办公室里充满了欢快、安静的气氛。

我跟霍金的对话还是以双方都坐在电脑屏幕后面的形式进行。霍金通过脸部肌肉控制屏幕上的指针，他做出选择时，连接到轮椅后方的设备会发出嘀嘀声。

屏幕上的程序还是老样子，但他还可以选择另一个程序。我没太弄懂他是怎么在另一个程序上选词的，而且那个程序也不太好用，他写作的效率大大降低了。据说即使脸部肌肉和眼球都无法运动之后，还有其他办法，比如直接连接他的大脑，当然迫不得已的时候他才会这样。并不是所有交流都需要用电脑，他抬起眉毛就表示肯定，嘴角向下表示否定，你也能看出他是不是在微笑。当时，霍金做了白内障手术没几年，应该不需要戴眼镜也能看得清，但他还是戴了。

我们聊着聊着，百叶窗突然自己放了下来，因为天色变暗了。我当时忘了这幢先进的大楼有这样的自动化科技。护工也来换班了。上班的护工——一位端庄、优雅的女士——过来道了别，没有等霍金回话。

我跟史蒂芬聊天时，总会尽量把问题简化为可以用“是”或“否”回答的形式，虽然他还是经常详细解释一番。那天下午，我特别想问一下他对于不依赖模型现实的观点（在《大设计》中提到过）会不会改变，因为1996年我们讨论过这个问题。我引用了他当时的话：“我们永远无法脱离模型看现实，但这不代表现实无法脱离模型存在。如果我不这么想，当初就不会做科研。”我问他，现在他是不是会改口说“不依赖模型的现实，就是没有不依赖模型的现实”？他回答道：“我还是认为有更深层次的现实，只不过在我们眼中是依赖于模型的。”[30]

抨击永生

在《卫报》的一次采访[31]中，以及2011年春在伦敦举办的“谷歌思潮”大会的一场演讲中，霍金直截了当地展示了他自己眼中的现实。他用了这样的大字标题——“没有天堂或是来世……那是讲给怕黑的人听的童话”。当然，霍金这个观点涉及的内容，没有人，也包括他自己，能提供任何经过科学验证的经验进行支持或是反对，但他通过表达自己对人脑的理解，阐述了自己的观点。研究学者中，有一个研究大脑的学派将大脑视作电脑，“意识”只是这台机器的产品，显然霍金支持这一观点。“我将大脑，”他说，“视为一台电脑，直到零件失效的时候才停止工作。坏了的电脑没有天堂或是来世。”因此，我们也没有天堂或是来世。在被问到“我们如何生活？”时，霍金说：“我们要让自己的行为产生最多的价值。”

不出意外地，霍金的这段采访收获了众多评论。虽然有人认为这是他在宣扬自己无神论的主张，但也有其他人指出，他的这段声明针对的是对人类永生的信仰，而不是对上帝的信仰。信仰上帝不代表一定要相信天堂或是来世。其他读者注意到，旧电脑性能衰退时，可以将其中所有知识转移至新电脑上，甚至是“记忆棒”中，他们开玩笑地问：“这是不是也可以算作灵魂的转世？”

《卫报》发表了一篇颇具深意的完整回应，甚至比采访原文还长。[32]这篇回应的作者迈克尔·温汉姆像霍金一样，也患有ALS。“对于‘面临英年早逝的风险’，”温汉姆写道，“而且前半生也不太顺遂的人，灭绝并不比睡觉恐怖多少。说我因为怕黑才相信来世，真的是侮辱人格。”温汉姆说霍金的声明“既悲哀又错误连篇。乐于接受存在‘尚未发现’的11个维度和基本粒子的可能性，展示了他理性的谦逊；可是否认存在其他维度的可能性，又很奇怪地与这种谦逊不符”。

温汉姆在结尾写道：“我当然没法证明，但我敢以性命打赌，人死后还会踏上其他旅程；不过我要先走完这一程。”霍金是不是准备再打一个赌了？

继续前行

这时的霍金只带了两个研究生。他还会在下午茶休息时去公共休息室。这成为关注的焦点，因为现在离他办公室不远的地方有了一间公共休息室，就在弯曲的走廊上，走过电梯就是。休息室入口挂着一块标示牌，写着“波特室”，但官方称谓是“理论宇宙学中心”，而且这里不仅用作茶室，也会用作会议、讲座和研讨会。这间休息室又大又舒适，桌椅都很低，角落里还有摆放茶点的柜台，像银街的老休息室绝大多数时候一样，笼罩着有些昏暗的灯光。大黑板几乎盖住了整整两面墙——老休息室可没有这个。黑板上时时刻刻都写满了公式。屋子的一个角落摆放着霍金的半身像，头衔是研究中心主任。这尊半身像是伊恩·沃特斯的作品，雕刻得栩栩如生。

霍金依旧住在他和伊莲建造的那幢大房子里。他还是经常去听音乐会、看歌剧，尤其是瓦格纳的演出——我11月去拜访他时，他一周后就要去考文特花园看《汤豪舍》——不过他有段时间没去拜鲁特了。他还是尽量用私人飞机出行。2011年1月，他又去了加州理工，参加洛杉矶一场《33种可能》的演出，简·方达在其中扮演了一位身患早期ALS的音乐学家，他们两个见面后，媒体报道称，方达激动得就像粉丝见到偶像时一样。2011年3月，我要趁霍金横跨大洋，去得州休斯敦旁边的"库克小枝自然保护区"参加研讨会之前，把我的一系列问题发给他。这个保护区坐落在乡下，其中有一个会议中心，每年全球的物理学家都聚集在这里开会，满怀期待地见到彼此，急不可待地在理论问题上展开唇枪舌剑，任谁看了都会目瞪口呆。他们还非常想过过苦日子，在小屋里缓缓旋转的风扇下静静睡去。

霍金与伊莲的婚姻破裂后，他与子女的关系又缓和起来了。他很喜欢罗伯特的两个孩子乔治和罗斯，他们还从西雅图不远万里地赶来看看他。薇薇安·里奇还记得一年平安夜，他们开心地和霍金一起坐在他的床上，看着他本来的样子。他只是"爷爷"。在与露西合著书的过程中，他们两人的关系也更近了。2011年4月的一次采访中，记者问霍金，如果时间旅行可行，他最想回到过去的哪一刻，或者他最喜欢的是哪一个瞬间？他回答说："我愿意回到1967年，我的长子罗伯特出生那天。我的三个孩子给我带来了莫大的快乐。"[33]

他的母亲伊索贝尔还健在，已经接近百岁，偶尔还会指点一下霍金。她坦白地说：

"史蒂芬说的也并不都是真理。他是探索者，不断地寻找事物。也许他有时会胡言乱语，但谁没说过呢？关键在于，人们要自己思考，也要继续思考下去，要尝试扩展知识的边界，可很多人有时候也无从下手。你也不知道边界在哪儿吧？"[34]

约翰·A.惠勒将科学乃至人类知识的边界称为“世界固若金汤的壁垒”。而且我们的确知道边界在哪儿——边界并不仅仅在远处，还填满了我们的世界。

霍金这样说他自己在“壁垒”上的探险：

“如果在未来回头看现在，也许进化和宇宙的起源这类悬而未决的问题，都有一个预先构建好的宏大设计。但其实不是这样。我没有什么宏大的计划，我只是跟着直觉走，选择当时看来有趣或是可行的路。”[35]

2011年4月中旬，霍金从得克萨斯和亚利桑那州看望露西和威廉后回到了剑桥，那天我刚好写完这一章。琼·古德温去给他做饭，他的办公室已经收拾妥当，伊莲的石头还在散发着蒸汽。“老大”回来了，准备继续他的冒险，只要他的身体条件和沟通能力还允许……他还像个长不大的孩子，还在问着“怎么回事”和“为什么……”，有时也能找到满意的答案——至少暂时如此。

与世界保持联络

那年晚些时候，霍金决定尽快改进他的交流系统——这是除了大脑之外，他与世界之间的关键联系。他早就不用以前的“均衡器”系统了，那个系统主要是为讲话和写作设计的。他已经换了一个名为“便键”的系统，可以让他完成需要鼠标才能进行的操作，比如上网——不过“便键”系统在这点上做得也很缓慢、笨拙。他的手无法移动之后，技术支援助理山姆·布莱克本用现成的部件，也就是霍金眼镜上侦测脸部肌肉和眼角运动的传感器，为他改进了一下。不过到了2011年，用这种方式操作鼠标也不太可靠了，系统也越来越难识别他的动作，他觉得自己没法再控制这个系统了。那年秋天，霍金又一次联系了英特尔公司的摩尔。英特尔能帮他换个交互界面什么的吗？他说，当务之急在于每分钟输入的单词数大大降低了，但这不是硬件问题。英特尔的CEO贾斯汀·拉特纳联系了公司里的研究部门——英特尔实验室——安排用户体验研发部门的一支团队前往剑桥与霍金会面。这支团队由拉马·纳赫曼带队，计划于2012年1月，霍金70岁生日庆典之后抵达剑桥。

第五部分
2012—2018年

第21章 “美丽的新世界啊……还有这么多美好的人！”

2012年1月8日晚，霍金的家人、朋友及同事共248人，相聚在剑桥大学三一学院大厅。长长的条桌排列在布满椽梁的高大天花板下，烛光映照着桌面，反射出学院的银色。身着正装的客人们纷纷就座，气氛有些凝重，似乎不太像是霍金的70岁生日庆典。高桌上，他的位子还空着——他因病住院了。晚宴之前，学术研讨会持续了整整一周，大家一直在期待他的出现。今天呢？明天呢？他经常突然入院，又像是嘲笑医生的诊断结果一样飞快地恢复出院。在那天早些时候的一场公开演讲上，他用录制好的视频代替了现场演讲，但我们还是期待着他能出现在三一学院，参加自己的盛大生日晚宴。餐点一道道地端了上来，红酒一瓶瓶地开启，晚些时候他会来祝个酒吗？

大厅的角落里传出了微弱的声音，在大厅中回荡，正在交谈着的人们静了下来。从烛光照不到的角落，飘来了耳语一般的歌声：“马车啊轻轻晃，快来带我回家。”大家呆住了。这是在宣布史蒂芬的死讯吗？我对面的一位客人眼里已经有了泪光。“来带我回家？”要知道，霍金可不信教，对来世这一理念也很不屑，怎么会选择这首歌？大家的呼吸渐渐恢复了正常，意识到这只是三一学院的阿卡贝拉合唱团在为我们助兴。侍者端上了下一道菜，给大家斟满了酒。史蒂芬还活着！

不过，他的病情不容小觑，那一周大家都希望他能参与进来，但他的身体条件还差得远。

研讨会上，英特尔宣布计划在派对之后，派一支团队与霍金会面，尝试对他的交流系统进行大幅改进。但这次会面推迟了。1月中旬，他们看到霍金当时在用的系统，并从他的私人助理、技术支援助理和护工那里了解了遇到的一些问题，但要做出有效的改进，他们还是要和霍金亲自聊聊，观察他，作为他团队的一员跟他一起工作。用拉马·纳赫曼的话说就是："我们当时并没有解决方案，我们甚至不知道问题是什么。因此我们打算去看看他的状态，观察他，跟他聊聊天，跟他的护工和助理聊聊天，评估一下他正在使用的系统，以及哪里有改进的空间。"

直到那年春末他们才见到霍金。英特尔的专家们给了纳赫曼和她的团队一些意见，并且会长期为他们提供技术支持。下一次造访时，纳赫曼和她的团队已经想出了一些试验性的点子，不过首要任务还是进一步了解霍金。皮特·丹曼还记得第一次在办公室见到霍金的场景。团队每个人先自我介绍了一下，然后开始寒暄起来。一位团队成员，霍斯特·霍塞克展示了自己对霍金科研成果和关注点的熟悉程度，希望能让霍金安心一点。差不多20分钟过去了，一言不发的霍金终于表示了友好的问候，他们还以为20分钟之前就过了这个阶段了。纳赫曼和丹曼交换了眼神——问题远比他们想的严重！不过，他们还是马上就做出了一点改进。丹曼四肢瘫痪，他想出了一个跟语言系统毫不相关的点子。他发现，身后一有什么动静，霍金就拼命斜眼向后看。显然，霍金想知道身后发生了什么。丹曼建议在霍金的电脑屏幕上安一块镜子，简洁但实用。那段时间，在霍金办公桌前坐过的人都会记得，他最常用的系统——便键——已经不太好用了，他经常生气地换回原来的均衡器系统。他的脸部肌肉几乎不受控制了，而且他经常犯错，每次他一选错字母或是单词，就会选中下一个字母、单词，或是下一行，甚至是上一个选项。"我们看到后就想，"纳赫曼回忆道，"这里的技术太古老了，真的很难用。"她的团队还发现，他镜片上的"距离传感器"只检测脸上一个点的运动，而更复杂的设备或许效果更好，比如监测他整个面部的摄像头。他们开始寻找能提高霍金效率和输入速度的界面和动作。

"眼神追踪"，山姆·布莱克本和霍金在2008年尝试了一次后，拒绝了这项技术，尽管很多与霍金情况类似的人都会选择这项追踪眼球与头部相对运动的技术。英特尔的团队对设备进行了改进，同时提供了其他选择供霍金试验，看哪个好用，同时也看看霍金为什么会坚持使用这么过时的技术。纳赫曼说："那次见到他之前，他的技术支援助理山姆·布莱克本就明确地说，史蒂芬不喜欢冒险。他不喜欢尝试新技术，而且表现得很抗拒。山姆给我们看了一个柜子，里面全是大家给霍金推荐过的，又被他拒绝、丢弃的设备。"不过，丹曼还记得霍金一开始对他们说到的诸多点子都很激动，即使是有些极端的点子，而且说什么都答应。"但我们真的尝试将点子付诸实践时，就举步维艰了。""我们就告诉史蒂芬，"纳赫曼说，"'英特尔不是创造科技的公司，我们只是一支科研人员组成的团队，我们理解你的问题，希望能助你一臂之力。我们不知道能不能找到解决方案，但如果你愿意配合，我们也愿意进行试验，看我们能为你做什么。'他同意了，当时还说，只要我们愿意将这些技术推广——进行开源，他就愿意配合。'我希望这套解决方案不仅对我，也对其他所有人适用。'"在霍金的坚持，以及英特尔的支持下，他在接下来的6年里参与了一个造福全球诸多残障人士的项目。他对残障人士的激励作用无须多言，但他在推动帮助残障人士交流的科技方面做出的贡献却少有人提及。

有一项改进霍金一点也没有拒绝，就是对他那个"单词预测"系统的调整和改进。"英特尔新的开源程序ACAT就包含了由SwiftKey提供的单词预测算法，"霍金对《趣味工程》的记者说，"这个算法通过我的书和演讲能预测我的风格和用词，因此我只要打出几个字母，就能找到想要的单词。"这个算法也能够考虑上下文，决定哪种语言风格更合适——日常的风格还是更加正式的学术语言。不过，皮特·丹曼还记得，霍金经常对预测结果有点恼火，有时会选择与预测结果完全相反的单词或词组。只要预测结果与他设想的不同，即使结果依然可行，他还是不会选择，而是亲自选择其他的单词。他是个完美主义者。

3月12日，电视剧《生活大爆炸》的联合制片人比尔·布拉迪发了一条推特，说一位"超级机密、超级酷的客串明星"会出现在4月5日首播的那集

《生活大爆炸》中。[1]《霍金的激励》这个标题物理学家们都会喜欢。虽然霍金只能做一个“冷面”喜剧演员，但他还是尽可能地发挥了。

到了2012年1月，研究CERN的大型强子对撞机返回数据的科学家们宣称，已经发现了希格斯玻色子出现的“有力证据”。6月，“有力证据”越来越确凿，他们计划在7月4日正式发表公开声明。用物理学家布莱恩·格林的话说，就是“检测到希格斯玻色子存在的证据非常有力，已经不仅仅是科学发现了”。[2]霍金打赌输了。

不过，那年8月的伦敦残奥会上，他还是用了特别的方式向这一发现致敬。当时，人们对残奥会的重视程度远不及奥运会。而这次，开幕式开始时，全球的观众意识到眼前的灯光、音响、焰火和音乐盛宴还是一场移动的戏剧。霍金一个人在高台上，聚光灯照着他，身旁是恒星和星云的投影。他用《时间简史》中的一个问题做了开场：“是什么给公式赋予了生机，创造了一个宇宙给它们描述？”

这次，他将不仅仅从物理学的角度寻找答案。霍金引出了扮演莎士比亚戏剧《暴风雨》主角米兰达的妮可拉·迈尔斯-威尔丁，以及扮演《指环王》中巫师甘道夫的伊恩·迈凯伦爵士，请他们二位探索世界以及更广袤的宇宙。他们带领体育场中的8万名观众、电视机前的1100万观众，以及来自世界各地的10亿观众一起，踏上了一趟理性、人类尊严与克服逆境的探险。他们在这趟天马行空的时间之旅中，跨越无数理念组成的海洋，穿过庞大的书本组成的迷宫，再深入太空。体育场周围的LED灯带和象征着粒子的红色小人组成大型强子对撞机，霍金亲自对希格斯玻色子的发现表示祝贺——“这是人类努力与跨国合作的一次胜利”。

肢体有残疾的运动员们坐在轮椅上，吊着看不见的钢丝在体育馆上空翱翔。霍金请全世界的人们“挑战自己的认知和固有思维，因为人类的身体、思维和精神正是被此束缚”。伊丽莎白女王随后亮相，伦敦巴茨合唱团与其他5个精心扮装的业余合唱团一起，跟着伦敦交响乐团唱响了本杰明·布里顿的《天佑女皇》。还有一个大型聋哑合唱团用手语比画歌词。“米兰达”用莎士比亚的台词向来自164个国家的4302名运动员致意："好神奇，这里有这么多好人！人类多么美！美丽的新世界啊，还有这么多美好的人！"伴随着焰火，在阿富汗失去双腿的前海军军官乔·汤森手持奥运火炬，从不可思议的高度降下来，霍金讲出了开场词：

"我们各不相同，但我们都有着人类的精神。最重要的是，我们有创造的能力。创造力有很多种表现形式，从体育成绩到理论物理研究。无论生活看起来多么艰难，你总有自己的方式发光。奥运会是运动员展现才能、超越自我，并成为各自领域中佼佼者的舞台。我们一起致敬卓越、友谊和尊重。祝大家好运。"

那一周，除了出现在残奥会开幕式上了新闻，大型强子对撞机也以另一种途径登上了新闻，就是霍金和女儿露西合著的"乔治的宇宙"系列新书发布会。该系列的第三部《大爆炸》中，乔治和朋友们到了日内瓦，阻止别人摧毁大型强子对撞机。

那年，英特尔的团队又去了几次剑桥。6月，霍金去了英特尔在加州圣克拉拉的办公室。皮特·丹曼回忆说，霍金喜欢成为"搞笑担当"，用文字预测系统和提供这个系统的工作人员开玩笑。有一天，在一家法式餐厅吃晚饭时，他们突然听到霍金说了些跟对话毫不相干的内容，不合逻辑，又突如其来。大家都安静了，不知道该说什么，或是做什么。当然，霍金的微笑还是暴露了他的心思。几分钟之后，谈话继续，结果类似的言论又突然冒了出来，这次倒是跟谈话内容相关。第三次出现又是不合逻辑的话语。霍金只输入一个单词或是短语，然后让单词预测系统尽情发挥，看能否组成合乎逻辑的内容。无论最终是一句什么样的话，霍金都会让系统说出来。丹曼建议调整系统，尝试感知谈话内容的转变，并以此为依据选择合适的言论时，霍金果断拒绝了！

说到霍金触发系统的方式，英特尔的团队还希望能使用眼神追踪或是面部识别程序。但所有基于摄像头的传感器都难免落得和其他改进系统的尝试一样的命运——因为他太习惯原来的系统了。而且他不太喜欢改变，还是继续用着山姆·布莱克本为他打造的那个距离传感器——不过英特尔的团队改造了一下，将原来的模拟传感器换成数字，操作方式还是他习惯的那样。与此同时，团队开始关注霍金使用的软件平台，打算打造一个可以插入各种组件，并进行测试的平台，同时希望将许多电脑完成的工作变为自动化操作。这个软件平台也会不断改进。霍金虽然很想提高自己交流的能力，也愿意配合这个项目，他本人却特别固执，不愿做出改变。山姆·布莱克本这样说：

“史蒂芬对这类事非常固执。他觉得要证明一下，之前的系统他依然可以用。结果就是，只要有沟通交流方面的专家在——给他展示新技术的专家——他在之前的系统上交流的效率就会突然提高。”[3]

幕后

许多人描述、解析过霍金的交流系统，听者、观者都为他能以如此低的表达效率完成如此多的成就而赞叹。2012年12月，《交叉学科评论》刊登了一位研究哲学与人类学的专家海伦·米亚莱特的文章。[4]米亚莱特在20世纪90年代采访过霍金的学生，她在文章里清晰地展示了霍金与学生和同事之间合作的方式。霍金说过，如果他只能使用自己的大脑，那么他可以选择的职业寥寥无几，理论物理学家就是其中之一。大家经常把他在脑海中进行复杂数学运算的能力与莫扎特不用纸和笔作曲的能力相提并论。无论莫扎特和霍金的传说是真是假，伟大的交响乐或是物理理论都很少能完全在某个人的脑海中成形。理论物理学的科研工作需要画图，进行大量的计算，解出复杂的方程组，给同事们展示出来，并不断进行调整。以文字、图表的方式对想法和理念进行调整，经常可以画满两面墙，或是两层的大黑板。哈佛大学有专门的提示标语，告诫大家不要写到黑板外面。理论物理学家们都理解“不要在门上写画”的含义。不管霍金脑海里的黑板有多大，在不能写下任何内容的前提下，他能进行的理论物理研究都是有限的。

20世纪90年代至21世纪初，霍金几乎一直带着4名研究生。剑桥物理系的博士生一般要读4年，也经常会更久，但一般每年，霍金都会有一名研究生毕业，并且补充一名新的研究生——通过了剑桥的“第三部分：高等数学研究”考试，从来自全球各地的候选人中脱颖而出。[5]通过考试的足有100人，霍金对潜力最大的几人进行面试，最后选择一人。

顶尖大学的研究生院里，有抱负的学生通常会选择研究领域及兴趣与自己最贴合的教授，一般也都会因此而被录取。教授对研究生进行监督和指导，研究生则辅助教授进行科研和写作。这种关系看似互惠互利，但学生经常需要做大量单调的背景工作。霍金只要不外出参加研讨会或是休假，都会在自己的研究生身上花大量的时间和精力，他的研究生也会支持、帮助他，这样的工作一点也不单调。20世纪90年代，霍金在4个领域有深入的，甚至贯穿了他一生的兴趣。4名研究生每人研究其中一个领域。米亚莱特采访霍金时，有一名研究生在研究“虚拟黑洞及其对可预测性的影响”；还有一人在研究“量子宇宙学及黑洞增殖”，“史蒂芬最爱的主题之一……他一直在研究：宇宙的起源及诞生——他的‘圣杯’”；还有一名研究生在研究广义相对论的数学公式化；最后一名研究生研究“弦真空的稳定性”。[6]霍金对学生毫不怜悯，克里斯托弗·加法德回忆道：“史蒂芬在研究非常深入的时候才出现。”[7]他喜欢同时研究多个问题。如果一个问题卡壳，他就换个问题研究更难的，他也鼓励自己的学生这么做。

他的学生们跟米亚莱特说，霍金自己的工作、对他们的指导、他自己的直觉、有创意的思维方式、他问出的惊人问题、在寻找答案的方式和时机上的直觉，以及寥寥数语就能改变谈话主题的能力都非常有价值。有时他给出的解释很含糊——学生就会努力用数学工具对他的话进行诠释。他有时还会用自己的直觉，大踏步向前进，他认为这种直觉对理论物理研究至关重要，还要求学生们把细节补全，并且看他们能不能证明他是错的。这项工作非常艰巨。罗杰·彭罗斯很熟悉霍金，也很清楚霍金让学生进行这样的工作。

（霍金的）声明一般都很有分量，但他身体上的不便又使他简短的话语蒙上了一层迷雾。水平很高的同事或许能抽丝剥茧，理解他真正的意图，但是对于经验不足的学生来说就是另一回事了。学生们跟霍金的会面有时会非常让人畏惧。霍金可能会要求学生踏上一条看不清远处的路，理由似乎非常神秘，而且他又没法详细解释。

霍金就曾经给克里斯托弗·加法德一个几乎不可能完成的任务。第17章里，我们讲到霍金在2003年向加法德提出其他很有希望的途径，加法德则用数学手段补全细节，看霍金的提议是否正确，以及对下一步研究的启发。胡安·马丁·马达切纳提出了信息悖论的解时，加法德听从霍金的指示，花了一年半的时间钻研马达切纳的论文，但依然无法对信息是否消失下定论。

加法德与其他人都发现了，最好将问题与提议精心准备一下，让霍金能用最少的文字回答：

我与霍金沟通就从来没有过问题。我知道我们彼此都很了解，除此之外还有眼神交流。他表达“是”或者“否”还是很轻松的，这对我来说就够了。我可以提出一个想法，他会说“不对，错的”。然后我就继续思考，然后问：“是因为这个不对吗？”他会说“对的”，或者“对吗？”或者其他什么。[8]

基普·索恩对米亚莱特描述了以同事的身份跟霍金一起头脑风暴的场景：

要让（工作）很有成效，可以让史蒂芬参加。比如说，两个人在一起交谈，想弄懂一个问题，他们也在跟史蒂芬交谈，只不过史蒂芬的话非常少，却很深入。这样对话一直继续，史蒂芬大约每分钟，或是每两三分钟说一句话，几乎完全改变了谈话的方向。[9]

这种情形不仅仅发生在严肃的物理学讨论中。约翰·普利斯基说：“我们能把对方逗笑。我第一次见到他就发现，他喜欢别人对他出言不逊。因此，我经常在科研问题讨论到一半时说：‘你怎么就那么确定呢？你是个万事通？’史蒂芬则一定会眨眨眼：‘想跟我打赌吗？’”

2012年接近尾声时，霍金的健康状况似乎良好。不过他5年前只在晚上和航班上用呼吸机，现在他几乎要一直用，但他似乎很适应，呼吸机也非常不引人注意。他的呼吸机不是以固定的频率向肺中鼓入空气的那种，而是根据他的呼吸频率，在每次吸气之后追加一点。他自己可以掌控。我12月去他办公室跟他打了个招呼，几乎没有注意到他领子里面，就是喉咙的开口处连接的小装置。我跟他说亚马逊的数据显示“买了《史蒂芬·霍金传》的读者也买了《阿富汗战争史：从亚历山大大帝到打击塔利班》”时，他绽开了笑容。读者们真不拘一格！

圣诞节前不久，他签字参与了要求赦免破译德军恩尼格玛密文系统的阿兰·图灵的请愿，后来的电影《模仿游戏》让图灵的事迹广为人知。

2013年——一个奖项、一场抵制，还有两部电影

2013年1月，霍金的71岁生日派对比前一年低调一些，但他2013年的计划依旧雄心满满：先乘厄瓜多尔总统专机飞到加拉帕戈斯群岛，然后登珠峰，与一支全部由博士组成的探险队一起研究夏尔巴人的生理机能。但他的健康出了问题，两项行程都不得不取消，不过他的幽默感没有受到影响。在GoCompare的一则广告片中，他庄重地说：“经过一生的研究，我终于计算出生成超大黑洞所需的确切条件。”“那么你打算做什么呢，教授？”有人问。镜头切换到街上，烦人的男高音“吉奥·坎帕里奥”（GoCompare的广告形象）无力地挣扎着，最终被黑洞吸入。“我确实喜欢GoCompare的广告，但我也喜欢歌剧，因此能有机会拯救英国，让吉奥闭嘴，我很荣幸。”霍金打趣道。

虽然霍金还没法安排太大胆的出行，他还是在3月中旬成功访问了日内瓦，接受了基础物理学奖。与诺贝尔奖不同，基础物理学奖是颁发给“致力于从深层次拓展我们对宇宙认识”的理论物理学家及研究学者。该奖项的声望不亚于诺贝尔奖，而且奖金也更丰厚，有300万美元，在日益增加的护工费和维持生命、帮他沟通的设备费用面前，他的版税收入也显得有些捉襟见肘，这笔奖金能让他宽裕不少。霍金还留了一部分奖金给家人。

4月6日，霍金的母亲伊索贝尔去世，享年98岁。在生命末期，她几乎完全丧失了听力，但敏锐的思维和头脑仍在转动。罗伯特·多诺万还记得，晚

上跟她和史蒂芬聊天时，气氛总是很欢快，而且经常会讨论严肃的话题——伊索贝尔需要别人把说的话写下来，这有点麻烦。交谈的场面非常怪异，全是写满字的字条，霍金还要靠电脑发声，他们的谈话经常被欢笑终结。“她是位了不起的女性。史蒂芬的才华的确有她的一部分功劳。”伊索贝尔·霍金鼓励子女独立思考、正直、参与社会性问题，这几点依然能在史蒂芬身上看到影子——接下来的几个月里，这几点还会更加显著。

2013年春末，霍金从加州回剑桥，几乎马上就住进了医院。他一片肺叶中的肌肉渐渐退化，整片肺叶也几乎衰竭。这是性命攸关的情况，而且时间也特别不巧。5月8日，霍金入院前，他的私人助理朱迪斯·克洛伊黛将霍金写的一封信交给计划在当月举行的以色列总统会议——他无法参加那次会议了。剑桥大学的发言人一开始声称他出于健康原因无法参加，但霍金即使在病床上，也依然坚称这是为了支持巴勒斯坦人民，抵制以色列大学以及与以色列政府有关的活动，抗议以色列对巴勒斯坦人民的行为。这不是临时起意，霍金仔细思考过，也与巴勒斯坦德高望重的科学家以及其他国家的科学家商量过。有一部分同事请求他不要这样做，但同时也请大家不要因此而责难他。彼得·希格斯支持了这次抵制行为，不过其他人的反应就没这么善意了。海法大学的史蒂芬·普劳特建议大家给霍金免费送一张参观“阿奇里·劳罗号”的门票——这艘意大利巡洋舰1985年被巴勒斯坦解放前线成员劫持，他们还射杀了一位乘坐轮椅的犹太籍旅客，并将他推下了海。有些评论家认为霍金的思维已经不及从前，被支持巴勒斯坦的活跃分子洗脑了。还有温和一点的评论家发现，他的发声系统使用的芯片是由以色列设计的，他以名人的身份欣然访问各国是对人权的侵犯。

霍金回应称，他一开始之所以接受以色列总统希蒙·佩雷斯的邀请，是因为“可以让我表达自己对于（巴以双方）和平谈判的观点”。后来他开始相信，学术界只有进行彻底的抵制，才能让英国、欧洲其他各国，以及美国针对以色列政府对巴勒斯坦人民的行为施压。[10]

也正是在霍金住院期间，制片公司“暂定名”得到了剑桥大学的许可，可以在校园内拍摄影片，讲述霍金和第一任妻子简的故事。制片人、编剧安东尼·麦卡滕在这部影片上倾注了10年的心血。他用自己的不懈努力，以及富有洞察力又感性的剧本，终于说服了简拿到了她的著作《飞向无限》的改编权。“暂定名”公司计划9月开拍，由埃迪·雷德梅恩饰演史蒂芬，菲丽希缇·琼斯饰演简。霍金入院两个月之后回到了家，那时他才得知了这个消息。他还没参与进来的时候，项目就进展得飞快，他与导演詹姆斯·马什、编剧麦卡滕的第一次会面也很冷淡。不过他读了剧本，与他们讨论过后，就认可了他们的工作。

2013年9月，由霍金参与编剧并配旁白的传记纪录片《霍金传》在剑桥电影节上举行了首映式。我与霍金、制片人兼导演斯蒂芬·芬尼根以及其他名人一起参加了在伊曼纽尔学院举行的招待会，然后紧张地步行前往剑桥艺术电影院，好奇我们在这部即将在英国国内其他30家影院同步上映的影片中有没有出洋相。不过我们的表现都不错，甚至有的人，尤其是霍金的妹妹玛丽，表现得非常棒。简的采访非常动人。这部影片收获了诸多赞誉，但还是有人抱怨影片对“史蒂芬·霍金本尊”的披露还不够。很快本片就在BBC上放映了，美国的PBS电视台也播放了被剪辑得惨不忍睹的版本。

同月，霍金的自传《我的简史》[11]出版了，书中多披露了一点“本尊”的细节。《每日邮报》的评论员写道：“读者不禁会好奇，他每分钟只能写三个单词，是不是还有千言万语没有发表出来呢。‘硬信息’、物理学、逸事，这些内容都没问题。但可疑的是，他几乎没有展露自己的感情。”[12]这本书中，霍金对自己不幸收场的第一段婚姻多写了一点内容，他还将自己与伊莲·梅森的婚姻描述为“热烈而汹涌澎湃的。我们的关系有过起伏，但伊莲身为护工，几次救了我的命”。

《我的简史》中关于物理学的内容有些让人望而生畏，尤其是对时间旅行的讨论。霍金甚至拿术语开起了玩笑，指出敌对国家具备时间旅行的能力后可能出现的危机。“那么，”他写道，“我们用‘粒子历史已经关闭’这样的术语作为暗号，掩盖我们真实的目的。”不过，即使他是错的，哪怕是远比我们先进的外星文明也没法造出时间机器，因为物理规律——至少我们还知道这个。我们能安心吗？

霍金在《我的简史》中，简要地写了自己差一点成为实验物理学家，而不是理论物理学家的经历，这件事尤为有趣，他说自己是“虎口脱险”。20世纪70年代初，他在普林斯顿大学遇到了物理学家约瑟夫·韦伯，当时韦伯声称自己成功观测到了引力波的爆发。霍金对此持怀疑态度。韦伯观测到的引力波爆发之强烈，只能来自超大恒星的坍缩，或是银河系内两个黑洞的融合。这类事件在银河系内算是百年一遇，而韦伯每天都能观测到1—2次引力波爆发，如果真的是这样，那银河系损失质量的速度就太快了，现在应该已经不复存在了。

那次会面之后，霍金回到英国，和加里·吉本斯合著了一篇论文，设计了精度更高的引力波探测仪，并向英国的科学研究委员会申请资金制造两台。吉本斯从战后剩余的物资中寻找减压室，作为真空室使用。霍金去寻找合适的场地。他们听说其他人也在进行类似的项目时，就撤销了自己的申请。不过，霍金对引力波的兴趣始终没有消退。他在《我的简史》中写道：“比韦伯的仪器精度高1000万倍的仪器……目前也没能拿出可靠的引力波探测数据。”[13]不过他们真的只是差一点！

霍金的传记纪录片首映后一周，《万物理论》在剑桥开机了。剑桥经常作为各种影片的拍摄地，但这部影片尤其让这座城市着迷，学生和居民争相申请作为群众演员。平时外人禁入的圣约翰学院也对拍摄团队和明星们敞开了大门。我一位朋友的外甥在发现新学期开学与出演影片（其实只是一个镜头，没有台词）存在冲突之后，差一点从牛津大学退学。首先拍摄的是五月舞会，霍金在晚上“拜访”了剧组。他进入黑漆漆的花园，电脑屏幕照亮了他的脸，焰火在那一刻绽放。“这是我这辈子见过的最盛大的登场了。”埃迪·雷德梅恩赞叹。

10月8日，彼得·希格斯接受了诺贝尔奖。在伦敦科学博物馆举办的大型强子对撞机展览开幕式上，霍金做了演讲，有些伤心地说：“如果没有发现希格斯玻色子，物理学会有趣得多。”[14]不过他也向听众声明，希格斯赢得诺贝尔奖是当之无愧。

英特尔的团队也经常拜访霍金，看他要不要在这里或那里做些改进，以及改进后对他的效率有没有提高。他当时的一名技术支援助理乔纳森·伍德几乎已经成了英特尔团队的一员，皮特·丹曼回忆道，他“非常热衷于帮忙”，“很有自己的想法，也很聪明，跟我们合作时，经常在电话里请我们以不同的方式‘运一下球’”。虽然老的交互系统有不少问题，霍金却依然不舍得换，这成了大家的一个阻碍。比如，有一次团队想出了一个精妙的方案，能让他更快地纠正输入错误：选择一个字母后，第一个出来的选项是“撤销”，这样他就不需要一步一步地回去修改了。如果选择没错，他什么都不需要做。如果选错了，他可以很方便地撤销。这个虽然能帮他省下好多时间的小改动，却老是让他出错。“他就是没想到那个位置有个‘撤销’按钮，”纳赫曼回忆说，“虽然他知道按钮就在那儿。他挣扎了许多次，最后说自己不想要这个功能了。类似的事还有很多。我们在尝试改进时，总是被他习惯的那套操作界面束缚，这极大地限制了我们改进的空间。”

2014 年——数次与世界末日擦肩而过

霍金的2014年是从他在剑桥家中的一次派对中开始的——我们在花园里看经典焰火公司在几米开外点燃焰火，绽放在空中。他的医生说，一旦有个大焰火不小心朝着我们发射了，大家谁都逃不掉。灰烬撒落在霍金的斗篷上。护工随手就把灰烬掸掉了。“经典焰火”公司送了“霍金系列焰火”，剑桥大学自然不允许他把焰火存放在办公室里。霍金的这套焰火比绝大多数五月舞会放的焰火都要惊艳。

到了1月底，霍金出于身体原因无法外出，所以不能乘坐飞机。每年都在美国得州休斯敦附近“库克小枝”举办的为期三周的物理研讨会，也为了照顾霍金而搬到了英国举办。

1月17日，剑桥大学新闻网宣布，已故的美国亿万富翁，同时也是霍金的朋友丹尼斯·艾弗里和妻子萨莉·王-艾弗里专门设立了基金会，设立“史蒂芬·霍金宇宙学教授职位”，并向此岗位资助600万美元。基金会的资助还有附加条件，担任该职位的教授薪水“应等于或高于DAMTP中类似资历、类似岗位人员的平均薪水”。资助金额的三分之一作为核心资金，其余作为该职位的补充工资，最高可达每年67000英镑，这让担任此职位的人成了剑桥大学薪水最高的教授。有人抗议这种“资助学术界顶层的人物，却看着其他普通科研人员多年得不到涨薪”的行为。另外，这项资助可能也为将礼物与“特别要求”绑定这种不太体面行为开了先河。剑桥大学理事会对于“不定期招募全球成就最高的科学家们”的重要性发表的言论[15]，让人们怀疑这笔款项是专门为了吸引美国物理学家的，因为那里的工资比英国高。经过大量的讨论，吸引了诸多关注之后，投票表决的结果是746比606险胜，剑桥大学的理事机构评议院在2月25日批准了这一职位的设立。

与此同时，有头条报道霍金宣称“不存在黑洞”。1月22日，他在网上发表了一篇题为“黑洞的信息留存及天气预报”的论文，基于他2013年8月通过Skype在加州圣巴巴拉的科维里理论物理研究员发表的演讲内容整理。[16]他认为我们正在考虑的事件视界可能不存在。“不存在事件视界，”霍金解释道，“意味着没有能阻止光逃向无限远的、我们称为黑洞的物体。”

这场讨论与“黑洞防火墙悖论”有关。科维里研究院的约瑟夫·波钦斯基和同事们认为，根据量子力学理论，事件视界具有非常高的能量，是堵“防火墙”。落入黑洞的宇航员可能不仅会被拉伸成面条，还会被烤焦。焦了的面条可没人爱吃。霍金也在论文中声称，黑洞周围的量子效应会对时空造成强烈的扰动，无法形成确定的边界。霍金建议将被捕获回来的光线形成的“透明视界”作为真正的边界。透明视界最终会消散、消失，这时，困在黑洞中的物体都释放了出来，“虽然可能惨不忍睹”。霍金还声称，透明视界会逐渐被引力收缩，但永远不会坍缩为奇点。

2013年冬至2014年春，霍金虽然无法乘坐飞机，但还是以电视节目的形式走进了全球的千家万户。在国家地理的系列纪录片《未来宇宙》中，他安排年轻的科学家们探索新奇的科学理念和创新。在“拯救孩子”系列募捐活动中，他用合成器的声音说：“叙利亚的孩子们没有发声，因此我把声音送给他们。你打算送什么呢？”他还继续努力宣传太空探索以及太空旅行、殖民的重要性。他预测未来几百年地球的环境会恶化，人类将逐渐灭绝，为大家展现了一幅荒凉、可怕的画面。不过在国家地理的一集纪录片中，他还是给了大家一点希望，认为21世纪是“真正的太空纪元”，50年之内我们就能在月球上生活，2100年前可以在火星上生活。

霍金也继续向世界提醒人工智能（AI）的危害：“成功创造出人工智能是人类历史最重大的事件，不幸的是，这可能也是最后一件大事。”他一次又一次地这样警告。[17] 其他人也开始发声支持他，强调人工智能已不再是科幻小说中的情节。牛津大学人类未来研究院的丹尼尔·杜威对记者说：

“超级智能的人工智能——如果它将自己的能力用于收集资源或是保护自己……可能会渗透我们社会的基础架构……最终占有我们赖以生存的资源，或者认为我们的威胁足够大，决定消灭我们。无论哪种情况都会导致人类的灭绝。”[18]

有人指责霍金在“没有必要地、不屈不挠地恐吓大家”，但这位曾经游历至宇宙创世之初——同时还不得不保证自己的生存——现在又开始考虑自己身后千万年的事的科学家，希望人们能够因为他的名气而听从他的劝告。

当然那年也有过轻松的时候。5月，霍金在短视频里介绍了一个能帮英格兰国家队提高世界杯胜率的方程——还暗示如果没有这个方程，“用科学界的话说，英格兰队就是丈二和尚摸不着头脑”。女王在圣詹姆斯宫的一场招待会上拿他的美国口音开了玩笑。6月，他在《上周今夜秀》的“伟大的头脑：思想向善的人们”环节中开了约翰·奥利弗的玩笑。6月晚些时候，他在伦敦的O2体育场亮相，出席“巨蟒重聚首暨巨蟒剧团伦敦O2告别演出：搞定一个，还剩五个”演出。评论家爱丽丝·博纳西奥说：“看到布莱恩·考克斯突然出现在大屏幕上，吐槽《银河之歌》存在科学上的错误，结果被史蒂芬·霍金本人用轮椅撞倒，霍金还用语言挑衅了他，唱着歌曲的最后一段被吸入了浩瀚的宇宙。”[19]

8月26日，霍金接受了“冰桶挑战”，与全世界的人们一起加入了这波古怪的潮流，用一桶冰水浇头，为运动神经元疾病协会募捐，不过是霍金的子女替他进行了这项挑战。“我去年得了肺炎。”他解释说。[20]

几天后，霍金乘船驶向了加纳利群岛的特纳里夫岛，参加一项不同寻常的活动——“第二届星乐节”。2011年，霍金协助筹备了第一届星乐节“宇航员的50年”，来自当年冷战双方的宇航员、科学家们与艺术家和名人一起，纪念尤里·加加林第一次进入太空50周年。演讲人要对过去半个世纪以来人类对太空的探索，以及人类在太空中的未来发表意见，并且要保证非专业人士也能听懂。

3年后的2014年，在“第二届星乐节”上，霍金发表了两场演讲，第一场是《宇宙的起源》，由一段配着燃情摇滚吉他歌曲的视频引出；第二场是《黑洞》，在闭幕当天盛大收尾。他用现在已广为人知的一句话做了总结：“如果你觉得自己落入了黑洞，不要放弃，总会有出路的。”[21]并在现场收获了经久不息的掌声和喝彩。

“第二届星乐节”开幕前，一本精致的书出版了——集合了2011年上一届星乐节上的演讲及其他内容的《星乐节：宇航员的50年》。霍金为书作了序。很快，报纸头条就充斥着末日预言的消息——“史蒂芬·霍金的警告，上帝粒子可能抹除整个宇宙”[22]，“研究希格斯玻色子可能导致宇宙毁灭”，[23]CERN的研究人员释放了一头怪兽吗？

在《星乐节：宇航员的50年》的序中，霍金写道，如果希格斯玻色子和顶夸克的质量真的如最近科学家们观测到的那样，那么现在的宇宙是处于“亚稳态”。这样很危险吗？

放在山尖的球是不稳定的。如果球滚下山，落入山谷并且静止不动就稳定了……真的稳定了吗？这座山谷真的是最低点吗？还是说球只是落在了很高的坡上，随时有可能继续向下滚动？如果是在高坡上，就是亚稳态。我们的宇宙就处于这样的一个位置。

根据宇宙运行的基本原则，宇宙的能级总会向尽可能低的方向移动。换句话说，就像从山上滚下的球。宇宙也像球一样，在能级的山上向下滚。也许宇宙会落在类似高坡的位置，在那儿停留几十亿年。但只要不在最低点，就是亚稳态。哪一天宇宙还可能继续向下滚，到达更低的能级。在传统物理学中，这是不可能的，但是在应用量子力学中 —— 非常不可能发生的事也会发生 —— 宇宙还是有可能从坡上滚下来，继续向更低的能级进发。

如果真的发生这样的事呢？设想一下宇宙刚刚诞生的时候，随着宇宙冷却下来，其中的各个区域也都落入了各自的“山谷”。我们这个宇宙的基本原则，也是让我们得以存在的原则，正是这个山谷的基本原则。这里针对物质和能量的原则决定了物质由原子构成。如果宇宙进入了更低的能级，落在另一个坡上或是谷底，这些原则还会改变。原子无法存在了，我们所知的自然界中的作用力也不会存在，你和我都不复存在。

顶夸克和希格斯玻色子的质量是关键。研究人员在测量质量时，发现测量结果表明我们的宇宙处于亚稳态 —— 虽然离稳态不远，但还不是稳态。我们所知的宇宙以及我们人类，都可能在宇宙从亚稳态山坡转向能级更低的状态时，突然消失。我们现在了解的物理法则也会在一瞬间灰飞烟灭。不过在计算宇宙是处于稳态还是非稳态的过程中，我们也能预测出，量子力学让宇宙从亚稳态滑落到更稳定的状态需要几万亿年。而且，希格斯玻色子的发现并没有让这一过程加速，也没有让宇宙进入亚稳态。[24]这个发现只是告诉我们现在的状态如何。

在星乐节上，霍金在一场关于星际旅行是否对人类至关重要的采访中澄清了一个误会：他在《时间简史》中写的“了解上帝的思维”，意思是“如果存在上帝，了解他知道的一切，但上帝不存在，我是无神论者”。[25]有了这段话，我们在追寻知识道路上的终极目标的确不那么有野心了。不过，霍金还没有讲完。这段采访之后不久，他就对另一位记者安德鲁・格雷斯通说：“如果我说自己信仰上帝，大家就会以为我们信仰的是同一个上帝。所以我不会这么讨论这个问题。”

英特尔的团队多了一位成员，赛·普拉萨德，负责绝大多数的软件开发工作。他决定用另一种方式提高霍金的输入速度。他们观察霍金工作时，发现霍金在与单词或是交流无关的事情上花了许多时间，比如打开文件、切换窗口、搜索内容等。模拟鼠标耗费了他太多时间。我们也许觉得用鼠标打开文件没什么麻烦的。但霍金要控制指针横跨屏幕，跨过一行又一行字，才能单击一下。拉马·纳赫曼记了下时间，他打开一个文件要花4分钟。因此他们重新设计了系统，只要开始输入字母，程序就会自动为他寻找、定位文件。类似的，切换窗口、打开文件以及其他操作都可以这样完成。英特尔团队挑出了他常用的应用，将搜索范围缩小了一些。他们充分利用了自动化工具，将打开文件的时间从4分钟缩减到了几秒钟。霍金在自己的网站上开心地宣称：“这让我能完全控制自己的电脑了。我可以用微软的Outlook看邮件，用火狐上网，或是用Word写演讲稿。”

英特尔的团队终于意识到霍金在改动系统这件事上有多么不情愿了，他们想出了一个可以随时切换的办法，霍金可以自主切换ACAT系统，不需要其他人帮忙。这个办法大获成功。霍金在获得了完全的掌控后，更愿意用新系统了。团队也能看到他在做什么事的时候会切换回老的系统，也就是说ACAT哪些功能不够理想。那一年，团队的另一次大捷是在系统的时间问题上。霍金对时间非常敏感，即使是20毫秒的变化他也能感知到，这并不是因为他对操作的响应时间有意见，而是因为他有些操作进行得太早了。这听起来也许是个小问题，但是想象一下，如果把话语从你的大脑传递到嘴部，最终说出来的时间调整了一下，这个问题就很严重了。这需要建立全新的大脑回路。简直像噩梦一样！霍金就经历了这种情况。不过，在精心调试之后，英特尔的团队还是把新系统的节奏调整到了和老的便键系统一模一样。

10月底，霍金注册了Facebook，这是他第一次涉足社交网络。他的第一条状态是：“我一直好奇宇宙因何存在。时间和空间也许永远都是未解之谜，但这不会阻止我追寻的脚步。我们彼此之间的联系无比紧密了，现在趁着有机会，我很希望与你们分享我的旅程。保持好奇心。我知道我一直保持着。”不出所料，这条状态得到了130万个赞。

12月初，《万物理论》上映了。霍金说，能有一部描写自己的电影他很自豪，他还称赞了雷德梅恩的表演。“有时，我会以为他就是我。”“这就是我们的生活。”他的子女对安东尼·麦卡滕说。简将菲丽希缇·琼斯的表演夸上了天。霍金得到了提前观影的机会，他花了大约10分钟写下自己的感想。麦卡滕说，那10分钟“真是心惊胆战”，“我们静静地等着他，不过他认为很不错。他说影片‘基本属实’，还说影片对他第一段婚姻的刻画惊人的真实”。[26]饰演史蒂芬和简的雷德梅恩和菲丽希缇·琼斯对两人的刻画已经达到了极致。雷德梅恩在为这个角色做准备时，跟患有肌萎缩性侧索硬化症的病人一起待了一段时间，仔细观察他们与病魔斗争的过程，也与英特尔的团队一起，尝试理解霍金在努力与外面的世界保持联系时经历的困难。

片中有些细节有点模糊，有关系吗？比如霍金的几位朋友被整合成了一个角色。他生命中的两大关键时刻都被一带而过了，一个是让他的未来命悬一线的牛津口试，另一个是霍金辐射的发现、外界的敌意以及后来的接受。还有一家人在加州帕萨迪纳那关键的一年被完全忽略了。导致他失去声带的意外发生在了“波尔多”而不是日内瓦，而事故发生时的歌剧院让我们以为是在拜鲁特，其实不是。詹姆斯·马什和安东尼·麦卡滕将五月舞会作为影片的重要转折点，拍得美轮美奂，远远超出了20世纪60年代的真实情况；他们给霍金在歌剧院晕倒的场景配上极为悲壮的瓦格纳歌剧，为了这个改变一点事实又有什么呢？霍金本人甚至更希望当时是那样。很多人将这部片子描述为“让人感觉愉悦、美好的片子”，但霍金的生活可很少有愉悦和美好，而且，影片虽然刻画了疾病、投身科研和成名对婚姻和家庭的影响，但对两人之间的关系以及生活中涉及的阴暗、残酷的一面还是选择了避而不谈。不过，这还是一部优秀的影片，看过的人都认为雷德梅恩的奥斯卡影帝当之无愧。

12月，霍金在看到自己的传记片上映后，对全世界宣称自己现在想挑战一下另一个极端，出演“007系列片反派”——他的合成器声音和轮椅正是理想的反派元素。

2015年——回到“固若金汤的堡垒”

一开始，2015年似乎会是安静的一年。霍金依然担任着理论宇宙学研究中心主任。他几乎每天都去DAMTP的办公室，不过他已经73岁了，也好几年没招过研究生了。“跟着感觉走”能让他得到有意思的收获吗？谁知道呢！

他并没有退休的打算，不过他也没想到前一年10月维珍太空船“进取号”的坠毁对自己的打击有多严重。2月，他参加了新太空船的揭幕仪式。也是在2月，他在埃迪·雷德梅恩赢得奥斯卡影帝时表示了热烈的祝贺，还在《生活大爆炸》中第二次客串，饰演一位神秘的“喷子”。后来他有了新的直播技术，到了4月，他马上就在悉尼歌剧院发表了一场演讲，没有亲自前往，而是以全息投影的形式。他还在捷豹汽车的广告里扮演了一个有些邪恶的形象，稍微满足了一下他饰演007反派的愿望。

每年在库克小枝举行的研讨会换了个举办地，到了大布兰普顿会馆，在威尔士边界，在赫瑞福德和瓦伊河畔海伊之间的一座建筑。3月中旬，哈佛大学的安德鲁·斯托明在研讨会上发表了演讲，霍金与同事马尔科姆·佩里都出席了，两人马上意识到这场演讲可能对黑洞的信息损失悖论有所影响。佩里记得自己跟斯托明“一直聊了几个小时，聊到很晚。史蒂芬基本一直在听，偶尔说上一两句”。斯托明后来说：“（霍金关于信息悖论的）这条观点受到了各种各样疯狂的抨击，而据我所知，每一条抨击他都正确地反驳了。但这次，他听了之后似乎马上就认为找到了关键。”[27]

那年夏天，NASA的“新视野号”探测器飞过冥王星时，霍金举办了一场冥王星派对。参加派对的人要打扮成天体，马尔科姆·佩里则着正装出席了。是天体吗？不是。他其实是正好路过——就像“新视野号”路过冥王星一样。霍金扮成了“普鲁托，冥界之王”，他的一位孙辈孩子也帮了忙，给他画了一只巨大的地狱犬，站在他的轮椅旁。霍金在漆黑的、两旁种满树的路上等着派对结束，然后让焰火等两分钟再放。他发表了一篇简短的演讲，阐述了探索太阳系的重要性。他的女儿露西在为《广播时报》写的一段文字中很好地描绘了当时的场景。

一个坐在轮椅里的人，戴着假的白胡子，扮成冥界之王，轮椅旁还有一只画出来的三头地狱犬，他一边燃放着焰火，一边对路过的人高谈阔论“人类的努力没有边界”（巧妙地提到了他的无边界理论）。更不用说他身边的我们，穿着各种奇装异服。“不过这毕竟是剑桥……没人报警。”露西打趣道。[28]

2015年夏天，英特尔和霍金的合作迈入了新的里程碑。自2012年冬天以来，英特尔的团队花了很长时间观察他，寻找可行的解决方案，发掘他的需求，然后再回到剑桥跟他待一周，每年数次。拉马·纳赫曼经常坐在他的办公室或是病房里，观察他使用系统、跟别人聊天，霍金也提供了许多反馈。他的参与度非常高，把哪里好用或不好用都告诉他们，团队也一直在倾听。最终，在解决了新系统的节奏问题后，他不再像以前一样频繁地切换回便键系统了。他要求增加的功能越来越多。开始的几年里，团队的工作主要是设计、测试新系统，但现在已经变成主动开发功能了。而且霍金真的在用！纳赫曼要求在对外公布之前——在真的宣告成功之前——一定要确保霍金一直在使用这个系统。到了2015年夏天，他们终于在伦敦对众多媒体宣布：英特尔和史蒂芬·霍金准备将他的发声系统开源。

8月，霍金和马尔科姆·佩里去斯德哥尔摩参加了一场研讨会，研讨会由物理学家劳拉·梅西尼-霍顿、她就职的大学（北卡罗来纳大学教堂山分校）以及北欧理论物理研究所（NORDITA）资助。这时霍金的身体状况已经大为改观，医生被他说服了，允许他乘飞机前往瑞典。在斯德哥尔摩，他将新的黑洞理论向物理学界的同事和大众公布了。很快大家就都讨论起了“霍金的发现”“霍金的新突破”。过了一阵子，才有人纠正说，这个发现也属于斯托明和佩里。

到了2016年1月，三人联名发表了一篇论文——《黑洞的柔软毛发》，佩里收到了来自世界各地的邀请，要他发表演讲或是讨论下这个理论；斯托明在《科学美国人》上用通俗的语言解释了他们的理论。[29]下面是根据我与佩里的谈话、他们的论文、霍金在斯德哥尔摩的演讲以及对斯托明的采访整理的，他们那个理论的简化版。

先讲一点背景知识：真空是能量最低的存在，过去人们假设所有真空（又名“零能态”）都是一样的。如果在真空中加入一个带有能量的光子，就不是“零能态”了。原来的真空达到了新的量子态，也不再是真空了。但如果在真空中加入一个没有能量的光子——零能量的粒子——“软”粒子呢？光子都具有角动量或者“自旋”，真空现在也有了这个属性，但是能量没有增加，因此真空还是真空。斯托明对此进行了计算，看这种情况究竟是达到了新的、不一样的零能态，还是跟以前一模一样的状态，并最终发现两个零能态是不一样的。他发现，真空态有无穷多种。因为有软粒子的存在，这些真空态各不相同。

黑洞也可以含有各种数目的软光子和软引力子。第5章中讲到，黑洞的事件视界是个球体。因为引力和时空翘曲，一切事物都无法逃离事件视界，即使是以光速前进的光子也被困在内部，所以这个球体是由光线交织而成的。球体上的每一点都有光线，光线彼此并没有联系，只是在相对运动。这种运动就是“超变换”。但这代表有什么事发生吗？想象一下一捆稻草。这些不是普通的稻草，而是无限长的稻草。上下移动某一根稻草，会引起什么变化吗？是的，斯托明、佩里和霍金认为会引起变化。其实（下面的内容如果没有配上数学论证，你就只能凭信念相信了），这种情况只是同一种现象的不同描述：一种描述是在黑洞中加入一个软粒子；另一种描述就是超变换。无论用哪一种描述，只要有粒子穿过事件视界，事件视界就会改变一点。

超变换并不是新的物理概念，在20世纪60年代左右就存在了，不过之前没人将其跟无限时空边界处的光线联系起来。我们先回到零能量的光子这个问题。这个描述还有其他含义吗？光既可以作为粒子（光子）又可以作为波。如果你见过电磁波的频谱，就会知道在向频谱上“红的一侧”移动时——超过可见光的范围，进入红外线、无线电的波段——能量会逐渐减少，波长越来越长。移动得足够远，能量会减少至零，波长则非常长，可以想象一下在时空边界上的粒子。

在黑洞边界处的粒子也是类似的情况，只不过要把时空边界换成黑洞边界。一切物质粒子都有质量，会被引力影响，因此只要有粒子进入黑洞，就会给黑洞带入一个甚至许多个“软引力子”。软光子或是软引力子进入黑洞之后，可以视为生活在黑洞的事件视界上，这就形成了一个“记录设备”。软光子和软引力子记录了黑洞内部相关的信息，而且还会继续生活在事件视界上。霍金在斯德哥尔摩的演讲中说道：“我们认为，超变换就是进入视界之后，粒子的全息投影。因此其中包含着通过其他途径收集不到的信息。”

前面说过，斯托明发现零能态是各不相同的，区别在于软粒子的加入。类似的，黑洞也是各不相同的，区别在于事件视界处存储的内容，而这些内容记录着落入的一切。即使两个黑洞之间的差异只有一个软光子，它们也是不一样的。两个黑洞蒸发出去的物质也不一样。

有没有证据能证明霍金、佩里和斯托明是对的呢？有，而且不用进入黑洞就能找到。佩里提出了两种可能性：[30]

（1）观测到“引力记忆”。还记得第19章讨论过的引力波探测器吧？引力波经过LIGO（地球上的探测器）或是LISA（将来在太空中的探测器），两面镜子（LIGO）或是两艘宇宙飞船（LISA）的相对位置会发生细微的改变，如果引力波过后，镜子或是飞船仍没有回到原来的位置，就证明霍金、佩里和斯托明是对的。

（2）在新的假设下正确计算出黑洞的熵（参见第6章）。

其他理论物理学家比较谨慎，但还是有很多人表达了自己的激动之情。霍金、佩里和斯托明即使最终没有解决信息消失的悖论，也为人类拓展了对于软粒子重要性的认识，揭示了自然界的作用力之间微妙的对称关系。不过还有这样一个问题，物体落入黑洞后，会留下完整的记录吗？“我这里记下了35个问题，”斯托明写道，“每个问题都要花上几个月。如果你是理论物理学家，现在正是施展才华的大好时刻，因为有很多事情我们不理解，但是有很多计算工作我们可以做，而且完成后会对不理解的事情有所帮助。”他们在思考的一个概念“比超变换内涵更丰富、更宏大，同时也更神秘，叫作‘超旋转’。因为光线并不是在上下移动，而是在互换位置”。[31]

2015年12月，在新年到来之前，霍金和其他人开展的警惕人工智能的运动在剑桥收到了成效。剑桥大学宣布成立利弗休姆人工智能未来研究中心，研究人工智能带来的影响——从失业到人类的存亡。

2016年——“证据确凿”

1月26日和2月2日，霍金出席了久负盛名的里斯讲座，由BBC第一任负责人约翰·里斯爵士创立，这是每年一度的科普直播讲座。霍金回忆了黑洞研究的历史，以及自己在其中的贡献。并提出要解决信息损失的悖论，关键可能在于理查德·费曼的理论，即宇宙不只有一个历史，而是许多个可能的历史（见第18章）之后，他又向大家介绍了新的解决方案——“超变换”——他、佩里和斯托明在三周前发表的论文。他建议听众们“看好这个空间”。媒体则抓住他对于质量足够大的旋转黑洞也许能通向另一个宇宙的推测大做文章。霍金强调了是“也许”，同时对听众们说，自己虽然很喜欢太空旅行，“但我是不会尝试的”。

在这两期讲座中，霍金对上帝的抨击比以往轻了不少。他提到了拉普拉斯被拿破仑问到上帝在他的科学研究中是什么角色的回答——“我不需要那个假设”——并且评论说，“我觉得拉普拉斯不是在说上帝不存在，上帝只是不插手物理法则。每个物理学家都应该这样认为”。[32]

霍金做完这场关于黑洞的演讲之后一周多一点，2月11日，人们就迎来了一项期待许久的突破性发现：故事开始于很久很久以前（一般都是这样讲的），在很远很远的一个星系中，两个黑洞（质量分别是太阳的29倍和36倍）以接近光速一半的速度剧烈地碰撞，并融合为一个黑洞，将各自质量的一小部分转化为能量，以引力波的形式释放出来。这些引力波经过130亿年，在2015年9月14日凌晨5时51分（东部夏令时，比北京时间晚12个小时）抵达了LIGO。在对数据进行了为期5个月的仔细分析后，LIGO实验室常务主任大卫·里兹在华盛顿特区的一场新闻发布会上宣布："女士们，先生们，我们发现了引力波。我们做到了！"[33]这是第一次发现黑洞存在的直接证据。之前有过理论上的证据，以及间接观测到的证据，但这次真的是证据确凿了。

如图19－1所示，LIGO实验室在华盛顿州和路易斯安那州各有一个探测器。理论上来说，在引力波经过地球时，两个装置应该几乎同时——但不会完全在同一时间——观测到。LIGO自2002年揭幕至2010年暂时关停以进行重大改造升级之间，没有观测到任何引力波。不过改造后几乎立刻就收到了成效，路易斯安那州的探测器探测到了150914号引力波。0.01秒之后，华盛顿州的探测器也探测到了。先南后北，这意味着引力波的源头在南半球的天空中。

霍金热烈地祝贺了他的朋友基普·索恩以及LIGO团队，并强调了这项发现对未来的天文学带来的深远影响："到目前为止，我们对宇宙的探索用到了光、无线电波以及其他电磁辐射。现在引力波为我们提供了新的观察角度。"[34]《科学美国人》的赛斯·弗莱彻详细解释了他的话：

无线电天空的发现让我们发现了无线电星系、类星体以及黑洞。而引力波的发现也有类似的效果，因为这项发现开启了新的纪元，科学家可以像使用电磁辐射一样使用引力波观测宇宙。[35]

霍金补充道，我们现在可以观测到从宇宙诞生到现在，产生的所有黑洞。这些黑洞可以作为衡量宇宙中距离的阶梯，而且非常精确，也可以作为现有阶梯——比如超新星——的补充……我们甚至能看到大爆炸期间，在能量最密集的宇宙早期产生的遗迹。[36]

到目前为止，我们观测到的各项特征都倾向于霍金在1970年做出的预测，即两个黑洞融合时，形成新黑洞的表面积等于或大于原来两个黑洞的表面积之和。未来的观测结果能够对他的预测进行更好的验证。[37]

3月比较风平浪静。随着6月"英国脱欧"的投票临近，霍金恳请英国民众不要脱离欧盟，但很多参与投票的人都选择了无视。他在圣奥尔本斯的数学老师通过了瓦基基金会全球教师奖的初选，霍金也感谢了这位“塔塔先生”（见第3章）：“他的课很生动，让人兴奋，一切都可以讨论。我们一起打造了我的第一台电脑。多亏了迪克兰·塔塔，我现在是剑桥大学的数学教授，这是牛顿曾经坐的位子。我们在想到这辈子的成就时，经常会想到这样一位老师。”[38]

同时，本着教育创新的精神，霍金允许《科学格斗》游戏使用他的“形象”，这款格斗游戏包含了8位“可用的科学家”，每位科学家都有六种基本攻击技能以及两种“超能力”。查尔斯·达尔文的超能力是“进化攻击”，玛丽·居里的是“辐射”，史蒂芬·霍金则可以使用“黑洞”。玩家要将每位角色的“超能力”与其在科学领域的贡献联系起来。[39]

那年春天，霍金在伦敦的出版商环球出版社（Transworld）有了新的计划——开发了一款应用，将他的畅销书《时间简史》带到新的读者面前。霍金为了这款应用对书进行了一些修改，包含了他对无边界理论的最新思考，以及暗能量、信息悖论、永久膨胀、微波背景辐射的观测以及发现引力波的最新进展。这款应用于2016年9月上架。

英特尔的团队对霍金的传感器又做出了重大改进。在花了几年时间掌握了与霍金合作的技巧之后，他们知道一定要模仿旧系统的优点，并且在不引入全新内容的前提下改掉缺点。霍金对脸部肌肉的控制能力每天甚至每时每刻都不同。一般来说，下午比早上强一点，但到了傍晚就很难控制了。他要是累了，脸部肌肉就几乎没法动了。他的数字传感器可以调节灵敏度，他可以请护工来操作，但这样需要太多人力。英特尔的团队成功地开发了一个算法，自动探测脸部肌肉的运动范围，并据此自动调节灵敏度。可惜的是，直到霍金去世前6个月，他才真的接受了这项改动。

“我们迟早要望向星空。”4月12日，星期二，霍金加入了中国的社交媒体平台微博，不到一小时就收获了超过100万粉丝。到了周末，他的粉丝数达到了340万。他的第一条微博以“我在中国的朋友们，你们好吗？好久不见了！”为开始。他提到了自己的几次中国行，最后说道：“通过这个微博，我希望能和你们分享我的生活趣事和工作心得，也希望能在互动中向你们学习。”[40]很快他又发了一条微博，对中国哲学家庄子的一个问题做了精彩的回答：

“我们如何知道我们是生活在梦里还是真实存在？”——我们不知道，也许也无法知道！这个问题至少要等到我们开始深刻地了解意识和宇宙时才可知。我们必须孜孜不倦地探索关于存在的基本命题，只有这样，我们也许才会知道蝴蝶（或宇宙）是真实存在，还是只存在于我们的梦里。[41]

薇薇安·里奇还记得，晚上参加活动回家时，或是冬天下班回家路上，霍金经常会在路上请她停一下，调整一下自己的头部，好看一看剑桥的星空。所有的星座他都能辨认出来。虽然他选择了宇宙学而不是天文学，但他从小就喜欢星星，尤其是在奥斯明顿旁的海滩上看过星空之后。2016年春，他认为地球上的人们对星空的研究应该可以更加深入了。

4月12日，他与俄罗斯物理学家也是亿万富豪——尤里·米尔纳和Facebook联合创始人马克·扎克伯格一起宣布了一项计划，这也许是自1961年美国总统约翰·F.肯尼迪宣布登月计划之后，最大胆、最激动人心的计划了。霍金解释说，“突破摄星计划”会发射成千上万个“微型探测器”，以约为五分之一光速的速度飞行，探索距离是目前最远航行距离的2000倍。“有了轻型船身、轻型船帆，以及史上最轻盈的飞船，这代人就可以前往半人马座阿尔法星。”他声称。[42]

20世纪70年代，美国物理学家、航天工程师、科幻小说作家罗伯特·L.福沃德首先想到了用超强激光作为这种飞船的推动力。要把这个设想变为现实，会遇到非常艰巨的技术难题，甚至听上去更像科幻而不是现实。不过这个设想还是基于严谨的科学，而且40年后，随着激光、微缩、微电子以及纳米技术的进步，科幻也很可能变成现实了。

摄星计划中第一个真正的创新是飞船的推进系统不需要与飞船一同航行，因此可以做得巨大、沉重但动力十足——发射的激光功率高达数十亿瓦——

而且不用离开地球。根据爱因斯坦的相对论，光虽然没有质量，却有动量，因此光线击中镜子时，会产生微小的压力。既然飞船不需要自带引擎或是燃料，体积就可以做到邮戳般大小。哈佛大学的扎克·曼彻斯特已经提出了这种微型卫星的设计方案，而且用硅制造的“飞船”可以携带微型摄像机、计算机，用来通信的激光，以及供能用的一点点钚。这艘卫星飞船还需要一杆比自身大不少的船帆。据摄星计划团队中负责早期概念设计的加州大学圣巴巴拉分校的菲利普·鲁宾介绍，飞船的帆只需要对一种波长进行反射——激光发射器发出激光的波长。船帆由玻璃制成，只要几十个原子那么厚。飞船和帆加在一起，质量大约只有5克。这些微小的飞船由一艘母舰携带，再一个个放出，等待地球上发射的光束击中船帆，就启程了。

按计划，地球上的推进系统包括一系列激光发射器，建在高海拔沙漠中的一片空地上。要推动飞船启航，所有发射器要联合起来，发出一束1000亿瓦的激光，击中微型飞船的帆，大约10分钟后，飞船应该已经在前往火星的路上走了三分之一，并且可以通过飞船上的激光通信，向地球上的激光发射器阵列传回数据。用不了20年，这些飞船就能抵达最近的恒星。

这个野心勃勃的项目中，一开始由25名国际顶尖科学家组成的团队自然遇到了严峻的挑战。高速行驶的卫星飞船如何避开星际尘埃和其他物体？对强辐射敏感的微芯片怎样才能不受宇宙射线影响？如果真的出现了损伤，飞船又如何自我修复？如何定位激光，避免损伤卫星和其他太空中的物体？地球的大气会导致光的散射，发出的激光击中船帆时已经有了损耗，这个问题又如何处理？[43]

另一个挑战是筹集资金。摄星计划是由私人出资的，与之前的大型航天计划不同。米尔纳估计该计划的花费在50亿至100亿美元之间。他目前已经投资了1亿美元，作为启动资金，他和扎克伯格也在热心招募其他出资人。

如果这些问题都能解决，霍金（还有作者，两人的出生时间相差不到一个月）以及我们这些同龄人大约20年后可能有机会看到第一批微型飞船的发射。再过20年，飞船抵达半人马座阿尔法星时，或者再过4年，飞船传输的数据抵达地球时，我们也许就不在了。不过，书前的读者们应该有机会看到这一融合了想象力、科学和投资的项目收获成果的。[44]“地球是个好地方，”霍金说，“但地球也可能不会长久。我们迟早要望向星空。突破摄星计划就是朝这个方向迈出的第一步。”[45]

6月，霍金进行了一趟“短途”旅行，他乘船去了特纳里夫岛，参加第三届星乐节。第一届星乐节纪念了俄罗斯宇航员尤里・加加林。第三届星乐节主题是“超越地平线：致敬史蒂芬・霍金”，并且安排了一系列面向非专业人士的声、光、音乐以及科学演讲盛宴。参加这届星乐节的人数超过1200人，包括知名科学家、宇航员以及诺贝尔奖得主，还有科学传播者、音乐家，以及其他有幸拿到票的人。一年前，霍金在伦敦的英国皇家学会宣布，计划在第三届星乐节上设立“史蒂芬・霍金科学传播奖章”：“科学传播者让全社会的人，从孩童到政客再到老年人，都参与进来，在每天的生活中接触科学。向人们传播科学，也鼓励人们参与到科学中来。这对我、对你、对全世界都至关重要。”[46]前三座奖杯的得主是他亲自选择的。来自科学界的一位科学家，萨里大学的理论物理学家吉姆・阿尔-卡里里；来自影视界的一部纪录片，《粒子狂热》；以及来自艺术界的一位作曲家，汉斯・季默。作为第三届星乐节的盛大收场，摇滚乐队“可憎”表演了平克・弗洛伊德乐队的《说下去》。这首歌请求在这个孤零零的世界上的所有人，要保持与彼此的沟通。而在这届星乐节上，配上站在舞台上、聚光灯下的霍金，这首歌又有了更深远的意义。听到这首歌，谁都会想到台上的霍金虽然每个单词都说得越来越艰难，却还是满腔热情地在全世界为正义、人权以及人类的未来斗争。这场表演不仅希望他不要放弃，也是在提醒大家不要忘记获奖的科学传播者，以及全世界所有的科学从业者扮演的关键角色。

霍金启程前往第三届星乐节之前一个月，他接受了西班牙对外银行基金会的知识前沿奖，之后回归了他在2012年残奥会开幕式上提到的一个主题：对人类现状的透彻理解，以及解决现有的问题，不能只靠科学的力量。的确，这需要科学界的不懈努力，但同样也需要大众理解科学、承担义务，合理地利用科学得到的答案和发现。

科学研究可以通过实验和观测数据验证。面对全球性的挑战，公众也要具备类似的严谨思维。有些需要解答的大问题，需要整整一代人的兴趣、精力，以及对科学的理解。我希望科学和技术能解答这些问题，但只有人们——具备知识和理解力的人们，才能执行解决方案。[47]

自霍金70岁生日后，他的精力显然转移到了他认为关乎人类存亡的事业上，而他从事的科学研究此刻也抵达了前所未有的前沿——惠勒的“固若金汤的堡垒”。

霍金对恩师迪克兰·塔塔的致谢是这样开始的：“一切都始于爱的种子。对音乐的爱，对历史的爱……对我来说，是对科学的爱。”那时的他依然保留着这份热爱。

第22章 “活了这么久，做了这么久的理论物理研究，真的是我的荣幸”

2016年7月初，霍金从特纳里夫岛的第三届星乐节回到了英国，他被6月23日全民公投决定“脱欧”的结果震惊了，支持英国“脱欧”的群体以微弱的优势取胜。之后，霍金和其他许多关注美国的人，又因为美国共和党选举唐纳德·特朗普作为总统及共和党全国会议领导候选人而更加忧心忡忡。在被问到能否解释特朗普的成功时，霍金直言不讳：“我解释不了。他擅长蛊惑民心，似乎底层的选民们很喜欢他。”[1] 7月晚些时候，在被问到“人工智能军备竞赛”和污染带来的威胁时，他认为贪婪和愚蠢同样是地球面临的最大威胁。[2]

在《卫报》的一篇文章中，他详细地阐述了自己对“脱欧”投票结果的诧异，为将来英国科学界来自欧盟的经费可能会缩减感到惋惜。当时英国的科学家们已经无法参与欧洲的科研项目了。不过，他还是以乐观的态度收尾，乌托邦式地希望自己“长期以来的，很好预测的古怪行事原则”也许能传递给许多其他人。“人们会开始质疑纯粹的财富的价值”，并且开始考虑知识和经验是否比金钱更重要了吗？我们能真正地拥有什么吗？还是只能暂时保管？他希望这样的问题能够改变人们的行为习惯，激发革命性的企业和理念——他和其他人口中的“大教堂项目”。就像中世纪的大教堂一样，这类项目的成功需要数代人的不懈努力。[3]

柯克舰长的冒险

8月，在《星际迷航》中饰演柯克舰长的威廉·夏特纳拜访了霍金。为庆祝《星际迷航》系列诞生50周年，夏特纳拍摄了一部新的电视纪录片《真谛存星空》。“我要采访一些很有趣的人 —— 最后以史蒂芬·霍金收尾。”他宣布。[4] 其实，夏特纳制作这部纪录片的灵感很可能就是有希望采访到霍金。能与夏特纳会面，霍金也同样激动。

他们在霍金家里的图书馆见面。夏特纳提前给了霍金三个问题，好让他准备答案，夏特纳也在卡片上写好了这些问题，好保证在采访时间的问题没有出入。霍金想知道自己有没有机会问夏特纳问题。“你最喜欢哪一集《星际迷航》？”他问。这个问题太常见、太频繁，夏特纳建议他换一个。于是霍金问他：“你最喜欢哪个外星人？”夏特纳回答，霍塔人，因为非常格格不入，危险又像个反派，结果却具有高度智慧，也很善良，只是身为母亲想保护自己的蛋。夏特纳一向喜欢能在人类和外星人之间的鸿沟上搭起桥梁，并且最终发现“进取号”的船员们误会了外星人的情节。霍金也喜欢这样的情节，他很喜欢这场采访，全程保持着微笑。他请夏特纳留下来共进晚餐，这时两人已经很难进行深入对话了，因为霍金回答的速度太慢，于是夏特纳讲了许多自己生活中的事，以及相关的趣事。最后，夏特纳叫的出租车到了，霍金这才开始打字，显然是要说些什么。霍金写好自己简短、友好的告别致辞时，出租车已经去接下一单了。[5]

我问夏特纳，如果邀请霍金客串一集《星际迷航》，会让他做反派还是英雄。他建议给霍金安排一个一模一样的双胞胎，两人一正一邪，各自用理论、科学知识以及自己开发的超级武器，开始一场可能毁灭宇宙的战争。在最后一刻，两人又会联手拯救宇宙。可惜这个设想没有成真！霍金本来有机会饰演真正的反派，而且能出演两个角色，而不是一个。[6]

回归物理

“进取号”星舰舰长柯克和霍金都很享受在霍金家里的畅谈和晚餐，柯克舰长后来还乘船游览了卡姆河，而没有去遨游银河系，而在世界的另一头，支持霍金辐射理论的显著证据也许要随着一项科研工作的完成而浮出水面了。

还记得霍金对霍金辐射的解释吗？（见第6章）一对粒子出现在黑洞的事件视界处。其中一个落入黑洞，另一个则逃逸了。在2016年8月的《自然物理学》杂志上，以色列海法技术研究院的杰夫·斯坦因豪尔描述了一项使用声子的实验。“把声子想象成声音的粒子。”他在接受《科学美国人》的采访时，对克里斯托弗·伊塔格列塔说。

（我们用了）气态的铷原子，流动速度超过声速，这意味着迎着气流的声子是无法前进的。气流会把声子推回去，像逆流而上的人碰到了更快的水流。迎着气流的声子就像是在试图逃离黑洞。

斯坦因豪尔并没有创造出一对声子，他只是为量子效应的现身创造了条件。“在没有能量来源的情况下，两位‘游泳健将’诞生了。”斯坦因豪尔进行了4600次试验，并对结果进行了拍照，他发现了与霍金辐射非常相似的现象。

这对信息悖论有帮助吗？这对粒子之间存在量子连接，即“纠缠”。无论逃逸的粒子到了多么远的地方，它与落入黑洞的粒子之间依然存在联系。这项研究没法直接回答“落入黑洞的信息去哪儿了”这个问题，但是，斯坦因豪尔说：“这能够给物理学家们指引，发现新的物理规律，不管是什么样的规律。”[7]

到了9月，原来在得州的库克小枝一年一度、有时一年两次举办的高等物理研讨会，后来搬到了赫瑞福德郡的大布兰普顿会馆举行，现在又搬到了几英里外的新会址——布因索会馆。和之前不同，研讨会不再像夏令营一样了，不过怀念之前那种轻松氛围的物理学家们，在见到这处有小河环绕的优雅大宅邸之后也平复了心情。“超变换三人组”——霍金、佩里和斯托明——又有机会讨论他们关于信息在黑洞边界处能否保留下来的研究进展了。佩里之前说过，支持他们这个理论的证据可能有两种形式（见第21章）：一种是探测到引力记忆；另一种是在新的假设下正确计算出黑洞的熵。2018年7月，我曾问安德鲁·斯托明有没有发现这样的证据，他说在黑洞的熵与超变换之间关系的研究中，取得了很乐观的进展。不过，要发现引力记忆，还得观测到比现在多得多的引力波。[8]

拯救地球行动的进展

那年秋天，剑桥大学、牛津大学、伦敦帝国理工学院和加州大学伯克利分校一起，设立了列文休姆未来智能研究中心。10月中旬，霍金在剑桥的启动仪式上致辞。这个研究中心关注人工智能可能为人类的职场，乃至人类的未来带来的利益和重大风险，是向这个方向迈出的一大步，也是霍金对警惕这些风险的不懈宣传收获的胜利。那周早些时候，他在伦敦帝国理工学院对台下座无虚席的听众们说，人工智能“让我们的社会要么脱胎换骨，要么粉身碎骨”。这次，他又说人工智能“要么是人类历史上最美好的事，要么是最糟糕的事”，还认为有了像列文休姆研究中心这样的机构做出努力，人工智能很可能会变得美好一些。[9]

霍金的另一项努力出现在了新闻里。他一次次地警告，对于来自宇宙的外星人发来的信息，不要急着回复，免得招来不速之客，但他对于聆听外星生命存在的证据还是很支持的。那年秋天，他与米尔纳和扎克伯格自2015年就共同支持的“突破聆听计划”将注意力转向了1500光年外的一颗恒星，天鹅座的KIC 8462852，又名“塔比星”。2015年9月，还在耶鲁大学读博士后的塔比莎·波扬金几乎以一己之力，让整个天文学界都注意到了这颗恒星。①塔比星的明暗变化周期很不寻常，有时甚至连续几天变暗22%，有人推测这可能是“戴森球”存在的证据。[10]

“戴森球”的概念由物理学家弗里曼·戴森于1960年提出，将成千上万颗

① 译注：之前，有“天文爱好者”指出了这颗恒星的奇怪之处，但没有学术证据支持。

收集太阳能的卫星——可以连在一起——释放出去，在恒星周围形成一个巨大的球体，这在当时听上去像是末世科幻小说里才会出现的设定。这个球体吸收恒星的能量，再传递给制造它的文明。戴森认为，宇宙中如果存在这样的结构，就可能产生足够多的红外辐射，被地球上的我们观测到。1960年之后，许多人继承了戴森的理念，提出可以造一个固态的球体，将恒星完全包围——这个结构面临着比戴森的卫星云多得多的物理问题。[11]科幻小说作家们悲观地想象，有外星文明在我们的太阳周围建造了这样的球体，将我们赖以生存的能量和光全部拦截。

除了外星文明建造的“戴森云”以外，塔比星异常的亮度变化还有其他可能的解释。亮度的变化可能是一组环绕恒星的彗星碎片导致的。2016年10月，突破聆听计划的天文望远镜和观察员们都在想办法确定究竟是上述的某种情况，还是某种未知现象导致的。

11月中旬，霍金在牛津辩论社发表演讲，又马不停蹄地提出了人类未来的又一大威胁——基因改造病毒，这项医学技术有望推动癌症治疗及控制酗酒等领域的进步，但也有可能创造出无视人类免疫系统的致命病毒。霍金在那场演讲中声称，人类在地球上剩下的时间不会超过1000年。接下去的几个月，这个时间在他的演讲中会越变越短。[12]

不过，他对未来的展望依然没有那么悲观。11月，《每日镜报》为他颁发了2016年度终身成就奖，这是大家梦寐以求的英国之骄奖项之一。霍金接受了奖项，还说：“世界上有许多孩子，我想谈一谈他们长大以后的未来。他们有很多东西值得期待，比如机器人的发展、无人驾驶汽车，以及让你每战必胜的电脑。他们也会面对诸多挑战，比如气候变化及其对世界的影响。我相信下一代人能成功应对这些挑战。”他还和为他颁奖的时任英国首相特蕾莎·梅开了个玩笑：“我每天都处理复杂的数学问题，但不要找我帮你脱欧！”[13]他面带微笑地说完，赢得了全场的喝彩。

《史蒂芬·霍金最喜欢的地方》

我在创作本书的2012年版时，霍金督促我不要忘了他的三集电视纪录片《史蒂芬·霍金的宇宙》(又名《与霍金一起了解宇宙》，见第20章)。这部纪录片的确值得霍金自豪。2016年11月，这部纪录片甚至更加让他骄傲了。第一集的名字叫作《史蒂芬·霍金最喜欢的地方》，于11月5日首播。这个平淡无奇的标题让整部剧的宏大给了大家一个惊喜。显然，这是霍金的热爱结出的果实，也包含了他希望传承给世界的、了不起的知识与简单的智慧。这部纪录片凝结了他从幼年到老年的所有思想——他无止境的好奇心、研究的科学、通过残疾学到的生存经验、为之奋斗的拯救人类大业以及他支持的项目——都以遨游少有人喜欢的地方的形式展现出来：宇宙起源时的一片黑暗，那一点点的瑕疵让未来的一切成为现实。"……我认为完美没有那么好。自然界并不完美。如果真的完美，我们就不会存在了。"还有太阳的核心："我们的宇宙中为什么要存在如此平衡的系统，简直能让无神论者做噩梦。我明白为什么会有人觉得这一切这么不可思议，然后认为是造物主的手笔。毕竟，相信有一个允许我们存在的'大设计'更容易一点。但是与这样的上帝会面是不可知的，而我需要知道。"在这部纪录片中，霍金带领我们走访了满是霍金辐射的黑洞边界，可能宜居的比邻星，荒凉的外星文明残骸——被那里创造的人工智能毁灭了。还有一个目的地，是因为坐在"S.霍金号"飞船里的霍金能读懂古希腊语的信息(这认可了传统教育的价值)，我们才有机会抵达，这是人类文明的另一个版本，在平行宇宙中——一个乌托邦式的文明，经历过更好的选择，也比现在的我们更发达、更开心。在这个宇宙中，亚历山大图书馆没有被烧毁！他也没忘记这个宇宙中、这个地球上他最喜欢的地方——加利福尼亚州圣巴巴拉，他在那儿度过了一段平静又快乐的时光，还和吉姆·哈图一起构思了无边界理论；还有他小时候和家人野营的多赛特海滩，他在那里发现了化石，还提出了后来让他着迷了一辈子的许多问题。"我选择物理是因为我知道，只有物理能给出我想要的答案——不仅仅是世界如何运转，还有为什么要这样运转。要理解我们在宇宙中真正的地位，这两个点我们都要知道。”后来，这部纪录片赢得了艾美奖优秀视觉设计及艺术指导奖。

一点点谦逊

11月底，在梵蒂冈举行的宗座科学院的会议上，教宗方济各微笑着欢迎霍金，并称赞了他和其他人在呼吁公众关注气候变化危机方面做出的努力。人类没有上帝创世的天赋，教皇说，接着用不容霍金置疑的口吻说，可惜现代世界渐渐习惯了“我们是大自然的主人，可以肆意掠夺，无视其潜能和进化法则”。[14]

在唐纳德·特朗普当选美国总统之后，霍金在《卫报》上发表了自己最有说服力、最热情洋溢的一篇文章，在另一种情境下，建议我们保留“一点点谦逊”。他认为当时的形势既让人不安，但也许又带着天真的理想和乐观。在接近结尾处，霍金总结了自己对脱欧和特朗普的这一年的感受——他认为这一年是灾难性的：无论参与投票的人如何误入歧途，如何执迷不悟，无论这两场失望的胜利揭示出知识分子的专业知识及建议被人拒之门外，这一事实有多可悲和危险，我们要是忽视“这两场投票都代表了纯粹的民粹主义爆发，试图绕过或限制它们代表的选择”，就“大错特错”了。他转而呼吁，有才能、有智慧做到这一点的人，正视我们生活在“人类发展历史上最危险的时刻。我们的科技水平足以摧毁赖以生存的星球，但不足以逃离这颗星球”这一事实。他建议：“在这个岗位甚至整个行业都渐渐消失的世界，人工智能的崛起可能毁灭大部分中产阶级就业岗位的世界……我们要帮助人们接受新世界重新训练，同时为他们提供经济支持。”“……我们不仅要鼓励全球化发展，因为这是数百万转行从业人员仅有的（能够）在家寻找未来的途径……很多人不仅能看到自己的生存标准逐渐降低，也能看到自己谋生的能力逐渐降低……难怪他们在寻找新的处境，而特朗普和脱欧刚好可能提供这个。”他在结尾向全世界的精英人士请求：“我是个非常乐观的人，但全球的精英，从伦敦到哈佛，从剑桥到好莱坞，都需要从去年一年中得到教训。最重要的是，学到一点点谦逊。”[15]

不幸的是，随后几个月，精英，或者说所有人，听从他的建议做出改变的能力都大打折扣，因为受到了误入歧途的投票人和特朗普当选总统的影响，而且程度超出了人们的预料。

继续向比邻星进发

12月10日，NASA宣布开始支援突破摄星计划。NASA的工程师和科研人员一直在钻研如何让微型飞船抵抗宇宙中高能辐射造成的变质和损伤。在旧金山举行的异常国际电子设备大会上，他们展示了三种可能的解决方案，前两种（改变航线和加装重型防护罩）都被否定了，第三种得到了大家的支持。第三种解决方案是NASA和韩国科学技术研究院的科研人员提出的——制造可以自我修复的硅芯片，这也是摄星计划的创始人一开始就设想过的。这个想法不是第一次出现，科研人员金宇汉说："芯片内建自修复已经出现许多年了。"[16]目前，他们的研究方向是使用"全栅纳米线晶体管"。这些晶体管既可以当作闪存，也可以当作逻辑晶体管，重量很轻，可以抵抗绝大多数宇宙辐射，也能产生温度剧烈变化的"退火"效应，在被辐射过后对芯片进行修复。[17]

2017年冬天，在瑞内·海勒的领导下，德国哥廷根的马克斯·普朗克太阳系研究院也加入了摄星计划。海勒和他的同事迈克尔·希普克选择研究的问题，是如何让微型探测器在接近目的地时减速。这样探测器可以进行观测工作，而不是飞速掠过整个半人马座阿尔法恒星系统，又回到浩瀚的宇宙中。海勒和希普克提出，探测器在接近半人马座阿尔法星系时，可以调整帆的角度，接收恒星发出的辐射，借此减速。在探测器接近半人马座阿尔法星A时，这股力量可以让探测器进一步减速，进入恒星的引力场。离开恒星时也可以利用这个效应（太阳系内的探测器使用过的"短暂停留"操作）。

半人马座阿尔法星系是一个由三颗恒星组成的系统。一对双子星（A与B）以较小的半径围绕着二者的质心旋转，第三颗星，比邻星，距离双星则较远——0.22光年，是日地距离的12500多倍。仔细调整帆的角度，半人马座阿尔法星A的作用力就能够把探测器推向半人马座阿尔法星B，几天后即可抵达。之后，探测器会再次减速，并被抛向比邻星，要花上46年的时间抵达——那时距离发射已经过了140年。2016年8月，南欧天文台的天文学家们发现比邻星的“宜居”区域内，还有一颗体积类似地球的行星环绕。《史蒂芬·霍金最喜欢的地方》就提到了这颗行星。

关于微型探测器的推动装置，海勒和希普克也有除了斥巨资建造大型激光阵列之外的其他想法。如果探测器能够靠近太阳，抵达距其大约5倍太阳半径的位置，太阳的辐射就能提供足够的动能。之后探测器需要离开比邻星系统时，帆的角度还可以调整，将比邻星当作“光子大炮”。

海勒和希普克又对探测器和帆提出了新的构想，比摄星计划原来的设计大了许多。他们的探测器质量约为100克，而原来设计的质量还不到5克。他们设计的帆面积达到10万平方米，有14个足球场那么大。这可比邮戳大太多了！执行完任务约需要100年，或者更久。海勒当然知道这些差异：“从科学的角度衡量，我们新的设想收获更多，但恐怕我们孙辈的孙辈才能得到。另外，摄星计划只要几十年的时间，一代人就能实现。（但是）我们发现，摄星计划后面应该还需要许多跟进计划。”[18]

推迟庆祝

2017年，霍金的75岁生日悄无声息地过去了，没有研讨会、晚宴或是派对——只有家人聚会。的确，组织他60岁、70岁生日庆典那样的一系列活动非常耗费精力，但是他走过了四分之三个世纪，似乎也不应该这样忽视。霍金为了纪念这个生日，去看了《星球大战外传：侠盗一号》。在没有提前通知的情况下，他和护工们去了剑桥的电影院，在票房前排队买票。霍金在中间位置坐着轮椅看完了全片，离开影院时他还在微笑。

有那么一段时间，大家似乎都以为他要等到80岁生日才会盛大庆祝一番，但他并没有忘记自己的75岁生日。为他策划生日的团队还记得，他因为住院差点错过60岁生日派对，又因为住院真的错过了70岁生日派对，因此他们认为霍金在1月似乎总会生点病，就决定把活动安排在7月。

不过与此同时，有人以目前为止最不寻常的方式庆祝了他的生日。说到创作芭蕾舞剧，似乎很难想到以霍金为原型，但2月底，在美国弗吉尼亚州威廉玛丽学院的奥拉·库里亚特拉斯形体剧场，首演了《无限的人生》——讲述霍金的人生和成就。奥拉·库里亚特拉斯不是传统意义上的芭蕾舞团，他们融合了马戏以及其他舞蹈的技巧，用大幅度的肢体动作、需要平衡与力量兼备的惊人技巧叙事。《无限的人生》讲述了霍金虽然肢体逐渐残疾，意识却遨游宇宙的故事，芭蕾舞团的演员们在他的朋友、护工，以及霍金脑海里那个宇宙的居民之间变换角色。[19]

那年春天，霍金对人工智能的忧虑扩散开了。数百位科研人员、科技界的领袖以及科学家与他和伊隆·马斯克一起，为23条推荐与指导建议做宣传，还倡议我们以“立法”的形式，控制、管理人工智能，让其合乎道德又安全地发展。在伦敦将这座城市最高的荣誉“伦敦荣誉市民奖”授予霍金时，他再次发表了对人类未来的看法。“伦敦荣誉市民奖”是无数人梦寐以求的奖项，1757年首次颁发给老威廉·皮特。奖项不是一年一度的，有时两次奖项颁发之间会隔上许多年。这次霍金也跻身诸多著名的伦敦荣誉市民之列，包括南非大主教德斯蒙德·图图、J.K.罗琳、弗罗伦斯·南丁格尔、温斯顿·丘吉尔、纳尔逊·曼德拉、德怀特·D.艾森豪威尔、西奥多·罗斯福、卢西亚诺·帕瓦罗蒂、本杰明·迪斯雷利，还有朱迪·丹奇。在伦敦市政厅大礼堂举行的颁奖典礼结束后，霍金接受了采访，用比之前还要丰富多彩的语言描述了人工智能发展不受约束带来的威胁：

“人工智能真正的风险不在于萌生的恶意，而是在于它有足够的能力。非常智能化的人工智能可以非常出色地完成自己的目标，但如果这些目标与我们的目标不一致，就有麻烦了。也许你不是特别憎恨蚂蚁的恶人，不会故意去踩死蚂蚁，但如果你在负责水电站（清洁能源）项目，而即将被水淹没的区域内有一座蚁丘，蚂蚁们就要遭殃了。不要让人类处在这群蚂蚁的位置上。”

他坚持认为需要在全球范围内采取手段甚至是“某种形式的世界政府”，来确保人工智能不会脱离人类的控制。他也承认，这样的政府有可能带来暴政，但还是一样的乐观。而对这种政府的需求，他坚称，是非常真实的。[20，21]

3月20日，霍金宣布自己将作为第一批的6名乘客之一，搭乘比邮戳大一点的飞船——维珍银河太空船2号（联合号）——进入太空。理查德·布兰森2015年就向霍金发出了邀请：“史蒂芬·霍金教授是我最崇拜的人之一，一位毋庸置疑的天才，同时还是一位善良、让人快乐的人，他让我们看到了宇宙的奇观。维珍银河飞船上，只有他的票是免费赠送的，如果他的身体条件允许，他会以未来宇航员的身份与我们一起飞向太空。”“我马上就答应了。”霍金说。[22]按计划，威廉·夏特纳也将搭乘同一艘飞船。

3月24日，霍金在中国香港继续表达了自己的忧虑，这次的对象包括越来越多的虚假新闻以及对世界各国领导人“有意无视”的懊恼——他没有亲自前往，而是以全息投影的形式出现。后来他在剑桥的家里通过直播发表了一小段演讲，还进行了问答环节，他不太乐观地强调，自己在前一年12月1日那篇发表在《卫报》文章里提到的警告，“脱欧和特朗普”是世界各国领导人和公众“针对专家们”发动的“全球性的叛乱”——而要弥补由人类贪婪引起的环境破坏，护卫人类的未来，正是要依靠这些专家。他认为，这些专家在将来可能没什么机会发挥作用了。[23]

海选“好声音”

那年3月，新闻报道《哈利·波特》系列的作者J.K.罗琳资助了一个开发人工发声系统的项目——类似霍金的那套，但是能够在病人失去说话的能力之前，复制其原来的口音。[24]这项技术——几十年前霍金肯定很希望拥有——

很快就能为像他一样的人献上一份礼物。

但霍金对自己的发声系统还有其他的打算，就是在红鼻子慈善日时做搞笑视频。红鼻子日是喜剧慈善基金会举办的年度募捐活动，那年3月底，红鼻子日又到了。霍金宣布他要为自己海选一个“新的声音”。其实30年来，他从没想过换声音，但这个点子很好。诸多申请者中包括了影视明星连姆·尼森、斯蒂芬·弗雷、安娜·肯德里克、菲丽希缇·琼斯、瑞贝尔·威尔森、埃迪·雷德梅恩、约翰·波耶加、音乐剧《汉密尔顿》的制作人兼说唱歌手林-曼努尔·米兰达，还有其他名人，比如戈登·拉姆齐、安德鲁·劳埃德·韦伯、猪猪小姐和比尔·盖茨，甚至还有Siri。每位申请者都在尽力说服霍金。约翰·波耶加认为他出演过《星球大战》，所以是谈论黑洞的不二人选；戈登·拉姆齐喷了霍金；埃迪·雷德梅恩对自己居然要参加海选很恼火。菲丽希缇·琼斯认为自己如果饰演霍金，效果会比雷德梅恩好；安德鲁·劳埃德·韦伯故意把海选错误地理解为邀请他写一出霍金的音乐剧；连姆·尼森和猪猪小姐都认为自己的声音能让霍金听起来“无比的性感”。这段包含了众人海选片段以及霍金的反应（多数时候都是“不行”）的视频在BBC播出，有些片段依然可以在网上找到。[25, 26]

清点库存

4月末，在加州大学伯克利分校SETI研究中心里，参与突破聆听项目的主要科研人员发表了一篇报告。报告中称，自霍金和米尔纳2015年宣布启动项目以来的两年里，有三架大型天文望远镜开始识别宇宙中的信号，尤其留心寻找有可能来自外星文明的信号。这三架分别是澳大利亚的帕克斯望远镜、西弗吉尼亚的绿岸望远镜，以及加州圣何塞汉密尔顿山上，利克天文台的自动行星发现者光学望远镜（扫描激光信号）。突破聆听计划选择了1709颗恒星作为研究对象。在对其中的692颗恒星分别进行了三段为时5分钟的观测之后，该项目获得了几PB①的数据。一旦发现异常，科研人员就会仔细检查，排除自然信号或地球本身异常造成的影响。科研人员筛选了11条值得仔细研究的信号，但到目前为止尚未发现外星文明的痕迹。

塔比星研究的设备可不仅局限于三台大型天文望远镜。“所有人，所有SETI项目的望远镜，也就是说只要能看到塔比星，无论是谁、无论用什么望远镜、什么波长，都在观察了。”伯克利SETI研究中心主任、突破聆听计划的联合主任安德鲁·西米恩在2016年10月说，“哈勃望远镜观测过，凯克望远镜观测过，我们也尝试用红外、无线电、高能频段，以及任何你能想到的方式观测，还进行了一系列SETI的实验。结果一无所获。”[27]自西米恩发表这段言论后，刚换上最先进设备的绿岸口径100米望远镜也被用来研究塔比星了。这台望远镜自10月26日晚开始连续观测三个晚上，又在接下来的两个月中陆续进行观测，每晚8小时。2017年4月，最终公布的结论是，明暗异常是因为彗星碎片阻碍了信号，而不是戴森球，或是其他外星文明活动②。[28]

也是2017年4月，突破摄星计划顾问委员会主任艾维·洛布也公布了新的进展。4月20日至21日，斯坦福大学举行了突破讨论2017年度大会，他在会上宣布，对比邻星B——在宜居区域内围绕比邻星旋转的行星——的关注越来越密切。他希望摄星计划的微型飞船能近距离观测一下，比如行星的颜色，有蓝色吗？是海洋吗？有绿色吗？是植被吗？有无色的区域吗？可能是沙漠吗？有白色吗？是冰吗？而说到摄星计划的帆，洛布对材料科学的飞速进展感到欣喜，这样的帆越来越可能制造出来了。帆的形状还在讨论中，甚至可能是乒乓球一样的球体。微电子朝着越来越复杂精密的方向发展，让这样的项目越来越可能成功。

接着，洛布概述了摄星的计划：接下来的5年中，科研人员将继续从实验

① 译注：PB是10的15次方，或是1000000000000000（1千万亿）字节。通常只有大型计算机网络或是服务器集群存储的数据才以PB计——比如谷歌或是Facebook——单个设备很少存储PB级的数据。

② 译注：有兴趣参与突破聆听计划的读者可以自行搜索，软件是开源的。

团队收集方案，开始测试其中技术的可行性，并制造原型机，看方案是否可行。5年之后，团队将制造“激光投影仪”的小型原型机，然后逐步放大尺寸，最终完成1000米左右大小的激光阵列。自然，项目的经费主要花在了“投影仪”上，而不是微型飞船上。

洛布还指出了摄星计划可能附带的好处：很好地理解这些科技，让我们有能力寻找以闪光或是无线电爆发的形式出现的光线，很可能来自外星文明建造的类似装置。而且，我们也可以将微型飞船送到比半人马座阿尔法星系更近的地方。经过土卫二南极“羽毛”（科学家认为可能是这颗卫星地下的海洋喷发导致）的探测器可以告诉我们，富含水分的羽毛里有没有生命存在的证据。的确，传统的探测器也能做到，但摄星计划的技术让我们可以不断发射探测器，不断根据之前的发现进行调整、改装。

还有人与霍金的意见不一致

那年5月，美国科学与健康委员会的亚力克斯·贝莱泽请霍金“就他一无所知的话题发表言论”。贝莱泽多次指出了他的错误：气候变化，不像预测的那么悲观，地球不会变成金星，让人类无法生存。陨石撞击，可能会发生，但未来1000万年都不太可能出现导致物种灭绝的陨石撞击。医学和公共卫生的快速发展让传染病的威胁越来越小，而即便是当初的黑死病（鼠疫），也远没有达到灭绝人类的程度。“霍金教授的观点与科学界主流相去甚远，可惜这位充满智慧的人每次登上头条都是‘出错’。”[29]其他评论家也同意，同时指出，很快社会中特别有钱、有权、无情又没有原则的人——地球的危机极有可能就是他们引起的，但他们无动于衷，甚至从中牟利——就可以逃离地球了。我们居然还要送他们离开？[30]

春末似乎总是跟霍金过不去。在意大利冈多菲堡的一场研讨会上，天主教耶稣会神父、梵蒂冈天文台主管盖·康索马格诺——2014年，他还因以行星科学家的身份做出的杰出科普工作，获得美国天文学协会卡尔·萨根奖章——挑战了霍金的无神论，以及其他将上帝归结为一切事物，包括大爆炸起源的人。“如果只将上帝视作创造大爆炸的人，那这个上帝就是自然神，像是召唤闪电的朱庇特①。这不是我希望信仰的上帝……上帝不会出现在科学研究的尽头。”而在《时间简史》结尾，霍金在讲述了解上帝的思维时，似乎认为上帝正是这样。不过，后来他又写道：“我说的‘了解上帝的思维’，是指如果存在上帝的话，了解他知道的一切，但上帝不存在，我是无神论者。”康索马格诺则认为：“上帝的手笔中，还有科学不能解释的部分。（不过）我害怕的是能被科学证实存在的上帝，因为我很了解科学，知道不能相信这样的上帝！”后来他又打趣道：“史蒂芬·霍金说可以将上帝解释为原生引力场中的波动。如果你相信霍金，那么上帝就是引力……难怪天主教徒要做弥撒②！”[31]早些时候，康索马格诺两次总结过自己的观点：“对我来说，（这件事）可以归结为两个问题：科学家不够谦逊，不能接受他们无法找到所有答案；宗教也意识不到，他们在宇宙应该怎么创造这件事上，不能指挥上帝。”[32]“宗教需要科学，让自己远离迷信，靠近现实，保护自己免受神创论的影响。因为说到底，神创论也算是异教信仰——因为将上帝变成了自然神。”[33]

到了5月，暴胀理论出现了争议，不仅仅是霍金，许多科学家都参与了。2月的《科学美国人》刊登了一篇文章[34]，三位物理学家，普林斯顿的安娜·伊亚斯、哈佛大学的亚伯拉罕·洛布和保罗·斯坦因哈特（曾是阿兰·古斯的同事，并与他、安德烈·林德因为对暴胀理论的贡献获得了2002年的狄拉克奖章），指出了暴胀理论中，他们发现的缺陷。2013年发表的宇宙微波背景图显示，宇宙在渐渐稳定下来，成为我们现在所知的样子之前，经历过急剧膨胀的阶段，但这三位物理学家提出，2013年后收集到了更精确的数据，根据这部分数据，大爆炸和膨胀没法合理解释宇宙的起源。而且，我们还没观察到早期大爆炸引发的原生引力波，也没得到与膨胀所需的“膨胀能量”有关

---

① 译注：古罗马神话众神之王，对应希腊神话宙斯。

② 译注：“弥撒”与“质量”的英文都是 mass。

的直接证据。

这个问题并不是由新的数据引起的。“其实，（普朗克卫星之前收集到的数据）……就让我们有足够的理由考虑宇宙起源及进化的其他可能。”伊亚斯、洛布和斯坦因哈特坚称，“膨胀宇宙学（我们当下对其的理解），无法用科学手段评估……有的科学家接受膨胀是无法检验的这个事实，但拒绝放手。他们反而提出，科学必须改变，抛弃其标志性的特质之一：可检验性。”[35]这是引战的言论。33位物理学家，包括霍金对其进行了回应，争论的一大焦点在于暴胀理论是否可检验？如果可以，那么有没有通过检验？伊亚斯、洛布和斯坦因哈特更喜欢“大反弹”理论——宇宙不断经历膨胀和收缩的循环。

许多人的职业生涯都是建立在暴胀理论上的，霍金也支持过这个理论，但他总是喜欢拆自己的台。其他32位物理学家也要一起被他拆台吗？没那么简单。签署联名回信的物理学家中，有许多人的研究成果都在本书中出现过，包括安德烈·林德、阿兰·古斯、胡安·马达切纳、马尔科姆·佩里、马丁·里斯、乔治·斯穆特、亚历山大·斯塔罗宾斯基、伦纳德·萨斯坎德、斯蒂文·温伯格和爱德华·威滕。

33位物理学家的回应火药味十足，指出有超过9000名科学家发表了超过14000篇与膨胀有关的论文：

（这三位作者）声称宇宙学超越了科学的方法，他们不仅摒弃了这封信所有签署人的科研工作，也摒弃了科学界相当一部分人的科研工作……膨胀不仅是可检验的，还接受了相当数量的检验，到目前为止全部通过了。[36]

这封回信言辞之激烈也让人意想不到。暴胀理论不是第一次被质疑了。霍金的好朋友、加拿大圆周理论物理研究所所长尼尔·图鲁克一直更喜欢“大反弹”理论，而不是“大爆炸”理论，他在霍金70岁生日的研讨会上，也递交了一篇支持这个理论的论文。罗杰·彭罗斯在许多次讲座[37]中，以及他2012年出版的《时间的循环：用非凡的新视角看宇宙》中表达了自己认为膨胀还没有发生的观点，还说暴胀理论本可以解释很多现象，但都没能合理解释。其他人发现33位物理学家的联名信中，并没有回应伊亚斯、洛布和斯坦因哈特提出的具体问题。那么基本可以确定，是三人放弃科学方法，以及抛弃科学“标志性的特质之一：可检验性”这两件事引发了大家的回应。

伊亚斯、洛布和斯坦因哈特在回应中，表达了对联名信签署人的尊敬：

“但我们对你们的回应很失望……我们希望读者们能回头看下我们的论文中，结尾总结的图表。我们反对求助权威，支持公开承认现有理念的缺陷，这可以解决问题、让现有理念恢复活力，也是对多样理念的开放探索，同时避免产生这些问题。我们坚持这些原则。”[38]

5月底，在突破聆听计划宣布筛选了11条来自宇宙的信号，以备下一步仔细检查时，霍金和SETI就是否应该尝试联系外星生命又产生了分歧。霍金认为，如果我们遭遇了外星文明，那么这个文明的科技水平必然比我们先进，我们就像哥伦布发现美洲大陆时遇到的原住民，更先进的文明会占领地球，奴役甚至彻底毁灭欠发达的文明——我们。而SETI的许多人则认为，这样的外星文明，文化和精神水平也更高。他们不会具有侵略性，没有理由相信外星人会像人类一样行事。[39]可惜，我们很难不同意霍金的观点！

5月22日，在（英国）查尔斯顿节上，霍金被授予了久负盛名的约翰・梅纳德・凯恩斯奖，不仅仅因为他的科研工作，还因为“他对社会的杰出贡献”。女爵士利兹・弗甘，奖项评审团负责人称赞霍金是“我们这个时代最伟大的思想家之一，是一位导师，一位革新者，也是一位探索者，着眼人类面临的最严重问题”，还提到了“他赖以生存的、执拗的勇气”。很不幸，霍金的身体条件不允许他参加颁奖典礼，女儿露西替他领了奖。他还得到了8000英镑的奖金，组委会鼓励获奖者用这笔钱创作艺术作品，无论是什么形式。组委会不会跟踪这笔钱用在了什么地方，而且也没人知道霍金去世前有没有机会创作出艺术作品。

星乐节北上

6月底，第四届星乐节，“生命和宇宙”在一个与阳光明媚的特纳里夫岛大相径庭，但是到了夏天一样美丽的地方——挪威特隆赫姆举行。霍金以视频的形式发表了演讲《重返月球》，坚持认为我们早就该再次探索月球了。他说，人类离开地球，在接下来的200年至500年一定会发生。他还在不断调整离开地球的最后时限。霍金希望世界各国能齐心协力，在30年内建立月球殖民地。虽然我们有望在15年内登上火星，但在那里建立基地可能要花上几十年。他估计的时间比欧洲航天局稍微久一点，后者在2016年声称，规划、建设“月球村”可能要花上20年。NASA也有望在21世纪30年代将人类送上火星。

在星乐节的演讲中，霍金没提到殖民其他星球的时间计划，但是说“地球收到了太多方面的威胁，我很难乐观起来”。霍金说：“(美国宣布退出《巴黎气候协定》)是世界上对气候影响最严重、最错误的决定。”霍金还提到了比邻星B和突破摄星计划，并以一句话收尾，让在场的《星际迷航》老粉丝欢呼不止，还巧妙地避免了著名的分裂不定式问题①和性别限制：“勇敢地前往无人去过的地方，才是我们的未来。”[40]霍金还颁发了“史蒂芬·霍金科学传播奖章”。“电影及娱乐界”奖章颁给了电视剧《生活大爆炸》，电子音乐先驱让-米歇尔·雅尔获得了“音乐及艺术界”奖章。而在传统领域中，尼尔·德格拉斯·泰森获得了“科学写作”奖章。

6月17日，安迪·斯托明赢得了基础物理学突破奖，并在获奖感言中向霍金对信息悖论的发现表示了崇高的敬意。

很多人，包括我，都认为这个问题太伤脑筋，需要太多基本元素，等到能解决的时候，我们应该已经对时空的结构、引力和量子力学有了全新的认识。遇到这么长时间都无法解决的问题，我们就会认为自己思考的方式有根本性的错误。我们发现了似乎有望解决问题的思考方式，现在在观察新的思考方式对黑洞和信息悖论有什么影响。[41]

霍金能够根据自己的理论发现并提出关键的问题，识别迫在眉睫的矛盾，

---

① 译注：分裂不定式是在to与英语动词之间插入副词，有人认为这种用法存在语法问题。该问题是英语语法问题，与物理学无关。

而他发现的问题和矛盾，往往都能在未来带来巨大的进步，颠覆我们的思维方式——许多人在他去世后都对这一点念念不忘。差不多整整一年后，霍金的骨灰在威斯敏斯特大教堂下葬时，基普·索恩也在葬礼上提到了这一点。

迟到 6 个月的 75 岁生日

2017年的7月伊始，全球宇宙学领域的精英都来到了剑桥，递交、聆听、讨论彼此最近的工作进展，同时也庆祝霍金迟到了6个月的75岁生日。

学术研讨会开始前，还有整整一天的公众演讲：布莱恩·考克斯谈了“我们在宇宙中的地位”；加布里埃拉·冈萨雷斯谈了“黑洞和引力波”（这也是此次研讨会的主题之一）；马丁·里斯在“从火星到多元宇宙”中带着听众走过了许多地方；霍金本人也在“研究物理的生活”里讲述了自己的经历——亲自发表演讲，而不是以视频的形式。

把生日庆典推迟到夏天已经收到了成效。第二天上午，为期3天的学术研讨会“引力与黑洞”[42]在剑桥大学数学科学中心地下室的超现代演讲厅开幕。研讨会共有164人参加，其中20人递交了论文，他们要一个接一个地进行展示，每人40分钟，时间非常紧张。与会的人员都不会随意去别处参观，或是参加其他活动。几乎每个人都准时抵达，在那里整整待了一天，除了午餐和偶尔的间歇外没有休息，而且即使是休息时间，大家也都在热烈地讨论物理问题。这3天很刺激，也很快乐。而且，霍金也在。他每天都低调地来到会场，稍微迟到一点，经常会错过第一场演讲。有时回头看看讲厅最后一排为他的轮椅预留的位置，会发现他不在位子上。再看一眼，他就出现了，像猫头鹰一样安静地抵达——只有后排和台上做演讲的人能注意到。休息时，他的身边就围满了想跟他讨论自己论文的人，也有人只是想祝他健康。他的电脑屏幕上满是单词，还有方程。午餐时，他乘坐演讲厅外的电梯前往餐厅，然后就又被包围了。这些人很熟悉他，看到他的食物落到围嘴上也不会感到意外或是震惊。谈话不断，屏幕上的单词也络绎不绝。大多数人都知道这不是他的生日，但还是亲自前往他的座位旁，或是在演讲台上对他说了“生日快乐，史蒂芬”。

发表演讲的人陆续上台，他们对霍金的敬仰越来越明显。这不是因为他身有残疾的客套话，不是赞扬他“即使”这样依然有这么多成就，不是过度赞誉，也不是名人效应——他就是宇宙学和科学界最伟大的人之一，毋庸置疑。霍金的同事加里·吉本斯在演讲结尾说，他进入剑桥读研时，认为自己作为年轻的物理学家还算很有天赋，然后他遇到了另一位新入学的研究生史蒂芬·霍金，那感觉就像萨列里遇到了莫扎特——作为业界首屈一指的人物，他将这样的赞誉送给别人真是无比的谦虚！

在那3天里，让我印象最深刻的就是吉本斯的话语，以及芝加哥大学恩利克·费米实验室研究员的罗伯特·沃德发表的收尾演讲。沃德带我们一点点地理解了霍金那篇“霍金辐射”的论文。这不像电影《万物理论》中描绘的那样，是灵光一现得到的成果。霍金一次次地回顾自己的研究成果，直到筋疲力尽，他每次都从不同的角度思考，绝不愿以任何形式承认自己错了——黑洞就是会发出辐射。沃德给我们展示了那篇论文、那个发现有过怎样艰苦的挣扎，又成就了怎样精彩的表演。

研讨会的内容不限于严肃的科学。周一的演讲结束后，我们走过圣约翰学院的操场，以及后花园，跨过卡姆河，进入三一学院，那里的雷恩图书馆有一场展览，展出馆藏的一系列与科学史有关的物品。去餐厅参加晚宴前，霍金的家人和我们一起去三一学院的内维尔庭院喝了几杯。夏天的傍晚，天还亮着，因此5年前霍金70岁生日宴上，烛光映衬着银器的场景没有再发生，虽然桌上确实摆了蜡烛和银器。出席那次晚宴的绝大多数VIP名人都没有到场，但最重要的名人——霍金，这次坐在了高桌上。晚宴后，吉姆·哈图和费伊·多克发表了讲话。1989年我第一次见到多克时，他还是霍金的研究生，他耐心地帮我创作了那时那本讲黑洞的书。

第二天晚上，我们有些人收到了去霍金家里的临时邀请。当时直到最后一刻才确定，他的身体状况是否允许他参加研讨会和派对，因此没时间准备焰火，不过食物还是一如既往地可口，聊天也很尽兴。霍金再一次被想聊物理的热心同事们包围了，我决定不去打扰。我只来得及跟他说等秋天我回剑桥的时候，会去拜访他。可惜，2017年秋天和2018年年初，我得了两次流感，没能去拜访他。

那年夏天晚些时候，霍金和杰里米·亨特（现任外交和联邦事务部部长，时任卫生部部长）针对英国国民医疗体系展开了激烈的辩论。8月19日，霍金在皇家医学会发表了一场演讲，他认为早在2010年出台的一些政策，以及（尤其是）保守党的领导人通过削减预算破坏了国民医疗体系，又通过私有化削弱了体系，限制员工收入，减少对社会保障的支持，然后在国民医疗体系非常脆弱的时候，责怪这个体系无法负担现有的需求。杰里米·亨特声称，每年都有11000名病人因周末医院人手不足而去世。霍金指出，如果这是真的，那么导致这一出悲剧的也是之前体系遭到的破坏。霍金还指责亨特“筛选”证据——只用对他有利的论文和数据。《卫报》称霍金的出击“猛烈又持久”：

当公众人物滥用科学言论，引用部分研究却回避其他研究，只为了给他们出于其他原因推行的政策找出合理的借口，这种行为败坏了科学文化。后果之一就是普通人不再相信科学，尤其是在这个科学研究和进步空前重要，人类又面临着诸多挑战的时候。[43]

霍金说自己能活下来，多亏了国民医疗体系的照顾，还列出了体系对他的诸多帮助。他坚持要求为国民医疗体系提供充足资金，终止甚至逆转私有化的趋势，结束向“美式保险系统，由私有公司运营的趋势”。[44]杰里米·亨特发了许多条推特为自己辩护，同时攻击霍金。但霍金不是第一个严厉批评他的人。早在2015年7月，英国政府网站更新后，收到的第一个签名人数超过10万，可以在议会辩论的请愿就是针对亨特的。请愿的内容是针对上任卫生部部长的亨特进行“不信任”投票。

霍金这场迟到的生日庆典里，没有人模仿玛丽莲·梦露，也没有人跳康康舞，但这不代表75岁的霍金像他母亲之前开玩笑说的那样，不再喜欢美女了。罗伯特·多诺万还记得，2017年夏天的一个下午，他与霍金和一名护工一起在剑桥散步，当时护工要去喝茶，路上遇到了几个想跟霍金“自拍”的游客。当时霍金的回复是：“你们可以拍照，但我不会停下来。”而他们到了目的地双树酒店后，有一位特别美丽的女士（据多诺万描述，发型、衣着都非常光鲜，像电影明星一样）来请求合影时，霍金的态度就大不相同了。她先问多诺万自己能不能跟霍金自拍一张。多诺万说：“问他吧。”霍金几乎立刻答应了。“我看着他，”多诺万说，“他的眼睛都亮了，说：‘可以！’”

来自深空的信息

8月17日，引力波又有了新消息。这次不是两个黑洞毁灭性的碰撞，而是约一亿三千万光年外的两颗中子星。中子星可以成对出现，形成双星系统，围绕系统的质心旋转。“有时，两颗中子星会越来越近，然后剧烈地碰撞。”格林尼治天文台台长马丁·里斯爵士这样描述。“2014年至2015年，我们首次探测到引力波后，”霍金激动地说，“我们现在可以用全新的方法审视宇宙了。”而2017年8月的观测结果兑现了他的承诺。首次观测到中子星的撞击，是在引力波经过地球上的探测器时。观测人员花了几天时间，在各种不同的波段研究撞击发出的光线，这是我们第一次同时研究同一颗天体发出的光线和引力波。

8月晚些时候，在国家地理频道的一期《明星谈话》节目中，尼尔·德格拉斯·泰森对霍金进行了一次轻松愉快的访谈。霍金披露出自己最喜欢的食物是生蚝，最喜欢的饮品是皮姆酒，最喜欢的人（非科学家）是纳尔逊·曼德拉。他还和泰森聊了无边界理论，以及自己的那次无重力飞行，“失重状态下离开轮椅，飘在空中的感觉太好了”。虽然他经常说身体的残疾给自己带来了一些便利，他却从没为之庆幸过。泰森问了一个据我所知没人问过史蒂芬的问题：“如果有人开发出了能把你的大脑上传至电脑的技术，在死后依然延续生命——至少还能保留意识，你愿意参与吗？”霍金的回答是：“我的身体几乎没法活动。离开身体也不算什么损失，也少了许多不自在。以大脑的形式永生，我能看到这项技术的前途。”这段采访直到2018年3月4日，霍金去世前10天才播出。[45]

8月31日，突破聆听计划宣布，成功探测到了15次“快速射电暴”（FRB），所有爆发都来自同一源头“多问”FRB 121102。“多问”意味着这个源头不是第一次发现了。2012年11月2日就探测到过FRB，2015年又探测到了更多。FRB 121102是当时已知唯一的“多问”信号。这种行为不是一次性事件导致的。2016年，观测者定位了爆发源头的位置，确定了其所处的星系——距离地球30亿光年的矮星系。

突破聆听计划决定，使用西弗吉尼亚绿岸望远镜的“后端”设备监控FRB 121102。2017年8月26日凌晨，研究员维沙·戈加在很大的频率范围内连续观测了5个小时，并且探测到了15次新的脉冲。FRB 121102刚刚进入活跃状态，获得的数据分辨率很高，因此我们对其属性进行的测量有机会达到前所未有的精度，甚至有可能深入了解一下，这个信号是否来自外星文明，也许并不是有意对外发射的信号，只是驱动飞船的能量源发出的。还有平淡一点的解释，就是爆发来自带有超强磁场的旋转中子星。信号爆发离我们有30亿光年，信号刚产生时，地球上还只有单细胞生物。再过10亿年，地球上才出现最简单的多细胞生物。如果这是外星人发出的，那我们可能没有机会亲自见到他们了。[46]

这时，霍金同意客串新版《银河系漫游指南》的特别剧集，庆祝这部由道格拉斯·亚当斯创作的广播剧在BBC广播4台成功首播40周年，就显得顺其自然了。2009年，道格拉斯·亚当斯遗产基金会委托爱尔兰作家艾欧因·寇弗创作一本新书，庆祝第一本《银河系漫游指南》小说出版30周年（小说是在广播剧播出后才出版的）。霍金客串的新剧《六角阶段》就是改编自寇弗的那本书《还有件事……》。

制片人大卫·莫里一直在思考请哪位名人来客串，直到他在法国度假时看到了一颗流星，他马上就知道了——史蒂芬·霍金！看起来希望有些渺茫，但是让道格拉斯·亚当斯和史蒂芬·霍金合作，这个想法的诱惑力太大了。莫里联系到了霍金的私人助理，霍金马上就同意了。他40年前就是《银河系漫游指南》系列的粉丝。莫里的合作伙伴德克·马格斯正在对小说进行改编，并将担任导演。他专门为霍金修改了“二代向导”这个角色，还引用了霍金的一些研究成果。修改后的二代向导是“一个极其智慧、强大的存在，在我们的星球上，大家都叫他史蒂芬·霍金教授”。这个角色还有点邪恶，对希望出演007反派的霍金自然很有诱惑力。9月初，霍金拿到了征求他意见的剧本，他的技术支援助理把台词输入霍金的电脑，测试发音效果。霍金也拿到了终稿。[47]这部剧集的第一集——唯一一部有二代向导的一集——计划于2018年3月8日首播，刚好是原版广播剧首播40周年。

那年9月，除了《银河系漫游指南》外，霍金还出演了其他剧集。他第七次客串了《生活大爆炸》，在第11季第1集中，谢尔顿在上季结尾向艾米求婚之后，给霍金打电话请他祝福自己。

布因索会馆和更远的地方

9月10日，周日，霍金和同事们再次聚集在布因索会馆，开始为期数天的研讨和辩论。研讨会上有一项活动渐渐成了霍金的最爱，就是逛威尔士小镇阿伯加文尼的美食节，以及品尝王首酒店的烤蘑菇、烤羊肉配大蒜。他还经常跟朋友们一起去一些不方便说出来的地方。几十年前，正是物理学家理查德·费曼创造了这个传统，即研讨会不应该太隆重正式。这个传统依然延续了下来，霍金遇到这种场合也不会退却。

9月17日，霍金的两集纪录片《探索新地球》（策划阶段的剧名是《史蒂芬·霍金——远征新地球》）在BBC播出了第一集。这部纪录片中，克里斯托弗·加法德和丹妮尔·乔治踏上了一段寻找的旅程，寻找有潜力帮助人类抵达、定居其他星球的技术及科研项目。他们的脚步覆盖了全球，最终的收获也十分惊人。加法德之前是霍金的研究生，还与露西和霍金合著了“乔治的宇宙”系列小说，丹妮尔·乔治是曼彻斯特大学电气与电子工程学院主管教学的副院长，也是无线电频率传输工程教授。两人都以将复杂的科学概念化繁为简，让非专业人士理解而闻名，而且两人外形俊美、和蔼可亲，能够抓住听众，是这部剧集的理想人选。

评论家认为这部纪录片“将核心非常恐怖的一个主题讲得异常乐观、有趣”。[48]意料之中地，古老的地球前景黯淡，霍金“坚信人类需要离开地球……如果留下，就面临着灭绝的风险”。他将离开地球的最后时限又向前调了几百年，还说我们现在就该着手寻找新的家园，并且在100年内做好前往那里的准备。霍金坚称我们是可以做到的。这不只是科幻小说的情节。加法德和乔治找到了扫描银河系“宜居带”——温度不高不低，其他条件也“刚刚好”——是否存在星球的科研人员。比邻星B很有可能，而且离我们最近。纪录片中还出现了一张微型探测器的照片，上面载满各种设备，很可能用在突破摄星计划中。但比邻星B也没有那么近！4.2光年的距离足够让人望而生畏了。因此加法德和乔治拜访了几位科研人员，他们的项目有时很古怪，看起来像是出自科幻小说，但其实不是。这些专家正在研究的技术，不仅有可能将我们送到比邻星B，甚至还能够应对旅途中、着陆后的生理和心理挑战，还可以让我们改造比邻星B的环境，使其含有氧气，让人类在那里继续进化。他们甚至还讨论了哪些人可以去，哪些人能活下来，哪些人携带的基因能让后代在这个新的外星球家园上继续进化。这部纪录片没有讨论“错误的人群”，即有钱和有权的人才能前往的问题。讨论的结果是，没有哪个人、没有哪个政府有权决定，因为只有挑选人群的过程足够随机，组成的基因库才足够多样。霍金在结尾处，热切地希望人类真的殖民其他星球时，不要犯在地球上犯过的错误，逼得自己不得不去其他星球了。这部纪录片非常优秀，研究透彻，制作精良。霍金和这部纪录片的工作人员再次高奏凯歌。

同一年秋天，霍金宣布了新的“突破”系列计划：“突破青少年挑战”。他邀请13岁至18岁的青少年用一段3分钟长的视频科普科学和数学方面的重大理论，获奖者要“用引人入胜、发人深思、想象力十足的方式讲述复杂的科学理论”，并将得到25万美元的大学奖学金。

一次失败的预测，一篇异常成功的博士论文

霍金和基普·索恩刚刚入行宇宙学时，就预测两人都得不到诺贝尔奖——他们错了。10月10日，基普·索恩因参与了引力波探测工作而获得了诺贝尔奖。

10月晚些时候，牛津大学为霍金的另一位同事罗杰·彭罗斯授予了荣誉，以他的名字命名了一年一度的系列演讲活动。霍金在仪式上发表了演讲，彭罗斯这样介绍霍金出场："我认为史蒂芬是最不需要介绍的人了。"的确，10月23日，霍金1966年的博士毕业论文终于在剑桥大学的网站上开放给公众下载了。不过网站马上就崩溃了，因为点击次数太多。也不知道多少人真的看懂了他的论文。

到了11月中旬，联合国第一次召集各政府的专家团队，讨论致命自主武器系统，并在会后宣布，将继续跟进讨论无须人工干预即可致命的武器——"机器人杀手"——的定义、规范限制问题。人权倡导者与霍金一样，都认为我们在这方面的行动太慢，跟不上技术的进步了。

2017年的尾声

11月底，剑桥理论宇宙学研究中心（COSMOS）宣布计划使用一台超级计算机——惠普Superdome Flex——绘制迄今为止最详细的三维宇宙地图，将各种天体都在地图上定好了位置，比如超新星、黑洞、星系等。中心主任保罗·谢拉德在新闻发布会上宣布，该项目将取名为"超越地平线：致敬史蒂芬·霍金"。[49]研究中心启用了性能更强的计算机，霍金对中心的未来也非常乐观："COSMOS的团队在努力理解空间和时间的原理，从大爆炸后一亿亿亿分之一秒一直到现在。"[50]当月，加拿大滑铁卢——宇宙中心——的圆周理论物理研究所也启动了一项研究，霍金成了该项目的"科学赞助人"，并设

立了以他的名字命名的奖学金。

11月21日晚，剑桥联合会久负盛名的"辩论室"人满为患，大家都是来听霍金的演讲"我的简史"的，演讲内容主要来自他的同名自传。霍金回忆了自己桀骜的学生时代，让台下的听众——绝大多数是学生——开怀大笑。他用祥和、沉稳的声音，对台下年轻的听众们说出了一段当时耳熟能详，现在读来尤为沉痛的话语：

"活了这么久，做了这么久的理论物理研究，真的是我的荣幸。过去50年来，我们对宇宙的认知改变了，我很荣幸能贡献出自己的一点力量。我想跟大家分享自己的激动和热情。记得仰望星空，不要只看脚下。要尝试理解眼前的事物，始终保持好奇心。无论生活看起来多么艰难，你总有自己的方式发光。只要不放弃，就总有希望。"[51]

霍金就没有放弃。虽然他的健康状况越来越不稳定，无法保证按计划参加活动，他还是喜欢在身体好的时候突然出现在公众视野。12月初，他裹得严严实实地来到了磨坊路的冬季集市——剑桥一年一度的盛会，包罗万象，从莫里斯舞到特雷门琴①，还有人发表演讲。霍金专门去那里参加一场安格利亚鲁斯金大学赞助的演讲，题为"磨坊路桥下：1845年至今剑桥的铁路基础设施"。[52]霍金的兴趣的确不拘一格，但很难想象他会对铁路感兴趣。他在剑桥读博的时候，站在桥上研究过下面的铁轨吗？不太可能，因为那座桥离他住的地方太远了，但对霍金来说，还有什么是"不太可能"的？

12月8日，罗伯特·多诺万来到剑桥拜访霍金，顺便与他一起参加在三一学堂的晚宴。霍金第一次看上去"很担心自己"，而且异常的疲倦。多诺万建议二人先不参加晚宴，在家里待一晚上。霍金可不愿意，而且一定要去！他显然还有力气穿上晚礼服出门，像两人二十多岁时一样，在三一学堂里开心一晚上。[53]

---

① 译注：特雷门琴是电子乐器，能根据表演者挥手的动作发出怪异的声音。电视剧《仲夏谋杀案》就使用了特雷门琴演奏的背景音乐。

也是在12月初，霍金宣布自己将与其他4位研究学者和国民医疗体系运动领导者一起，呼吁对向英国国民医疗体系内引入第一批“可靠医护组织”（ACO，ACO与美国部分地区参与医保体系的组织类似）这一行为进行司法诉讼。下面是霍金的部分声明：

“我加入了这次司法诉讼，因为就像我在8月说的，国民医疗体系在没有经过公众或议会审查，也没有咨询或辩论的情况下，朝着我反对的方向前进。（ACO的）成立并没有严格依据法规，而且似乎被用来削减公共开支，减少公众服务，并且允许私营公司接受用来组织、提供服务的资金，并从中牟利。我希望英国人民能密切关注正在发生的事。”[54]

12月中旬，霍金走访了自己的“过去”，致敬父亲弗兰克·霍金留下的医学遗产。国际慈善组织防盲基金会的热带疾病项目宣布，在与被人忽视、不像其他传染病那样受人关注的疾病的斗争中，他们已经对病人进行了第10亿次治疗。在治疗淋巴丝虫病（世界卫生组织认为该病是地球上最强力的、虚弱人身心的疾病）的药品DEC的研发过程中，弗兰克·霍金的工作扮演着重要的角色。霍金发表了主题演讲，并借机怀念了自己的童年，以及最初确诊肌萎缩性侧索硬化症时，父亲给予他的帮助。在他的医生已经放弃，承认自己无能为力，并且告诉霍金一家不用回医院的时候，他的父亲提供了医疗方面的建议，以及——霍金心怀感激地提到——“一如既往的支持”。[55]

2018年冬①

整个圣诞节，霍金的身体状况都不理想，但他还是跟其他人一样，打起精神迈入了新年——考虑到之前的经历，大家也都不感到意外——并在2月完成了几项工作。不过，霍金的身体越来越虚弱，这点很难忽视。早在前一年7月的研讨会上，他在椅子上的坐姿就比以往更加无力，有几位同事甚至认

① 译注：此处及下文的“2018年冬天”均指2018年年初，而非2018年年末。

为他的脸和手都是蜡黄的，少了些健康和活力（不过如果霍金听到这些话，一定会指出，他一向不擅长“看起来很健康”）。他邀请大家来家里参加派对的请柬在最后一刻才送出，因为还要看他的身体究竟能不能承受一天的研讨会，再加上一场晚宴。焰火表演是来不及安排了。皮特·丹曼注意到，这几个月里霍金越来越依赖单词预测了，而不像以前那样，非要用自己更喜欢的单词替换掉推荐给他的。他也开始允许工作人员和同事接他的话了——在以前他是决不允许的，肯定会无视别人，用自己的方式把话说完。他的视力也出现了点问题，需要护工帮他读邮件。并且，他开始经常请别人帮自己写讲稿，复用之前写过的内容（他以前也经常这样做），再根据他的建议和意见，仔细调整用词和分段，等他认可之后，再将结果输入他的发音程序。

据拉马·纳赫曼回忆，2017年霍金的身体机能退化得越来越快了。她和她的团队能感知到，是因为他们一直和霍金齐心协力对抗身体机能退化，避免影响他交流和互动的能力。这就像是一场赛跑，而他们只能勉强跟上节奏。不过，2018年冬天他们还是很乐观的。他们的不懈努力收到了成效，霍金用上了新的数字传感器。他用起来很顺手，再也不需要切换回便键了。他最喜欢的一项改进，就是他能用Skype了。“英特尔提供给我的最新款电脑还包含了摄像头，我可以用Skype与朋友们保持联系。对于了解我的人，我用面部表情就可以传达很多信息。”[56]在引入了朗读功能之后，他看不清邮件的问题也迎刃而解了。团队还希望让他有能力控制周围的环境——开关家里的灯、门，调整温度，喊护工。霍金依然拒绝使用涉及脑电波的界面：“我试过眼球跟踪和大脑控制的电脑交互界面。不过，虽然这些对其他人很有用，我还是觉得用脸部肌肉更容易、更省力。”[57]

1月到2月，罗伯特·多诺万和霍金依然通过电话保持联系。远在爱丁堡的多诺万感觉霍金的声音越来越虚弱了，就告诉他：“如果你需要我，我就乘飞机过去。”霍金没有要他过来。多诺万觉得他还是会像以往一样恢复健康的。

平稳退场?

虽然其他人都在担心他的身体健康，霍金却又一次去了他最喜欢的地方，宇宙的起源。他在与托马斯·赫托格（20世纪80年代霍金的研究生，现任比利时鲁汶天主教大学教授）创作一篇论文——《永久膨胀的平稳退场?》，这是霍金的最后一篇宇宙学论文。也正因此，这篇论文比他以前创作或是合著过的论文更引人关注。5月，这篇论文出版后，很多报道都夸大其词，说这篇论文预言了宇宙的末日，或者提供了多元宇宙存在的确凿证据。赫托格和霍金的同事指出，上面两个说法都是错的，还请大家关注标题里的那个问号。其实，霍金和赫托格并没有什么证据确凿的发现。他们认为自己的理论还是“初级阶段”，建立的模型还是“玩具模型”——为了让运算简单一点，大幅简化了现实世界的模型。不过在这篇论文里，霍金继续拆了自己的台，这次的“受害者”正是1983年他和吉姆·哈图提出的“无边界理论”的一部分。

在第9章中我们讲到了暴胀理论，第14章又讲到了永久膨胀。多年来暴胀理论一直在演化，但理论的基础没变，即大爆炸后非常短的一瞬间，宇宙受到了非常大的排斥力，导致维度出现了不受控制的暴胀。前面提到的细微量子波动在这一小段时间内被放大，我们在宇宙微波背景辐射变化的规律中，依然能发现这些波动被放大之后留下的痕迹。这些波动催生了星系和星系群。暴胀理论还预测，早期宇宙产生的引力波会在CMB中留下印记——不过目前还没有找到证据。创作本书时，欧洲航天局已经计划于21世纪30年代发射卫星，在更高精度的探测下寻找证据。托马斯·赫托格说：“我们观测到支持无边界模型（以大爆炸时期产生的引力波的形式）的证据，能让我们得到多元宇宙存在的有力证据。这篇文章进一步探索了如何限制多元宇宙，将其缩减至一系列数量有限、可控的世界。这是向数学严谨、可以检验的多元宇宙模型迈出的一步。这为我们所知的现实世界扩充了很大一部分内容。”[58]

要理解赫托格和霍金提出的理论，我们首先要退一步，考虑一下这个问题：“是什么引发了膨胀，又是什么阻止了膨胀?”他们的假设是，膨胀由某种量子场驱动，随后逐渐枯竭。量子场一开始处于“伪真空”状态（还记得第21章中那个从山顶滚下，落在高坡上的小球吧），空间呈指数级拉伸，然后稳定在真正的真空状态。对于膨胀的伪真空总是不断复制自己，产生越来越多急速膨胀的空间这个现象，这个理论解释得很出色，甚至过于出色了。“永久膨胀”理论认为，绝大多数区域的膨胀不会停止，而是一直进行下去。然而，虽然膨胀一直重复着，永不停歇，“永久”进行下去，有些区域却会向真的真空、低能态转变。在这些“地块”上，膨胀停止，宇宙诞生。我们的宇宙就在这样的一片区域内——很多个区域之一。永久膨胀导致了多元宇宙的形成。多元宇宙包含无穷多个宇宙，彼此各不相同，物理法则、常量及经历也都各不相同。

2018年4月，安德烈·林德在接受采访时，没有将这个现象比作卖气球的人（这很符合他的形象），而是比作了无限膨胀下去的瑞士奶酪。奶酪中的孔洞就是“口袋宇宙”，膨胀停止的地方。我们的宇宙就是这样的“口袋宇宙”之一。在永久膨胀中，奶酪中有无穷多个洞。他认为这可以解释我们的宇宙为什么调整得这么完美，允许我们出现、存在：在无穷多个宇宙中，很可能出现类似我们这样的宇宙。虽然不能保证无穷多个宇宙中，一定存在我们这样的宇宙，但至少概率还是很大的。到底有多大，这就是个问题。如果宇宙的数量是无穷多个，计算我们这样的宇宙出现的概率就成了无用功。物理学家不欢迎无穷大！

这时霍金和赫托格登场了。他们认为这一过程中，可以出现的宇宙类型是有限的，应该存在限制的规则。瑞士奶酪中的孔洞只能是某几个形状、大小。宇宙没有那么多，也没有无穷多种，可以存在的宇宙数量和种类都是有限的。霍金和赫托格认为，已经出现的宇宙之间会有许多共同点，也与我们的宇宙更相似。“我们不是只有一个独一无二的宇宙，我们的发现将多元宇宙中可以存在的宇宙类型削减到了很小的范围。”2017年秋，霍金在剑桥接受采访时说。[59]

霍金和赫托格在他们的论文中，重新审视了哈图-霍金的无边界理论，这次用上了全息理论，之前霍金、佩里和斯托明那篇关于超变换的论文就用到了这个原理。全息原理认为，一定体积的空间中，信息存储的界限就是空间的界限。以黑洞为例，黑洞的体积就是其内部空间的体积，边界就是事件视界。空间的体积也可以是全部时空，边界是时空的界限。在上面两个例子中使用全息理论，我们就可以在去掉一个维度的情况下进行研究，将研究过程变得简单了一点。

霍金和赫托格选择保留三个空间维度，去掉时间维度。他们得到的结果是，极早期的宇宙可以用只有三个空间维度、没有时间维度的理论描述。他们发现这种情况下的物理条件，不一定能引发永久膨胀，甚至还可能得到一个独一无二的宇宙。

在无边界理论中，哈图和霍金提出在极早期的宇宙中，时间维度是第四个空间维度。在生命的最后几个月里，霍金彻底推翻了自己之前的理论吗？从某种程度上来说，是的。两个理论中，时间维度的缺失意味着不存在奇点，也不存在创世或是起源的一刻（没有过去、现在、将来的情况下，这两个词都没有意义），但这两个理论无法共存。

无论是哪种情况，只要没有了时间维度，我们都很难进行想象或是融入其中，甚至是不可能像对我们所在的现实那样。古代基督教的哲学家希波的奥古斯汀、犹太教的哲学家亚历山德里亚的斐罗都认为上帝存在于没有时间概念的“当下”。许多人认为霍金消除了“开端”这个概念，就是对造物主信仰的一次成功挑战，但霍金本人知道，自己可能一不小心就落入哲学家的手心，因为他其实对哲学很了解，虽然偶尔会贬低哲学。

赫托格也同意霍金，在大爆炸“之前”什么都不存在。“我们所有的方程中，等号另一端——或者说大爆炸之前——都是空白。时间的概念不存在。”[60]根据全息原理，如果真的存在什么，那么大爆炸过程中一定会有所体现，就像落入黑洞的物体会以全息的形式出现在事件视界。

还有工作需要完成，比如，如果时间一开始以空间维度的形式存在，那么时间又是如何出现的？两个新理论都存在这个问题，无边界理论也是。“时间出现”是否意味着这时的环境中已经存在时间了？这个问题怎么处理？

时间还是时间

2018年1月，为庆祝霍金的76岁生日，BBC播出了一集《史蒂芬·霍金最喜欢的地方》，又一次收获了当之无愧的一致赞誉。1月很平静，除了突然传出的阴谋论，说霍金早就去世了，现在只是长得像他的人冒充的。我没听到霍金对此的回应，但我觉得他肯定好奇，这个长得像他的人究竟什么样。也许像威廉·夏特纳创作的那样，有一个邪恶的双胞胎。媒体更关心这件事，他们借用了霍金对认为气候变化是一场骗局的人说过的冷嘲热讽：“把否认气候变化的人送上金星吧！”

2月初，与杰里米·亨特的立法斗争获胜了。ACO的介入时间推迟了，要先进行相关的咨询工作，为ACO铺平道路的法律生效时间也从2月推迟到了4月中旬。

霍金一直收获着各种荣誉和头衔，其中有一个既不平常又当之无愧。在澳大利亚布里斯班，一位教师约翰·博丁顿说，学生们经常说霍金是“戏剧物理学教授[①]”。“偶尔是有人这么叫我。”霍金开玩笑说。同时，霍金的“戏剧工作”也不仅局限在物理学界。2月16日，BBC开始宣传新的《银河系漫游指南》系列，由他客串的《六角阶段》计划于3月8日首播。

2月27日，史密森尼频道公布了一部“新的”史蒂芬·霍金纪录片——《离开地球：或如何殖民其他星球》，计划4月在美国首播。后来我们才知道，这部纪录片只是将前一年秋天在英国播出的精彩纪录片《远征新地球》精简了一下。这个版本中加入了新的旁白，克里斯托弗·加法德和丹妮尔·乔治只是偶尔出现。这个版本虽然依然很有趣，却缺少了原版的魅力和激情，对科学知识的覆盖面也不如原版，而且没有把霍金希望人类真的殖民其他星球时，

① 译注：戏剧的英文 theatrical 和理论的英文 theoretical 形似。

不要犯在地球上犯的错误的请求放进去。与2013年美国公共电视台精简的纪录片《霍金》类似，美国观众还是只能看到缩水版。

3月4日，托马斯·赫托格前往剑桥拜访霍金，两人达成一致，准备将合著的论文《永久膨胀的平稳退场？》的最终版递交《高能物理》杂志。他们花了三年多的时间才完成。杂志在2018年5月2日发表了这篇论文，芝加哥大学的一位宇宙学家迈克尔·特纳评论说："这篇论文很有史蒂芬的风格。即使在最后时刻，他依然不怕面对最艰难的问题。"不过，特纳说："不是42。"知道霍金客串了《银河系漫游指南》的人才能领会这个玩笑，因为《漫游指南》中，生命、宇宙及一切的终极问题之答案就是42。

赫托格也同意不是42，"像所有理论科学中的发现一样，虽然是里程碑性的时间，但同时也带出了更多的问题，远比这个发现能解答的多。我们提出的模型一定要完成推导，仔细调整，再进一步开发。我很想看看这条路通向哪里。我们在论文结尾推测，在确认这就是宇宙诞生的形式之前，模型还需要进行很深入的开发。因此还有很多工作要做"。[61]论文标题结尾是个问号，安德烈·林德不禁感叹说："史蒂芬没法跟我们聊聊这篇论文，真是伤感。"[62]

霍金3月14日去世前一周，安迪·斯托明给他打了电话，想聊一聊他们在超变换方面的工作。霍金没法讲话，但之后他的护工告诉斯托明，他们跟霍金说了他打电话的事之后，霍金的脸上又一次绽放了那个著名的笑容。那是我们最后一次见到那个能点亮宇宙的微笑了。[63]

3月的第二周，霍金的健康状况明显恶化，他的家人联系了他们认为最需要知道这件事的人。绝大多数人都认为霍金还会恢复过来，继续前行。唐·佩奇听说霍金病得很重时，他没有冲向剑桥。"多年以来，史蒂芬身上发生过许多事，我们总以为那些事会要了他的命……但他还是挺过来了……"[64]

拉马·纳赫曼计划3月19日去剑桥待一周，测试一下"我们准备研发的全新设备"。3月5日，霍金的技术支援助理乔纳森·伍德给她打电话，说她应该取消行程了，因为霍金住院了。"我很吃惊，因为他住了好多次院，最后都出院了……我甚至还在医院拜访过他。"离她订的航班还有两周，他还有很多时间恢复健康。“我说好吧，要是改时间的话，改到什么时候好呢，约翰说‘现在来看，不用来了……’这时我才意识到，这次不一样。”纳赫曼取消了航班，后来她又乘飞机来参加了霍金的葬礼。[65]

第23章　再见，史蒂芬·霍金

“我这辈子都在寻找，寻找一个囊括万物的理论，能解释这个善良又残忍、美丽又让人困惑的世界，能解释现实的性质，现实从哪里来，我们又为何存在。”

2018年3月14日，霍金的一些密友通过电话得知，史蒂芬在凌晨去世了。这个消息通过电话、短信和邮件扩散开来，最终媒体和全世界都得知了。很多人第一个念头应该都像我一样，“不可能，史蒂芬怎么会去世！”但他的确去世了。很快，面对来自全球各地的采访请求，他的同事和朋友们都相信了这个消息。只有几个人表现得很粗鲁或是无礼。请求采访的人也都震惊了。熟悉霍金的人和只通过书籍和电视了解他的人，都从世界各地发来了衷心的哀悼，讣告、追忆、致敬和同情的话语席卷了报纸、电视和互联网。我虽然跟他相识了30年，了解他在全球的影响力，也还是为这次的人数之多、情意之真而惊叹不已。

霍金的家人选择避开媒体。即使是最理想的时候，他们除了参加《万物理论》和“乔治的宇宙”系列书籍的宣传活动以外，也都会对霍金的知名度感到有些不自在，霍金很喜欢这种知名度，也很巧妙地得到了，他的家人则希望保护自己的隐私。现在他们会——尽可能地——保护他的隐私。他的三位子女在3月14日发表的声明里写道：

我们挚爱的父亲今天去世了，我们悲痛万分。他是一位伟大的科学家，也是位杰出的人物，他的成果和遗产将传承许多年。他的勇气和毅力，以及他的才华和幽默，激励了全世界的人。

他说过“如果没有你爱的人，这个宇宙也算不上什么宇宙了”，我们会永远怀念他。

霍金就读过的大学，剑桥和牛津，还有加州理工、欧洲原子核研究委员会、《星际迷航：下一代》的工作人员都发表了正式的悼词。

有一份悼词肯定能让霍金会心一笑。《生活大爆炸》为了纪念他，专门拍摄了一段情节，未在电视上播放，但传到了网上。在这段视频中，谢尔顿和艾米打开了一份结婚礼物，并激动地发现这是史蒂芬·霍金送的。礼物是一块精美的怀表，上面刻着“你娶了艾米，我真的很开心。是时候了。①”——有三重意思！[1]

2018 年 3 月 31 日，周六，剑桥

在这个乏味、清冷的早上，雨滴零零散散地落在人群身上，他们站在栏杆后面，等待史蒂芬·霍金出殡的车队经过国王大道。有几位特邀嘉宾也会沿着这条路线前进，但收到葬礼邀请的人都从另一个方向赶来，从格兰特旅社桥或是三一路，跨过闷热、潮湿还刮着风的卡姆河。他们迈上议事厅路的层层台阶，走到议事厅后面一个临时用作安保的大帐篷里，出示邀请和身份证明后，他们穿过冈维尔与凯斯学院门口旁的街道——街道这时意外地安静——进入圣玛利亚大教堂，建于中世纪的大学教堂。

教堂里的灯光很昏暗，即使没有太阳，圣玛利亚大教堂的彩绘玻璃也十分明艳。陈列的花卉是复活节花，因为第二天就是复活节了。霍金的家人、大学官员以及参与筹备葬礼的人预留了几个位子，还有一片区域留给了霍金的护工们。不过护工们更喜欢跟其他人在一起，所以座位几乎可以随意选。

---

① 译注：原文为“It's about time.”本意为“是时候了”，指谢尔顿和艾米该结婚了，也指霍金该离开我们了。同时，“It's about time”也有“这跟时间有关”的意思，指他送的这块怀表。

熟悉霍金面部表情也见过霍金用面部表情和他们沟通的朋友，看到葬礼小册子封面的照片都会心一笑。霍金的表情是“快点完事吧”的意思。讲台旁还竖立着一张照片：把霍金在办公室门上挂了许多年的一张照片放大了，那是他在零重力飞行时，摆脱轮椅在空中自由飞翔的照片。

葬礼的游行队伍抵达之前，他的朋友们低声交谈着，嗡嗡的谈话声伴着一系列霍金喜欢的音乐——莫扎特、巴赫、汉德尔、门德尔松、格里格、库普兰、维耶那、豪威尔斯和霍洛威（不过没有瓦格纳）。13时45分，钟声敲响时，所有人都安静下来了。钟声响了76下，象征着霍金76年的生命旅程。

钟声敲响最后一下时，教堂前门外传来了奇怪又无法辨认的声音，像是海浪在拍打满是石子的沙滩，溅起浪花的声音，过了一阵子大家才明白过来是外面没有邀请函的人们在拍打霍金的棺材，这是剑桥的人们优美又感人的告别方式。

冈维尔与凯斯学院的门卫将家人献的花篮抬到了教堂前面，摆在过道一侧，另一位门卫把花圈摆在了另一侧。过了一小会儿，牧师卡罗琳·哈蒙德博士、冈维尔与凯斯学院院长带着游行的队伍走进了教堂。六位抬棺人——冈维尔与凯斯学院的大个子门卫——抬着一口简单的木棺材，上面摆了一个巨大的百合花圈，花圈上还有一张卡片，上面有小孩子的笔迹，“致爷爷”。他的家人走在棺材后面，史蒂芬的长子罗伯特独自走在前列，后面是他的妻子卡特里娜，还有他们的两个孩子乔治和罗斯，即史蒂芬的孙子孙女。他的长孙，史蒂芬最爱的威廉并没有在队列中。罗伯特一家后面是女儿露西和史蒂芬的妹妹玛丽，之后是霍金的儿子蒂莫西和简，以及史蒂芬的妹妹费丽帕，还有她的丈夫。遗憾的是，史蒂芬的第二任妻子伊莲没有出席。

葬礼开始，哈蒙德博士读了五段《圣经》的摘录，冈维尔与凯斯学院的唱诗班演唱了莫扎特的《安魂曲》，这是传统安魂弥撒的一部分。史蒂芬·霍金的葬礼开始了——虽然这一天早就提上了日程，但大家却依然不愿相信。

约翰·邓恩和约翰·亨利·纽曼朗读了挽诗；马丁·里斯非常应景地朗读了柏拉图《申辩篇》中的《苏格拉底之死》；埃迪·雷德梅恩朗读了《旧约：

训道篇》第三章第一节至第十一节，开头是“凡事都有定期，天下万物都有定时”，后面的句子全部是“……有时”——对于一个花了许多时间思考时间、构建时间理论的人来说，也很合适。20世纪80年代霍金带的研究生费伊·多克朗读了悼词。

哈蒙德博士在讲话中回忆道，霍金说“上帝是非常高超的数学家”①是1995年，他们在威斯敏斯特大教堂悼念保罗·狄拉克。狄拉克认为这也许就是数学之美、宇宙中物理法则之美的根源。

罗伯特·霍金的悼词很精美。他在结尾面向着父亲的棺材，说了自己会多么怀念他，自己有多么爱他。

葬礼上演唱了两首颂歌：《他面对灾难依然勇敢》——基于约翰·班扬1684年版歌词改编的《天路历程》颂歌；葬礼结尾是一首脍炙人口的《耶路撒冷》，歌词改编自威廉·布雷克的一首诗。

当天的葬礼上还播放了一首精心挑选的颂歌——由谢丽尔·弗兰西斯-霍德创作，部分歌词由霍金在自己75岁生日上创作——《夜空之外》。唱诗班还演唱了沃恩·威廉姆斯的《云冠之塔》、罗伯特·拉姆西的《睡吧，孩子们》，以及伊戈尔·菲德洛维奇·斯特拉文斯基的《主的祈祷》，这首歌没有用英语演唱，而是用了古斯拉夫语。

在《主的祈祷》之后，告别遗体时，埃迪·雷德梅恩诵读的诗句再次回荡：

凡事都有定期
天下万物都有定时：
生有时，死有时
他魂归故里，吊唁者走上街头

---

① 译注：这句话并不是霍金在悼念保罗·狄拉克的仪式上说的。这句话是狄拉克说的，霍金在那场仪式上与人聊天时提起了这句话。

而后尘埃终将落定
史蒂芬·威廉·霍金，安息吧。

祝福的话语结束后，抬棺人将棺材抬下过道，这时教堂里响起了钢琴演奏的爵士风格《带我飞向月球》，大家都吃了一惊，因为流程里没有这一项，不过大家都欣喜地想起了霍金那些有意思的派对。

2018 年 6 月 15 日，周五，威斯敏斯特大教堂

这一天阳光明媚，史蒂芬·霍金的骨灰被安葬在了威斯敏斯特大教堂下。邀请函上写着，大教堂在10点30分开门，仪式定于中午开始。受邀的人被安排从西大门入场，但是除了名人和选择跟他的家人坐在一起的唱诗班成员，大家都要在侧门绕一大圈，通过安检，然后进入大教堂前面。那里还排着一列反方向的长队，是从27000位申请人中挑选出的1000位，他们像中彩票一样拿到了仪式的门票。大教堂管理人员从那列队伍里放了50人进入，又从我们的队伍里放了50人，如此往复，尽量避免让受邀的人过度拥挤。

大教堂内部灯火通明，一扫阴天时的沉郁。安葬仪式在中厅举行，所有座位都面向着中间的过道，大家可以随意挑选座位。许多前排座位都是为乘坐轮椅的人员预留的，旁边的座位是为护工们预留的。

将持邀请函和持门票的人轮流放入这个点子很是绝妙。仪式开始时，教堂内弥漫着些许的归属感和认同感，大家因为对史蒂芬·霍金的爱和尊敬而聚到一起，甚至感到有一点激动。毕竟这是感恩仪式，不是葬礼。我们接到通知，不要穿黑色衣服。在我的左边，其中有位迷人、智慧的女性，她说自己有些幽闭恐惧，但还是决心坐在前面，被其他人包围着。我的右边是一位年轻女性，她说自己几乎没离开过威尔士，来到伦敦就是一次“历险”。她认为霍金的家人不会走下中间的过道，因为这“应该是属于他们的，很私密”。

仪式开始前的音乐是精心挑选过的：古斯塔夫·马勒《第五交响曲》中的

《小柔板》、瓦格纳歌剧《帕西法尔》的《受难日》、爱德华·埃尔加《谜之变奏曲》中的《尼姆罗德》、伊戈尔·菲德洛维奇·斯特拉文斯基《火鸟组曲》的节选，以及古斯塔夫·霍尔斯特组曲《行星》之《金星》。教堂的风琴将每首曲目都演绎得异彩纷呈。

仪式正式开始时，知名人士一组一组地走了进来——皇室家族的代表以及伦敦市市长；工作领域与文化、科学和教育有交集的政府大臣和部长们；议员杰里米·科尔宾，反对党领袖，霍金不太喜欢他；伦敦的治安长官、大执法官，以及威斯敏斯特市市长都亲自出席了。他们进场时，受到了门口威斯敏斯特大教堂的全体神职人员的一一问候，然后庄严地走过我们面前，走上台阶，坐在唱诗班的位子上。我边上的人没想到的是，霍金的家人真的出席了，虽然公告上没有提及。露西与蒂莫西一同走来，然后是罗伯特和女儿罗斯，后面是简和丈夫乔纳森，再后面是史蒂芬的妹妹费丽帕和丈夫。史蒂芬的另一位妹妹玛丽没有跟大家一起走进来，但还是跟其他家人一起坐在了唱诗班的位子上。伊莲这次还是没有出席。

由阿西西的圣方济作词、拉尔夫·沃恩·威廉斯作曲的颂歌《主手所造万象生灵》过后，威斯敏斯特主教约翰·豪尔博士进行了致辞：

我们今天来到这里，是要颂扬史蒂芬·霍金一生的成就，这座教堂圣地对上帝有着上千年的信仰，这里缅怀过国王、女王，还有国内、国际的伟人。现在，我们将他的骨灰与其他科学家安放在一起。

史蒂芬·霍金的坟墓就在艾萨克·牛顿旁边，牛顿是在1727年去世后8天安葬在这里。牛顿旁边是1871年安葬的约翰·赫歇尔，另一边是1882年安葬的查尔斯·达尔文，1937年安葬的欧内斯特·卢瑟福，还有1940年安葬的约翰·约瑟夫·汤普森。周围还有其他杰出科学家的纪念碑，包括保罗·狄拉克，1995年霍金还在他的悼念仪式上致辞。

我们要感谢史蒂芬·霍金惊人的天赋，还要感谢他的生命；感谢他在剑桥大学担任卢卡斯数学教授的日子，以及他以科学家的身份在国际上做出的影响力；感谢他在与运动神经元病抗争时展现出来的勇气、耐力和毅力；感谢他的家人和朋友。我们带着爱和敬意，将他不朽的灵魂交给全能的上帝。

威斯敏斯特大教堂进行的任何仪式，都会在柱子顶端的大屏幕上直播。本尼迪克特·康伯巴奇在大讲台上朗读了《旧约：智慧之书》第七章第24节。基普·索恩在小讲台上致了辞，强调了霍金的幽默感，还说他是“我见过最倔强的人”。索恩引用了12世纪思想家夏尔特尔的伯纳德的话，史蒂芬正是从这段话里选取了自己一本书的题目——“站在巨人的肩膀上”：

站在巨人的肩膀上，我们就像是侏儒，我们看得比巨人多、比巨人远，这并不是因为我们的视力如何敏锐，或是身体有何区别，仅仅是因为我们借着他们的身高，站在了更高处。

索恩说，我们站在牛顿的肩膀上——站在他的答案上，“我们因答案怀念牛顿，我们因问题怀念霍金”。我们在研究量子力学时，他说：“我们就是站在史蒂芬·霍金那些问题的肩膀上。”

马丁·里斯的致辞文雅而有力，让我们想起了霍金在确诊之后说的“之后的一切都是奖励”。露西朗读了《新约：罗马书》第十二章第9—21节的内容，简则安静地进行着祈祷。

安葬仪式在正厅里，靠近唱诗班座位台阶的地方。家人伴着乔纳森·多佛的《要寻求那造昴星和参星》，从座位上走了下来。他们围绕着地上的墓穴，每人都单膝下跪，在墓穴中的骨灰旁安放了一小束花。下葬时的话语是最耳熟能详的“尘归尘，土归土，我们靠主耶稣基督，确信他必将荣耀复活，享受永生”。唱诗班唱起了谢尔盖·拉赫玛尼诺夫的《西面颂》，唱到“让您的仆人安然离去”时，他的家人回到了座位上。之后还进行了国民医疗体系的祈祷。在主祷文——这次是英语——和闭会颂歌之后，宇航员蒂姆·皮克少校朗读了雪莱的《麦布女王》，节选了非常适合那天的一段话，将天堂的状态描述为“祥和的原野”。传统的祝福过后，仪式结束了。

史蒂芬的儿子蒂莫西请加里·卡恩——经常为霍金安排看歌剧的行程——帮忙挑选理查德·瓦格纳的音乐。其中一首就是仪式上播放的《帕西法尔》的《受难日》。但霍金最喜欢的，肯定还是在退场时播放《女武神的骑行》，调到最大音量，回荡在整个教堂里。瓦格纳的歌剧《女武神》中，女武神负责将战死的英雄从战场送至神的领地。

仪式上播放的一首颂歌，在剑桥的葬礼上也播放过——约翰·班扬作词、拉尔夫·沃恩·威廉斯作曲的《天路历程》。我有点好奇这首歌为什么两次都被选中，因为歌曲的宗教意味太浓，也在宣扬永生的概念，霍金不太会喜欢。但有人指出，班扬是1864年在狱中创作的歌词，当时他因不愿皈依国教被判了12年的刑。可能是因为这段历史比较有吸引力。有人问威斯敏斯特主教约翰·豪尔，为什么这位公开宣称自己是无神论者的人可以安葬在大教堂中，他说："我的观点很简单：无论是否信仰上帝，只要取得了卓越的成就，一定有上帝的功劳。"[2]

仪式结束后，受邀前来的人们都走下过道，从安葬史蒂芬骨灰的位置前经过。先是牛顿的坟墓，然后是纪念法拉第的石碑，然后是霍金。他的骨灰盒非常小。要盖住坟墓的石板就立在旁边，上面的墓志铭与牛顿的一样，只不过是用英语写的，而不是拉丁语，"史蒂芬·霍金长眠于此，1942—2018"。霍金辐射的方程和示意图也刻在了石板上。

西大门外的栏杆后，一大群人在等候着。塔楼上的钟响了，洪亮又欢快——与剑桥的葬礼上缓慢的丧钟截然不同。史蒂芬·霍金现在属于国家了。

追忆史蒂芬·霍金

霍金去世之后几周，他的同事、老朋友，以及跟他合作过的人、他的学生，甚至只要是跟他共处过的人都很希望分享自己对于他的记忆，还有属于他们的故事。各所大学里、科学界的泰斗，还有世界各国领袖都赞扬了他做出的共享。但10年之后、25年之后，甚至一个世纪之后，还会有人记得史蒂芬·霍金吗？他对科学的贡献足以让他安葬在牛顿、法拉第和达尔文旁边吗？当然可以，只有时间的推移和科学的进步才能真正检验霍金的贡献。不过即使是现在，有些情况也很明了了。

科学界的同僚们认为，霍金辐射是他在理论物理学上最伟大的发现——第一次有人真正成功地将20世纪两个伟大的理论——相对论和量子力学，整合在一起。之前的尝试都失败了，霍金辐射却大获成功，不过他的发现并没有观测结果支持。我们发现的黑洞都十分巨大，是由恒星坍缩或是恒星相撞形成的，尤其是在星系中心的。这样的黑洞发出的辐射过于微弱，以现有的技术根本无法直接观测。霍金认为大爆炸会产生极小的“原生”黑洞，随着辐射的不断发出，黑洞的体积越来越小，温度越来越高，辐射会越来越强，最后形成爆炸，可能以伽马射线爆发的形式被我们观测到。许多年过去了，我们一次爆发都没有观测到。不过，霍金发现霍金辐射，还有对黑洞热力学的贡献，用罗杰·彭罗斯的话说，毫无疑问地“对未来的理论和基础物理学有着深远的影响。而具体以什么形式影响，现在大家还在热议中[3]”。掀起“热议”，这个影响不容小觑。

之后，霍金又把绝大多数精力花在了现代物理学的核心问题，以及相关的研究中：寻找量子引力的理论。霍金辐射的发现是向这个方向迈出的一步，但量子引力理论要包罗万物，真正彻底地、颠覆性地将我们对量子力学的理解、爱因斯坦的相对论以及时空翘曲结合起来，以此来描述引力。对霍金来说，这条路的一条分支就是他和詹姆斯·哈图提出的无边界理论。霍金在《时间简史》中提到这个理论，以及对“虚时间”的创造性应用时，在物理学界，乃至公众中都引发了相当程度的兴奋。不过今天，全世界物理学家都在探索宇宙起源及量子引力问题，这个理论只是其中的一条道路。所有的探索，包括霍金的，都不包含悬而未决的难题。霍金的同事们尊重他的思考和理论，并围绕这些继续展开研究工作，比如他最近与托马斯·赫托格发表的论文。但是，截至本书完稿时，人们普遍认为其他的研究同样，甚至更加有前途。

不过，科研工作者还是提醒我们，霍金最重要的贡献并不是他的发现（他和罗杰·彭罗斯得出的结论，即爱因斯坦的广义相对论意味着时空起源于大爆炸，终于黑洞，不是无边界理论中对极早期宇宙的描绘，不是信息悖论，甚至不是霍金辐射），而是他探索这些发现的方式，他愿意主动推翻自己之前的结论，以及过程中他提出的有趣又发人深省的问题。“他能够发现解决问题的关键”，“…… 这些问题能够启发之后很长一段时间的研究”，他在剑桥的同事保罗・谢拉德说，谢拉德接替霍金成了剑桥大学理论宇宙学研究中心主任。[4]霍金75岁生日研讨会晚宴之后，他在20世纪80年代带的研究生费伊・多克发表了演讲，在谈到霍金的传承时这样说：“伟大的科学进步不会终结问题，而是会打开通向新问题的大门，之前从未设想过的新问题。”[5]基普・索恩在追忆霍金的活动以及威斯敏斯特大教堂的安葬仪式上说，我们今天站在牛顿的肩膀上 —— 牛顿给我们的答案，而我们如果发现了量子引力，那就是站在霍金的肩膀上 —— 他提出的问题[6]。罗杰・彭罗斯在他为《卫报》写的讣告中，用滑稽又古怪的方式谈了这件事，将其与霍金带的一位研究生的经历联系起来：

（霍金的）身体不便往往（让他的话语简短得）神秘莫测，（学生）听到他的话，就像是先知的语言 —— 话的真假不需要质疑，但如果能够正确地诠释、引申，就能够带我们做出意义更深远的发现。现在我们大概都是这个感觉。[7]

霍金在科学方面的遗产远不止他的发现和问题。我听很多年轻的物理学家说：“我就是小时候读了《时间简史》，才走到了今天的位置。我的一切开始于那一刻。”看来霍金所研究这个领域的未来，很大程度上是站在他那本书的肩膀上的，而据说这本书很少有人真正读过！少数读过的人现在都成了一线的宇宙学科研工作者。霍金还指导过许多优秀的学生。20世纪80年代初，保罗・谢拉德跟随霍金读博，他认为霍金身为一名成功的导师，很大程度上是因为“他具有能够直击问题核心的洞察力，他能够抛开所有复杂的数学问题，只关注核心的概念…… 超越了细节”。[8]自然，做霍金的研究生并不简单，但收获是巨大的。如果你有机会跟这一领域的巨擘共事，就会发现他还是世界上最积极向上的人。而且你找工作时，拿的推荐信也很有分量！

《时间简史》的影响不仅在于激励人们走上科研道路，还在于我们这些“人”。没错，一切都始于那一刻 —— 对我和无数人来说 —— 真正意识到这些内容是有趣的，是人类能够踏上的最不可思议的冒险旅途。和他的学生和同事们相比，我们虽然并不能完全理解，但冒险的魅力是能够传染的。还记得我第一次踏入霍金的办公室，请求创作一本写他和他的研究的书时，他就这样坚定地说："一定要很有趣。"他自然认为很有趣。参加霍金的公开演讲有点像读托马斯·曼的《魔山》。在写到关键的浪漫情节时，曼腼腆地用了法语。而霍金在几段通俗易懂的讲话、几张容易理解的幻灯片之后，还是会讲到专业的物理内容。但是听不懂霍金的演讲正是体验的一部分。他在带着我们走进他的世界，一个充满奇妙趣味的世界，并邀请我们跟他一起稍做停留。他希望我们能记得他一直在传达的经验，科学的快乐不只有科学家能享受。他知道仅靠科学，我们是没法登上火星或是比邻星，是没法在上面生存的，我们也没法控制人工智能，或是遏制全球污染。只有全球的人民都自愿支持，这些才有可能成真。约翰·A.惠勒对我说过，"科学属于所有人"。我们对科学足够珍视吗？惠勒和霍金的研究能够借此深入开展下去吗？

霍金的同事们从他那里也获益良多。有时合著的论文在媒体中，在公众的印象里，甚至在霍金自己的书里都变成了他独著的，这的确让人有些恼火。他很喜欢说"我发现了……"，新闻报道也总爱说"史蒂芬·霍金最新的理论"。但不可否认的是，论文署了他的名字之后，就会受到更多的关注。而且，与霍金一同进行研究是很刺激的，他偶尔说出的几个字能将谈话引导到完全不同的方向上，或是带你走进之前不断试探甚至完全错过的领域的核心地带。而且，跟史蒂芬相处也非常有意思！基普·索恩说，史蒂芬写完一句话要很久，不到最后一刻，谁也不知道他说的是严肃的科学问题，还是一句夸张的玩笑。[9]

霍金留下的财富当然远不止他对科学的贡献。看他战胜了严重的残疾，他那迎难而上的勇气——虽然他认为大部分都不是勇气——谁能不为之赞叹？还有他随意地拿自己的问题开玩笑："如果生活没有意思，那才是悲剧。"我们能一直记得轮椅上那奇怪、可怜的身形，让自己不要忘记，虽然残障人士是少数群体，却依然是不可忽视的一部分吗？他帮助残障人士进入主流的视野，并得到了应有的尊重。还记得他在2012年伦敦残奥会上，让人印象深刻的亮相，而且他帮助了所有人——无论是否残疾——让我们不要害怕自己，不要害怕自己的失误，不要被可能出现或是已经到来的悲惨处境打倒。他向我们展示了，巨大的成就和精彩的生活不是只有健康、健全的人在一帆风顺时才能得到的。即使是无比绝望的时刻，我们依然能得到这些。他树立了个好榜样。我们会像他一样记得，让科技发明和创新为所有有需要的人所用吗？我在为本节做最后的调研时，才知道他坚持要英特尔将给他提供的设备软件全部开源，让所有处境和他类似的人都有机会试用，这也是他给我们所有人留下的记忆和贡献。

霍金的公关技巧也十分高超。当有人对他的工作成果、创作的书籍以及他奋斗的视野表露了一点兴趣时，他就知道自己该再次出现在新闻里了，也知道该如何表现。他的一位私人助理对我说："要知道，他可不傻！"现在，他没法再宣传自己和自己研究的项目，没法引起媒体的注意了……他的形象在网上、报纸和杂志上出现的频率越来越少，再没有本·鲍伊那样惊艳的纪录片，没法客串《生活大爆炸》，没有跟威廉·夏特纳那样的采访，没有那些无神论或是末日警告的直白言论，没有针对杰里米·亨特的司法诉讼……他的同龄人甚至学生都相继离世……他坐在轮椅上的标志性形象会渐渐消逝吗？几十年后，我们能完成他逃离地球，登陆另一个宜居的星球的期许吗？或者我们对环境问题的态度转变，让我们可以晚一点逃离地球了？精心调试好人工智能，让其造福人类，而不是威胁人类吗？这些事能够成真吗？我们还会将其与霍金热情满满的宣传联系在一起吗？

也许有一群没那么熟悉科学史，但还是知道牛顿和达尔文的游客，有一天会经过霍金在威斯敏斯特大教堂的坟墓，并且互相询问这是谁——我认为不会这样。

史蒂芬·霍金葬礼的钟声响起时，声音一直传到了国王大道，他在那条路上用轮椅飙过车，然后进入了所在的学院——剑桥大学冈维尔与凯斯学院和三一学堂。钟声在银街和自由巷上变得微弱了，他之前在这里上班、讲课。钟声从这里进入圣玛丽小巷，传到了西路上，这是他生活过的地方。钟鸣了76声之后，安静了下来。76年来，史蒂芬·霍金都在这里，现在他不在了。爱因斯坦说过："世界上这么多团体，我只愿投身一个，那就是追寻真理的人们，无论何时，这样的人都寥寥无几。"现在这样的人又少了一个。剑桥，甚至整个宇宙，少了他都显得空荡荡的。

我们想念他放的焰火。

术　语　表

人择原理：“为什么我们这个宇宙如此适合我们的存在？”这个问题的答案是，如果宇宙和现在不一样，就不会存在问问题的我们了。

反物质：由反粒子组成。

反粒子：对于每种粒子，都存在与其属性相反的反粒子，比如电荷量（比如电子带有负电荷，而反电子或者正子，就带有正电荷），以及本书未提过的很多性质。不过，光子和引力子的反粒子与其本身相同。

预设值：理论无法预测，只能通过观测得到。比如，从未见过我们宇宙的外星人无法用已有的理论计算出基本粒子的质量和带电荷量。这两个值都是理论中的预设值。

大爆炸奇点：宇宙起源时的奇点。

大爆炸理论：认为宇宙起源时密度和压力都非常巨大，然后发生爆炸，进一步扩张至我们今天看到的样子。

黑洞：时空中一块球状（如果是旋转的黑洞，则略显椭圆形）的区域，远处的观测者无法看到，因为引力过于强大，光线（或是任何事物）都无法逃离。黑洞可由巨大的恒星坍缩形成。这是黑洞的“经典”定义。霍金展示了黑洞是辐射着能量的，并不是那么“黑”的（参见原初黑洞）。

玻色子：带有整数自旋的粒子。作用力的信使粒子（胶子、W^+、W^-、Z^0、光子和引力子）都是玻色子。

边界条件：宇宙起源那一瞬间，时间还未开始流动时是什么样子；以及宇宙的“边界”，比如说宇宙的尽头，或是黑洞的中心，都是什么样。

经典物理学： 不考虑量子力学的物理学。

能量守恒： 科学法则认为能量（或等效的质量）无法被创造，或是被销毁。

宇宙（时间）之箭： 使宇宙膨胀的时间流动方向。

宇宙常数： 爱因斯坦向广义相对论中引入了“引力常数”，以抵消引力的影响。没有了这个常数，他的理论就会预测宇宙不是在膨胀就是在坍缩，而爱因斯坦认为两者都是错的，他后来说“这是我一生最大的错误”。我们现在用它来表达真空中的能量密度。

宇宙学： 研究宏观物体、宇宙整体的科学。

暗能量： 宇宙中73％都是这种神秘能量，是导致目前宇宙膨胀的原因。

决定论： 未来是完全可以预测的，也是完全由当下决定的。

爱因斯坦的广义相对论（1915）： 引力理论，将引力解释为质量或能量引起的四维时空翘曲。该理论还有一系列方程，能够计算任意给定质量或能量引起的翘曲程度。这个理论用来描述宏观状态下的引力。

爱因斯坦的狭义相对论（1905）： 爱因斯坦对空间和时间的新看法。该理论建立的基础，是科学法则对于自由移动的观测者来说应该是一致的，无论其移动速度如何；光速不会改变，无论观测者的速度是多少。

电磁力： 自然界四种最基本的作用力之一，它使得电子围绕原子核运转。我们所在的尺度下，电磁力表现为光以及其他所有电磁辐射，比如无线电波、微波、X射线和伽马射线。电磁力的信使粒子（玻色子）是光子。

电磁交换： 电子发出一个光子，另一个电子吸收这个光子。

电磁辐射： 电磁频谱上的所有辐射，比如无线电波、微波、可见光、X射线和伽马射线。

电弱统一理论： 20世纪60年代由伦敦帝国理工学院的阿卜杜勒·萨拉姆和哈佛大学的斯蒂文·温伯格和谢尔顿·格拉肖提出的理论，将电磁力和弱力结合起来。

基本粒子： 我们认知范围内最小的、无法继续分割的粒子。

熵：系统无序的程度。热力学第二定律决定了熵是恒增的。整个宇宙，或是任何独立的系统，都无法变得更加有序。

逃逸速度：逃离巨大天体的引力作用，比如，地球进入太空所需要的速度。地球的逃逸速度大约是每秒7英里（约每秒11千米）。黑洞的逃逸速度比光速快一点点。

事件：时空中的一点，由其在时间及空间中的坐标，即时空中的位置确定。

事件视界：黑洞的边界，逃逸速度大于光速的界限。事件视界处存在大量悬浮着的光子，这些光子（以光速运动着）既无法逃逸，也不会被吸入黑洞。视界内部发出的光线都被吸入黑洞。要计算事件视界的半径，先计算一下黑洞的质量（或者即将坍缩为黑洞的恒星质量，除非恒星坍缩之前损失了质量）是太阳的几倍，将该倍数乘以2（英里）或是3（千米），得到的就是半径。因此质量是太阳10倍的黑洞，事件视界半径是20英里（约32千米）。显然如果质量变化，事件视界的半径也会变化，黑洞的尺寸也会变。

费米子：在本书的讨论范畴内，读者需要知道普通物质的粒子（原子中的粒子，比如电子、中子和质子）都属于费米子，而像所有费米子一样，这些粒子会交换信使粒子。费米子的正式定义是具有半整数自旋的粒子，遵循泡利不相容原理（本书未讨论过这个原理）。

自然界的作用力：粒子之间互相作用的最基本形式，从强到弱分别为，强力、弱力、电磁力和引力。

分形：无论以何种尺度观测，某一部分都会重复出现的几何形状。

频率：对于光子来说，频率是与之相关的电磁场变化的频率。在本书的讨论范畴内，读者只需要知道频率越高，光子的能量越大。

伽马射线：波长很短的电磁辐射。

胶子：将强力从一个夸克携带至另一个夸克的信使粒子，并且让夸克在原子核内部的质子或是中子贴在一起。胶子之间也会相互作用。

祖父佯谬：某人回到过去，阻止（外）祖父母生下父母，从而阻止自己出生。

引力：自然界四种基本作用力之一，也是最弱的一种。引力通常会产生吸引（除膨胀阶段外）现象，作用距离非常远。

引力半径：在此半径内的光子无法逃离黑洞。可以将其理解为事件视界，不过两个词语的使用场合不同。要估算此半径，先计算一下黑洞的质量是太阳的几倍，将该倍数乘以2（英里）或是3（千米），得到的就是半径。因此质量是太阳10倍的黑洞，半径是20英里（约32千米）。

引力子：在所有粒子之间，包括引力子之间，传递引力的信使粒子。引力子并没有被直接观测到过。

万有引力：参见“引力”。

霍金辐射：考虑量子力学作用后，黑洞产生的辐射。可以将其理解为黑洞事件视界附近产生的一对虚粒子，其中一个落入黑洞，让另一个得以逃离进入太空。

海森堡不确定性原理：量子力学中，无法同时准确测量粒子的位置和动量。类似的，我们也无法同时准确测量场的值和场变化的速率。

氦：第二轻的化学元素。氦原子核包含两个质子，一个或两个中子。氦原子核周围有两个电子环绕。

一致性：各个位置的属性及外观均相同。

氢：最轻的化学元素。一般的氢原子核只包含一个质子。氢原子核周围有一个电子环绕。在恒星核心处，氢聚变成氦。

虚数：平方为负数的数。比如两个虚数单位（2i）的平方是−4；−9的平方根是三个虚数单位（3i）。

虚时间：以虚数计量的时间。

暴胀宇宙模型：早期宇宙经历过短暂、剧烈膨胀的模型。

初始状态：宇宙诞生之初，时间还未开始流动的那一刻的边界条件。

各向同性：物质在各个方向上的性质相同。

微波辐射：波长介于可见光及无线电波之间的电磁辐射。微波辐射的粒子与电磁频谱上的辐射一样，都是光子。我们在宇宙中观测到的微波背景辐射是支持大爆炸模型的证据。

N=8超引力：将所有粒子，包括玻色子和费米子，整合为一个超对称家族，同时整合所有作用力。霍金在1980年卢卡斯数学教授就职典礼的演讲中，提到了这个理论，他认为这个理论很可能成为万物理论。

裸奇点：不在事件视界内部的奇点。

中子：组成原子核的粒子之一，中子不带电荷。每个中子均由三个更小的粒子，即夸克组成。

中子星：质量过大，无法形成白矮星，但又不足以坍缩为黑洞的恒星经历的最后一个阶段。

牛顿的万有引力定律：宇宙中每个天体都受其他天体吸引，天体质量越大、彼此距离越近，这股力量就越强。更准确地说，天体之间的吸引力，与质量之积成正比，与距离的平方成反比。

无边界理论：宇宙有限但无边（虚时间中）。

原子核：原子的核心部位，由质子和中子组成（质子和中子又由夸克组成）。原子核由强力约束在一起。

光学望远镜：在可见光频率范围内观测恒星和星系，并拍照的望远镜。

粒子对：一对粒子，真空中随时随地会产生。一般认为这对粒子是虚粒子，寿命极其短暂，无法直接观测，只能观测其对其他粒子的作用。一瞬间之后，两个粒子就会互相湮灭。

光子：电磁力的信使粒子。在我们的观测尺度下，光子以可见光和电磁频谱上所有辐射，比如无线电波、微波、X射线和伽马射线的形式存在。光子质量为0，运动速度为光速。

普朗克长度：宇宙间最小的尺度，为10^{-33}厘米。

正子：电子的反粒子，带有正电荷。

原初黑洞：不是由恒星坍缩生成，而是在宇宙极早期由被压缩的物质形成的微小黑洞。霍金称，最有趣的原初黑洞体积只有原子核那么大，质量却有10亿吨。

质子：组成原子核的粒子之一。质子带有正电荷。每个质子均由三个更小的粒子，即夸克组成。

心理时间之箭：我们每日对时间的感知，从过去到未来。

脉冲星：飞速旋转，并以固定间隔发出无线电波的中子星。

量子扰动：我们认为的真空中，虚粒子对不断地出现和消失。

量子引力：主要尝试将广义相对论和量子力学整合的理论。目前我们还没有解决这个问题。

量子力学/量子理论：20世纪20年代发表的理论，用来描述非常小的——原子或是更小的尺度——事物的理论。该理论认为，光、X射线和所有的波都只能以特定的“包装”，或是“量子”的形式发出、吸收。比如，光的量子形式是光子，单个光子无法继续分割下去。半个光子，或是一又四分之三个光子是无法存在的。量子理论中，能量可以“量化”。该理论包含了不确定性原理。

量子虫洞：小到无法想象的虫洞（参见“虫洞”）。

夸克：基本粒子（无法继续分割），三个夸克组合在一起，可以形成质子或中子。夸克也两两组合在一起（一个夸克和一个反夸克），形成介子。

无线电波：波长大于可见光的电磁波。所有无线电波的粒子，即电磁频谱上所有辐射的粒子，都是光子。

辐射性：一种原子核自发地衰变为另一种原子核的性质。

半径：圆心、球心至圆周、球面的最短距离。

重整化：从理论中剔除无穷大的过程。需要引入其他的无穷大，再相互抵消。

热力学第二定律：熵，即独立系统的无序程度，只会增加，不会减少。两个系统合并后，新系统的熵大于等于原来两个系统的熵之和。

奇点：时空中的一点，密度无穷大，时空翘曲无穷大。有些理论预测，我们会在黑洞的中心，或是宇宙的起点或终点处发现奇点。

太阳质量：太阳的质量。

时空：三维空间与一维时间的组合。

时空翘曲：爱因斯坦的广义相对论将引力解释为时空中质量或能量引起的现象，类似于在弹性表面上放置不同质量、尺寸的球体导致的扭曲、凸起和凹陷。

强核力：自然界基本作用力中最强的一种。强核力让中子和质子中的夸克聚集在一起，也与原子核中质子和中子聚集的形式有关。强力的信使粒子（玻色子）是胶子。

超新星：恒星的大爆炸，除了核心外，所有物质均被抛入宇宙。这些物质成了构成新恒星或行星原材料。

超弦理论：将宇宙中基础的物质解释为微小的弦，或是弦组成的圈，而不是粒子的理论。这个理论很有希望统一所有粒子和作用力。

万物理论：有时简称为TOE，是解释宇宙及其中一切事物的理论。

热力学（时间）之箭：熵（无序性）随时间增加。

不确定性原理：粒子的位置和动量无法同时准确测得，其中一个量越精确，另一个就越不精确。类似的，场值和场随时间变化的频率也无法同时精确测得。类似的问题也发生在其他类似的两种属性上。不确定性原理由德国物理学家沃纳·海森堡发现，正式名称是海森堡不确定性原理。

大一统理论：将四种作用力解释为一种超级作用力的不同表现形式，同时将费米子和玻色子整合为同一类别的理论。

真空能量：我们认为的真空具有的能量。

速度：就静止的参照物来说，物体在其运动方向上运动的速率。

虚粒子：量子力学中的粒子，无法直接观测到，只能通过观测其对其他粒子的作用，才能确定存在的粒子。

W^+、W^-、Z^0：弱力的信使粒子（玻色子）。

波函数：量子理论中，波函数描述了粒子在两点之间所有可能的路径。某个路径的波函数值越高，粒子就越可能经过这一路径。

宇宙的波函数：哈图和霍金将宇宙视为量子理论中的粒子。哈图-霍金宇宙波函数代表了宇宙可能出现过的所有历史。某段历史的波函数值越高，宇宙就越可能具有这段历史。

波长：两个波峰之间的距离。

弱核力：自然界四种基本作用力之一。弱力的信使粒子（玻色子）是W^+、W^-和Z^0。弱力导致了辐射，比如原子核的β辐射。

虫洞：时空中的洞或是隧道，另一端可能通向另一个宇宙，或是我们宇宙的另一部分（或是另一个时间点）。

注　　释

第一部分　1942—1975年

第2章　“我们的目标就是要完全、彻底地解释所在的这个宇宙”

1 Richard Feynman, QED: *The Strange Theory of Light and Matter* (Princeton: Princeton University Press, 1985), p. 4.

2 Stephen W. Hawking, *A Brief History of Time: From the Big Bang to Black Holes* (New York: Bantam Books, 1988), p. 9.

3 Ibid.

4 *Professor Hawking's Universe*, BBC broadcast, 1983.

5 Hawking, *Brief History of Time*, p. 174.

6 John A. Wheeler, unpublished poem.

7 Feynman, p. 128.

8 Stephen W. Hawking, 'Is the End in Sight for Theoretical Physics?', inaugural lecture as Lucasian Professor of Mathematics, Apri1 1980.

9 Stephen W. Hawking, 'Is Everything Determined?', unpublished, 1990.

10 Bryan Appleyard, 'Master of the Universe: Will Stephen Hawking Live to Find the Secret?', *Sunday Times,* 19 June 1988.

11 Murray Gell-Mann, lecture.

第3章　“等于任何结果”

1 Stephen Hawking (ed., prepared by Gene Stone), A Brief History of Time: *A Reader's Companion, New York and London*: Bantam Books, 1992, p. 24.

2 Except where otherwise noted, all quotations in Chapter 3 come from two unpublished articles by Stephen Hawking, 'A Short History' and 'My Experience with Motor Neurone Disease'.

3 Hawking interview with Larry King.

4 Kristine Larsen, *Stephen Hawking: A Biography,* Amherst, NY: Prometheus Books, 2007, p. 22.

5 Nigel Hawkes, 'Hawking's Blockbuster Sets a Timely Record', *Sunday Times*, May 1988, p. 8.

6 Hawking, *Reader's Companion*, p. 4.

7 Ibid.

8 Ibid., p. 9.

9 Ibid., p. 10.

10 Ibid., p. 13.

11 Ibid.

12 Ibid., p. 12.

13 Larsen, p. 22.

14 All quotations from Isobel Hawking, in Hawking, *Reader's Companion*, pp. 7, 8.

15 Hawking, *Reader's Companion*, p. 12.

16 Jane Hawking, *Music to Move the Stars: A Life with Stephen Hawking*, London: Pan Books, 2000, p. 9.

17 Information about Majorca visit is from Larsen, p. 24.

18 Hawking, *Reader's Companion*, p. 23.

19 Ibid., p. 13.

20 Stephen Hawking, *Black Holes and Baby Universes and Other Essays*, London: Bantam Books, 1994, p. 3.

21 Melissa McDaniel, *Stephen Hawking: Revolutionary Physicist,* New York: Chelsea House Publications, 1994, p. 28.

22 Hawking, *Black Holes and Baby Universes*, p. 3.

23 Judy Bachrach, 'A Beautiful Mind, an Ugly Possibility', *Vanity Fair,* June 2004, p. 145.

24 Larsen, pp. 25–26.

25 Michael Harwood, 'The Universe and Dr. Hawking', *The New York Times Magazine*, 23 January 1983, p. 57.

26 Hawking, *Black Holes and Baby Universes*, p. 46.

27 Hawking, *Reader's Companion*, p. 38.

28 Ibid., p. 36.

29 Ibid., p. 42.

30 Harwood, 'Universe and Dr. Hawking', p. 57.

31 Hawking, *Reader's Companion*, p. 38.

32 Ibid., p. 39.

33 Harwood, p. 57.

34 Ibid.

35 Gregg J. Donaldson, 'The Man behind the Scientist', *Tapping Technology*, May 1999, www.mdtap.org/tt/1999.05/1-art.html.

36 Larsen, p. 34.

37 Jane Hawking, *Music to Move the Stars*, p. 11.

38 Jane Hawking, *Travelling to Infinity,* London: Alma Books, 2008, p. 15.

第4章　“意识到我得了绝症，可能只有几年的寿命，还是有点吃惊的”

1 Stephen Hawking and Roger Penrose, *The Nature of Space and Time*, Princeton and Oxford: Princeton University Press, 1996, p. 75.

2 Larsen, p. 39.

3 Denis W. Sciama, *The Unity of the Universe*, Garden City, NJ: Doubleday and Company, 1961, p. vii.

4 Stephen Hawking, 'Sixty Years in a Nutshell', in G. W. Gibbons, E. P. S. Shellard and S. J. Rankin (eds.), T*he Future of Theoretical Physics and Cosmology: Celebrating Stephen Hawking's Contributions to Physics*, Cambridge: Cambridge University Press, 2003, (Stephen Hawking 60th Birthday Workshop and Symposium, January 2002), p. 106.

5 Hawking, *Reader's Companion*, p. 50.

6 For information about Stephen and Jane Hawking's courtship I have relied on Jane Hawking, *Music to Move the Stars and Travelling to Infinity*, and on Hawking, 'Short History'.

7 Jane Hawking, *Music to Move the Stars,* p. 17.

8 Ibid.

9 Ibid., p. 23.

10 Ibid., p. 25.

11 Ibid., p. 26.

12 Ibid., p. 29.

13 Ibid.

14 Hawking, *Brief History of Time*, p. 49.

15 Hawking, *Reader's Companion,* p. 53.

16 Jane Hawking, *Music to Move the Stars*, p. 43.

17 Veash, Nicole Tuesday, 'Ex-Wife's Kiss-and-Tell Paints Hawking as Tyrant',

Indian Express, Bombay, 3 August 1999, p.1.

18 Jane Hawking, *Travelling to Infinity*, p. 43.

19 Ibid., p. 44.

20 Ibid.

21 *Master of the Universe: Stephen Hawking*, BBC, broadcast 1989.

22 Appleyard.

23 Jane Hawking, personal interview with the author, Cambridge, April 1991.

24 Larsen, p. 45.

25 Ibid., pp. 45–46.

26 Jane Hawking, *Travelling to Infinity*, p. 56.

27 ABC, *20/20*, broadcast 1989.

28 Jane Hawking, *Music to Move the Stars*, p. 68.

第5章　“最重要的问题是，究竟有没有开端？”

1 Hawking, 'Short History', p. 5.

2 Jane Hawking, *Music to Move the Stars* (rev. edn, 2004), p. 80.

3 Larsen, p. 52.

4 Hawking, Jane, *Music to Move the Stars* (rev. edn), p. 91.

5 BBC, *Horizon*, 'The Hawking Paradox', 2005.

6 Jane Hawking, *Music to Move the Stars* (rev. edn), pp. 113–114.

7 ABC, *20/20*.

8 Bob Sipchen, 'The Sky No Limit in the Career of Stephen Hawking', *West Australian*, 16 June 1990.

9 Appleyard.

10 John Boslough, *Beyond the Black Hole: Stephen Hawking's Universe,* Glasgow: Fontana/Collins, 1984, p. 107.

11 Hawking, 'Short History', p. 34.

12 BBC, *Horizon*: 'The Hawking Paradox'.

13 Bryce S. DeWitt, 'Quantum Gravity', *Scientific American*, vol.249, no. 6 (December 1983), p. 114.

14 S. W. Hawking, 'Black Holes in General Relativity', *Communications in Mathematical Physics* 25 (1972), pp. 152–166.

第6章　“我们的过去有一个奇点”

1 Larsen, p. 54.

2 Hawking, 'Sixty Years in a Nutshell', p. 111.

3 Hawking, *Brief History of Time*, p. 42.

4 Stephen W. Hawking, Ph. D. thesis, University of Cambridge, March 1966.

5 S. W. Hawking and R. Penrose, 'The Singularities of Gravitational Collapse and Cosmology', *Proceedings of the Royal Society of London* A314 (1970), pp. 529–548.

6 BBC, *Horizon*, 'The Hawking Paradox'.

7 Hawking, *Brief History of Time*, p. 103.

8 Larsen, p. 57.

9 S. W. Hawking, 'Gravitational Radiation from Colliding Black Holes', *Physics Review Letters* 26 (1971), pp. 1344–1346.

10 Jacob D. Bekenstein, 'Black Hole Thermodynamics', *Physics Today,* January 1980, pp. 24–26.

11 Kip Thorne, *Black Holes and Time Warps*, New York: W. W. Norton and Company, 1994, p. 427.

12 J. M Bardeen, B. Carter and S. W. Hawking, 'The Four Lawsof Black Hole Mechanics', *Communications in Mathematical Physics* 31 (1973), p. 162.

13 Hawking, *Brief History of Time*, p. vi.

14 Ibid., p. 105.

15 Stephen Hawking, personal interview with author, Cambridge, December 1989.

16 Hawking, *Brief History of Time*, p. 108.

17 Dennis Overbye, 'The Wizard of Space and Time', *Omni,* February 1979, p. 106.

18 Hawking, *Reader's Companion*, pp. 93–94.

19 Boslough, p. 70.

20 Stephen Hawking, 'Black Hole Explosions?', *Nature* 248 (1974), pp. 30–31.

21 J. G. Taylor and P. C. W. Davies, paper in *Nature* 248 (1974).

22 Hawking, *Reader's Companion*, p. 108.

23 Boslough, p. 70.

24 Bernard Carr, 'Primordial Black Holes', in Gibbons, Shellard and Rankin (eds.), p. 236.

25 Hawking, *Reader's Companion*, p. 110.

26 Stephen Hawking, *Hawking on the Big Bang and Black Holes,*Singapore: World Scientific, 1993, p. 3.

27 J. B Hartle and S. W. Hawking, 'Path-Integral Derivation of Black Hole Radiance', *Physical Review* D13 (1976), pp. 2188–2203.

第二部分　1970—1990年

第7章　“这些人肯定以为我们习惯了天文水平的生活”

1 Thorne, *Black Holes and Time Warps*, p. 420.

2 Gerald Jonas, ‘A Brief History’, *The New Yorker*, 18 April 1988, p. 31.

3 E-mail correspondence: Jane Hawking to Alex Gallenzi, 24 February 2012.

4 Ellen Walton, ‘Brief History of Hard Times’ (interview with Jane Hawking), *Guardian*, 9 August 1989.

5 Ibid.

6 Ibid.

7 Jane Hawking, personal interview with author, Cambridge, April 1991.

8 Ibid.

9 Harwood, p. 58.

10 Jane Hawking, *Music to Move the Stars*, p. 88.

11 Ibid., p. 178.

12 *Master of the Universe*, BBC.

13 ABC, *20/20*.

14 Harwood, p. 53.

15 *Master of the Universe*, BBC.

16 ‘Hawking Gets Personal’, *Time*, 27 September 1993, p. 80.

17 *Master of the Universe*, BBC.

18 Ibid.

19 Ibid.

20 Ibid.

21 Robert Matthews, ‘Stephen Hawking Fears Prejudice against Fundamental Research Threatens the Future of Science in Britain’, *CAM: The University of Cambridge Alumni Magazine*, Michaelmas Term, 1995, p. 12.

22 Harwood, p. 58.

23 Information about the lead-up to the Hawkings’ year in California, including the choice and preparation of the West Road house and the decision to have graduate or postgraduate students live in to help Stephen, is available in S. W. Hawking, ‘In His Own Words: On Disability’, *Abilities*, Fall 2010, p. 35; Jane Hawking, *Music* pp. 233–236, 242–245, 273, 275; S. W. Hawking, *Black Holes and Baby Universes*, pp. 24, 25, 168;S. W. Hawking, *Readers Companion*, p. 113; S. W. Hawking,‘My Experience with Motor Neurone Disease’, p. 3; Larsen, p. 69; White and Gribbin, pp. 166, 169–171; and the

author's experience of student/faculty housing in Cambridge.

24 Except where otherwise indicated, the information in these paragraphs about the Hawking family's experiences in Pasadena, California, comes from Jane Hawking, *Music to Move the Stars*, pp. 249ff.

25 Jane Hawking, *Travelling to Infinity*, p. 222.

26 D. N. Page and S. W. Hawking, 'Gamma Rays from Primordial Black Holes', *Astrophysical Journal* 206 (1976), pp.1–7.

27 Hartle and Hawking, 'Path-Integral Derivation', p. 2188.

28 Faye Flam, 'Plugging a Cosmic Information Leak', *Science* 259(1993), p. 1824.

29 Jane Hawking, *Travelling to Infinity*, p. 232.

30 Ibid.

第8章 "科学家总是认为过去和未来、原因和结果之间存在独特的联系。没有了信息，这一联系也就不存在了"

1 Information about the electric wheelchair is in Boslough, p. 23; Larsen, p. 74; Jane Hawking, *Music*, pp. 284–285.Information about S. H.'s journey to his office comes from the author's knowledge of Cambridge and the routes through King's College; photographs of him making the journey; the Horizon 1983 broadcast; *Professor Hawking's Universe*; White and Gribbin, pp. 172–173; and Jane Hawking, *Music*, p. 85.

2 Information about the hiring of Judy Fella and her great value to Hawking and Jane Hawking is to be found in Larsen, pp. 74, 75, 88; and in more detail in Jane Hawking, Music pp. 281, 382–383. See also the extraordinary note of thanks to Fella in G. W. Gibbons, Stephen W. Hawking, S. T. C. Siklos, 'Superspace and Supergravity: Proceedings of the Nuffield Workshop, Nuffield Foundation, 1981 and 1985'. For Jane's taking up her thesis again see Larsen p. 74, and Jane Hawking, *Music* pp. 287 ff, where she discusses her work in detail. For Jane's beginning her voice training, see *Music*, p. 292 and Larsen pp. 74–75.

3 Nigel Farndale, 'A Brief History of the Future', *Sydney Morning Herald*, 7 January 2000.

4 See Larsen, pp. 76, 77; and Lisa Sewards, 'A Brief History of Our Time Together', *Daily Telegraph*, 27 April 2002. Jane Hawking has written in detail about Jonathan Hellyer Jones's increasingly important and supportive role in the family in *Travelling to Infinity*, pp. 280–285.

5 Jane Hawking, *Travelling to Infinity*, p. 285.

6 Sewards, quoted in Larsen, p. 96.

7 Information in this paragraph can be found in Larsen, p. 96, Sewards; Jane Hawking, *Travelling to Infinity*, pp. 284–285, and comes also from e-mail correspondence between author and Jane Hawking, June and July 2011.

8 Larsen, p. 78; Jane Hawking, *Music* pp. 357–359.

9 S. W. Hawking and W. Israel (eds.), *General Relativity,* Cambridge: Cambridge University Press, 1979, p. xvi.

10 Hawking, *Reader's Companion,* pp. 151–152.

11 See Larsen p. 81; Jane Hawking, *Music*, p. 377. The change to limited home nursing is also mentioned in S. W. Hawking 'My Experience with Motor Neurone Disease', p. 3.

12 Jane Hawking, *Music to Move the Stars*, pp. 410–412.

13 Ellen Walton, 'A Brief History of Hard Times', the *Guardian,* 9 August 1989.

14 *Master of the Universe*, BBC.

15 Dennis Overbye, 'Cracking the Cosmic Code with a Little Help from Dr. Hawking', *The New York Times*, 11 December 2001.

16 Kip Thorne in Hawking, *Reader's Companion*, p. 120.

17 Story comes from Leonard Susskind, *The Black Hole War*, New York, Boston and London: Back Bay Books, 2008, pp. 20–21.

18 Ibid., pp. 17–18.

19 Andrei Linde, 'Inflationary Theory versus the Ekpyrotic/Cyclic Scenario', in Gibbons, Shellard and Rankin (eds.), p. 801.

20 BBC, *Horizon*, 'The Hawking Paradox'.

21 Tim Folger, 'The Ultimate Vanishing Act', *Discover,* October 1993, p. 100.

22 This example is paraphrased, with some modifications, from ibid.

23 BBC, *Horizon*, 'The Hawking Paradox'.

24 'Out of a Black Hole', lecture at Caltech, 9 April 2008.

25 Ibid.

26 'Out of a Black Hole', lecture.

27 BBC, *Horizon*, 'The Hawking Paradox'.

28 Leonard Susskind, *Black Hole War,* p. 340.

第9章　“宇宙能孕育我们这样的生命，概率真的微乎其微”

1 Boslough, p. 100.

2 Ibid.

3 Ibid., p. 101.

4 Ibid., p. 105.

5 Hawking, *Brief History of Time*, p. 133.

6 S. W. Hawking and G. F. R. Ellis, 'The Cosmic Black-Body Radiation and the Existence of Singularities in our Universe', *Astrophysical Journal 152* (1968), pp. 25–36.

7 Hawking, *Brief History of Time*, pp. 71–72.

8 Ibid., pp. 132–133.

9 Except where otherwise noted, the paragraphs about Andrei Linde and his inflation theory are based on Linde, 'Inflationary Theory', in Gibbons, Shellard and Rankin (eds.), pp. 801–802.

10 Ibid., p. 802.

11 Ibid.

12 Ibid.

13 Ibid.

14 Hawking talks about this in *Brief History of Time*, p. 131.

15 A. D. Linde, 'A New Inflationary Universe Scenario: A Possible Solution of the Horizon, Flatness, Homogeneity, Isotropy, and Primordial Monopole Problems', *Physics Letters* B108 (1982), pp. 389–393.

16 S. W. Hawking and I. G. Moss, 'Supercooled Phase Transitions in the Very Early Universe', *Physics Letters* B110 (1982), p. 35.

17 S. W. Hawking, 'The Development of Irregularities in a Single Bubble Inflationary Universe', *Physics Letters* B115(1982), pp. 295–297.

第10章　“我旅行了那么多次，还从未从世界的边缘掉下去”

1 Stephen W. Hawking, 'The Edge of Spacetime', in Paul C. W. Davies (ed.), *The New Physics*, Cambridge: Cambridge University Press, 1989, p. 67.

2 Ibid.

3 Ibid., p. 68.

4 Ibid.

5 Ibid.

6 Jerry Adler, Gerald Lubenow and Maggie Malone, 'Reading God's Mind', *Newsweek*, 13 June 1988, p. 59.

7 Hawking, 'Short History', unpublished, p. 6.

8 *Master of the Universe*, BBC.

9 Don N. Page, 'Hawking's Timely Story', *Nature*, 332, 21 April 1988, p. 743.

10 Hawking, *Brief History of Time*, p. 174.

11 Hawking, *Reader's Companion*, p. 122.

12 Ibid.

13 Andrei Linde, in an e-mail to the author, 21 March 2011.

14 John Barrow, *The Book of Universes*, London: The Bodley Head, 2011, p. 202.

15 Ibid., p. 205.

第11章 “下面是一个叠一个的乌龟”

1 Hawkes, p. 8.

2 Information about the travels that summer and the phone call to Switzerland comes from Jane Hawking, *Travelling to Infinity,* pp. 350, 357–359.

3 Private e-mail correspondence, Jane Hawking to Alex Gallenzi, 24 February 2012.

4 Walton.

5 Ibid.

6 Ibid.

7 Hawking, *Reader's Companion*, p. 155.

8 Matthews, p. 12.

9 Robert Crampton, 'Intelligence Test', *The Times Magazine*, 8 April 1995, p. 27.

10 Hawking, 'My Experience with Motor Neurone Disease', unpublished.

11 Jane Hawking, *Music to Move the Stars* (rev. edn), p. 443.

12 Bachrach, p. 149.

13 Hawking, *Reader's Companion*, p. 161.

14 Hawking, *Brief History of Time*, p. viii.

15 Hawking, *A Reader's Companion*, p. 154.

16 Stephen W. Hawking, 'A Brief History of *A Brief History*', *Popular Science*, August 1989, p. 70.

17 S. W. Hawking and W. Israel (eds.), 300 *Years of Gravitation*,Cambridge: Cambridge University Press, 1987.

18 Hawkes.

19 Hawking, 'Brief History of *A Brief History*', p. 72.

20 Hawking, *Reader's Companion*, p. viii.

21 Hawking, 'Brief History of *A Brief History*', p. 72.

22 Matthews, p. 12.

23 ABC, *20/20.*

第12章 “研究诞生初期的婴儿宇宙”

1 Walton.

2 ABC, *20/20.*

3 Ibid.

4 Ibid. and *Master of the Universe*, BBC.

5 ABC, *20/20.*

6 Quoted in Larsen, p. 82.

7 Hawkes, p. 8.

8 Walton.

9 ABC, *20/20.*

10 Crampton, p. 28.

11 Stephen Hawking personal interview with author, Cambridge, December 1989.

12 Ibid.

13 Ibid.

14 David H. Freedman, 'Maker of Worlds,' *Discover*, July 1990, p. 49.

15 M. Mitchell Waldrop, 'The Quantum Wave Function of the Universe', *Science*, 242, 2 December 1988, p. 1248.

16 Stephen Hawking, personal interview with author, Cambridge, June 1990.

17 Stephen W. Hawking, 'Black Holes and Their Children, Baby Universes', unpublished, p. 7.

18 Kip Thorne, 'Warping Spacetime', in Gibbons, Shellard and Rankin (eds.), pp. 102–103.

19 Information and quotations in this paragraph are from ibid.

20 Hawking, *Black Holes and Baby Universes*, p. 154.

21 Thorne, 'Warping Spacetime', p. 103.

第三部分　1990—2000年

第13章　"理论物理即将走到尽头了吗？"

1 ABC, *20/20* broadcast.

2 Bob Sipchen, 'The Sky No Limit in the Career of Stephen Hawking,' *The West Australian*, Perth, 16 June 1990.

3 *Master of the Universe*, BBC.

4 Appleyard.

5 Sipchen.

6 Hawking, *Brief History of Time*, p. 174.

7 M. Mitchell Waldrop, 'The Quantum Wave Function of the Universe,' *Science*, 242, 2 December 1988, p. 1250.

8 Hawking, *Brief History of Time*, p. 175.

9 *Master of the Universe*, BBC.

10 Biographical information about Errol Morris comes from Philip Gourevitch, 'Interviewing the Universe', *The New York Times Magazine*, 9 August 1992, http://www.errolmorris.com/content/profile/bhot_ gourevitch.html.

11 David Stevens, IMDb Mini Biography of Errol Morris,http:// www.imdb.com/name/nm0001554/bio.

12 Gourevitch.

13 Ibid.

14 Hawking, *Reader's Companion*, pp. viii–ix.

15 Gourevitch.

16 Bachrach, p. 149.

17 Gordon Freedman, 'Afterword', in Hawking, *Reader's Companion*, p. 182.

18 Gourevitch.

19 David Ansen, 'Off the Beaten Track', *Newsweek*, 21 September 1992, p. 50B.

20 Richard Schickel, 'The Thrust of His Thought', *Time*, 31 August 1992, pp. 66, 69.

21 The three quotations from Errol Morris are from Gourevitch.

第14章 “在拍戏的间隙我喜欢解决物理问题”

1 Andrei Linde, 'The Self-Reproducing Inflationary Universe', *Scientific American*, November 1994, p. 48.

2 Barrow, p. 231.

3 Linde, 'Inflationary Theory' in Gibbons, Shellard and Rankin (eds.), p. 811.

4 David Gross, 'String Theory', in Gibbons, Shellard and Rankin (eds.), p. 465.

5 Information about *The Voyage* comes from Edward Rothstein,'Glass on Columbus, Hip on a Grand Scale', *International Herald Tribune*, 15 October 1992; and Katrine Ames, 'Santa Maria and Spaceships', *Newsweek*, 2 November 1992.

6 The information in the paragraphs about Hawking's appearance on *Star Trek* comes from 'Trek Stop', *People Magazine*, 28 June 1993, pp. 81–82.

7 Ibid., p. 81.

8 Ibid., p. 82.

9 Ibid.

10 Ibid., p. 81.

11 Stephen Hawking, *The Universe in a Nutshell*, New York and London: Bantam Books, 2001, p. 157.

12 Information in this paragraph about Hawking's appearance before an audience of

disabled teenagers comes from Michael D. Lemonick, 'Hawking Gets Personal', *Time*, 27 September 1993, p. 80.

13 Ibid.

14 Crampton, p. 28.

15 Sharon Begley and Jennifer Foote, 'Why Past is Past', *Newsweek*, 4 January 1993, p. 50.

16 The information in these paragraphs about computer viruses is from Fred Tasker, 'Deep Thinkers Abuzz over Idea of Computer Virus as Life', *Richmond Times–Dispatch*, 10 August 1994, p. 4; and Mike Snider, 'Are Computer Viruses a Form of Life?' U. S. A. *Today*, 3 August 1964, p. 1. The quotations from Hawking are from Tasker.

17 G. W. Gibbons and S. W. Hawking (eds.), *Euclidean Quantum Gravity*, Singapore: World Scientific Publishing Company, 1993.

18 Hawking, *Hawking on the Big Bang and Black Holes*, Singapore: World Scientific Publishing Company, 1993.

19 S. W. Hawking, 'The No-Boundary Proposal and the Arrow of Time', in J. J. Halliwell, J. Perez-Mercader and W. H. Zurek (eds.), *Physical Origins of Time Asymmetry*, Cambridge: Cambridge University Press, 1992, p. 268.

20 Begley and Foote, p. 50.

21 Hawking, *Brief History of Time*, p. 148.

22 Ibid., p. 149.

23 Don N. Page, 'Will Entropy Decrease If the Universe Recollapses', *Physical Review* D32 (1985), pp. 2496–2499.

24 Hawking, *Reader's Companion*, p. 166.

25 S. W. Hawking, 'The Arrow of Time in Cosmology', *Physical Review* D32 (1985), p. 2495.

26 Leonard Susskind, 'Twenty Years of Debate with Stephen', in Gibbons, Shellard and Rankin (eds.), p. 330.

27 Quoted in Dugald Murdoch, *Niels Bohr's Philosophy of Physics*, Cambridge: Cambridge University Press, 1987, p. 52.

28 Susskind, 'Twenty Years of Debate', p. 334.

29 Susskind, *Black Hole War*, p. 287.

第15章 "我认为我们很有希望避免世界末日和新黑暗时代的到来"

1 Crampton, pp. 27–28.

2 Both quotations from ibid.

3 The information in these paragraphs about the concert in Aspen is from Richard

Jerome, Vickie Bane and Terry Smith,'Of a Mind to Marry: Physicist Stephen Hawking Pops the Most Cosmic Question of All to His Nurse', *People Magazine*, 7 August 1995, p. 45–6.

4 Jerome, Bane and Smith, p. 45.

5 From the Associated Press, reported *in The New York Times*,16 September 1995, p. L-20.

6 Jerome, Bane, and Smith, p. 45.

7 Bachrach, p. 144.

8 Lemonick, p. 80.

9 Larsen, p. 123; Jane Hawking, *Music*, pp. 584–586. See also Adams 'Brief History of a First Wife'. 'My Life with StephenHawking', a lecture given at the Australian National University at Canberra, 10 March 2011, in which Jane Hawking discusses her reasons for writing her book and reads from it, can be viewed on line at http://www.abc.net.au/tv/bigideas/sotrie/201.

10 Hawking *Black Holes and Baby Universes*, p. 44.

11 Hawking and Penrose, *The Nature of Space and Time*, p. 4.

12 Stephen Hawking, conversation with author, spring of 1996.

13 Hawking and Penrose, *Nature of Space and Time*, p. 4.

14 See Kitty Ferguson, 'Devouring the Future: A Profile of Stephen Hawking', *Astronomy Magazine*, December 1998.

15 Grice; Jane Hawking, *Music* 588; Larsen, p. 151; correspondence Jane Hawking to Alexandro Gallenzi, 17 January 2012, and 24 February 2012.

16 Information on these wagers and naked singularities comes from Malcolm W. Browne, 'A Bet on a Cosmic Scale, and a Concession, Sort Of ', *The New York Times*, 12 February 1997, p. A-22.

17 Stephen Hawking and Roger Penrose, 'Afterword to the 2010 Edition: The Debate Continues', *The Nature of Space and Time*, Princeton and London: Princeton University Press, 2010, p. 139.

18 Ibid., p. 140.

19 Stephen Hawking, 'Remarks by Stephen Hawking', White House Millennium Council 2000, http://clinton4.nara.gov/ Initiative/Millennium/shawking.html.

20 Robin McKie, 'Master of the Universe', *Observer*, 21 October 2001.

21 Martin Durrani, 'Hawking Slams "Stupid, Worthless" Play', *Physics World*, August 2000, p. 8.

22 Elizabeth Grice, 'Dad's Important, But We Matter, Too,'*Telegraph*, 13 April 2004, http://www.telegraph.co.uk/arts/main.jhtml?xml+/arts/ 2004/04/13.bohawk13.xml.

23 M. Bucher, A. S. Goldhaber, and N. Turok, 'Open Universe from Inflation',

Physical Review D52 (1995), pp. 3314-3337.

24 S. W. Hawking and N. Turok, 'Open Inflation without FalseVacua', *Physics Letters B*425 (1998), pp. 25–32.

25 Neil Turok, quoted in 'All Things Came from a Pea', *+Plus Magazine... Living Mathematics*, University of Cambridge Centre for Mathematical Sciences Millennium Maths Project, 23 November 2007, http://web.uvic.ca/%7Ejtwong/Hawking-Turok.htm.

26 'All Things Came from a Pea'.

27 Tom Yulsman, 'Give Peas a Chance', *Astronomy Magazine,*September 1999, pp. 38–39.

28 Andrew Watson, 'Inflation Confronts an Open Universe', *Science* 279 (1998), p. 1455.

29 David Salisbury, 'Hawking, Linde Spar Over Birth of the Universe', *Stanford Report Online*, 19 April 1998, http://newsservice.stanford. edu/news/1998/april29/hawking. html.

30 Yulsman, p. 39.

31 Salisbury.

32 Yulsman, p. 38.

33 Ibid., p. 39.

34 Salisbury.

35 Ibid.

36 S. W. Hawking, 'A Debate on Open Inflation', in David O. Caldwell (ed.), *COSMO-98: Second International Workshop on Particle Physics and the Early Universe*, College Park, Md: American Institute of Physics, 1999, p. 21.

第16章　“在我看来很明显”

1 Stephen Hawking, interview with Larry King.

2 Kitty Ferguson, *The Music of Pythagoras*, New York: Walker Publishing, 2008, pp. 107 and 136.

第四部分　2000—2011年

第17章　“不断拓展的可能性”

1 Nigel Farndale, 'A Brief History of the Future', *The Hindu Magazine*, 15 January 2000, p. 1.

2 Nick Paton Walsh, 'Alter Our DNA or Robots Will Take Over, Warns Hawking', *Observer*, 2 September 2001.

3 Farndale, 'Brief History of the Future', *Sydney Morning Herald*, 7 January 2000, p. 2.

4 Ibid.

5 Ibid.

6 'Space Colonies Needed for Human Survival', *Guardian*, 16 October 2001, p. 3.

7 Brian Pippard, 'The Invincible Ignorance of Science', *The Great Ideas Today*, 1990, Encyclopaedia Britannica, Inc., p.325.

8 Gregory Benford, 'Leaping the Abyss', *Reason Online*, April 2002, http//reason.com/0204/fe.gb.leaping.shtml.

9 Hawking, *Universe in a Nutshell*, p. 57.

10 Stephen Hawking, 'Gödel and the End of Physics', lecture for Dirac Centennial Celebration, 20 July 2002.

11 Kip Thorne in Hawking, *Reader's Companion*, p. 120.

12 Hawking, 'Gödel and the End of Physics'.

13 Hawking, *Universe* in a Nutshell, p. 54.

14 Hawking, 'Sixty Years in a Nutshell', p. 106.

15 Martin Rees, 'Our Complex Cosmos and its Future', in Gibbons, Shellard and Rankin (eds.), p. 17.

16 Roger Penrose, 'The Problem of Spacetime Singularities: Implications for Quantum Gravity?', in Gibbons, Shellard and Rankin (eds.), p. 51.

17 Bernard Carr, who was Hawking's graduate assistant in the 1970s, 'Primordial Black Holes', in Gibbons, Shellard and Rankin (eds.), p. 236.

18 Susskind, 'Twenty Years of Debate', p. 330.

19 Raphael Bousso, 'Adventures in de Sitter Space', in Gibbons, Shellard and Rankin (eds.), p. 539.

20 Gary Gibbons, 'Euclidean Quantum Gravity: The View from 2002', in Gibbons, Shellard and Rankin (eds.), p. 370.

21 Michael Green, 'A Brief Description of String Theory', in Gibbons, Shellard and Rankin (eds.), p. 473.

22 Neil Turok, 'The Ekpyrotic Universe and Its CyclicExtension', in Gibbons, Shellard and Rankin (eds.), p. 781.

23 Thorne, 'Warping Spacetime', in Gibbons, Shellard and Rankin (eds.), p. 74.

24 Natalie Clarke, 'Professor Hawking in assault probe', *Daily Mail, January* 2004, http://www.dailymail.co.uk/news/article-206323/Professor-Hawking-assault-probe.html#ixzz1GNPJUR1q.

25 'Hawking Extols Joy of Discovery', *BBC News*, 11 January 2002.

26 Alan H. Guth and David I. Kaiser, 'Inflationary Cosmology: Exploring the Universe from the Smallest to the Largest Scales', *Science*, vol. 307, no. 5711 (11 February 2005), pp. 884–890.

27 Paul Preuse, 'Strong Evidence for Flat Universe reported byBOOMERANG Project', *Berkeley Lab Research News*, 26April 2000, http://www.lbl.gov/Science Articles/boomerang-flat.html, BOOMERANG stands for 'Balloon Observations of Millimetric Extragalactic Radiation and Geophysics'.

28 Barrow, p. 206.

29 NASA/WMAP Science Team, National Aeronautics and Space Administration, 'First Year Results on the Oldest Light in the Universe', 11 February 2003,http://wmap.gsfc.nasa.gov/news/PressRelease_03-064.html.

30 Sarah L. Bridle, Ofer Lahav, Jeremiah P. Ostriker and Paul J. Steinhardt, 'Precision Cosmology? Not Just Yet…', 10 March 2003, http://arxiv.org/pdf/astro-ph/0303180.

31 Ibid.

32 BBC, *Horizon*, 'The Hawking Paradox'.

33 'This Week's Finds in Mathematical Physics' (Week 207), 25 July 2004: 'John Baez's Stuff ', math.ucr.edu/home/baez/.

34 Susskind, *Black Hole War,* p. 420.

35 Ibid., p. 419.

36 BBC, *Horizon*, 'The Hawking Paradox'.

37 Jenny Hogan, 'Hawking Cracks Black Hole Paradox', *New Scientist*, 14 July 2004.

38 Stephen Hawking, 'Out of a Black Hole', Caltech lecture, 9 April 2008.

39 Stephen W. Hawking, paper at the 17th International Conference on General Relativity and Gravitation, Dublin, July 2004.

40 David Whitehouse, 'Black Holes Turned Inside Out', *BBC News*, 22 July 2004.

41 Tim Folger, 'Return of the Invisible Man', *Discover Magazine*, July/August 2009, p. 48.

42 Stephen Hawking, 'To Boldly Go', lecture for undergraduates at Caltech, 14 January 2005.

第18章　“外公有轮子了”

1 Tim Adams, 'Brief History of a First Wife', *Observer*, 4 April 2004, http://observer.guardian.co.uk/review/story/0,1185067,00.html.

2 'Stephen Hawking's Alternate Universe', video at the Smithsonian Institute, Washington, DC, 14 February 2005.

3 Ibid.

4 Stephen W. Hawking, lecture at the Smithsonian Institute, Washington, DC, 14 February 2005.

5 Ibid.

6 Associated Press, 'Scientist Stephen Hawking Decries Iraq War', *USA Today*, 3 November 2004.

7 Alan Boyle, 'The Show Goes On for Stephen Hawking', 15 June 2006, http://www.msnbc.msn.com/id/10086479 (nolonger accessible).

8 Steve Connor and Stephen Castle, 'Hawking Criticizes EU States Trying to Ban Stem Cell Research', *Independent*, 24 July 2006.

9 Lucy and Stephen Hawking, *George's Secret Key to the Universe*,London: Doubleday, 2007.

10 Alan Boyle, 'The Show Goes On for Stephen Hawking', MSNBC, 15 November 2005, http://www.msnbc.msn.com/ id/10086479.

11 'Hawking Humor', *Israel Today*, 28 January 2007, http://www.israeltoday.co.il.

12 'Stephen Hawking to divorce second wife', *Mail Online*, lastupdated 19 October 2006, http://www.dailymail.co.uk/news/article-411349/ Stephen-Hawking-divorce-secondwife.html#ixzz1GNl5y1yx.

13 Natalia Shuhmaher and Robert Brandenberger, 'Brane Gas- Driven Bulk Expansion as a Precursor State to Brane Inflation', *Physics Review Letters 96* (2006), 161301.

14 See W. Lerche, D. Lust and A. N. Schellekens, 'Chiral Four-Dimensional Heterotic Strings from Selfdual Lattices', *Nuclear Physics B*287 (1987), p. 477.

15 A. D. Linde, 'Eternally Existing Self-Reproducing Chaotic Inflationary Universe', *Physics Letters* B175 (1986), p. 395.

16 Juan Martín Maldacena, 'The Large N Limit of Superconformal Field Theories and Supergravity', November 1997, http://inspirebeta.net/ record/451647.

17 Hawking and Penrose, 'Afterword to the 2010 Edition', *Nature of Space and Time*, p. 142.

18 Stephen Hawking and Leonard Mlodinow, *The Grand Design,*London: Transworld, 2010, p. 118.

19 Tim Folger, 'Our Universe is Perfectly Tailored for Life, *Discover Magazine*, December 2008, http://discovermagazine.com/2008/dec/10-sciences-alternative-to-an-intelligentcreator/article_view?searchterm=Andrei%20Linde&b_start:int=1.

20 Mario Livio and Martin J. Rees, 'Anthropic Reasoning', *Science*, vol. 309, no. 5737 (12 August 2005), pp. 1022–1023.

21 Stephen Hawking, 'The Origins of the Universe', lecture at Caltech, 4 April 2006.

22 S. W. Hawking and Thomas Hertog, 'Populating the Landscape: A Top Down Approach', February 2006, http://inspirebeta.net/record/710178; and Amanda Gefter,'Mr.

Hawking's Flexiverse', *New Scientist* 189 (2006), no. 2548, pp. 28–32.

23 Emine Saner, 'Lucy Hawking's Fears', *Evening Standard* (London), 14 April 2004, http://www.thisislondon.co.uk/ showbiz/article-10226902-lucy-hawkings-fears.do (accessed June 2011).

24 Steve Cray, 'Rock-Star Welcome for Top Scientist', *South China Morning Post*, 13 June 2006, City section, p. 1.

25 Alexa Olesen, 'Stephen Hawking: Earth Could Become Like Venus', 22 June 2006, http://www.livescience.com/environment/ ap_060622_ hawking_climate.html.

26 Lucy and Stephen Hawking, *George's Secret Key to the Universe,*London: Doubleday, 2007; and Lucy and Stephen Hawking, *George's Cosmic Treasure Hunt*, London: Doubleday, 2009.

27 Q. and A.: Stephen Hawking and daughter Lucy, *TODAY, Al's Book Club*, 1 November 2007, http://today.msnbc.msn.com/id/21550559/ns/ today-books/(accessed June 2011).

28 Harry MacAdam, 'Search is Vital, Says Hawking', *Sun*, 28 December 2006.

29 Yahoo Searchblog, 1 August 2006, http://www.ysearchblog.com/archives/999336.html.

30 'Hawking Misrepresents Pope John Paul II', *Catalyst* 31 (2006), no. 6, http://www.catholicleague.org/catalyst/2006_catalyst/07806.htm#broward.

31 'Hawking Misrepresents Pope John Paul II', Catholic League for Religious and Civil Rights, http://www.catholicleague.org/catalyst.php?year= 2006&month=July-August&read=2078.

32 Alan Boyle, 'Hawking Goes Zero-G: "Space, here I come"', *Space on msnbc.com*, http://www.msnbc.msn.com/id/18334489/ns/technology_and_science-space/.

33 Ibid.

34 Ibid.

第19章 "我总是在走不寻常的路"

1 Information about 2008 results release and quotation come from NASA/WMAP Science Team, National Aeronautics and Space Administration, 'Fifth Year Results on the Oldest Light in the Universe', 7 March 2008.

2 M. Cruz, E. Martinez-Gonzalez, P. Vielva, J. M. Diego, M. Hobson, N. Turok, 'The CMB Cold Spot: Texture, Cluster or Void?', April 2008, http://inspirebeta.net/record/783713.

3 Mike Wade, 'Peter Higgs Launches Attack against Nobel Rival Stephen Hawking', *Sunday Times*, 11 September 2008, http://www.timesonline.co.uk/tol/news/science/

article4727894.ece.

4 'Hawking Bets CERN Mega-Machine Won't Find "God's Particle"', 9 September 2008, http://afp.google.com/article/ALeqM5jaOONGqv- xW-JhBOWgiNCVi6Rsmw.

5 Mike Wade, 'Peter Higgs Launches Attack Against Nobel Rival Stephen Hawking', *Sunday Times*, 11 September 2008.

6 'Hawking Bets CERN Mega-Machine Won't Find "God's Particle" '.

7 Stephen Hawking, 'Out of a Black Hole', lecture at Caltech, 9 April 2008.

8 Ian Sample, 'Large Hadron Collider Warms Up for Final Drive to Catch a Higgs Boson', *Guardian*, 26 February 2011, http://www.guardian.co.uk/ science/2011/feb/28/ largehadron-collider-higgs-boson.

9 Information about the Corpus clock comes from Christopher de Hamel, *The Corpus Clock*, Isle of Man, Fromanteel, 2008, and from the author's own observations of the clock.

10 Roger Highfield, 'Stephen Hawking to Unveil Strange New Way to Tell the Time', *Telegraph*, 14 September 2008.

11 BBC *Newsnight*, 1 October 2009, http://news.bbc.co.uk/1/hi/programmes/ newsnight/8285100.stm.

12 Matthews, p. 12.

13 Quoted in Folger, 'Return of the Invisible Man', p. 44.

14 Quotations and information in these paragraphs are from Stephen Hawking, 'Why We Should Go into Space', lecture at Caltech, 2009, video copyright, Caltech Digital Media Services (Information Management Systems and Services).

15 Claudia Dreifus, 'Life and the Cosmos, Word by Painstaking Word: A Conversation with Stephen Hawking', *The New York Times*, 9 May 2011, Science Section, p. 1.

16 'Stephen Hawking to Accept Cosmos Award in Cambridge, England', The Planetary Society, press release, 24 February 2010, http://www.planetary.org/about/press/ releases/ 2010/0224.

17 NASA/WMAP Science Team, National Aeronautics and Space Administration, 'WMAP Produces New Results', 26 January 2010, http://wmap.gsfc.nasa.gov/news/.

18 Adrian Cho, 'A Recipe for the Cosmos', *Science*, vol. 330, no. 6011 (17 December 2010), p. 1615.

19 'Planck's New View of the Cosmic Theatre', http://www.esa.int/SPECIALS/ Planck/SEMK4D3SNIG_0.html.

20 Ibid.

21 Ibid.

22 Alan H. Guth and David I. Kaiser, 'Inflationary Cosmology: Exploring the Universe from the Smallest to the Largest Scales', *Science*, vol. 307, no. 5711 (11 February 2005), pp.884–890.

23 Barrow, p. 212.

24 Lawrence M. Krauss, Scott Dodelson and Stephan Meyer,'Primordial Gravitational Waves and Cosmology', *Science,* vol.328, no. 5981 (21 May 2010), pp. 989–992.

25 'Catching Waves with Kip Thorne', *+Plus Magazine...Living Mathematics*, 23 November 2007.

26 Thorne, 'Warping Spacetime', p. 74.

27 James Bock, et al., 'Study of the Experimental Probe of Inflationary Cosmology Intermediate Mission for NASA's Einstein Inflation Probe', Cornell University Library website http://arXiv:0906.1188v1 [astro-ph.CO].

28 James Hartle, S. W. Hawking and T. Hertog, 'Eternal Inflation Without Metaphysics', http://arxiv.org/find/all/1/ all:+AND+inflation+AND+hawking+eternal/0/1/0/all/0/1, September 2010.

29 Ibid.

30 James Hartle, S. W. Hawking and Thomas Hertog, 'The No-Boundary Measure in the Regime of Eternal Inflation', *Physical Review* D82 (2010), 063510.

31 Ibid.

32 Hartle, Hawking and Hertog, 'Eternal Inflation Without Metaphysics'.

33 Folger, 'Our Universe is Perfectly Tailored for Life'.

34 Information about Daniele Faccio and his team comes from 'Dr. Hawking's Bright Idea', *The Economist*, 2 October 2010, pp. 93–94.

第20章　“我叫史蒂芬·霍金，物理学家、宇宙学家，也算是个梦想家”

1 Hawking and Mlodinow, *Grand Design*, p. 8.

2 Ibid.

3 Stephen Hawking, 'The Origins of the Universe', lecture at Caltech, 4 April 2006.

4 Hawking and Mlodinow, *Grand Design*, p. 72.

5 Ibid., p. 9.

6 Hawking, 'The Origins of the Universe', lecture.

7 Hawking and Mlodinow, *Grand Design*, p. 153.

8 Ibid., p. 30.

9 Ibid.

10 Ibid., p. 34.

11 Ibid., p. 32–33.

12 Ibid., p. 72.

13 Ibid., p. 46.

14 Ibid., p. 58.

15 Ibid., p. 178.

16 Ibid., p. 181.

17 'Understanding the Universe: Order of Creation', *The Economist*, 11 September 2010, p. 85.

18 Ibid.

19 Ibid.

20 Dwight Garner, 'Many Kinds of Universes, and None Require God', *The New York Times*, 7 September 2010.

21 Hawking and Mlodinow, *Grand Design*, p. 144.

22 Ibid., p. 172.

23 *Into the Universe with Stephen Hawking*, Discovery Channel, broadcast 2011.

24 Ibid.

25 Ibid.

26 Ibid.

27 Ibid.

28 Ibid.

29 Ibid.

30 Stephen Hawking, conversation with author, November 2010.

31 Ian Sample, ' "There is no heaven or afterlife . . . that is a fairy story for people afraid of the dark" ', *Guardian*, 16 May 2011, p. 3.

32 Michael Wenham, 'I'd stake my life that Stephen Hawking is wrong about heaven', *Guardian*, 17 May 2011, http://www.guardian.co.uk/commentisfree/belief/2011/may/17/stephen-hawking-heaven?intcmp=239.

33 Dreifus, Science Section, p. 1.

34 Hawking, *Reader's Companion*, p. 174.

35 Introduction to Hawking, *Hawking on the Big Bang and Black Holes*, p. 1.

第五部分　2012—2018年

第21章　"美丽的新世界啊……还有这么多美好的人！"

1 Catherine de Lange, 'The man who saves Stephen Hawking's voice', *New Scientist*, 30 December 2011, http://www.newscientist.com/article/dn21323-the-man-who-savesstephen-hawkings-voice.html#.Ul61Phb3A.

2 Bill Prady, 'Bill Prady', *Twitter*, 9 March 2012, https://twitter.com/billprady/status/178157048352088064.

3 Brian Greene, 'How the Higgs Particle was Found', *Smithsonian Magazine*, July 2013, http://www.smithsonianmag.com/sciencenature/how-the-higgs-boson-was-found-4723520/?no-ist.

4 Hélène Mialet, 'The Extended Body of Stephen Hawking',*Interdisciplinary Science Reviews,* vol. 37, 4, December 2012, also published as Chapter 2 *of Hawking Incorporated: Stephen Hawking and the Anthropology of the Knowing Subject*, Chicago: University of Chicago Press, 2012. Mialet described her research and paper as aiming 'to reconstruct the human, material and machine-based network that enables Hawking to do physics'.

5 Quoting from the University of Cambridge Faculty of Mathematics website: 'Cambridge students who take Part III in their fourth year will not receive a BA at the end of their third year but will receive a combined BA with MMath on successful conclusion of Part III. Students from outside Cambridge who do Part III as a nine month course will receive a "Master of Advanced Studies".' The website adds, with a nod to fashion: 'The degree hoods will be a rather fetching slate blue (for the MMath) and gold (for the MASt).'
6 Mialet, p. 6.

7 Christophe Galfard, quoted in Mialet, p. 360.

8 Galfard, quoted in Mialet, p. 363.

9 Kip Thorne, quoted in Mialet, p. 363.

10 See Jonathan Rosenhead, 'We Should Praise Hawking'sBoycott of Israeli Meeting', *New Scientist,* 12 June 2013, https://www.newscientist.com/article/mg21829210-200-we-should-praise-hawkings-boycott-of-israeli-meeting/.

11 Stephen Hawking, *My Brief History*, London: Bantam, 2013.

12 http://www.dailymail.co.uk/home/books/article-2418933/Oh-boy-Is-REALLY-Stephen-Hawking—MY-BRIEFHISTORY-BY-STEPHEN-HAWKING.html#ixzz2jPLhxXqj.

13 Stephen Hawking, *My Brief History*, p. 58. http://www.dailymail.co.uk/home/books/article-2418933/Oh-boy-Is-REALLY-Stephen-Hawking—MY-BRIEF-HISTORY-BYSTEPHEN-HAWKING.html#ixzz2jPLhxXqj.

14 Stephen Hawking's lecture at the opening of the Large Hadron Collider Exhibition at the London Science Museum, 12 November 2013.

15 Quotations in this paragraph are from Chris Elliott, 'Prof Stephen Hawking set for new Cambridge University honour after $6 million gift from Avery-Tsui Foundation', *Cambridge News*, 17 January 2014, http://www.cambridge-news.co.uk/ prof-stephen-hawking-set-new-cambridge-university-honourafter6-million-gift-averytsui-foundation/story-22365955-detail/story.html.

16 You can watch the talk online at http://online.kitp.ucsb.edu/online/fuzzorfire_m13/hawking/rm/jwvideo.html.

17 'Transcending Complacency on Superintelligent Machines,' a blog by Stephen Hawking, Max Tegmark, Stuart Russell and Frank Wilczek. huffingtonpost.com/Stephen-hawking/artificial-intelligence_b_5174265.html.

18 'Star Trek's Captain Kirk to Stephen Hawking: Fears of the "ultimate computer",' National Holistic Science & Spirit Examiner.com, June 20, 2014. http://www.examiner.com/ article/stephen-hawking-and-captain-kirk-fears-of-theultimate-computer-and-ai.

19 Alice Bonasio, 'Monty Python Cameo Confirms Stephen Hawking as Pop Culture's Ultimate Science Icon', *Huffington Post*, 3 July 2014, http://www.huffingtonpost.co.uk/alicebonasio/ monty-python-cameo-confir_b_5551270.html.

20 Professor Stephen Hawking ALS Ice Bucket Challenge(Official Video). https://www.youtube.com/watch?v=HZV_3n_fdQg.

21 Hawking's words at the grand finale of the Second Starmus Festival, Tenerife, 2014.

22 CNET Sci-Tech, 8 September, 2014.

23 'Stephen Hawking Says Higgs Boson Research Could Destroy The Universe' http://geekologie .com/2014/09/bring-itstephen-hawking-says-higgs-boso.php.

24 These paragraphs about the meta-stable universe are loosely paraphrased from Don Lincoln, 'Epic facepalm', *Fermilab Today*, 11 September, 2014, http://www.fnal.gov/pub/today/archive/archive_2014/today14-09-11_NutshellReadMore.html.

25 Stephen Hawking: "No hay ningún dios. Soy ateo", http://www.elmundo.es/ciencia /2014/09/21/541dbc12ca474104078b4577.html.

26 Tony Phillips, Screenwriter Anthony McCarten on "The Theory of Everything", 19 January 2015, http://www.signaturereads.com/2015/01/screenwriter-anthony-mccarten-thetheory-everything/.

27 Seth Fletcher interview with Andrew Strominger, 'StephenHawking's New Black-Hole Paper, Translated: An Interviewwith Co-Author Andrew Strominger,', *Scientific American*, 8 January 8, 2016, http://blogs.scientificamerican.com/darkstar-diaries/stephen-hawking-s-new-black-hole-paper-translated-an-interview-with-co-author-andrew-strominger/.

28 Lucy Hawking, 'Lucy Hawking reveals the other side of her father Stephen', http://www.radiotimes.com/news/2016-01-26/lucy-hawking-reveals-the-other-side-of-her-father-stephen This paragraph is based on the author's own memory of theevent and Lucy Hawking's article.

29 Fletcher interview with Strominger.

30 Author's conversation with Malcolm Perry, 3 March, 2016.

31 Fletcher interview with Strominger.

32 Transcripts of Hawking's two Reith Lectures are available online at www.bbc.com/news/science-environment-35354313 and www.bbc.com/news/science-

environment-35421439.

33 “MAJOR Discovery: scientists announce finding Gravitational Waves confirming Einstein’s theory,” https://ww.youtube.com/watch?v=n5ycv2yyng8.

34 Ian O’Neill, BBC interview, 16 February 2016. Hawking’s statement was also extensively quoted and reported at http://www.thehindu.com/sci-tech/science/scientists-spotelusive-spacetime-ripples/article8224711.ece.

35 Seth Fletcher, ‘Why You Should Be Excited about This Week’s Big LIGO Announcement’, *Scientific American Blog Network*, 9 February 2016, http://blogs.scientificamerican.com/darkstar-diaries/why-you-should-be-excited-about-this-week-sbig-ligo-announcement/.

36 “Hawking: Gravitational Waves Could Revolutionize Astronomy,” SPACE 16, 2016 01:26 PM ET. http://www.seeker.com/hawking-gravitational-waves-couldrevolutionize-astronomy -1770882019.html This website has excerpts from Hawking’s BBC interview two days after the discovery and gives access to the full interview. The quotation comes from the full interview.

37 For a thorough and very understandable report on the discovery, see http://www.nature.com/news/einstein-s-gravitationalwaves- found-at-last-1.19361.

38 Video released to coincide with the Varkey Foundation Global Teacher Prize, March 2016, https://www.tes.com/news/school-news/breaking-news/watch-professor-stephenhawking-praise-inspirational-maths-teacher The 2016 winner of the prize was Hanan Al Hroub from Palestine. See http://www.globalteacherprize.org/winner-2016.

39 For information about the game and download, see http://www.diegosanches.com/201177/8631981/portfolio/s cience-kombat.

40 Michelle Guanzon, ‘Stephen Hawking Gets 3 Million Followers On Chinese Social Media Weibo’, *China Christian Daily*, 28 April 2016.

41 http://www.scmp.com/news/china/society/article/1939464/stephen-hawking-weibo-fans-we -cant-tell-if-life-just-dream.

42 Tanya Blake, “Stephen Hawking announces$100m Starshot project to reach Alpha Centauri,” *Institution of Mechanical Engineers, Engineering News*, 13 April, 2016. http://www.imeche.org/news/news-article/stephen-hawking-announces-$100m-starshot-project-to-reach-alpha-centauri.

43 For a discussion of these challenges, see ‘Is Stephen Hawking’s “Starshot” Really Possible?’ *Forbes*, 15 April 2016, http://www.forbes.com/sites/startswithabang/2016/04/15/is-stephen-hawkings-starshot-really-possible/#22e0f355e56b.

44 Information for the paragraphs about Breakthrough Starshot comes from the article ‘Starchip Enterprise’, *The Economist*, 16 April 2016, http://www.economist.com/news/science-andtechnology/ 21696876-interstellar-travel-means-thinking-bot h-very-big-and-

very-small-new-plan; and Story Hinckley, 'Stephen Hawking proposes to hunt for aliens with a fleet of tiny spaceships', *The Christian Science Monitor*, 13 April 2016, http://www.csmonitor.com/Technology/2016/0413/Stephen-Hawking-proposes-to-hunt-for-aliens-with-a-fleet-of-tinyspaceships.

45 Quoted in Story Hinckley, 'Stephen Hawking proposes to hunt for aliens with a fleet of tiny spaceships', *The Christian Science Monitor*, 13 April 2016, http://www.csmonitor.com/Technology/2016/0413/Stephen-Hawking-proposes-tohunt-for-aliens-with-a-fleet-of-tiny-spaceships.

46 'Stephen Hawking launches medal for science communication,' http://home.bt.com/news /science-news/stephen-hawkinglaunches-medal-for-science-communication-11364029207032.

47'Stephen Hawking receives "first recognition" for galaxy formation research', *Cambridge News*, 23 May 2016.http://www.cambridge-news.co.uk/Stephen-Hawkingreceives-recognition-galaxy/story-29306749-detail/story.html#ixzz49Yl88CEuREFERENCES.

第22章 “活了这么久，做了这么久的理论物理研究，真的是我的荣幸”

1 Adam Albright-Hanna, 'Stephen Hawking Issues One Perfect Sentence On Donald Trump And His Supporters', *Magazine*,25 July 2016. https://www.good.is/articles/hawking-vs-trump (accessed 29 June 2018)

2 'Stephen Hawking: Greed, stupidity greatest threats to Earth', The Associated Press, 29 July 2016, http://torontosun.com/2016/06/29/stephen-hawking- greed-stupidity-greatest-threats-to-earth/wcm/340539a2-4af3-4f74-9283-420ca43deff3 (accessed 29 June 2018)

3 Stephen Hawking, 'Our attitude towards wealth played a crucial role in Brexit. We need a rethink', *The Guardian*, 29 July 29 2016, https://www.theguardian.com/commentisfree/2016/jul/29/stephen-hawking-brexit- wealth-resources (accessed June 29, 2018)

4 Scott Huver, '*Star Trek* Icons Celebrate 50 Years of Going Where No One Has Gone Before', *Movie News, TV News*, 31 July 2016, https://www.cbr.com/star-trek-icons-celebrate-50- years-of-going-where-no-one-has-gone-before/ (accessed June 29, 2018)

5 Author interview with William Shatner, 7 September 2018.

6 Author interview with William Shatner, 7 September 2018.

7 Christopher Intagliata, 'Model Black Hole Re-Creates Stephen Hawking Prediction', *Scientific American*, 17 August 2016, https://www.scientificamerican.com/podcast/episode/model-black-hole-re-creates-stephen- hawking-prediction/ (accessed June 30, 2018) And Jeff Steinhauer, 'Observation of quantum Hawking radiation and its entanglement in an analogue black hole', *Nature Physics*, 15 August 2016. https://www.nature.com/articles/nphys3863

(accessed June 30, 2018) And E-mail communication with Jeff Steinhauer, 30 June and 3 July 2018.

8 Author interview with Andrew Strominger, Harvard University, 9 July, 2018.

9 Alexa Erickson, 'Stephen Hawking Explains Why Human History Is "The History of Stupidity" ', 21 October 2016. https://www.collective-evolution.com/2016/10/21/stephen-hawking- explains-why-human-history-is-the-history-of-stupidity/ (accessed 2 July2018)

10 Scott Campbell, 'Stephen Hawking leads investigation into "alien megastructure" around distant star', *Cambridge News*, 27 October 2016. https://www.cambridge- news.co.uk/news/cambridge-news/stephen-hawking-leads-investigation-alien-12086124 (accessed 2 July 2018)

11 See Gemma Lavender, 'What is a Dyson Sphere?', on line at *Space Answers*, 1 July 2018, https://www.spaceanswers.com/futuretech/what-is-a-dyson-sphere/

12 Elana Glowatz, 'Genetically Engineered Virus Dangers: Why Does Stephen Hawking Think It Will Wipe Out Humanity?' *Medical Daily*, 17 November 2016, http://www.medicaldaily.com/genetically-engineered-virus-dangers-why-does-stephen- hawking-think-it-will-404595 (accessed 21 March 2018)

13 Danny Walker, 'Pride of Britain 2016 recap: Winners, awe-inspiring stories and highlights as Carol Vorderman hosts awards ceremony', *Mirror*, 1 November 2016, https://www.mirror.co.uk/tv/tv-news/pride-britain-2016-recap-winners-9174938 (accessed 3 July 2018)

14 Leon Lamb, 'Stephen Hawking and Other Scientists Praised by Pope Francis', *Science World Report,* 30 November 2018. https://www.scienceworldreport.com/articles/53260/20161130/stephen-hawking-and- other-scientists-applauded-by-pope-francis.htm (accessed 18 July 2018)

15 Stephen Hawking, 'This is the most dangerous time for our planet', *The Guardian,* 1 December 2018, https://www.theguardian.com/commentisfree/2016/dec/01/stephen-hawking-dangerous-time-planet-inequality (accessed 19 July 2018)

16 Feliks Garcia, 'NASA joins Breakthrough Starshot', *The Independent*, 10 December 2016.

17 Alexa Erickson, 'NASA & Stephen Hawking Teaming Up to Send a Tiny Ship to Alpha Centauri', *Collective Evolution*, 16 December 2016, https://www.collective- evolution.com/2016/12/16/nasa-stephen-hawking-teaming-up-to-send-a-tiny-ship-to-alpha- centauri/ (accessed 19 July 2018)

18 'Full braking at Alpha Centauri: Space travel visionaries solve the problem of interstellar slowdown at our stellar neighbour', *Max Planck Gesellschaft,* 1 February 2017, https://www.mpg.de/11019256/full-braking-at-alpha-centauri (accessed 20 July 2018)

19 Andrew White, 'Aura Curiatlas Physical Theatre's A LIFE WITH NO LIMITS

Celebrates Stephen Hawking', *Broadway World,* 1 March 2017, https://www.broadwayworld.com/author/Andrew-White (accessed 20 July 2018).

20 Aatif Sulleyman, 'Without a 'World Government,' Technology will Destroy Us, says Stephen Hawking', *The Independent*, 8 March 2017, https://www.independent.co.uk/life-style/gadgets-and-tech/news/stephen-hawking-world-government-stop-technology- destroy-humankind-th-a7618021.html (accessed 20 July 2018)

21 Rhenn Anthony Taguiam, 'Why Stephen Hawking Thinks a World Government Is the Solution to the Threat of AI Invasion', *Nature World News*, 3 April 2017. (This article refers to Hawking's interviews with the *Times of London,* but doesn't offer any links.) https://www.natureworldnews.com/articles/36967/20170403/why-stephen-hawking- thinks-a-world-government-is-the-solution-to-the-threat-of-ai-invation.htm

22 Sarah Marquart, 'Stephen Hawking is Going to Space', 20 March 2017, https://futurism.com/stephen-hawking-is-going-to-outer-space/ (accessed July 19, 2018)

23 'Renowned Physicist Stephen Hawking Becomes A Hologram, Warns Against Wilful Ignorance', *EconoTimes-Science*, 1 April 2017, http://www.econotimes.com/Renowned-Physicist-Stephen-Hawking-Becomes-A-Hologram-Warns-Against-Wilful-Ignorance-619821 (accessed 21 July 21 2018)

24 See https://www.telegraph.co.uk/news/2017/02/05/yorkshireman-motor-neurone-disease- losing-ability-speak-gets/. Also https://www.theguardian.com/society/shortcuts/2017/feb/06/local-accents-stephen- hawkings-voiceboxes-motor-neurone-disease

25 Jodi Guglielmi, 'Stephen Hawking Hilariously Auditions a Slew of A-List Stars to Find a New Voice', *People*, March 24, 2017, https://people.com/celebrity/stephen-hawking-auditions- stars-new-voice-red-nose-day/ (accessed 20 July 2018)

26 Taso, 'Stephen Hawking is reviewing audition tapes for a new voice', *The Weekly Observer,* 6 April 2017, http://theweeklyobserver.com/stephen-hawking-reviewing-audition-tapes-new-voice/13621/ (accessed 21 July 2018)

27 Robert Sanders, 'Breakthrough Listen to search for intelligent life around weird star', *Phys.org*, 26 October 2016, https://phys.org/news/2016-10-breakthrough-intelligent-life-weird-star.html (accessed 21 July 2018)

28 Ibid., and Bob Yirka, 'Preliminary results of Breakthrough Listen project released', *Phys.org*, 25 April 2017, https://phys.org/news/2017-04-preliminary-results-breakthrough.html (accessed 21 July 2018)

29 Alex Berezow, 'No, Stephen Hawking, We Won't Have To Abandon Earth In 100 Years', *American Council on Science and Health*, 4 May 2017, https://www.acsh.org/news/2017/05/04/no-stephen-hawking-we-wont-have-abandon- earth-100-years-11231 (accessed 22 July 2018)

30 See, for example, Eric Mack, 'Stephen Hawking Warns We Must Colonize Another

Planet Soon - Here's Why He's Wrong', *Forbes*, 3 May 2017. https://www.forbes.com/sites/ericmack/2017/05/03/stephen-hawking-mars-colony-moon- space-elon-musk/

31 Stoyan Zaimov, 'Top Vatican Astronomer Challenges Stephen Hawking's Atheistic Beliefs', *The Christian Post,* 9 May 2017.

32 Stoyan Zaimov, 'Christians Who Reject Science 'Can't Tell God How He Made the Universe,' Vatican Astronomer Says', *The Christian Post*, 14 March 2016. https://www.christianpost.com/news/catholic-church-vatican-science-god-universe- christians-creation-bible-young-earth-old-earh-159148/

33 'Creationism dismissed as 'a kind of paganism' by Vatican's astronomer', *The Scotsman*, 5 May 2006. https://www.scotsman.com/news/world/creationism-dismissed-as-a-kind-of-paganism-by-vatican-s-astronomer-1-1116595 (accessed 22 July 2018)

34 "Anna Ijjas, Abraham Loeb, and Paul Steinhardt, 'Pop Goes the Universe: The Latest Astrophysical Measurements, Combined with Theoretical Problems, Cast Doubt on the Long-Cherished Inflationary Theory of the Early Cosmos and Suggest We Need New Ideas', *Scientific American*, pp. 32-39, February 2017. https://www.cfa.harvard.edu/~loeb/sciam3.pdf

35 Ibid.

36 These two quotations are from 'A Cosmic Controversy', *Scientific American*, 10 May 2017, https://blogs.scientificamerican.com/observations/a-cosmic-controversy/ (accessed 22 July 2018)

37 See, for example, Penrose's lecfture for the Dynasty Foundation, 1 April 2013, at the Moscow Politechnical Museum, titled, 'Cycles of Time: Is It Possible to Discern the Previous Universe Through the Big Bang?' On youTube, https://www.youtube.com/watch?v=B-EpHQ7yl9c

38 Ibid.

39 Justice Man, 'Stephen Hawking & SETI renew 'clash' about intentions of intelligent aliens', at us.blastingnews.com, 31May 2017.

40 Ben Guarino, 'Stephen Hawking calls for a return to the moon as Earth's clock runs out', *The Washington Post*, 21June 2017.

41 'Andrew Strominger Breakthrough Prize in Fundamental Physics Laureate', 17 June 2017, https://www.youtube.com/watch?v=qZk2bhCk1R4

42 Videos of all the talks can be viewed at http://www.ctc.cam.ac.uk/activities/stephen75/programme.php

43 Dennis Campbell, 'Stephen Hawking blames Tory politicians for damaging NHS', *The Guardian*, 17 August 2017.

44 Ibid.

45 *National Geographic* YouTube - 14 Mar 2018 – Star Talk with Neil DeGrasse Tyson

and Stephen Hawking, Full Episode.

46 'Stephen Hawking's 'Breakthrough Listen' detects repeating fast radio bursts from dwarf galaxy 3 billion light years from Earth', breakthroughinitiatives.org, http://zeenews.india.com/science-environment/stephen-hawkings-breakthrough-listen- detects-repeating-fast-radio-bursts-from-dwarf-galaxy-3-billion-light-years-from-earth- 2038039.html (accessed 1 August 2018)

47 These two paragraphs are based on the author's interview and correspondence with David Morley, producer of "The Hexagonal Phase." See also *The British Comedy Guide* https://www.comedy.co.uk/radio/news/2956/stephen_hawking_in_h2g2/

48 Review in *The National*, September 16, 2017, http://www.thenational.scot/culture/15539042.TV_Review_of_the_Week Liar The_Sear ch_for_a_New_Earth/

49 Chelsea Gohd, 'Hawking's Institute Is Using a Supercomputer to Uncover the Nature of Space and Time', 30 November 2017, https://futurism.com/author/chelseagohd/

50 Mario L. Major, 'Stephen Hawking's Institute Will Use Supercomputers to Uncover Secrets of the Universe', *Interesting Engineering*, 4 December 2017, https://interestingengineering.com/stephen-hawkings-institute-will-use-supercomputers- to-uncover-secrets-of-the-universe (accessed 29 August 2018)

51 Jasmine Watkiss, 'RECAP: Stephen Hawking talks at the Cambridge Union', *The Cambridge News*, 12 November 2017. https://www.cambridge-news.co.uk/news/live-stephen-hawking-talks-cambridge-13933864 (accessed 29 August 2018)

52 Hannah Mirsky, 'Even Stephen Hawking was at the Mill Road Winter Fair', *Cambridge News*, 2 December 2017, https://www.cambridge-news.co.uk/news/cambridge-news/even-stephen-hawking-mill-road-13986280 (accessed 29 August 2018)

53 Author's conversation with Robert Donovan, September 2018.

54 'Stephen Hawking joins lawsuit aimed at foiling Hunt's NHS shake-up', *The Guardian*, 8 December 2017, https://www.theguardian.com/society/2017/dec/08/stephen-hawking-lawsuit-foiling-jeremy-hunt-nhs-shake-up (accessed 29 August 2018)

55 Steven Smith, 'Stephen Hawking's Keynote Speech at Sightsavers Event', *alivenewspaper*, 19 June 2018, http://alivenewspaper.com/2018/06/stephen-hawking-sightsavers/

56 'Stephen Hawking: Life of aModern Day Genius', *Interesting Engineering*, 26 May 2017, https://interestingengineering.com/stephen-hawking-life-modern-day-genius

57 Ibid.

58 Author interview with Thomas Hertog, 24 September 2018.

59 Quoted in Sarah Kaplan, 'One of Stephen Hawking's final scientific acts: Tackling the multiverse', *The Washington Post*, 3 May 2018. https://www.washingtonpost.com/news/speaking-of-science/wp/2018/05/03/one-of- stephen-hawkings-final-scientific-acts-tackling-the-

multiverse/?utm_term=.1b7a35858443 (accessed 25 August 2018)

60 'I opened a bottle with Stephen Hawking to celebrate our eureka moment', Thomas Hertog Interview, *Horizon: the EU Research and Innovation Magazine*, 3 May 2018, https://horizon-magazine.eu/article/i-opened-bottle-stephen-hawking-celebrate-our- eureka-moment-prof-thomas-hertog_en.html (accessed 27 August 2018)

61 Ibid.

62 Quoted in Sarah Kaplan, 'One of Stephen Hawking's final scientific acts: Tackling the multiverse', *The Washington Post*, 3 May 2018.

63 Author interview with Andrew Strominger, Cambridge, MA, 9 July 2018.

64 Wallis Snowdon, 'Hawking remembered: Edmonton family mourns loss of physicist and friend', CBC News, 15 March 2018, http://www.cbc.ca/news/canada/edmonton/stephen-hawking-edmonton-science-edmonton-prince-charles-1.4577991 (accessed 23 August 2018)

65 Quotations and information from author interview with Lama Nachman, 6 August 2018.

第23章　再见，史蒂芬·霍金

1 BBC Entertainment & Arts http://www.bbc.co.uk/news/entertainment-arts-44081183

2 Quoted in 'Hawking's ashes interred between graves of Newton and Darwin,' *The Boston Globe,* 16 June 2018.

3 Roger Penrose, 'Mind over Matter,' obituary of Stephen Hawking, *The Guardian*, 18 April 2018.

4 Paul Shellard. Video titled 'Stephen Hawking's Cambridge University Colleague Pays Tribute', *Daily Mail,* 4 March 2018.

5 Fay Dowker, after dinner speech at Gravity and Black Holes Conference dinner, Trinity College, Cambridge, 3 July 2017.

6 For example, in Kip Thorne's address at the service for the interment of Stephen Hawking's ashes at Westminster Abbey, 15 June 2018.

7 Roger Penrose, 'Mind over Matter,' obituary of Stephen Hawking, *The Guardian*, 18 April 2018.

8 Paul Shellard. Video titled "Stephen Hawking's Cambridge University Colleague Pays Tribute." *Daily Mail,* 14 March 2018.

9 Kip Thorne's address at the service for the interment of Stephen Hawking's ashes at Westminster Abbey, 15 June 2018.

推荐阅读

史蒂芬·霍金的所有非学术著作（文献引用中列出）《黑洞，婴儿宇宙及其他》及《时间简史续编》中关于他童年、读大学时期以及科研之外的生活的内容尤为有趣（包含自传性质的内容，还有来自亲朋的言论）。

简·霍金的两本回忆录：《音乐移动群星》与《驶向无限：我与史蒂芬的生活》。这两本回忆录对两人的生活进行了无比深入的描述。

露西·霍金与史蒂芬·霍金合著的童书“乔治的宇宙”系列，虽然均为虚构小说，但在非学术层面对史蒂芬·霍金最感兴趣的科学进行了精彩的科普。

克里斯廷·拉森的《史蒂芬·霍金传记》，优秀又精练，作者是科学家，从事研究的领域同史蒂芬·霍金相同，本书同样很适合非科研人员。

文　献

Adams, Tim, 'Brief History of a First Wife', *Observer,* 4 April 2004, http://observer.guardian.co.uk/review/story/0,1185067,00.html

Adler, Jerry, Gerald Lubenow and Maggie Malone, 'Reading God's Mind', Newsweek, 13 June 1988, p. 59

'All Things Came from a Pea', *+Plus Magazine … Living Mathematics,* University of Cambridge Centre for Mathematical Sciences Millennium Maths Project, 23 November 2007, http://web.uvic.ca/%7Ejtwong/ Hawking-Turok.ht

Ames, Katrine, 'Santa Maria and Spaceships', *Newsweek,* 2 November 1992

Ansen, David, 'Off the Beaten Track', *Newsweek*, 21 September 1992, p. 50B

Appleyard, Bryan, 'Master of the Universe: Will Stephen Hawking Live to Find the Secret?', *Sunday Times,* 19 June 1988

Associated Press, 'Scientist Stephen Hawking Decries Iraq War', *USA Today*, 3 November 2004

Bachrach, Judy, 'A Beautiful Mind, an Ugly Possibility', *Vanity Fair*, June 2004

Bardeen, J. M., B. Carter and S. W. Hawking, 'The Four Laws of Black Hole Mechanics', *Communications in Mathematical Physics* 31 (1973), p. 162

Barrow, John, *The Book of Universes,* London: The Bodley Head, 2011

BBC, *Horizon,* 'The Hawking Paradox', 2005

BBC, *Newsnight*, 1 October 2009, http://news.bbc.co.uk/1/hi/programmes/newsnight/8285100.stm

Begley, Sharon and Jennifer Foote, 'Why Past is Past', *Newsweek*, 4 January 1993, p. 50

Bekenstein, Jacob D, 'Black Hole Thermodynamics', *Physics Today*, January 1980, pp. 24–26

Benford, Gregory, 'Leaping the Abyss', *Reason Online*, April 2002, http//reason.com/0204/fe.gb.leaping.shtml

Bock, James, et al., 'Study of the Experimental Probe of Inflationary Cosmology Intermediate Mission for NASA's Einstein Inflation Probe', Cornell University Library website: arXiv: 0906. 1188v1 [astro-ph.CO]

Boslough, John, *Beyond the Black Hole: Stephen Hawking's Universe*, Glasgow: Fontana/ Collins, 1984

Bousso, Raphael, 'Adventures in de Sitter Space', in G. W. Gibbons, E. P. S. Shellard and S. J. Rankin (eds.), *The Future of Theoretical Physics and Cosmology: Celebrating Stephen Hawking's Contributions to Physics*, Cambridge: Cambridge University Press, 2003 (Stephen Hawking 60th Birthday Workshop and Symposium, January 2002), p. 539

Boyle, Alan, 'Hawking Goes Zero-G: "Space, here I come"', *Space on msnbc.com*, http:// www.msnbc.msn.com/id/18334489/ns/technology_ and_science-space/

—, 'The Show Goes On for Stephen Hawking', 15 June 2006, http://www.msnbc.msn. com/id/10086479 (no longer accessible)

Bridle, Sarah L., Ofer Lahav, Jeremiah P. Ostriker, Paul J. Steinhardt, 'Precision Cosmology? Not Just Yet ...', 10 March 2003, http://arxiv.org/pdf/astro-ph/0303180

Browne, Malcolm W., 'A Bet on a Cosmic Scale, and a Concession, Sort Of ', *The New York Times*, 12 February 1997, p. A-22

Bucher, M., A. S. Goldhaber and N. Turok, 'Open Universe from Inflation', *Physical Review* D52 (1995), pp. 3314–3337

Carr, Bernard, 'Primordial Black Holes', in G. W. Gibbons, E. P. S. Shellard and S. J. Rankin (eds.), *The Future of Theoretical Physics and Cosmology: Celebrating Stephen Hawking's Contributions to Physics,* Cambridge: Cambridge University Press, 2003 (Stephen Hawking 60th Birthday Workshop and Symposium,January 2002), p. 236

'Catching Waves with Kip Thorne', *+Plus Magazine ...Living Mathematics,* University of Cambridge Centre for Mathematical Sciences Millennium Maths Project, 23 November 2007, http: / /plus.maths.org / content / catching-waves-kip-thorne

Cho, Adrian, 'A Recipe for the Cosmos', *Science*, vol. 330, no. 6011 (17 December 2010), p. 1615

Clarke, Natalie, 'Professor Hawking in Assault Probe', *Daily Mail*, January 2004, p. 3

Connor, Steve and Stephen Castle, 'Hawking Criticizes EU States Trying to Ban Stem Cell Research', *Independent,* 24 July 2006, p. 14

Crampton, Robert, 'Intelligence Test', *The Times Magazine,* 8 April 1995, p. 27

Cray, Steve, 'Rock-Star Welcome for Top Scientist', *South China Morning Post*, 13 June 2006, City section, p. 1

Cruz, M., E. Martinez-Gonzalez, P. Vielva, J. M. Diego, M. Hobson and N. Turok, 'The CMB Cold Spot: Texture, Cluster or Void?', April 2008, http://inspirebeta.net/record/783713

de Hamel, Christopher, *The Corpus Clock*, Isle of Man: Fromanteel, 2008

DeWitt, Bryce S., 'Quantum Gravity', *Scientific American* 249 (6) (December 1983), p.

114

Donaldson, Gregg J., 'The Man behind the Scientist', *Tapping Technology*, May 1999, http://www.mdtap.org/tt/1999.05/1-art.html

'Dr. Hawking's Bright Idea', *The Economist*, 2 October 2010, pp. 93–94

Dreifus, Claudia, 'Life and the Cosmos, Word by Painstaking Word: A Conversation with Stephen Hawking', *The New York Times,* 9 May 2011, Science Section, p. 1

Durrani, Martin, 'Hawking Slams "Stupid, Worthless" Play', *Physics World,* August 2000, p. 8

Farndale, Nigel, 'A Brief History of the Future', *Sydney Morning Herald*, 7 January 2000

—, 'A Brief History of the Future', *The Hindu Magazine,* 15January 2000, p. 1

Ferguson, Kitty, 'Devouring the Future: A Profile of Stephen Hawking', *Astronomy Magazine*, December 1998

—, *The Music of Pythagoras*, New York: Walker Publishing, 2008. Published in Great Britain as *Pythagoras: His Lives and the Legacy of a Rational Universe*, London: Icon, 2010

Feynman, Richard, *QED: The Strange Theory of Light and Matter,* Princeton: Princeton University Press, 1985

Flam, Faye, 'Plugging a Cosmic Information Leak', *Science* 259 (1993), p. 1824

Folger, Tim, 'Our Universe is Perfectly Tailored for Life', *Discover Magazine,* December 2008, http://discovermagazine.com/ 2008/dec/10-sciences-alternative-to-an-intelligent-creator/article_view?searchterm=Andrei%20Linde&b_start:int=1

—, 'Return of the Invisible Man', *Discover Magazine,* July/August 2009, p. 44

—, 'The Ultimate Vanishing Act', *Discover Magazine,* October 1993, p. 100

Freedman, David H., 'Maker of Worlds', *Discover Magazine,* July 1990, p. 49

Garner, Dwight, 'Many Kinds of Universes, and None Require God', *The New York Times*, 7 September 2010

Gefter, Amanda, 'Mr. Hawking's Flexiverse', *New Scientist* 189, no. 2548 (2006), pp. 28–32

Gell-Mann, Murray, lecture

Gibbons, G. W. and S. W. Hawking (eds.), *Euclidean Quantum Gravity*, Singapore: World Scientific Publishing Company, 1993

Gibbons, Gary, 'Euclidean Quantum Gravity: The View from 2002', in G. W. Gibbons, E. P. S. Shellard and S. J. Rankin (eds.), *The Future of Theoretical Physics and Cosmology: Celebrating Stephen Hawking's Contributions to Physics*, Cambridge: Cambridge University Press, 2003 (Stephen Hawking 60th Birthday Workshop and Symposium, January 2002), p. 370

Gourevitch, Philip, 'Interviewing the Universe', *The New York Times Magazine*, 9 August 1992, http://www.errolmorris.com/ content/profile/bhot_gourevitch.html

Green, Michael, 'A Brief Description of String Theory', in G. W. Gibbons, E. P. S. Shellard and S. J. Rankin (eds.), *The Future of Theoretical Physics and Cosmology: Celebrating*

Stephen Hawking's Contributions to Physics, Cambridge: Cambridge University Press, 2003 (Stephen Hawking 60th Birthday Workshop and Symposium, January 2002), p. 473

Grice, Elizabeth, 'Dad's Important, But We Matter, Too', *Telegraph*, 13 April 2004, http://www.telegraph.co.uk/ arts/main.jhtml?xml+/arts/2004/04/ 13.bohawk13.xml

Gross, David, 'String Theory', in G. W. Gibbons, E. P. S. Shellard and S. J. Rankin (eds.), *The Future of Theoretical Physics and Cosmology: Celebrating Stephen Hawking's Contributions to Physics*, Cambridge: Cambridge University Press, 2003 (Stephen Hawking 60th Birthday Workshop and Symposium, January 2002), p. 465

Guth, Alan H. and David I. Kaiser, 'Inflationary Cosmology: Exploring the Universe from the Smallest to the Largest Scales', *Science,* vol. 307, no. 5711 (11 February 2005), pp. 884–890

Hartle, J. B. and S. W. Hawking, 'Path-Integral Derivation of Black Hole Radiance', Physical Review D13 (1976), pp. 2188–2203

Hartle, James, S. W. Hawking and Thomas Hertog, 'The No-Boundary Measure in the Regime of Eternal Inflation', *Physics Review* D82 (1 January 2010), 063510

—, 'Eternal Inflation without Metaphysics', http://arxiv.org/find/all/1/all:+AND+inflation +AND+hawking+eternal/0/1/0/all/0/1, September 2010

Harwood, Michael, 'The Universe and Dr. Hawking', *The New York Times Magazine*, 23 January 1983

Hawkes, Nigel, 'Hawking's Blockbuster Sets a Timely Record', *Sunday Times*, May 1988

Hawking, Jane, personal interview with author, Cambridge, April 1991

—, *Music to Move the Stars: A Life with Stephen Hawking*, London: Pan Books, 2000

—, *Music to Move the Stars: A Life with Stephen Hawking*, updated edition, 2004

—, *Travelling to Infinity: My Life with Stephen,* London: Alma Books, 2008. This book is a much expanded version of *Music to Move the Stars,* 1999

Hawking, Lucy and Stephen, *George's Cosmic Treasure Hunt*, London: Doubleday, 2007

—, *George's Secret Key to the Universe*, London: Doubleday, 2007

Hawking, S. W./Stephen/Stephen W.

— 'The Arrow of Time in Cosmology', *Physical Review* D32(1985), p. 2495

— 'Black Hole Explosions?' *Nature,* 248 (1974), pp. 30–31

— *Black Holes and Baby Universes and Other Essays,* London: Bantam Press, 1993

— 'Black Holes in General Relativity', *Communications in Mathematical Physics* 25 (1972), pp. 152–166

— 'A Brief History of A Brief History', *Popular Science*, August 1989, p. 70

— (ed., prepared by Gene Stone), *A Brief History of Time: A Reader's Companion*, New York and London: Bantam Books, 1992

— A Brief History of *Time: From the Big Bang to Black Holes*, London and New York: Bantam Books, 1988

— and G. F. R. Ellis, 'The Cosmic Black-Body Radiation and the Existence of Singularities in Our Universe', *Astrophysical Journal* 152 (1968), pp. 25–36

— 'A Debate on Open Inflation', in David O. Caldwell (ed.), *COSMO-98: Second International Workshop on Particle Physics and the Early Universe,* College Park, Md: American Institute of Physics, 1999, p. 21.

— 'The Development of Irregularities in a Single Bubble Inflationary Universe', *Physics Letters* B115 (1982), pp. 295–297

— 'The Edge of Spacetime', in Paul C. W. Davies (ed.), *The New Physics,* Cambridge: Cambridge University Press, 1989, p. 67

— and W. Israel (eds.), *General Relativity,* Cambridge: Cambridge University Press, 1979

— *The Grand Design*, with Leonard Mlodinow, London and New York: Bantam Books, 2010

— 'Gravitational Radiation from Colliding Black Holes', *Physics Review Letters* 26 (1971), pp. 1344–1346

— *Hawking on the Big Bang and Black Holes*, Singapore: World Scientific Publishing Company, 1993

— and Roger Penrose, *The Nature of Space and Time*, Princeton and Oxford: Princeton University Press, 1996, 2010

— 'The No-Boundary Proposal and the Arrow of Time', in J. J. Halliwell, J. Perez-Mercader and W. H. Zurek (eds.), *Physical Origins of Time Asymmetry*, Cambridge: Cambridge University Press, 1992, p. 268

— and N. Turok, 'Open Inflation without False Vacua', *Physics Letters* B425 (1998), pp. 25–32

— Ph. D. thesis, University of Cambridge, March 1966

— and Thomas Hertog, 'Populating the Landscape: A Top Down Approach', February 2006, http://inspirebeta.net/record/ 710178

— and R. Penrose, 'The Singularities of Gravitational Collapse and Cosmology', *Proceedings of the Royal Society of London* A314(1970), pp. 529–548

— 'Sixty Years in a Nutshell', in G. W. Gibbons, E. P. S. Shellard and S. J. Rankin (eds.), *The Future of Theoretical Physics and Cosmology: Celebrating Stephen Hawking's Contributions to Physics*, Cambridge: Cambridge University Press, 2003 (Stephen Hawking 60th Birthday Workshop and Symposium, January 2002), p. 106

— and I. G. Moss, 'Supercooled Phase Transitions in the Very Early Universe', *Physics Letters* B110 (1982), p. 35

— and W. Israel (eds.), *300 Years of Gravitation,* Cambridge: Cambridge University Press, 1987

— *The Universe in a Nutshell*, New York and London: Bantam Books, 2001

Lectures and papers

'Gödel and the End of Physics', lecture for Dirac Centennial Celebration, 20 July 2002

'Is the End in Sight for Theoretical Physics', inaugural lecture as Lucasian Professor of Mathematics, Apri1 1980

Lecture at the Smithsonian Institute, Washington, DC, 14 February 2005

'The Origins of the Universe', lecture at Caltech, 4 April 2006

'Out of a Black Hole', lecture at Caltech, 9 April 2008

Paper at the 17th International Conference on General Relativity and Gravitation, Dublin, July 2004

'Remarks by Stephen Hawking', White House Millennium Council 2000, http://clinton4.nara.gov/Initiative/Millennium/ shawking.html

'To Boldly Go', lecture for undergraduates at Caltech, 14 January 2005

'Why We Should Go into Space', lecture at Caltech, 2009, video copyright, Cal Tech Digital Media Services (InformationManagement Systems and Services)

Unpublished

'Black Holes and Their Children, Baby Universes'

'Is Everything Determined?', 1990

'Is the End in Sight for Theoretical Physics?'

'My Experience with Motor Neurone Disease'

'A Short History'

Personal interviews with author

Cambridge, December 1989; June 1990; November 2010

Conversation with author, spring 1996, October 2000

TV interviews

ABC, *20/20*, broadcast 1989

Interview with Larry King, *Larry King Live Weekend*, Cable News Network, 25 December 1999

'Hawking Bets CERN Mega-Machine Won't Find "God's Particle"', 9 September 2008, http://afp.google.com/article/ALeqM5jaOONGqv-xW-JhBOWgiNCVi6Rsmw

'Hawking Extols Joy of Discovery', *BBC News*, 11 January 2002

'Hawking Gets Personal', *Time*, 27 September 1993, p. 80

'Hawking Humor', *Israel Today*, 28 January 2007, http://www.israeltoday.co.il

'Hawking Misrepresents Pope John Paul II', *Catalyst* 31, no. 6 (2006) http://www.catholicleague.org/catalyst/2006_catalyst/07806.htm#broward

'Hawking Misrepresents Pope John Paul II', Catholic League for Religious and Civil Rights, http://www.catholicleague.org/catalyst.php?year= 2006&month=July-August&read=2078

Highfield, Roger, 'Stephen Hawking to Unveil Strange New Wayto Tell the Time', *Telegraph,* 14 September 2008

Hogan, Jenny, 'Hawking Cracks Black Hole Paradox', *New Scientist,* 14 July 2004

Into the Universe with Stephen Hawking, Discovery Channel, 2011 (title in Great Britain is Stephen Hawking's Universe, repeating the title of an earlier television special)

Jerome, Richard, Vickie Bane and Terry Smith, 'Of a Mind to Marry: Physicist Stephen Hawking Pops the Most Cosmic

Question of All to His Nurse', *People Magazine*, 7 August 1995, p. 45

Jonas, Gerald, 'A Brief History', *The New Yorker,* 18 April 1988, p. 31

Krauss, Lawrence M., Scott Dodelson and Stephan Meyer, 'Primordial Gravitational Waves and Cosmology', *Science*, vol. 328, no. 5981 (21 May 2010), pp. 989–992

Larsen, Kristine, *Stephen Hawking: A Biography,* Amherst, NY: Prometheus Books, 2007

Lemonick, Michael D., 'Hawking Gets Personal', *Time*, 27 September 1993, p. 80

Lerche, W., D. Lust and A. N. Schellekens, 'Chiral Four-Dimensional Heterotic Strings from Selfdual Lattices', *Nuclear Physics* B287 (1987), p. 477

Linde, A. D., 'Eternally Existing Self-Reproducing Chaotic Inflationary Universe', *Physics Letters,* B175 (1986), p. 395

—, 'A New Inflationary Universe Scenario: A Possible Solution of the Horizon, Flatness, Homogeneity, Isotropy, and Primordial Monopole Problems', *Physics Letters* B108 (1982), pp. 389–393

Linde, Andrei, 'Inflationary Theory versus the Ekpyrotic/Cyclic Scenario', in G. W. Gibbons, E. P. S. Shellard and S. J. Rankin (eds.), *The Future of Theoretical Physics and Cosmology: Celebrating Stephen Hawking's Contributions to Physics*, Cambridge: Cambridge University Press, 2003 (Stephen Hawking 60th Birthday Workshop and Symposium, January 2002), pp. 801–802

—, 'The Self-Reproducing Inflationary Universe', *Scientific American*, November 1994, pp. 48–55.

Livio, Mario and Martin J. Rees, 'Anthropic Reasoning', *Science*, vol. 309, no. 5737 (12 August 2005), pp. 1022–1023

MacAdam, Harry, 'Search is Vital, Says Hawking', *Sun*, 28 December 2006

Maldacena, Juan Martín, 'The Large N Limit of Superconformal Field Theories and Supergravity', November 1997, http://inspirebeta.net/record/451647

Master of the Universe: Stephen Hawking, BBC broadcast, 1989

Matthews, Robert, 'Stephen Hawking Fears Prejudice against Fundamental Research Threatens the Future of Science in Britain', CAM: The University of Cambridge Alumni

Magazine,Michaelmas Term, 1995, p. 12

McDaniel, Melissa, *Stephen Hawking: Revolutionary Physicist,* New York: Chelsea House Publications, 1994

McKie, Robin, 'Master of the Universe', *Observer,* 21 October 2001

Murdoch, Dugald, *Niels Bohr's Philosophy of Physics*, Cambridge: Cambridge University Press, 1987

NASA/WMAP Science Team, National Aeronautics and Space Adminis tration, 'First Year Results on the Oldest Light in the Universe', 11 February 2003, http://wmap.gsfc.nasa.gov/news/PressRelease_03-064.html

—, 'Fifth Year Results on the Oldest Light in the Universe', 7 March 2008

—, 'WMAP Produces New Results', 26 January 2010, http://wmap. gsfc.nasa.gov/news/

'No End of Universe Creation Theories', in *+Plus Magazine…Living Mathematics,* University of Cambridge Centre for Mathematical Sciences Millennium Maths Project, 23 November 2007, http://web.uvic.ca/ %7Ejtwong/Hartle- Hawking.html

Olesen, Alexa, 'Stephen Hawking: Earth Could Become Like Venus', 22 June 2006, http://www.livescience.com/environment/ap_060622_hawking_climate.html

Overbye, Dennis, 'Cracking the Cosmic Code with a Little Help from Dr. Hawking', *The New York Times*, 11 December 2001

—, 'The Wizard of Space and Time', *Omni*, February 1979, p. 106

Page, D. N. and S. W. Hawking, 'Gamma Rays from Primordial Black Holes', *Astrophysical Journal* 206 (1976), pp. 1–7.

Page, Don N., 'Hawking's Timely Story', *Nature* 332, 21 April 1988, p. 743

—, 'Will Entropy Decrease If the Universe Recollapses', *Physical Review* D32 (1985), pp. 2496–2499

Paton Walsh, Nick, 'Alter Our DNA or Robots Will Take Over, Warns Hawking', *Observer,* 2 September 2001

Penrose, Roger, 'The Problem of Spacetime Singularities: Implications for Quantum Gravity?', in G. W. Gibbons, E. P. S. Shellard and S. J. Rankin (eds.), *The Future of Theoretical Physics and Cosmology: Celebrating Stephen Hawking's Contributions to Physics*, Cambridge: Cambridge University Press, 2003 (Stephen Hawking 60th Birthday Workshop and Symposium, January2002), p. 51

Pippard, Brian, 'The Invincible Ignorance of Science', *The Great Ideas Today, 1990,* Encyclopaedia Britannica, Inc.

'Planck's New View of the Cosmic Theatre', http://www.esa.int/ SPECIALS/Planck/SEMK4D3SNIG_0.html

Preuse, Paul, 'Strong Evidence for Flat Universe reported by BOOMERANG Project', *Berkeley Lab Research News,* 26 April 2000, http://www.lbl.gov/ Science-Articles/boomerangflat. html

Professor Hawking's Universe, BBC broadcast, 1983

Rees, Martin, 'Our Complex Cosmos and Its Future', in G. W. Gibbons, E. P. S. Shellard and S. J. Rankin (eds.), *The Future of Theoretical Physics and Cosmology: Celebrating Stephen Hawking's Contributions to Physics*, Cambridge: Cambridge University Press, 2003 (Stephen Hawking 60th Birthday Workshop andSymposium, January 2002), p. 17

Rothstein, Edward, 'Glass on Columbus, Hip on a Grand Scale', *International Herald Tribune*, 15 October 1992

Salisbury, David, 'Hawking, Linde Spar Over Birth of the Universe', *Stanford Report Online*, 19 April 1998, http://newsservice.stanford.edu/news/ 1998/april29/hawking.html

Sample, Ian, 'Large Hadron Collider Warms Up for Final Drive to Catch a Higgs Boson', *Guardian*, 26 February 2011, http://www.guardian.co.uk/science/2011/feb/28/largehadron-collider-higgs-boson

—, ' "There is no heaven or afterlife…that is a fairy story for people afraid of the dark"', *Guardian*, 16 May 2011, p. 3, http://www.guardian.co.uk/science/2011/may/15/stephen-hawking-inter view-there-is-no-heaven?INTCMP=SRCH

Saner, Emine, 'Lucy Hawking's Fears', *Evening Standard* (London), 14 April 2004, http://www.thisislondon.co.uk/showbiz/article-10226902-lucy-hawkings-fears.do (accessed June 2011)Schickel, Richard, 'The Thrust of His Thought', Time, 31 August1992, pp. 66, 69

Sciama, Denis W., *The Unity of the Universe*, Garden City, NJ: Doubleday and Company, 1961

Shuhmaher, Natalia and Robert Brandenberger, 'Brane Gas-Driven Bulk Expansion as a Precursor State to Brane Inflation', *Physical Review Letters* 96 (2006), 161301

Sipchen, Bob, 'The Sky No Limit in the Career of StephenHawking', *West Australian*, 16 June 1990

Snider, Mike, 'Are computer viruses form of life?' *U. S. A. Today*, 3 August 1964, p. 1

'Space Colonies Needed for Human Survival', *Guardian*, 16 October 2001, p. 3.

'Stephen Hawking to Accept Cosmos Award in Cambridge, England', The Planetary Society, press release, 24 February 2010, http://www.planetary.org/about/press/releases/2010/0224

'Stephen Hawking to Divorce Second Wife', *Mail Online*, last updated 19 October 2006

'Stephen Hawking's Alternate Universe', video at the Smithsonian Institute, Washington, DC, 14 February 2005

Stevens, David, IMDb Mini Biography of Errol Morris, http://www. imdb.com/name/nm0001554/bio

Susskind, Leonard, *The Black Hole War: My Battle with Stephen Hawking to Make the World Safe for Quantum Mechanics*, New York, Boston and London: Back Bay Books, 2008

—, 'Twenty Years of Debate with Stephen', in G. W. Gibbons, E. P. S. Shellard and S. J. Rankin (eds.), *The Future of Theoretical Physics and Cosmology: Celebrating Stephen*

Hawking's Contribution to Physics, Cambridge: Cambridge University Press, 2003 (Stephen Hawking 60th Birthday Workshop and Symposium, January 2002), p. 330

Tasker, Fred, 'Deep Thinkers Abuzz Over Idea of Computer Virus as Life', *Richmond Times–Dispatch*, 10 August 1994, p. 4

Taylor, J. G. and P. C. W. Davies, paper in *Nature* 248 (1974)

'This Week's Finds in Mathematical Physics' (Week 207), 25 July 2003, website 'John Baez's Stuff ', math.ucr.edu/home/baez

Thorne, Kip, *Black Holes and Time Warps*, New York: W. W. Norton and Company, 1994

—, 'Warping Spacetime', in G. W. Gibbons, E. P. S. Shellard and S. J. Rankin (eds.), *The Future of Theoretical Physics and Cosmology: Celebrating Stephen Hawking's Contributions to Physics*, Cambridge: Cambridge University Press, 2003 (StephenHawking 60th Birthday Workshop and Symposium, January 2002); pp. 74–103

'Trek Stop', *People Magazine*, 28 June 1993, pp. 81–82

Turok, Neil, 'The Ekpyrotic Universe and Its Cyclic Extension', in G. W. Gibbons, E. P. S. Shellard and S. J. Rankin (eds.), *The Future of Theoretical Physics and Cosmology: Celebrating Stephen Hawking's Contributions to Physics*, Cambridge: Cambridge University Press, 2003 (Stephen Hawking 60th BirthdayWorkshop and Symposium, January 2002), p. 781

'Understanding the Universe: Order of Creation', *The Economist*, 11 September 2010, p. 85

Veash, Nicole Tuesday, 'Ex-Wife's Kiss-and-Tell Paints Hawking as Tyrant', *Indian Express*, Bombay, 3 August 1999

Wade, Mike, 'Peter Higgs Launches Attack against Nobel Rival Stephen Hawking', *Sunday Times*, 11 September 2008

Waldrop, M. Mitchell, 'The Quantum Wave Function of the Universe', *Science*, vol. 242 (2 December 1988), p. 1248

Walton, Ellen, 'Brief History of Hard Times' (interview with Jane Hawking), *Guardian*, 9 August 1989

Watson, Andrew, 'Inflation Confronts an Open Universe', *Science* 279 (1998), p. 1455

Wenham, Michael, 'I'd stake my life that Stephen Hawking is wrong about heaven', *Guardian*, 17 May 2011, www.guardian.co.uk/commentisfree/belief/2011/may/17/step hen-hawking-heaven?intcmp=239

Wheeler, John A., unpublished poem

Whitehouse, David, 'Black Holes Turned Inside Out', *BBC News*, 22 July 2004

Yahoo Searchblog, 1 August 2006, http://www.ysearchblog.com/archives/999336.html

Yulsman, Tom, 'Give Peas a Chance', *Astronomy Magazine*, September 1999, pp. 38–39

Stephen
Hawking

霍金语录

他坐在轮椅上，

却遨游到了宇宙最遥远、最陌生的地方。

01

我叫史蒂芬·霍金，

物理学家、宇宙学家，也算是个梦想家。

虽然我不能动，也只能通过电脑发声，

但在我心中，我是自由的。

02

意识到我得了绝症，可能只有几年的寿命，还是有点吃惊的。我怎么会遇上这样的事？为什么会突遭横祸？不过我在医院的时候，看到对床那个不太熟的男孩死于白血病，他的样子有点惨。显然还有比我情况更糟的人，至少我还没感觉自己病了。我一有惋惜自己的念头，就会想起那个男孩。

03

在确诊前，我觉得生活很无聊，好像没什么值得做的事。但是出院之后不久，我就梦见自己上了刑场。我突然意识到，如果我能获缓刑，那么我还有许多值得做的事。我还做了好几次牺牲自己拯救他人的梦。如果我无论如何都要死，还不如先做点好事。

04,

我没死。

尽管我知道自己的前景黯淡，

但我居然比过去更会享受生活了。

05

人要成熟起来才能意识到，

生活是不公平的。

你只能在自己所处的情境下，尽自己的全力。

06

我这辈子第一次努力。

我惊讶地发现自己还挺喜欢。

也许叫努力并不合适。

07

虽然我听着瓦格纳的歌剧，把自己想象成悲情英雄，还做了许多梦，经过一年，或者更久的抑郁……但是之后“我变得无比快乐”。

08,

物理，哪里都好，就是太冰冷。

如果只有物理，我是活不下去的。

我也像其他人一样，需要温暖，需要感情。

09

我不相信上帝，我的宇宙里容不下上帝。

10,

成名也不总是好事。名气显然帮我办成了不少事，也让我能帮助其他残障人士。但我走到哪儿都会有人注目。不管在哪儿，都有人认出我，走过来跟我说很喜欢我的书，能不能跟我合个影。他们这么热情，我很高兴，但有时候我也希望有自己的空间。

11

虽然在我克服身体残疾的路上，轮椅和计算机固然很重要，但更重要的是正确的精神状态。抱怨公众对残障人士的态度没有意义。残障人士要像黑人和女性一样，主动发声，改变社会对这一群体的看法。

12

一定要帮助残障的孩子融入同龄人，这能完善他们的自我认知。如果很小的时候就被孤立，怎么会认同自己人类的身份？被孤立也算是“种族”隔离。

13

说名人出行总是很难不引人注意，在我身上尤甚，

我戴上假发和墨镜都不够。

一看轮椅就露馅了。

14,

活了这么久，做了这么久的理论物理研究，真的是我的荣幸。过去40年来，我们对于宇宙的理解发生了很大的变化，如果我在其中有那么一点贡献，就很开心了。我希望跟大家分享自己的兴奋和热情。发现前人不曾了解的事物、突然顿悟的那一刻是无与伦比的，我不想跟性比较，但这种兴奋更持久。

15

也许科学发现，的确有更高级别的存在，设定好了自然法则，好让我们的宇宙以及我们存在。那么真的有这样一位大设计师，将我们的命运提前写好了吗？我认为不一定。

16

没有天堂或是来世……

那是讲给怕黑的人听的童话。

17

我们各不相同，但我们都有着人类的精神。最重要的是，我们有创造的能力。创造力有很多种表现形式，从体育成绩到理论物理研究。无论生活看起来多么艰难，你总有自己的方式发光。

18

《明星谈话》节目主持人尼尔·德格拉斯·泰森问：“如果有人开发出了能把你的大脑上传至电脑的技术，在死后依然延续生命——至少还能保留意识，你愿意参与吗？”霍金的回答是：“我的身体几乎没法活动。离开身体也不算什么损失，也少了许多不自在。以大脑的形式永生，我能看到这项技术的前途。”

19

记得仰望星空，不要只看脚下。要尝试理解眼前的事物，始终保持好奇心。无论生活看起来多么艰难，你总有自己的方式发光。只要不放弃，就总有希望。

20

我这辈子都在寻找，

寻找一个囊括万物的理论，

能解释这个善良又残忍、美丽又让人困惑的世界，

能解释现实的性质，

现实从哪里来，我们又为何存在。

21

如果没有你爱的人，

这个宇宙也算不上什么宇宙了。

他的成就征服了科学界，
他的精神征服了全世界。